교육행정학

Educational Administration

박성식 저

학지사

머/리/말

젊은 날에 가슴속에 '하나의 꿈'을 심었습니다. 불혹(不惑)의 나이를 지나면서 천학비재(淺學菲才)함에 초조함과 불안감을 떨쳐 버릴 수가 없었습니다. 애써 외면도 하고 현실과 타협하며 안주하는 동안에도 시간은 멈추지 않고 흘러, 어느덧 지천명(知天命)의 나이를 지나 이순(耳順)을 목전에 두게 되었습니다. 잊힌 줄 알았던 젊은 날의 꿈은 여전히 내면에 남아 있었습니다. 더 이상 머뭇거릴 시간이 없음을 알았습니다. 천학비재의 부끄러움을 '뻔뻔함'으로 덮기로 하였습니다. 젊은 날의 꿈이 끝내 한낱 꿈으로 남게 된다고 할지라도, 학문에 대한 에로스적 열정만큼은 하나도 남김없이 소진시키고 떠나고 싶었습니다. 끝이 아니라 다시 시작하는 것입니다. 천학비재한 사람의 무모한 도전에 따라오는 모든 공과(功過)는 겸허한 마음으로 받아들이려고 합니다.

이 책은 교육행정학 및 교육행정 실무에 관련된 사람들이 필수적으로 알아야 할 내용을 모두 13장으로 구성하였다. 먼저 제1장 '교육행정의 개념과 성격'에서는 교육행정이 전제로 하고 있는 교육의 의미와 대상이 무엇인가를 밝히고, 교육행정의 개념과 유사 개념 간의 관계를 고찰함으로써 교육행정 개념의 외연과 내포를 분명히 하고자 하였다. 그리고 교육행정의 성격을 여러 관점에서 논의함으로써 교육행정의 성격을 종합적으로 이해하려고 했으며, 교육행정 실무자들에게 지침과 준거가 되는 교육행정의 원리를 살펴보았다. 또한 과학적 연구방법론의 측면에서 이론·연구·실제의 상호 관련성을 규명하였다.

제2장 '교육행정이론의 발전과정'에서는 일반 행정이론의 변천과정과 관련시켜

교육행정이론의 발전과정을 교육행정과 고전이론(1910~1930년), 교육행정과 인간관계론(1930~1950년), 교육행정과 행동과학적 접근(1950~1970년), 교육행정이론의 최근 동향(1970~현재)으로 구분하여 교육행정이론의 일반적인 특징을 살펴보았다.

제3장 '조직구조론'에서는 먼저, 조직의 개념적 정의를 통해 조직의 본질적 의미를 이해하고, 조직의 종류와 특징을 알아본 다음, 조직구조의 개념, 결정요인, 형태를 검토하였다. 그리고 조직의 유형론을 통해 조직 간의 유사점과 차이점을 규명하고, 학교조직의 특성을 논의하였다.

제4장 '체제이론과 학교조직'에서는 체제의 개념, 체제적 접근방법의 특징 그리고 체제이론의 일반적 특징을 검토한 다음, 사회체제이론을 적용하여 학교조직을 분석함으로써 학교조직을 종합적으로 이해하려고 하였다.

제5장 '인적자원의 관리'에서는 인적자원이 조직의 성과와 발전에 결정적 역할을 하는 전략적 자원이라는 점을 염두에 두고, 첫째로 인사관리의 개념, 기본적 성격, 인적자원 접근방법의 특징 및 기능을 살펴봄으로써 인적자원 관리의 본질을 규명하고, 둘째로 모집의 중요성, 선발의 이론적 타당성과 선발과정을 살펴봄으로써 모집과 선발의 이론적 기초를 밝히고자 하였으며, 인사고과의 개념과 목적, 인사고과의 과정, 인사고과의 요소를 검토하고, 승진관리와 전직관리를 중심으로 인사이동의 이론적 기초를 제공하고자 하였다.

제6장 '동기부여 관리'에서는 조직에서 인간의 본질을 어떻게 이해하느냐에 따라 조직운영의 실천적 전략이 좌우된다는 점을 강조하고자 인간의 본질에 따른 관리전략을 살펴보았으며, 조직 구성원의 행위 동기와 동기부여 방법을 이해하기 위하여 동기이론을 내용이론(content theory)과 과정이론(process theory)으로 구분하여 논의하였다.

제7장 '의사결정과 참여관리'에서는 먼저 의사결정의 개념과 유형, 의사결정 과정의 분석을 통해 의사결정의 본질을 이해하고, 의사결정 모형을 비판적으로 비교·분석하였다. 그리고 의사결정 참여와 관련해서는 참여의 이론적 근거, 참여의 효과, 효과적인 의사결정 참여의 준거와 방법을 살펴보았다.

제8장 '의사소통 관리'에서는 먼저 의사소통의 개념과 중요성, 의사소통 과정에 관한 모형과 구성요소들을 설명하였으며, 의사소통의 유형과 의사소통망(communication network)을 분석하였다. 마지막으로, 의사소통의 효과성을 높일 수 있는 의사소통 기법을 살펴보았다.

제9장 '조직의 갈등관리'에서는 먼저 갈등의 개념에 관해 논의하고, 갈등의 유형을 고찰하였으며, 갈등의 원인을 분석하고, 갈등의 전개과정과 갈등 처리 행동을 살펴보았다. 더불어 갈등의 해결 기법과 갈등관리 전략을 제시하였다.

제10장 '조직의 권력과 정치'에서는 먼저 조직 구성원의 통제와 복종의 문제와 관련하여 권한 · 권력의 원천과 종류를 분석하였고, 정치적 관점의 기본 가정과 특징을 논의하였으며, 정치적 관점을 적용하여 학교조직의 특성을 분석하였다. 더불어 정치적 관점의 공헌과 한계를 논의하였다.

제11장 '조직의 풍토와 문화'에서는 먼저 조직 풍토와 조직문화의 개념과 종류를 살펴보고, 상징적 관점의 기본 가정과 특징, 공헌과 한계를 논의하였다.

제12장 '조직의 변화관리'에서는 먼저 변화의 개념을 통해 변화의 본질을 이해하고, 변화에 대한 구성원의 수용과 반응을 살펴보았으며, 변화관리의 필요성과 유형, 변화 담당자(change agent)의 역할 및 변화관리 전략을 살펴보았다. 더불어 조직의 계획적 변화모형을 소개하고, 변화모형의 여러 단계에 대하여 자세하게 설명하였다.

제13장 '리더십 관리'에서는 먼저 리더십의 본질을 이해하기 위하여 리더십의 개념을 분석하고, 권력, 영향력 및 리더십 간의 상호 관계를 설명하였다. 그리고 리더십에 관한 이론을 특성이론적 접근방법, 행동과학적 접근방법, 상황중심적 접근방법으로 분류하여 체계적으로 논의하였으며, 다양한 리더십의 유형을 분석하여 제시하였다.

이 책은 교육행정의 이론과 실제에 관심을 가지고 있는 사람들에게 도움을 줄 수 있으리라 기대한다. 특히, 교육행정학의 이론적 측면에 보다 관심이 있는 학부생과 대학원생 그리고 교육행정을 연구하는 사람들에게는 교육행정 현상을 분석하기 위한 이론적 틀과 탐구적 아이디어를 정립하고 개발하는 데 도움이 될 것이다. 교육행정의 실천적 측면에 보다 관심이 많은 교직과정 이수자와 교육대학원생 그리고 교육행정 실무자들에게는 실천적 지혜를 제공할 수 있으리라 기대한다.

이 책을 출판하기까지 많은 사람들로부터 받은 과분한 사랑과 관심에 대해 그동안 변변한 감사의 인사도 드리지 못했습니다. 직간접적으로 무지함을 일깨워 주고 귀한 가르침을 주신 은사님, 같은 길을 가는 동료 교수님 그리고 선후배님께 심심한 감사의 말씀을 드립니다. 아울러 어려운 사정에도 불구하고 흔쾌한 마음으로 출판을 결정하신 학지사 김진환 사장님과 편집과 출판과정에서 수고하신 직원 분들께도 감사 드립니다.

끝으로, 항상 사랑과 믿음을 함께 나누는 가족들에게 고마움을 전합니다. 초등교사로 사회생활의 첫걸음을 시작한 큰 딸 아람, 이제 막 유치원 선생님이 된 작은 딸 보람이가 더없이 사랑스럽고 자랑스럽습니다. 항상 일상의 작은 일에 감사하면서 교육현장에서 만나는 모든 아이들에게 한결같은 사랑을 베푸는 삶을 살아가기를 기도합니다. 그리고 무엇보다도 어머니와 아내의 역할을 부족함 없이 수행하고 있는 김미진 선생님께 고마움을 전합니다. 항상 강건함과 마음의 평화를 영위하면서 남아 있는 교직생활을 아름답게 마무리하기를 기원합니다. 끝으로 평생 동안 한결같은 사랑을 베푸시고 떠나신 부모님과 장인, 장모님의 은혜에 감사 드리며, 하나님께 나의 삶의 영광을 바치고 싶습니다.

2011년 2월 연구실에서

박성식

차례

제1장 교육행정의 개념과 성격

1. 교육과 교육행정
2. 교육행정의 정의
3. 교육행정의 성격
4. 교육행정의 원리
5. 이론과 연구 그리고 실제

제1장

교육행정의 개념과 성격

이 장에서는 교육행정이 전제로 하고 있는 교육의 의미와 대상이 무엇인가를 밝히고, 교육행정과 유사 개념 간의 관계를 고찰함으로써 교육행정이라는 개념의 외연과 내포를 명백히 하고자 한다. 그리고 교육행정의 성격을 다양한 관점에서 논의함으로써 교육행정의 성격을 종합적 · 포괄적으로 이해하며, 교육행정을 운영하는 데 지침과 준거가 되는 교육행정의 원리를 살펴보고자 한다. 마지막으로, 과학적인 의미에서 이론이 무엇을 의미하는가를 규명하고, 이론과 연구의 관계, 이론과 실제의 관계를 논의함으로써 이론 · 연구 · 실제의 상호 관련성을 밝히고자 한다.

1. 교육과 교육행정

교육행정의 개념을 명확히 이해하기 위해서는 교육행정이 전제로 하고 있는 교육의 의미와 대상이 무엇인가를 아는 것이 중요하다. 교육의 의미는 교육을 보는 학자들의 관점에 따라 매우 다양하게 분류할 수 있다. 예를 들면, 교육이 이루어지는 장소에 따라 가정교육, 학교교육, 사회교육 등으로 나눌 수 있고, 성격과 기능에 따라서는 형식적 · 의도적 교육과 비형식적 · 무의도적 교육으로 구분할 수도 있다. 그러나 교육행정과 관련지어 교육을 생각할 때는 크게 개인적 측면에서 본 교육과 사회적 측면에서 본 교육, 즉 조직적 교육활동으로서의 교육으로 나누어 볼 수 있다.

교육은 19세기까지만 해도 주로 개인적 측면에서 파악되고 이해되어 왔다. 즉, 교육은 주로 심리학적 · 윤리학적 관점에서 이해되었으며, 개인의 자기완성, 잠재적 능력의 계발에 의한 인격 형성 작용에 치중하였다. 그러나 오늘날은 교육을 사회적 측면에서 보게 됨에 따라 국가와 사회의 지대한 관심사로 부각되어 사회적 · 공공적 · 조직적 활동으로 발전하게 되었다. 이러한 사회적 · 공공적 · 조직적 교육활동이 곧 교육행정 대상으로서의 교육인 것이다.

여기서 교육이 '사회적'이라는 것은 교육의 목적, 내용, 방법 등이 사회적으로 규명되며, 교육이 사회적 현상과 밀접한 관계를 가지고 있음을 뜻하는 것이며, 교육이 '공공적'이라 함은 교육이 국가나 지방자치단체의 중대한 관심사가 되었다는 것을 뜻한다. 공공적(public)이라는 개념은 사적(private)이라는 개념과 대조를 이루는 것으로 일반적으로 특정한 개인이나 소수의 사회적 특권층의 이해관계를 떠나서 사회의 일반적 이익(general interest)과 결부되어 있음을 의미한다. 그리고 교육이 '조직적'이라는 것은 교육활동의 규모와 내용이 방대하고 복잡하며, 그 운영이 계획적이고 합목적적으로 이루어지고, 여러 사람이 공동 목표를 지향하여 협동적 행위를 하는 것을 뜻한다.

2. 교육행정의 정의

교육행정에 대한 정의는 교육행정의 본질과 중점을 어떻게 파악하느냐에 따라서 다양한 관점이 있을 수 있다. 또한 교육행정의 정의는 유사 개념인 교육경영, 교육

관리, 학교행정, 학교경영, 학교관리 등의 개념과의 관계를 어떻게 파악하느냐에 따라 달라질 수 있다. 따라서 여기서는 교육행정의 개념을 명확히 이해하기 위해 먼저 교육행정에 대한 기존의 개념 정의를 몇 가지로 분류 · 종합하여 살펴보고, 교육행정과 유사 개념 간의 관계를 고찰함으로써 교육행정의 외연과 내포를 명백히 밝히기로 한다.

먼저, 교육행정에 대한 기존의 정의를 법규해석적 정의, 조건정비적 정의, 정책실현설, 행정행위설의 네 가지 입장으로 분류 · 종합하여 살펴보면 다음과 같다.[1)]

1) 법규해석적 정의

법규해석적 정의에 입각한 교육행정은 교육행정을 '교육에 관한 행정'이라고 보는 입장이다. 즉, 삼권분립 사상에 근거하여 국가의 통치 작용을 입법, 사법, 행정으로 구분하고, 행정을 다시 내무, 외무, 국방, 법무, 재무, 교육 등으로 분류함으로써 교육이라는 한정된 분야에 관한 행정을 교육행정이라고 보는 것이다. 이것은 교육행정이 일반 행정(public administration)의 과정 속에 매몰되어 교육행정의 전문성 · 독자성 · 특수성을 찾아볼 수 없었던 전통적인 관점의 교육행정이라고 할 수 있다.

이러한 관점의 교육행정은 교육법규를 해석하고, 교육정책을 집행해 나가는 것에 중점을 두며, 행정 작용에 있어서 권력적 · 통제적 · 강제적 요소를 강조한다. 따라서 교육행정 자체는 중앙집권적이고 관료 통제적으로 되며, 교육실천에서는 국가가 정한 법규나 중앙 부서의 명령과 지시에 대한 충실한 복종만이 최대 관심사가

1) 교육행정에 대한 기존의 정의는 학자들의 관점에 따라 다소 상이하게 분류 · 논의되고 있다. 예를 들면, 신중식, 강영삼(1985: 11-15)은 수단적 · 봉사적 활동, 행정과정, 사회적 과정, 협동적 행위, 일반 행정의 일부로 분류하였고, 남정걸(1991: 14-19)은 국가공권설, 조건정비설, 행정행위설, 포괄설로 분류하였으며, 이형행(1992b: 15-19)은 법규해석적 정의, 조건정비적 정의, 정책실현설, 행정행위설로 분류하였다. 또한 김윤태(1994: 15-19)는 행정영역 구분론, 기능주의론, 행정과정론, 공권적 작용론, 협동행위론으로 분류하였으며, 윤정일 외(1994: 9-14)는 조건정비설, 행정과정론, 사회과정론, 협동행위론, 분류체계론으로 분류하여 논의하고 있다.

된다. 따라서 자율적이고 독창적인 교육실천은 이단시되고 법령 위반이 되어 교육은 통제적인 틀 속에서 획일적으로 이루어진다.

2) 조건정비적 정의

조건정비적 정의에 입각한 교육행정은 교육행정을 '교육을 위한 행정'이라고 보는 입장이다. 법규해석적 교육행정이 '교육에 관한 행정', 즉 교육활동을 행정한다고 하는 관점이기 때문에 행정이 교육보다 우위에 있게 되고, 권력을 가지고 위에서 아래로 통제하는 행정이라고 한다면, '교육을 위한 행정'은 교육활동이 설정된 교육 목표에 따라 잘 수행될 수 있도록 아래에서 위로 조성해 주고 지원해 주는, 교육의 자주성을 강조하는 행정이라고 할 수 있다.

조건정비적 정의에 의한 교육행정은 지방분권적이고 자율적인 교육행정으로서, 행정 작용은 국가의 권력으로부터 출발하지 않고 교육의 실제적 필요에 입각해서 기능적으로 수행된다. 말하자면 교육행정이 교육 실제에 어떠한 작용을 하고 있는가 하는 사실 인식에서 출발하여 교육행정의 본질을 파악하려는 입장이다. 이러한 관점에서 교육행정은 그 자체가 목적이 아닌 수단으로서 교육에 필요한 인적·물적 제반 조건을 정비 및 확립시켜 주는 보조적인 봉사활동이 된다.

교육행정에 대한 이러한 입장의 대표적 학자로는 A. B. Moehlman과 W. G. Reeder 등을 들 수 있다. Moehlman(1951: ix)은 조직과 행정의 과정은 교수의 필요(instructional needs)에 의해서 발생하는 것이기 때문에 조직이나 행정은 교수의 목표를 달성하는 데 목적이 아니라 단지 수단으로서 고려되어야 하며, 행정은 본질적으로 교육과정(educational process)의 기본 목표를 보다 충실하고 효과적으로 실천하기 위한 봉사활동이라고 하였다. Reeder(1951: 6-7)도 같은 맥락에서 교육행정을 이해하면서, 학교행정은 그 자체로는 존재해야 할 하등의 이유가 없다고 보았다. 학교행정은 교수-학습 활동을 통해서 교육 목표를 달성하기 위한 수단으로 존재하는 것이지 그 자체에 어떤 목적이 있는 것은 아니다. 그렇기 때문에 학교행정은 교수하는 교사와 학습하는 학생을 돕기 위해서 있는 것이다. 학교행정의 효능은 그것이 교수-학습 활동에 얼마나 기여했는가로 측정되어야 한다. 따라서 학교행정가는 교수-학습 활동에 항상 봉사자로서의 역할을 할 뿐이라고 하였다.

3) 정책실현설

정책실현설은 교육행정을 국가의 권력기관이 교육정책을 실현하는 과정으로 보는 입장이다. 앞에서 설명한 조건정비적 관점은 교육행정을 주로 설정된 교육 목표를 달성하기 위한 수단으로 보았기 때문에 행정 작용에 있어서 권력적 요소의 중요성을 간과하였다. 그러나 교육 목표는 국가권력에 의해 지지된 이념이기 때문에 교육행정이 권한의 행사 없이 교육 목표를 달성한다는 것은 현실적으로 불가능하다. 실제로 교육정책의 결정과 교육행정의 집행은 상호 간에 밀접한 관련이 있다.

정책실현설은 행정의 본질을 정치와 밀접히 관련시켜 파악함으로써 정책 결정의 기능까지도 행정으로 보려는 정치-행정 일원론의 입장이다. 따라서 이러한 관점은 정치와 행정을 분리시켜 정책을 결정하는 것은 입법이고, 결정된 정책을 집행하는 것은 행정이라고 보는 정치-행정 이원론을 부정한다.

교육행정을 국가의 권력기관이 교육정책을 실현하는 과정으로 보는 정책실현설의 관점은 권력을 행정의 성립 요소로 보고 있다는 점에서 사기업 행정과 구별되며, 교육정책의 결정과 집행을 동시에 고려한다는 점에서 수단적 · 봉사적 활동으로서의 교육행정과도 구분된다. 정책실현설은 교육행정을 국가의 권력기관이 교육목표를 달성하기 위한 교육 계획을 세우고, 그것을 구체화하는 실제 작용 또는 국가나 지방자치단체가 교육활동에 관한 목표를 수립하고 지도 · 감독하는 일련의 봉사활동이라고 본다. 교육행정에 대한 이러한 관점은 교육의 사회성과 공공성을 강조하며, 국가도 교육에 대한 책임이 있음을 전제로 하는 것으로 교육행정의 실제 작용과 가장 잘 부합되는 입장이라고 할 수 있다.

4) 행정행위설

행정행위설은 교육행정을 교육조직의 공동 목표를 달성하기 위해 합리적 협동행위를 이룩하려는 작용으로 보는 입장이다. 이 관점은 행정 대상—정부조직, 기업체, 학교, 군대, 교회, 병원 등—의 특수성보다는 그들 간의 공통점을 보다 강조하면서 행정을 정의하는 입장이다.

A. W. Halpin(1970: 162-163)은 교육행정이 타 분야의 행정과 마찬가지로 행정이라는 단어 앞의 '교육'을 강조한 나머지 정작 강조되어야 할 단어인 '행정'은 간과해 왔다고 지적하고, 교육행정을 이해하려면 행정학에 대한 이해가 반드시 필요하다고 역설하였다. 즉, 교육행정을 일반 행정이나 기업행정 등과 다르게 보려는 편협한 관점을 버리고, 행정이라는 단어 앞의 한정사와 관계없이 행정은 행정 그 자체로서 과학적인 연구 주제가 될 수 있다는 점을 강조하였다.

행정행위설은 교육행정을 협동적 집단행동으로 파악하여 교육조직의 공동 목표를 달성하기 위한 합리적 협동행위라고 정의한다. 따라서 이러한 관점의 교육행정은 반드시 집단과 조직을 전제로 한다. 여기서 집단이나 조직은 군중과 폭도 같은 우연적이거나 일시적인 것이 아니라 정부조직, 노동조합, 기업체, 학교, 군대, 교회 등과 같이 지속성을 지닌 조직을 말하며, 그것은 반드시 달성하려고 하는 공동 목표를 상위 목표로 하여 각양각색의 하위 목표를 가진 구성원들로 이루어진다. 그리고 합리적 협동행위란 인간의 노력, 시간, 비용을 가능한 한 최소로 들이면서 최대의 효과(조직 목표 달성)를 달성하기 위하여 두 사람 이상의 힘을 합하고 조정하는 것을 의미한다.

지금까지 여러 가지 교육행정에 대한 정의를 검토하여 보았다. 전술한 교육행정의 개념에 대한 각각의 관점은 교육행정이 갖는 여러 가지 성격의 일면을 강조한 것으로 나름대로 타당성을 지니고 있으나, 교육행정 현상의 본질을 온전히 파악하기에는 보편성이 결여되어 있는 것도 사실이다. 따라서 각각의 입장을 상호 보완적 관점에서 파악함으로써 교육행정 현상의 실체를 포괄적으로 이해할 필요가 있다.

다음은 교육행정의 개념을 보다 명확히 밝히기 위해서 교육행정과 유사 개념과의 관계를 고찰함으로써 교육행정의 개념을 분명히 규명하고자 한다.

교육행정과 교육경영 교육행정(educational administration)과 교육경영(educational management)의 관계를 어떻게 볼 것인가에 대한 논의는 학자들의 관점에 따라 다르다. 교육행정과 교육경영의 유사점과 차이점을 밝히기 위해 먼저 '행정'이란 용어와 '경영'이란 용어의 차이를 밝힐 필요가 있다. 그러나 엄격한 개념적 정의를 통해 행정과 경영의 차이를 제시하는 데는 어려움이 따르기 때문에 설명의 편의상 C. Hodgkinson(1978)의 견해를 중심으로 살펴보고자 한다. Hodgkinson은 행정과 경영의 차이를 밝히기 위해 [그림 1-1]과 같이 두 용어를 동일한 개념적 연속선상의 양극단에 놓고, 몇 가지 차원을 설정하여 강조점의 정도에 따라 상대적 차이를 밝히고 있다.

Hodgkinson(1978: 4-5)은 일반적으로 행정을 목적의 설정, 가치가 부여된 이슈, 조직의 인간적 요소를 보다 강조하는 것으로 본 반면, 경영은 일상적이고 한정적이며 프로그램적이고 수량적 방법을 더 강조하는 것으로 보고 있다. 행정을 사람으로 하여금 조직의 목적을 달성하도록 영향을 주는 예술(art)이라고 한다면, 경영은 같은 목표를 달성하기 위한 수단을 구체화하고 실행하는 보조과학(ancillary and

행정		경영
예술(art)	——	과학(science)
정책(policy)	——	집행(execution)
가치(values)	——	사실(facts)
상위(upper)	——	하위(lower)
위계(echelons)	——	위계(echelons)
전략(strategy)	——	전술(tactics)
질적(qualitative)	——	양적(quantitative)
인간적(human)	——	물질적(material)
반성적(reflective)	——	활동적(active)
일반주의(generalism)	——	특수주의(specialism)

[그림 1-1] 행정의 정의를 위한 개념적 연속선

출처: Cristopher Hodgkinson(1978). *Towards a Philosophy of Administration*. New York: St. Martin's Press, p. 4.

subordinate science)이라 할 수 있다. 즉, 행정이 목적 지향적(ends-oriented) 성격이 강한 반면, 경영은 수단 지향적(means-oriented) 성향이 강조된다.

일반적으로 '행정'이라는 용어는 정부나 공공기관에서 주로 사용되는 반면에, '경영'이라는 용어는 영리를 목적으로 하는 사기업을 대상으로 흔히 사용되고 있다. 이러한 점을 고려하여 행정과 경영의 개념적 차이를 보다 구체적으로 살펴보면 다음과 같다(박동서, 1984: 57-58).

첫째, 목표의 측면에서 볼 때 경영의 경우는 이윤의 극대화를 추구하는 데 반하여 행정은 공익을 추구한다. 따라서 사기업은 분명하고 단일한 목표를 가지고 있는 반면, 행정은 목표가 불분명하고 복수성을 갖게 된다. 그러나 이것도 상대적인 것에 불과하다.

둘째, 권력의 측면에서 보면 경영은 정치권력을 지니고 있지 않은 데 비하여 행정은 이를 내포하고 있어 강제성을 지니고 있다.

셋째, 행정은 성격상 독점성을 지니고 있어 경쟁력이 없거나 극히 제한되어 있어 비능률적이며 봉사의 질이 저하되기 쉬우나, 경영은 독점성을 지니기 어려워 경쟁력이 높으며 따라서 능률적이며 봉사의 질이 높다. 그러나 사기업의 경우도 언제나 경쟁력이 높은 것은 아니며, 독점성이 있어 봉사의 질이 낮거나 가격이 비싸게 정해지기도 한다.

넷째, 행정은 특히 민주국가에서 법령의 제약을 엄격하게 받는다. 그러나 책임정치가 고도로 발전하지 못한 국가에서는 사기업이 오히려 심한 법적 제약을 받는가 하면, 행정은 반대로 그 특권성으로 인해 법적 제약을 심하게 받지 않는 경우도 있다.

다섯째, 민주국가의 행정은 고도의 합법성을 요구하며 법 앞에 평등을 요구하는 데 비하여, 사기업의 경우는 이러한 원칙의 적용을 받지 않는다.

그러나 이상과 같은 구별은 행정이나 경영의 사실과 실제에 비추어 볼 때, 때로는 모호하기 때문에 개념적 혼란이 심하다. 그래서 여기서 말한 것과 정반대로 사용되기도 하며, 다양한 문헌에서 상호 교차적으로 또는 동의어로 사용되고 있다. 오늘날 학자들의 일반적인 경향은 행정과 경영의 차이를 인정하면서도 그 차이는 양적인 성질의 것이지 질적인 것으로 볼 수 없다는 점에 대체적인 견해의 일치를 보이고 있다.

이러한 맥락에서 볼 때, 현재 우리나라에서 교육행정이 교육경영과 유사한 개념으로 인식되고 있는 것은 무리가 아니다. 따라서 여기서는 교육행정과 교육경영은 양적인 측면에서 개념적 차이가 있음을 인정하되, 두 용어를 엄격하게 준별하지 않고 상호 교차적으로 또는 동의어로 사용하기로 한다.

교육행정과 학교행정 일반적으로 미국에서는 지방교육위원회를 교육행정의 기본 단위로 하여 학교교육이 실시 · 운영되기 때문에 학교행정(school administration)이 곧 교육행정과 동일한 의미로 사용되는 경우가 많다. 그러나 우리나라에서는 교육행정이 학교행정보다 더 포괄적이며 상위개념으로 정의되고 있다.

즉, 교육행정은 전국 또는 일정 지역을 대상으로 교육과학기술부, 교육위원회, 교육지원청이 학교교육은 물론 사회교육과 학교 외 교육을 포함한 일체의 교육에 관한 정책을 수립하고 집행하기 위하여 교육에 필요한 제반 인적 · 물적 조건을 정비 · 확립함을 의미한다. 이에 비하여 학교행정은 하나의 단위 학교에서 학교장에 의하여 실시 · 운영되는 행정 영역이다. 따라서 학교행정은 학교교육의 내적 사항에 관하여 학교의 실정과 지역사회의 상황을 고려하여 학교장의 창의성과 독자적인 구상을 통하여 유효하고 적절하게 운영되어야 한다.

학교행정 · 학교경영 · 학교관리 학교행정이 하나의 학교를 단위로 이루어질 경우 흔히 '학교경영'이나 '학교관리'라는 용어로도 통용된다. 그러나 학교경영과 학교관리와의 관계에 대해서는 다음과 같은 세 가지 관점이 있다.

첫째, 학교경영과 학교관리를 동일한 개념으로 보는 경영관리 동위론적 관점이다. 이것은 앞에서 논의한 바와 같이 행정과 경영을 일반적으로 동일한 개념으로 간주하듯 경영과 관리도 동일시하는 입장이다. 따라서 이 견해에 의하면 학교행정, 학교경영, 학교관리는 동일한 의미로서 상호 교차적으로 사용할 수 있다.

둘째, 학교관리를 학교경영의 상위개념으로 파악하려는 관리 우위론적 관점이다. 이것은 전통적인 교육행정법적 견해로서 학교관리란 학교에 대하여 법적 규제를 가하는 것이며, 학교경영은 법의 범위 내에서 학교장이 주관적으로 학교를 운영하는 것을 의미한다.

셋째, 학교경영을 학교관리의 상위개념으로 보려는 경영 우위론적 관점이다. 이것은 경영학의 영향을 받아 최근에 비교적 많이 통용되고 있는 견해로서, 학교경영은 학교행정가가 학교의 목표를 설정하고 중요한 계획과 정책을 결정하는 것이고, 학교관리는 결정한 것을 직접 교직원과 협력하여 집행하고 지도 · 감독하는 것을 의미한다. 즉, 학교경영은 상대적으로 정책적 · 목적적 기능을 강조하는 반면, 학교관리는 집행적 · 수단적 기능을 더욱 강조한다.

오늘날 민주적인 행정체제하에서는 학교경영과 학교관리가 별도로 구분되어 기능하기보다는 양 기능이 밀착되어 유기적으로 작용하고 있는 것이 현실이다. 그럼에도 불구하고 학교경영과 학교관리를 구분하여 사용하고 있는 현실 또한 간과할 수 없다. 따라서 이러한 점을 구체적으로 살펴보면 다음과 같다(남정걸, 1981: 15-16).

첫째, 학교경영이 교장의 주관적 · 이상적 관점에서 교육활동을 전개하고 운영하는 일차적 · 직접적 배려라면, 학교관리는 객관적 · 법규적 관점에서 교육의 조건 내지 상태를 유지하고 정비하는 이차적 · 간접적 배려다.

둘째, 학교경영은 학교경영자의 창의적 기능으로서 자주적 · 자율적으로 교육의 이념과 목표를 실현하기 위한 교육 내용 자체의 운영인 반면, 학교관리는 교육법규나 권력에 의해서 의존적 · 타율적으로 교육 내용을 운영하는 데 필요한 여러 조건과 시설을 정비 · 운영하는 것이다. 즉, 학교경영은 교육실천 내용 자체의 운영이고, 학교관리는 법에 의해 교육의 수준과 조건을 확보하려는 것이다.

셋째, 학교를 하나의 경영체제로 볼 때, 학교 운영의 최고 방침을 결정하는 기능은 학교경영이고, 학교의 운영 방침에 따라 학생을 교육하기 위해서 필요한 인적 · 물적 · 재정적 자원에 관한 기능이 학교관리다.

넷째, 교육위원회와 교육지원청의 입장에서 본다면, 교육법규에 의한 복수의 학교에 대한 설립 · 운영 및 지휘 · 감독이 학교관리가 되고(이 경우, 학교경영은 학교관리의 대상임), 단일 학교의 운영은 학교경영이라고 할 수 있다(이 경우, 학교경영은 학교의 내부관리를 의미함).

지금까지 교육행정과 유사 개념 간의 관계를 살펴보았다. 각각의 개념은 사용되는 문맥과 관점에 따라 의미가 다르게 나타남을 발견할 수 있었다. 따라서 우리는 각 용어의 개념적 의미를 사용되는 문맥과 관점을 통해서 이해하고 그 함축된 의미를 파악할 수 있는 능력을 갖추어야 할 것이다.

3. 교육행정의 성격

교육행정의 성격은 교육행정 현상을 연구하는 학자들이 가지고 있는 존재론, 인식론, 인간 본질 및 방법론에 관한 명시적 혹은 묵시적 가정에 따라 다르게 규정될 수 있다. 또한 교육행정의 성격은 교육행정 현상에 대한 학문적 진술 방식에 대한 연구자의 정향성이 규범적 · 처방적(normative-prescribe)인지, 사실적(descriptive)인지에 따라 달리 규정되기도 한다. 한편 교육행정의 성격은 교육행정을 과학의 관점에서 보느냐, 예술의 관점에서 보느냐에 따라 달라질 수 있다. 그리고 교육행정의 성격은 교육행정을 어떻게 정의하고, 그 기능을 어떤 관점에서 파악하느냐에 따라 달라질 수도 있다. 따라서 여기서는 교육행정의 성격을 다양한 관점에서 논의함으로써 이를 종합적 · 포괄적으로 이해하고자 한다.[2)]

1) 교육행정에 대한 기본 가정

교육행정 현상을 연구 대상으로 하는 교육행정학은 기본적으로 사회과학의 범주에 속한다. 따라서 교육행정학자들은 모든 사회과학자들과 마찬가지로 사회적 세

2) 교육행정의 성격에 대한 논의는 학자들의 입장에 따라 조금씩 차이가 있다. 이러한 견해 차이에 대한 구체적 논의는 이형행(1992a: 21-24), 남정걸(1991: 25-30), 윤정일 외(1994: 15-21), 이군현(1992: 27-29), 권기우 외(1995: 32-37), Burrell과 Morgan(1979) 등을 참고할 것.

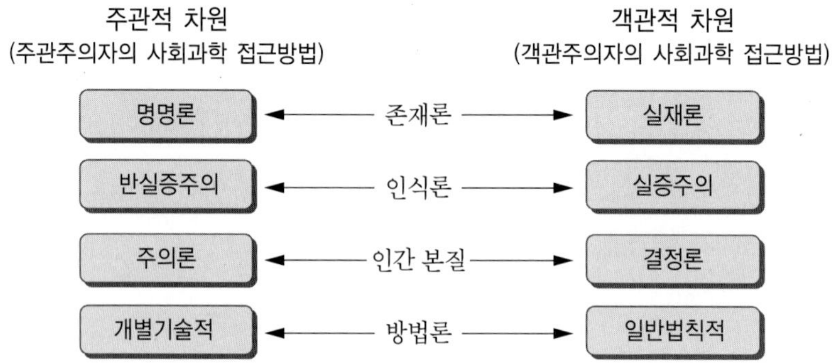

[그림 1-2] 사회과학의 성격에 관한 가정의 분석틀

출처: Gibson Burrell & Gareth Morgan(1979). *Sociological Paradigms and Organizational Analysis: Elements of the Sociology of Corporate Life*. London: Heinemann Educational Books Ltd, p. 3.

계의 본질(the nature of social world)과 그것이 연구될 수 있는 방법에 관하여 명시적 혹은 묵시적 가정을 통해서 그들의 연구 주제에 접근한다. 교육행정 현상을 연구하는 학자들이 가지고 있는 존재론, 인식론, 인간 본질 및 방법론에 관한 명시적 혹은 묵시적 가정을 분석하기 위한 분석틀을 도식화하면 [그림 1-2]와 같다.

[그림 1-2]에 제시된 각 요소들을 구체적으로 살펴보면, 첫째로 존재론적 성격(ontological nature)에 관한 가정이 존재한다. 즉, 연구하는 현상의 본질 자체에 관련되는 가정이 존재한다. 예를 들면, 사회과학자들은 다음과 같은 기본적인 존재론적 의문에 부딪힌다. 즉, 연구 대상이 되는 '실재(reality)'란 개인과는 관계없이 개인의 외부에 있으면서 개인의 의식에 부여되는가 혹은 개인의식(individual cognition)의 산물인가, 객관적인 성질을 지닌 것인가 또는 세계의 '저쪽'에서 주어지는 것인가 혹은 인간의 마음의 산물인가 등에 관한 물음에 부딪힌다. 이러한 문제와 관련하여 존재론의 가정은 두 가지 극단적인 관점으로 구분된다. 실재론(realism)은 사회적 세계가 개인의식의 외부에 있는 엄격하고 가시적이며 비교적 불변하는 구조로 이루어진 실제적 세계라고 가정한다. 즉, 사회적 세계란 그것을 인식하는 개인과는 무관하게 존재하는 경험적 실체로서 존재한다고 주장한다. 반면에 명목론(nominalism)은 사회적 세계란 현실을 구성하는 데 사용하는 단순한 명칭과 개념에 불과하다고 가정한다. 즉, 사회적 세계란 인간 의식의 산물이라고 주장한다.

이와 같은 존재론적 문제는 인식론적 성격(epistemological nature)에 관한 일련의 가정과 관련된다. 그것은 지식의 근거에 관한 가정이다. 즉, 인간이 어떻게 세계를 이해하고 그것을 일련의 지식의 형태로서 다른 사람들에게 전달하는가에 관한 가정이다. 예를 들면, 지식이란 실재적이고 가시적인 형태로 그 본질을 확인하고 전달할 수 있는가? 혹은 본질적으로 독특한 개인적 경험과 통찰에 바탕을 두어 주관적이고 정신적이며 초월적인가? 이러한 입장에서 인식론의 가정은 두 가지 극단적인 입장으로 구분된다. 즉, 하나는 실증주의(positivism) 입장으로서 지식이란 객관적으로 획득될 수 있다는 것이고, 다른 하나는 반실증주의(anti-positivism) 입장으로서 지식이란 단지 개인의 주관적 경험을 통해서만 획득된다는 것이다.

다음은 인간과 환경과의 관계에 초점을 둔 인간의 본질(human nature)에 관한 가정이다. 모든 사회과학은 인간의 본질에 관한 가정에 입각해서 서술되어야 한다. 왜냐하면, 인간의 생활이란 본질적으로 사회과학에 있어서 연구의 주체이거나 객체이기 때문이다. 사회과학에서는 인간이 외부의 환경에 기계적 혹은 결정론적인 형태로 반응한다는 결정론(determinism)의 시각을 확인할 수 있다. 이러한 관점에 의하면, 인간과 그들의 경험은 환경의 산물로 간주되며, 인간이란 외부 환경에 의해서 조건이 부여된다고 보는 경향이 있다. 반면에 인간이란 자유의지(free will)를 지닌 존재로서 자신의 환경을 창조하며 통제한다고 보는 주의론(voluntarism, 자유의지론)의 관점도 있다.

마지막으로, 앞에서 언급한 일련의 가정은 방법론적인 성격(methodological nature)과 직접적인 관련이 있다. 존재론, 인식론, 인간 본질에 관한 가정이 다르면 사회과학자들은 다른 방법론을 지향할 가능성이 있는 것이다. 예를 들면, 사회적 세계를 마치 엄격하고 외재적이며 객관적인 자연적 세계와 같은 것으로 다루는 사회과학 연구방법론과 개인과 무관한 외재적인 사회적 실체의 존재를 근본적으로 의심하면서 사회적 세계의 창조에 있어 개인의 주관적 경험의 중요성을 강조하는 사회과학의 연구방법론으로 구분할 수 있다. 전자의 입장에서는 사회적 세계가 포함하는 여러 가지 요소 간의 관계와 보편적인 법칙의 탐구에 과학적인 노력을 집중하여 일반법칙적 이론(nomothetic theory)을 정립하는 것을 목표로 한다. 반면에 후자의 입장에서는 주요 관심사가 개인 스스로 세계를 창조하고 수정하며 해석하는 방법을 이해하는 데 초점을 두고 있기 때문에 개별기술적 이론(ideographic theory)을 목표로 한다. 따라서 극단적인 후자의 입장에서는 무엇이 일반적이고 보편적인 것이냐의 문제보다는 무엇이 개인에게 독특하고 특수한 것인가를 설명하고 이해하는 것을 강조하는 경향이 있다. 따라서 방법론적인 측면에서 본다면, 후자는 사회적 세계의 상대적 성격을 강조하는 접근방법으로서 그것은 전통적인 자연과학에 공통적으로 적용되는 기본 규칙에 의하면 '반과학적(anti-scientific)'인 것으로 간주될 수 있다(Burrel & Morgan, 1979: 1-8).

2) 교육행정 현상에 대한 진술 방식

교육행정학의 학문적 내용이 규범적 · 처방적으로 진술되어야 하느냐, 아니면 사실적으로 진술되어야 하느냐의 문제는 연구자의 교육행정 현상을 보는 관점과 학문적 정향성에 따라 달라질 수 있다. 즉, 교육행정학의 지식 구성 내용이 규범적이어야 한다고 믿는 연구자들은 교육행정에 있어서 당위적으로 이루어져야 할 행위규범 등을 중심으로 교육행정의 원리를 밝히는 데 초점을 맞춘다. 이들의 교육행정이론의 진술 방식은 '교육행정은 무엇이어야 한다.' 혹은 '교육행정가는 무엇을 해야 한다.' 등과 같이 나타난다. 반면에 교육행정학의 지식 구성 내용이 사실적이어야 한다고 믿는 연구자들은 교육행정 조직 내외의 인간의 행위와 현상을 경험과학적으로 분석하고, 철저한 이론적 검증 작업을 거쳐 행위와 현상에 관한 가설의 타당화에 관심을 집중한다. 따라서 이들은 교육행정이론의 논리 전개 과정에서 타당화된 사실을 바탕으로 객관적이고 사실적인 진술을 중요시한다. 즉, 교육행정의 사실적 진술을 주장하는 연구자들의 논리 진술 방식은 '교육행정은 무엇이다.' 혹은 '교육행정가는 무엇을 한다.' 등과 같이 전개된다.

현실적 관점에서 보면, 교육행정 현상과 실제에 관한 논리적 진술로 구성된 교육행정학의 학문적 내용은 전적으로 가치중립적인 사실적 진술로만 구성하기에는 한계가 있으며, 마찬가지로 가치가 부하된 규범적 진술로만 구성하기에는 객관성과 보편타당성을 완전하게 확보하기가 어렵다. 따라서 교육행정학의 학문적 내용의 구성은 과학적 탐구과정을 거친 객관적 · 사실적 진술을 기본으로 하면서 행정 실제의 가치 지향성을 인정하는 규범적 · 처방적 진술로 구성하는 것이 보다 타당하고 적절할 것이다.

3) 교육행정의 과학성과 예술성

교육과 교육행정이 과학이냐 예술이냐의 논의는 오랫동안 연구자들 사이에서 관심과 논란의 대상이 되어 왔다. 교육과 교육행정을 과학적으로 보는 연구자들은 교육과 교육행정 현상을 체계적으로 연구하여 과학적 · 실증적 이론과 지식을 생성하는 데 관심을 갖는다. 이들은 경험적으로 검증되지 않은 규범이나 원리를 배격하며, 경험의 결과로서 제시되지 않은 선험적 혹은 직관적 판단과 통찰력을 거부한다. 따라서 그들의 유일한 관심의 대상은 경험되고 지각된 행동과 현상이다.

반면에 교육과 교육행정을 예술적으로 보는 연구자들은 교육과 교육행정 현상의 주요 동인인 인간을 다루는 데 있어서 과학적인 방법만으로는 설명되지 않는 부분이 너무 많다고 주장한다. 사실 교육과 교육행정의 모든 현상을 과학적으로 설명하고 예측하기에는 교육과 교육행정 현상 자체가 너무 포괄적이며 변수가 많이 존재한다. 따라서 교사와 교육행정가는 때로는 그들의 영감, 직관, 창의성 등에 의존하여 교육과 행정 문제를 처리해 나간다.

교육현상은 본질적으로 과학적 요소와 예술적 요소의 두 가지 측면을 모두 가지고 있다. 마찬가지로 교육행정 현상도 과학성과 예술성을 동시에 지니고 있다. 교육행정가가 필요로 하는 대부분의 행정이론과 지식은 과학적 연구 결과이므로 과학에 속한다. 반면에 교육행정가의 직관, 통찰력, 창의성과 판단력을 사용한 행정 문제의 처리과정은 예술에 속한다. 따라서 교육행정은 과학과 예술이 조화된 사회과학의 한 분야라 할 수 있다. 그러므로 교육행정 연구자와 교육행정가는 교육행정이 과학성과 예술성의 두 성격이 혼재되어 있다는 사실을 염두에 두고 연구와 실제에 임해야 할 것이다.

4) 교육행정의 일반적 성격과 독자적 성격

교육행정은 모든 행정이 공통적으로 갖고 있는 일반적 성격과 타 분야의 행정과 구분되는 교육행정만의 독자적 성격을 갖고 있다. 따라서 여기서는 교육행정의 성격을 일반적 성격과 독자적 성격으로 구분하여 논의함으로써 교육행정의 성격을 구체적으로 이해하고자 한다.

먼저, 교육행정이 타 분야의 행정과 공유하고 있는 일반적 성격을 살펴보면 다음과 같다. 첫째, 교육행정은 조장적 · 봉사적 성격을 가지고 있다. 일반적으로 행정 작용은 사회의 공공복지를 증진시키는 것을 목적으로 하는 적극적 기능과 사회의 공공질서를 유지하기 위하여 국민에게 명령과 강권을 발동하는 것을 특징으로 하는 소극적 기능으로 분류된다. 교육행정은 전자에 속하기 때문에 봉사활동에 중점을 두고 지도 · 조언하는 조장적 성격이 강한 행정이다. 따라서 교육행정에 대한 조건정비적 정의에 의하면, 교육행정은 교육의 목적을 달성하기 위하여 필요한 인적 · 물적 제반 조건을 정비 · 확립하는 봉사활동으로 규정된다.

둘째, 교육행정은 수단적 · 기술적 성격을 가지고 있다. 교육행정이 교육 목적을 달성하기 위하여 필요한 인적 · 물적 제반 조건을 정비 · 확립한다는 관점에서 보면, 교육행정은 '교육을 위한 행정'으로서 그 자체는 목적이 아니라 수단으로 파악된다. 수단으로서의 교육행정은 합리성과 능률성을 강조한다. 따라서 교육행정은 어디까지나 교육활동의 능률화를 위한 행정이기 때문에 실제의 교육행정 수행과정에서 직면하는 많은 기술적인 문제와 어려움에 효율적으로 대처하기 위해서 적절한 행정적 수단과 기술이 필요하다. 그러므로 교육행정은 수단적 · 기술적 성격을 갖는다.

셋째, 교육행정은 민주적 · 중립적 성격을 가지고 있다. 우리나라는 민주주의를 기본 이념으로 하기 때문에 교육행정에서 민주적 성격이 필연적으로 요구되고 있다. 「교육기본법」 제5조에 '국가와 지방자치단체는 교육의 자주성 및 전문성을 보장하여야 하며, 지역의 실정에 맞는 교육의 실시를 위한 시책을 수립 · 실시해야 한다.'고 규정함으로써 교육행정의 민주적 성격의 기본 원칙을 밝히고 있다. 또한 「교육기본법」 제6조는 '교육은 교육 본래의 목적에 따라 그 기능을 다하도록 운영되어야 하며, 어떠한 정치적, 파당적 또는 개인의 편견의 전파를 위한 방편으로 이용되어서는 아니 된다.'고 규정함으로써 교육행정의 중립적 성격을 밝히고 있다. 이것은 「헌법」 제31조 제4항의 '교육의 자주성 · 전문성 · 정치적 중립성 및 대학의 자율성은 법률이 정하는 바에 의하여 보장된다.'에 근거한 것이다. 교육행정의 민주적 성격은 교육행정이 정치과정과 밀접한 관련성을 가지는 것을 의미하나, 그것이 곧 교육행정의 중립성을 침해하는 것은 아니라는 사실을 유념해야 한다. 즉, 교육행정은 자주성과 중립성을 보장받으면서 외부의 간섭 없이 교육의 전문성과 특수성에 비추어 독자적인 견지에서 교육 본래의 목적에 의거하여 민주적으로 실시 · 운영되어야 한다.

넷째, 교육행정은 전문적 성격을 가지고 있다. 오늘날 사회가 점점 복잡 · 다양해짐에 따라 각 부문의 행정에는 고도의 전문성과 특수성이 요구되고 있다. 특히, 교육활동은 그 자체가 전문성을 갖고 있을 뿐만 아니라 교육행정 조직과 기능도 점차 세분화 · 전문화되어 가고 있다. 따라서 교육행정은 전문적 교육과 특수한 훈련을 받은 전문가에 의해 직무 수행이 요청되고 있다.

한편, 교육행정의 독자적 성격은 교육행정이 교육을 위한 행정이라는 데서 연유하는 특수성이다. 즉, 교육행정은 공공행정, 병원행정, 기업행정, 기타 다른 조직의 행정과 많은 공통점을 지니고 있으면서도 그 나름의 특수성을 지니고 있다(Halpin, 1966: 11; Campbell, Corbally, & Ramseyer, 1968: 87-92). 따라서 교육행정의 독자성이나 특수성은 행정보다는 교육의 측면을 더 강조하면서 교육기관의 목표, 과업, 기능 등을 분석함으로써 드러난다(Campbell, 1958: 166; Lane, Corwin, & Monahan, 1967: 6; Graff & Street, 1957: Chap. 4). 이러한 관점에서 교육행정의 독자적 성격을 살펴보면 다음과 같다.

첫째, 교육행정은 일반 행정과는 다른 독특한 전문 영역의 과업을 가지고 있다. 교육행정은 교수-학습 활동, 학생의 생활 지도 및 특별활동을 포함하는 교육과정 운영과 전문직인 교원인사를 핵심적 업무로 삼는다. 즉, 교육행정은 이러한 학사행정을 중심으로 하여 이를 지원하는 관리행정이 존재하는 복합적인 성격을 가지고 있다.

둘째, 교육행정이 지향하는 목표는 장기성과 비긴급성을 특징으로 하고 있다. 교육은 미래지향적 · 장기적 활동으로서 교육의 목적과 성과는 단시일에 달성되는 것이 아니기 때문에 장기적 성격을 지닌다. 또한 교육은 하루 이틀 교육기능을 중단한다고 하더라도 국민의 생활이나 국가에 직접적인 영향을 미치지 않는다는 점에서 비긴급성을 특징으로 하고 있다. 교육은 장기적 투자이기 때문에 교육에 투입되는 돈은 긴 안목으로 보지 않는다면 긴요하지도, 긴급하지도 않으며, 때로는 비생산적으로 간주될 수도 있다. 이것은 교육행정, 특히 교육재정이 일반 행정으로부터 분리 · 독립되어야 하는 이유 중 하나다.

셋째, 교육행정의 특수성은 교육에 관련된 집단이 독특하다는 점이다. 전문적 지식과 기능은 물론, 전문직 집단으로서의 독특한 특징을 지닌 교사집단과 신체적 · 정서적 · 사회적 발달이 아직 미숙한 학생집단이 교육에 함께 관여한다. 또한 교육은 교육전문가와 비교육전문가의 교육활동에 대한 참여의 한계가 분명하지 않은 경우가 많다. 교육행정은 이와 같은 이질적인 관련 집단을 대상으로 공동 목표를 달성하기 위하여 여러 사람들의 노력을 조정해 나가는 복잡한 일을 수행한다.

넷째, 교육행정은 성과를 평가하기가 지극히 어렵다는 특징을 가지고 있다. 교육은 장기적 투자이기 때문에 교육의 성과를 평가하기가 어렵다. 또한 교육행정 대상인 학교조직의 성과는 학생들의 행동 변화와 밀접한 관련이 있기 때문에 평가하기가 매우 곤란하다. 학생들의 지식, 기능, 태도 등의 행동 변화는 쉽게 인지할 수 없을 뿐만 아니라 측정 결과도 명확하지 않기 때문에 성과에 대한 평가의 어려움은 가중된다.

다섯째, 교육행정은 고도의 공개성과 여론에의 민감성을 특징으로 한다. 교육은 전체 국민을 대상으로 하는 사회 구성원의 공통의 관심사이며, 대부분의 학교는 사적 기관이 아닌 공적 기관으로서 공공성이 강하게 요청된다. 따라서 교육기관의 효율적인 운영을 지원하는 교육행정은 항상 국민의 여론에 민감하게 대처하면서 공개적 · 개방적으로 행정 과업을 수행해야 한다.

여섯째, 교육행정은 다른 기관이나 지역사회와의 고도의 협력성을 특징으로 한다. 교육기관은 중추적인 사회제도의 하나로서 다른 기관에서 필요로 하는 인간을 양성해 줌으로써 위임받은 기능을 수행한다. 따라서 교육의 효과적인 기능 여하에 따라 다른 분야의 기능이 좌우된다. 이러한 이유 때문에 교육행정은 관련되는 집단이나 기관과의 고도의 협력을 필요로 한다. 특히, 교육정책의 형성과 집행은 다른 분야의 협조 없이는 한낱 탁상공론에 빠질 위험이 있다.

4. 교육행정의 원리

교육행정의 실제에서는 교육행정의 이론과는 달리 당위성과 규범을 배제할 수 없기 때문에 교육행정을 운영하는 데 지침과 준거가 될 원리가 필요하다. 즉, 교육행정의 실제에서는 행정가의 행위에 일관성을 유지시켜 주며, 교육행정의 여러 영역에서 나타나는 문제를 해결하는 데 도움이 되는 지침과 준거가 필요하다. 이러한 지침과 준거는 교육행정이 지향해야 할 당위적인 개념이나 가치로서 교육행정의 기본 이념 또는 원리로 규정될 수 있다. 따라서 교육행정의 원리는 과학적 방법을 이용하여 도출한 법칙이라기보다는 실제의 경험과 상식에서 도출된 규범적 원리라고 이해하는 것이 타당하다.

교육행정의 규범과 원리를 무엇으로 볼 것이냐에 관해서는 학자들 간에 다소 견해 차이가 존재한다. 따라서 여기서는 교육행정의 원리를 여러 학자들이 제시하고 있는 원리 가운데서 공통적으로 지적하고 있는 것을 중심으로 살펴보고자 한다.[3)]

3) 교육행정의 원리 또는 이념에 대한 학자들의 개별적 관점에 대해서는 백현기(1964: 35-39), 김종철(1982: 56-62), 김창걸(1985: 30-38), 남정걸(1991: 31-39), 이형행(1992b: 25-30), 노종희(1993: 16-21), 윤정일 외(1994: 23-31), 김윤태(1994:49-54) 등을 참고할 것.

1) 법치행정의 원리

법치행정의 원리는 모든 행정이 법령에 의거하고 법령이 정하는 범위 내에서 이루어지는 것을 원칙으로 한다는 것으로, 일명 '합법성의 원리'라고도 한다. 「헌법」 제31조 제6항은 '학교교육 및 평생교육을 포함한 교육제도와 그 운영, 교육재정 및 교원의 지위에 관한 기본적인 사항은 법률로 정한다.'고 규정하고 있다. 따라서 교육행정은 「헌법」 제31조의 규정을 비롯하여 「교육기본법」 「초·중등교육법」 「사립학교법」 「교육공무원법」 등의 법률과 그것을 기초로 하는 각종 대통령령, 교육부령 및 훈령, 통첩 등에 의거하여 집행되고 있다. 교육행정이 법치행정의 원리에 따른다는 것은 법에 의한 행정 집행뿐만 아니라 행정이 교육 관계 법령의 제정이나 수정과정에 참여한다는 것도 의미한다.

법치행정의 원리에 따라 행정이 집행되면 국민의 교육권이 보장되고, 국가 예산이 효율적으로 집행되며, 공무원의 부당한 직무 수행과 행정 재량권의 남용이 방지되며, 공무원이 소신 있게 일할 수 있도록 신분이 보장될 수 있는 장점이 있다. 그러나 법치행정의 원리를 지나치게 강조하면 행정의 합목적성·전문성·기술성 등이 경시되고, 법규 만능으로 인하여 형식적이며 경직화된 행정이 초래되기 쉬우며, 사회적으로 능률을 저하시킬 가능성도 배제할 수 없다.

2) 자주성 존중의 원리

자주성 존중의 원리는 교육의 본질 추구와 교육의 자주성 및 정치적 중립성을 보장하기 위해서는 교육행정이 일반 행정으로부터 분리·독립되어야 한다는 원리다. 교육행정에서 자주성이 존중되어야 하는 이유는 교육이 장기적·범국민적 사업이며, 개인의 능력을 최대로 계발하고, 국가 사회의 이상을 구현하려는 공기업이기 때문이다. 「교육기본법」 제6조는 '교육은 교육 본래의 목적에 따라 그 기능을 다하도록 운영되어야 하며, 어떠한 정치적, 파당적 또는 개인적 편견의 전파를 위한 방편으로 이용되어서는 아니 된다.'고 규정함으로써 교육의 자주성을 보장하고 있다.

그러므로 교육은 특정 당파의 이익을 대변하거나 특정한 종교의 수단으로 활용될 수 없는 보편타당한 중립성이 요구되는 것이다. 우리나라가 국·공립학교에서 특정 종교를 위한 종교교육을 금지하고 있는 것도 교육의 자주성을 보장하기 위한 하나의 조치다. 교육행정이 자주성 존중의 원리에 의해 운영되기 위해서는 무엇보다도 일반 행정으로부터 교육재정의 독립과 자주적인 교육인사행정이 필수적으로 수반되어야 한다.

3) 기회균등의 원리

기회균등의 원리는 민주주의의 기본 원리로서 교육행정에서 가장 강조되고 있는 원리다. 「헌법」 제31조 제1항에 '모든 국민은 능력에 따라 균등하게 교육받을 권리를 갖는다.'고 규정한 것은 교육의 기회균등 원리를 천명한 것이다. 「교육기본법」 제4조에서는 '모든 국민은 성별, 종교, 신념, 사회적 신분, 경제적 지위 또는 신체적 조건 등을 이유로 교육에 있어서 차별을 받지 아니한다.'고 규정하고 있으며, 따라서 국가와 지방자치단체는 이를 시행할 방책으로서 학교의 지역적·종별적 공평배치, 장학금제도, 직업을 가진 자의 수학을 위한 정시제 학교의 설치, 여러 가지 종별을 달리하는 학교를 설치할 것을 규정한 것 등은 기회균등의 원리를 실현하기 위한 구체적인 예라고 할 수 있다. 오늘날 취학전 교육의 확대, 의무교육의 확충, 특수교육의 실시, 평생교육의 추진 등 제반 교육행정의 시책은 모두 기회균등의 원리를 구현하려는 조치다.

4) 적도집권의 원리

적도집권의 원리는 중앙집권과 지방분권 사이에서 적절한 균형점을 발견하려는 원리로서 일명 '지방분권의 원리'라고도 할 수 있다. 일반적으로 행정에 있어서 집권주의는 행정의 능률을 향상시키는 데 필요한 것이며, 분권주의는 민주적 권한 위양과 참여의 기회를 보장하는 지표가 되고 있다. 오늘날 전 세계적인 추세는 교육행정에 있어서 중앙집권적 통제를 강화하려는 것이 일반적 현상이나, 우리나라의 교육행정은 본래 고도의 중앙집권체제하에서 발전하여 왔기 때문에 주민의 참여 기회가 부족하였고, 지역의 특수성을 고려할 수 없었다. 따라서 최근에는 교육자치 제도의 실시를 통해 지나친 중앙집권 체제를 지양하고 지방분권을 도모함으로써 양극 간의 균형을 유지하려는 노력이 지속되고 있다.

5) 타당성의 원리

타당성의 원리는 교육행정이 바람직한 교육 계획을 세우고 그것을 운영해 나가는 데 있어서 교육 목적에 맞는 타당한 교육행정이 되어야 한다는 것으로, 일명 '합목적성의 원리'라고도 한다. 본래 교육행정은 그 자체의 목적을 가지고 있다기보다는 교육활동을 위하여 봉사하는 수단적 활동이며, 바람직한 교수-학습 활동이 이루어지게 하고, 교수-학습 지도의 성과를 효과적으로 높이는 데 목적이 있다. 따라서 교육행정은 관료화 현상에서 초래되는 목표 전치(goal displacement)와 같은 여러 가지 병리현상에서 벗어나 교육 목적에 맞고 그 목적에 비추어 타당한 행정이 되어야 한다는 것이다.

6) 민주성의 원리

민주성의 원리는 교육행정을 수행하는 데 독단과 편견을 배제하고, 교육정책의 수립과정에서 광범위한 참여를 통하여 공정한 민의를 반영하며, 정책의 집행과정에 있어서도 권한의 위임을 통하여 전횡과 독단을 막는 것을 의미한다. 따라서 각종 교육기관 또는 교육행정기관의 장은 그 기관의 운영에 대하여 궁극적인 책임을 가지고 있음에도 불구하고, 여러 가지 운영회나 심의회 같은 것을 두어 시책의 결정과정에서 중지를 모으는 것이나 직원회, 협의회, 연구회 등을 통하여 의사소통의 통로를 개방하고 일방적인 명령이나 지시보다는 협조와 이해에 기초하여 사무를 병행해 나가는 것은 모두 민주성의 원리에 의거하는 교육행정이라고 볼 수 있다.

7) 능률성의 원리

일반적으로 효율성(efficiency)은 하나의 산출물을 생산하기 위하여 사용된 자원의 양으로 정의되기 때문에 투입과 산출의 비율을 따지는 데 비해, 효과성(effectiveness)은 목표의 달성 정도로 정의되기 때문에 투입과 산출의 비율은 문제 삼지 않는다(Etzioni, 1964: 8). 능률성이란 효율성과 효과성을 동시에 표현하는 개념으로서 가장 효율적인 방법으로 최대의 목표를 달성하는 것을 의미한다. 따라서 능률성의 원리는 교육행정이 효율적이고도 효과적으로 집행되어야 한다는 것을 말한다. 최근 교육의 규모와 기능이 복잡 · 다양해지고, 교육의 책무성에 대한 일반 사회인의 관심이 고조됨에 따라 효율성의 문제가 점차 중요한 관심사가 되고 있다. 교육의 성과는 그 성격상 장기적이며, 측정이 불가능한 무형의 산출이 보다 중요하기 때문에 교육행정에서 효율성의 원칙을 지나치게 강조할 때는 교육의 본질이 손상될 수 있다. 따라서 교육행정에서 능률성의 원리는 단기적 평가보다는 장기적 평가에 의한 능률성과 단순한 경제적 능률성보다는 사회적 능률성이 더욱 강조되어야 한다.

8) 적응성의 원리

적응성의 원리는 교육행정이 새로운 사태에 신축성 있게 대응해 나감으로써 조화적 관계와 능률적 성과를 계속적으로 확보하는 것을 말한다. 즉, 교육활동이 사회 변화에 능동적으로 대처하면서 사회 변화를 바람직한 방향으로 조절해 나가기 위해서는 교육행정에서 적응성의 원리가 큰 역할을 해야 한다는 것이다. 교육행정이 지나치게 경직되어 있으면 변화에 따른 신축성 있는 탄력적 대응을 하기가 어렵다. 교육행정에서 적응성의 원리는 시간적인 변화에 대한 적응뿐만 아니라 공간적인 변화에 대한 적응에도 적용되는 원리다.

9) 안정성의 원리

안정성의 원리는 교육활동의 지속성과 일관성을 확보하기 위한 원리다. 교육의 문제는 본질상 장기적인 성격을 내포하고 있기 때문에 국가의 교육정책은 안정 기조와 일관성 있는 집행과정을 지속적으로 유지하고 보장할 필요가 있다. 교육행정에서 빈번한 개편이나 개혁은 행정의 낭비를 초래하고 효율성을 저하시키는 요인으로 작용한다. 따라서 교육행정에서는 일단 국민적 합의과정을 거쳐 수립 · 시행되는 교육정책이나 교육 프로그램은 장기적인 안목에서 계속성과 일관성을 유지해야 한다.

교육에서는 혁신만을 지향할 것이 아니라, 경우에 따라서는 전통적 활동 가운데서 훌륭한 부분을 계승 · 발전시키는 의미의 보수주의도 필요하다. 교육활동은 다른 부문과는 달리 관련 요인이 많고, 모든 국민의 지대한 관심사이기 때문에 특정 교육정책의 변화는 그 파급 효과가 대단히 크다. 따라서 교육행정은 안정성을 추구하기 위해 변화의 속도를 늦추면서 혁신적 시책에 대해 주저할 필요도 있는 것이다. 안정성의 원리는 적응성의 원리와 일견 모순되는 것처럼 보이지만, 교육행정의 실제에서는 두 가지 원리가 조화와 균형을 유지하면서 공존할 수 있어야 한다.

10) 균형성의 원리

균형성의 원리는 '균형적 판단의 원리'라고도 볼 수 있다. 균형성의 원리는 교육정책의 수립과 집행과정에서 사물의 본말과 경중을 분별하여 선후의 순위를 밝히고, 노력과 경비의 공정한 분배를 기해야 한다는 원리다. 또한 균형성의 원리는 앞에서 제시한 교육행정의 원리를 실제에 적용할 때 이용할 수 있는 원리라고 할 수 있다. 즉, 교육행정의 실제에 있어서는 동일한 상황에 대해 양립하기 어려운 원리들이 동시에 적용되는 경우가 많다. 이러한 경우에 여러 원리 간의 상충점을 조절하여 극단을 배제함으로써 조화와 균형의 적정선을 유지해야 한다. 행정의 능률성을 지나치게 강조하여 민주성을 희생시키거나, 행정의 적응성에 몰두한 나머지 안정성을 위태롭게 할 수도 있기 때문에 행정가의 건전한 상식과 경험에 입각한 판단으로 조화와 균형을 도모해야 하는 것이다.

지금까지 교육행정의 원리를 개괄적으로 살펴보았다. 앞에서 제시한 교육행정의 원리는 엄밀한 과학적 방법을 적용하여 도출한 법칙이 아니라, 경험과 상식에 의거해서 도출된 규범적 원리라 하여 많은 비판을 받아 왔다(Simon, 1976: 20-36). 그럼에도 불구하고 교육행정의 실제는 당위성과 규범, 윤리성과 준칙에 의하여 수행되어야 할 고도의 정신 작용을 수반하는 실천적 행동을 전제로 하기 때문에, 교육행정의 원리는 행정가의 행위에 일관성을 유지시켜 주며 문제해결에 대한 지침과 준거를 제공한다는 점에서 그 유용성이 여전히 인정되고 있다.

5. 이론과 연구 그리고 실제

최근의 교육행정 연구는 사회과학의 다른 분야에서와 같이 과학적인 연구방법을 적용함으로써 새로운 이론을 발전시키고 있다. 과학적인 연구방법은 이미 실증된 법칙이라고 볼 수 있는 이론에서 논리적 · 연역적으로 도출한 법칙을 가설로 삼고, 이를 다시 경험적 · 귀납적으로 실증하려는 가설 · 연역적 접근방법(hypothetico-deductive system)을 활용하는 것이다(Knezevich, 1975: 138-139). 과학적인 연구방법이 의도하는 것은 과학적 법칙 내지는 이론을 정립하는 일이다(Kerlinger, 1973: 5-6). 이러한 과학적 탐구과정을 도식화하면 [그림 1-3]과 같다.

[그림 1-3]에 제시된 과학적 탐구과정은 다음과 같은 개념을 제시하고 있다. 개별적 관찰(observation)이란 측정(measurement), 표본 요약(sample summarization) 및 모수치의 추정(parameter estimation) 등을 거쳐 '경험적 일반화(empirical generalization)'라고 하는 더욱 일반화된 형태로 변형된다. 한편 경험적 일반화는 개념 구성(concept formation) 및 명제 배열(proposition arrangement) 등을 거쳐 이론(a theory)으로 통합된다.

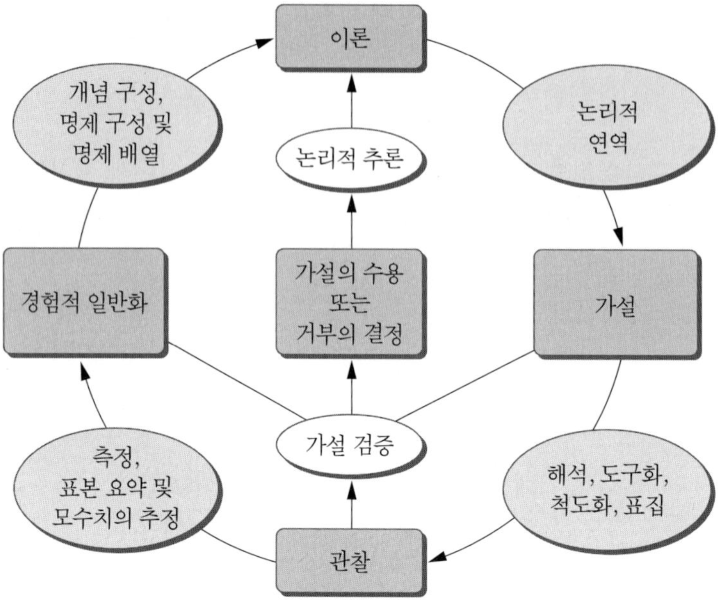

[그림 1-3] 과학적 탐구과정

출처: Walter L. Wallace(1971). *The Logic of Science in Sociology*. Chicago: Aldine · Atherton, Inc.
김영정, 남재봉 공역(1984). 사회학 방법론: 과학적 사회학의 논리. 서울: 도서출판 한울, p. 22.

이론은 논리적인 연역법(logical deductive method)을 통해 새로운 가설(hypotheses)로 변형될 수 있다. 경험적 가설은 그 가설을 관찰 가능한 것으로 만드는 해석, 도구화(instrumentation), 척도화(scaling) 및 표집(sampling)을 통해서 새로운 관찰로 이행된다. 이와 같은 새로운 관찰은 새로운 경험적 일반화로 이행될 수 있으며, 이때 새로운 경험적 일반화를 구성하게 만들었던 가설이 그것에 부합되는가의 여부가 검증된다. 이러한 검증은 결과적으로 새로운 정보, 즉 검증된 가설의 사실을 부인하느냐 혹은 수용하느냐의 의사결정을 내리도록 만든다. 이것을 통해 이론의 확인, 수정 또는 거부의 여부가 최종적으로 추론된다. 따라서 과학적인 연구방법을 통한 교육행정의 과학화 노력은 교육행정이론을 구성하려는 학문적 관심뿐만 아니라, 교육행정을 효과적으로 수행하려는 실제적 관심에서도 긴요한 일이다.

그러나 교육행정의 실무에 밝다고 자처하는 행정가들이 교육행정의 실제에 이론을 적용한다는 것에 회의적인 태도를 보이고 있는 사실도 부인하기 어렵다. 행정가들은 '그것이 이론적으로는 좋을지 모르지만, 실제에 있어서는 그렇지 못하다.' 고 주장하는 경향이 있다. 이러한 행정가들의 주장은 이론 자체에 대한 불신이라기보다는 이론의 본질이나 이론과 실제의 관계에 대한 잘못된 이해에서 비롯된 것이다.

따라서 여기서는 과학적인 의미에 있어서 이론이 무엇을 의미하는가를 살펴보고, 이론과 연구의 관계, 이론과 실제의 관계를 논의함으로써 이론과 연구 그리고 실제의 유기적인 상호 관련성을 밝히고자 한다.[4)]

1) 이론의 정의

지금까지 이론은 여러 학자들에 의해 다양하게 정의되어 왔기 때문에 대표적인 몇 가지 개념 정의를 통해 이론의 의미를 파악하기로 한다. 교육행정 연구에 크게 공헌한 A. W. Halpin과 D. E. Griffiths에 의해 적절한 것으로 받아들여진 H. Feigl(1951: 182)의 정의에 의하면, 이론이란 순수한 논리적 · 수학적 절차(logico-mathematical procedures)에 의해서 일련의 경험적 법칙이 도출될 수 있는 전제의 집합이다. R. G. Owens(1970: 43)는 이론을 일련의 가설이나 가정이 체계적으로 관련된 것으로 본다. 따라서 이론의 밑바탕을 이루고 있는 가설은 일반적인 사실로 수락되고 입증될 수 있어야 하며, 가설 설정과 검증과정을 반복함으로써 이론은 경험적 법칙이나 일반적 원리에 도달할 수 있다고 하였다. 한편 사회과학 분야의 연구에서 보다 적절하고 일반적인 것으로 받아들여지고 있는 F. N. Kerlinger(1973: 9)의 정의에 의하면, 이론은 현상에 대한 설명과 예측을 목적으로 변수 간의 관계를 밝힘으로써 그 현상에 대한 체계적인 견해를 나타내는 상호 관련된 일련의 추정 개념, 정의 및 명제다. Kerlinger의 이론에 대한 정의는 Feigl의 가설 · 연역적 정의와 유사함을 알 수 있다. 최근에 W. K. Hoy와 C. G. Miskel(1991: 2)은 이론이란 '교

4) 이 부분에 대한 보다 구체적인 논의는 이형행(1992a: 3-33), Hoy와 Miskel(1991: 1-9), Silver(1983: 3-18) 등을 참고할 것.

육조직 내의 인간의 행위를 체계적으로 기술하고 설명하는 일련의 상호 관련된 개념, 전제, 일반화'라고 정의하였다. 이 정의는 세 가지 점을 시사하고 있다. 첫째, 이론은 논리적으로 개념, 전제, 일반화로 구성되어 있으며, 둘째 이론의 주요 기능은 행위의 규칙성을 기술하고 설명하며 예측하는 것이며, 셋째 이론은 자기 발견적이기 때문에 앞으로의 지식 개발을 자극하고 이끌어 준다(Hoy & Miskel, 1991: 2-3).

2) 이론과 연구의 관계

이론은 연구의 도구이자 목표다. 목표로서의 이론은 한 현상을 설명하고 예측하며, 도구로서의 이론은 관찰과 발견을 위한 개념적 틀(conceptual framework)을 마련해 준다(Van Dalen & Meyer, 1966: 66). 여기서는 이론의 구조와 연역적 연구과정을 관련시켜 논의함으로써 이론과 연구의 관계를 구체적으로 살펴보기로 한다.

대부분의 과학적 연구는 이론의 타당성을 결정할 목적으로 증거를 수집하고 분석하며, 현상의 문제를 해결하거나 질문에 해답하려는 것이다. 따라서 대부분의 과학적인 연구는 특정한 표본을 연구 대상으로 한다. 그러므로 연구자는 연구 초기에 연구하고자 하는 문제에 관하여 분명하게 설명할 수 있어야 한다. 이때 연구 문제 선정의 기초로 이용되는 이론은 조사해야 할 특정한 문제를 논리적으로 잘 기술하여 연결시켜 줌으로써 경험적 연구를 위한 개념적 틀을 마련해 준다. 연구자는 연역적으로 연결된 법칙의 논리적 체계인 이론을 이용하여 새로운 법칙을 연역·도출하여 실험이나 조사연구를 위한 가설을 설정한다. 가설(hypotheses)은 변수와 변수 사이의 관계를 알아보기 위해서 실증 단계 이전에 행해진 잠정적인 진술이다(Kerlinger, 1973: 20). 즉, 연구자가 이론 속에 포함되어 있는 추상적인 명제를 연구할 변인이나 요인 간의 관계로 나타낸 진술이 가설이다.

다음 단계는 연구자가 이 가설의 진위를 결정할 구체적 증거를 수집하기 위해서 가설 속에 포함된 추정 개념(construct)을 조작적 정의를 통해 보다 구체적인 경험을 지칭하는 용어로 또다시 바꾸는 일이다. 즉, 추정 개념을 변인으로 전환시켜야 한다. 변인(variable)이란 관심 대상인 개인이나 집단 또는 사물이 각기 다른 것과 구별되는 특성이나 성질을 뜻한다.

마지막으로, 연구자는 연구 도구를 사용하여 각 변인에 관한 적절한 정보를 수집함으로써 연구 자료를 확보한다. 연구자는 확보된 자료를 통해 가설의 진위를 실증적으로 검증함으로써 일련의 연역적 연구과정을 마무리한다.

새로운 이론은 다른 이론으로부터 논리적 · 연역적으로 도출된 가설을 경험적 · 귀납적으로 검증함으로써 타당성을 실증하게 된다. 과학적인 연구의 결과는 이론의 일반화를 가능하게 하거나 부정하는 준거를 제공한다. 여러 번에 걸쳐 계속적으로 경험적인 뒷받침과 사실적인 증거가 있게 되면, 일반화는 한 현상을 설명하고 예측할 수 있는 원리나 법칙이 된다. 그러므로 이론은 과학적 연구의 시작이자 마지막이다(Hoy & Miskel, 1991: 7). 즉, 이론은 현상을 기술 · 설명 · 예측하기 위하여 가설을 세워 주는 반면, 모든 과학적 연구의 궁극적 목적은 실질적인 이론을 발전시키는 것이라고 볼 수 있다.

지금까지 이론과 연구의 관계를 알아보기 위해 이론의 구조와 연역적 연구과정을 관련시켜 논의하였다. 이상에서 논의된 양자 간의 관계를 도식화하면 [그림 1-4]와 같다. [그림 1-4]에 의하면, 이론에 관련된 용어와 연구에 관련된 용어가 화살표가 지시하는 바와 같이 서로 대응하여 일치하고 있음을 알 수 있다.

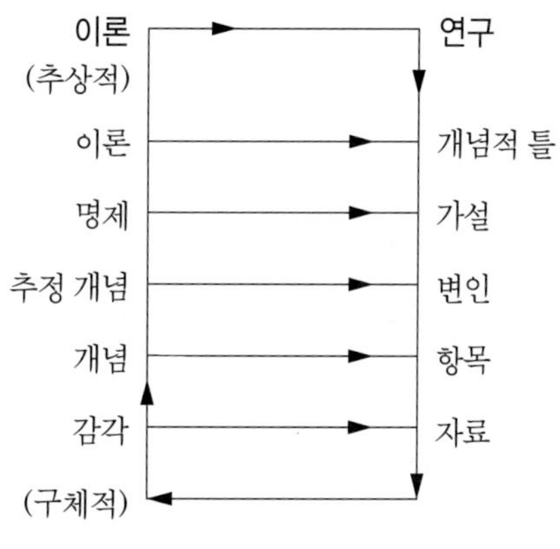

[그림 1-4] 이론과 연구의 관계

출처: Paula F. Silver(1983). *Educational Administration: Theoretical Perspectives on Practice and Research*. New York: Harper & Row Publishers, p. 13.

3) 이론과 실제의 관계

교육행정학에 있어서 이론과 실제가 양립할 수 없다는 사회적 통념은 A. P. Coladarci와 J. W. Getzels(1955: 5)에 의하여 공박당하기 시작하였다. 이론화는 실험실이나 상아탑의 전유물이 아니다. 어떤 일을 선택하고 판단하는 모든 사람은 그 행동에 대한 이유를 가지고 있다는 점에서 이론을 사용하고 있는 것이다. Coladarci와 Getzels는 행정가가 경험을 통해서 무엇인가를 배우고 있을 때 그는 이론화하고 있는 것이며, 비록 그 이론이 단순한 것일지라도 이론임에는 틀림이 없다고 주장하였다. Halpin(1966: 12)도 이론은 과학자의 전유물이 아니라고 지적하고, 유능한 행정가는 그 나름대로 행정이론을 근거로 하여 의사결정을 한다고 하였다.

이론은 적어도 세 가지 측면에서 실제와 직접적으로 관련되어 있다. 첫째로, 이론은 실무 행정가에게 준거의 틀(frame of reference)을 제공해 주고, 둘째로 이론화의 과정은 실제적 사상(practical events)을 분석하기 위한 일반 모형을 제공해 주며, 셋째로 이론은 의사결정을 인도해 준다(Hoy & Miskel, 1991: 7). 여기서는 이러한 이론과 실제의 세 가지 관련성의 의미를 구체적으로 논의함으로써 이론과 실제의 관계를 명료하게 밝히기로 한다.

첫째, 이론이 실무 행정가에게 준거의 틀을 제공한다는 것은 이론이 실무자들이 당면하게 되는 실제적인 문제를 예리한 관점에서 집중적으로 분석해 볼 수 있는 도구의 역할을 한다는 의미인 것이다. Griffiths(1959: 25)는 이론이 행정가의 행동 지침이 된다고 하였다. 행정가가 행동 지침인 이론으로부터 받을 수 있는 도움은 그가 무엇을 해야 할 것인가에 대한 도움이 아니라, 어떤 행동을 하면 무슨 일이 일어날 것인가 하는 행동의 결과에 대한 도움을 의미한다.

둘째, 이론이 이론화의 과정에서 실제적 사상을 분석하기 위한 일반 모형을 제공한다는 것은 이론이 실제로 적용할 자료의 수집 및 분석방법을 제시해 준다는 의미다. 이론 구성에 기본이 되는 사실을 수집하려고 할 때, 어떤 사실을 수집할 것인가를 결정해 주는 준거점이 필요하다. 만약 이러한 준거점이 없다면 잡다한 사실을 수집하게 되므로 문제해결에 접근하기가 어렵게 된다. 사실은 사실 간에 또는 그것을 담고 있는 개념 간에 상호 관련이 있을 때만 의미가 있는 것이다. 이론은 이러한 사실들 사이의 관련성을 밝혀 주는 준거점의 역할을 한다.

셋째, 이론이 의사결정을 인도해 준다는 것은 이론이 궁극적으로 실무자들에게 실제적이고 합리적인 의사결정을 하는 데 필요한 지식을 제공해 준다는 의미다. 이론으로부터 얻어지는 가장 유용한 결과 중 하나는 새로운 지식의 발견이다. 이론이란 전술한 바와 같이 연구자들에게 검증할 수 있는 가설을 암시함으로써 새로운 지식의 발견의 지침이 된다. 교육행정이 보다 과학적으로 수행되기 위해서는 행정가들이 새로운 지식을 토대로 정립된 이론에 근거하여 의사결정을 하고 그것을 실행으로 옮겨야 한다.

제2장 교육행정이론의 발전과정

제2장

교육행정이론의 발전과정

이 장에서는 교육행정이론의 발전과정을 역사적으로 고찰함으로써 교육행정이론의 성격을 요약 · 정리해 보고자 한다. 교육행정이론사의 정리는 교육행정 현상에 관한 설명을 온전히 이해할 수 있도록 촉진하는 이론적 배경을 제공하고, 교육행정 현상을 연구해 나갈 때 의지해야 할 이론적 틀을 마련하는 데 길잡이가 되어 줄 것이다. 그러므로 교육행정 현상을 연구하려는 사람들이 교육행정이론의 변천과정을 고찰해 보는 것은 매우 유익한 일이라 하겠다.

교육행정이론은 일반 행정이론의 발전과 밀접한 관련을 맺으면서 발전하여 왔다. 따라서 여기서는 교육행정이론의 발전과정을 일반 행정이론의 변천과정과 관련시켜 논의하되, 설명의 편의상 다음과 같이 크게 4단계로 나누어 살펴보고자 한다.[1)]

1) 교육행정이론의 발달과정에 관한 논의는 학자들의 관점에 따라 다소 차이가 있다. 이러한 관점의 차이에 관한 보다 상세한 설명은 Campbell 등(1987: 19-121), Hoy와 Miskel(1991: 9-26), Sergiovanni 등(1992: 125-166), 이형행(1992a: 35-93), 김윤태(1994: 91-170), 윤정일 외(1994: 44-69) 등을 참고할 것.

즉, 교육행정과 고전이론(1910~1930년), 교육행정과 인간관계론(1930~1950년), 교육행정과 행동과학적 접근(1950~1970년), 교육행정이론의 최근 동향(1970년~현재)으로 대체적인 구분을 하여 고찰하고자 한다. 여기서 각 단계의 구분은 시점에 의하여 규정한 것이 아니라, 어느 정도 지속되는 시간선상에서 대체적으로 규정한 것이다.

1. 교육행정과 고전이론

1) 고전이론의 일반적 특징

고전이론은 여러 갈래의 연구 경향과 다양한 배경을 가진 연구인들의 활동을 함께 묶은 집합적인 개념이다. 이들은 대부분 독자적으로 연구를 진행하였음에도 불구하고, 이들의 연구 노력을 함께 묶은 것은 고전이론에 속하는 여러 학파가 논리적으로 상호 연관되어 있기 때문에 그들을 묶어 하나의 연구 경향으로 고찰하려는 것이다. 고전이론에 속하는 학파는 대개 세 가지로 구분해 볼 수 있다. 첫째는, F. W. Taylor가 개척자로 되어 있는 과학적 관리학파(Scientific Management School)이고, 둘째는 H. Fayol, L. Gulick, L. Urwick 등이 중심이 된 행정관리학파(Administrative Management School)이며, 셋째는 M. Weber의 관료제 이론(Theory of Bureaucracy)이다.

고전이론이 태동하던 시기의 사회적 · 경제적 상황은 산업혁명 이후 민간 부문의 공업 생산 구조가 확대되고, 대규모의 근대적 산업조직이 급속히 팽창하고 있었으며, 자연과학 기술의 발전과 응용은 인간공학에 많은 영향을 주어 세상을 기계화하는 풍조가 만연하던 시기다. 당시 사기업체가 능률 제고를 위해 조직 내부의 장치를 의식적으로 계획해야 할 필요를 인식하고 있었던 점과 세상을 기계화하던 사고방식은 고전이론의 발전을 촉진하고 그 성격을 규제하는 중요한 요소로 작용하였다. 즉, 고전이론은 '세상을 기계화'하여 보는 시대의 사고방식을 반영하여 조직을 하나의 기계와 같이 이해하고, 조직에 참여하는 인간은 합리적인 기계의 부속품처럼 행동해 줄 것을 기대하였으며, 생산활동의 능률성을 최고의 가치로 간주하는 경향이 있었다.

고전이론에서는 조직을 명확하게 명시된 목적의 추구를 위해 만들어 놓은 도구 또는 기계와 같은 것이라고 생각하였다. 사람들은 조직을 의식적으로 구성하고 이를 조종할 수 있으며, 합리적인 과정을 통하여 미리 계획된 목적을 달성할 수 있다고 전제하였다. 조직과 거기에 참여하는 인간 사이의 충돌과 갈등은 합리적인 조직의 계획에 의하여 제거할 수 있다고 믿었다. 그리하여 예기치 않은, 불확실한 또는 역기능적인 요인에 대한 고찰은 무시되었다.

고전이론에 속하는 각 학파의 특징을 개괄적으로 살펴보면 다음과 같다. 과학적 관리 운동의 실질적인 창시자인 Taylor는 작업과정을 분석하고 기획함으로써 능률을 올릴 수 있다고 믿고, 공장관리, 동작 및 시간 연구를 통한 노동자의 육체적 능력 분석과 동기부여에 관한 경제적 접근방법을 통해서 합리적 보수체계와 능률 제고를 위한 여러 가지 과학적 관리의 원리를 체계화하였다(Taylor, 1911: 10-72).

Taylor의 과학적 관리의 기본 원리는, ① 작업의 과학화, ② 노동자의 과학적 선발, ③ 노동자의 과학적 교육과 개발, ④ 관리자와 노동자의 친밀한 협동의 네 가지로 요약할 수 있다(Taylor, 1947: 130).

과학적 관리학파는 능률 또는 생산성을 기본적인 가치 기준으로 삼고, 주로 공업생산업체의 하급계층 업무를 미시적인 수준에서 연구하는 데 몰두하였다. 따라서 과학적 관리학파의 주된 관심사는 기술적 논리(technical logic)에 입각한 작업 절차의 입안, 작업 기준의 설정 그리고 기준에 따른 통제를 통하여 능률을 최대화하는 것이었다. 과학적 관리론은 비능률적인 인간 유기체를 가능한 한 최선의 방법으로 생산 공정에 활용하는 기술과 지식을 체계화하는 기초를 확립함으로써 행정이론의 발전에 큰 영향을 미쳤으나, 인간을 단순히 기계적 · 합리적 · 비인간적 도구로 취급함으로써 자발적인 생산성을 저해했다는 비판도 받는다.

행정관리학파에 속하는 프랑스인 Fayol은 자신의 실제적인 행정 경험을 바탕으로 조직경영의 원리 및 행정 원리에 대한 체계적인 접근을 시도하여 1916년에 『일반 및 산업관리론(Administration Industrielle et Générale)』을 출판하였다. Fayol은 모든 관리자는 본질적으로 같은 과업을 수행한다고 보고, 기본적인 관리 요소로서 기획(planning), 조직(organizing), 명령(command), 조정(co-ordination), 통제(control)의 다섯 가지를 제시하였다(Fayol, 1949: 43-110). 또한 Fayol은 자신의 경험에서 얻은 교훈을 토대로 관리 원리로서 분업의 원리, 권한의 원리, 규율의 원리, 명령 통일의 원리, 지휘 통일의 원리 등 14가지 원리를 제시하였다(Fayol, 1949: 19-42).

한편 Gulick과 Urwick은 공공행정의 형식적인 측면에 초점을 두고 광범위한 접근을 시도하여 행정의 과학화에 크게 공헌하였다. 그들의 행정이론은 1937년에 공동으로 편집·출간한 『행정학에 관한 논문집(Papers on the Science of Administration)』에 잘 반영되어 있다(Gulick & Urwick, 1937). 특히 Gulick은 Fayol이 제시한 다섯 가지 관리 요소를 일곱 가지로 확대·발전시켜 'POSDCORB(planing, organizing, staffing, directing, co-ordinating, reporting, budgeting)'라는 용어로 제시하였다(Gulick, 1937: 13).

행정관리학파 역시 능률을 기본적 가치로 채택하고 조직단위의 구조적 관계, 관리기능의 유형, 관리의 과정, 분업과 통제에 관련된 원리 등을 연구하였다. 행정관리학파는 전문화의 원리, 부서화(departmentalization) 그리고 계획에 따른 행동의 통제를 통하여 능률을 제고시킬 수 있다고 믿었기 때문에 분업(전문화)의 원리, 명령 통일의 원리, 통솔 범위의 원리, 조정의 원리, 계층화의 원리 등을 발전시키는 데 열중하였다. 특히, POSDCORB는 행정과정에 관심을 갖는 많은 학자들에게 귀중한 출발점이 되었고, 공공행정이나 기업관리에 관심을 가진 학자들에 의해 오늘날까지 널리 활용되고 있다.

Weber의 관료제 이론은 그의 권한 구조에 관한 이론에 기초를 둔 것이다. Weber는 권한의 유형을 전통적 권한(traditional authority), 신수적 권한(charismatic authority), 합리적·합법적 권한(rational-legal authority)으로 분류하고, 합리적·합법적 권한에 기초해서 운영되는 관료제가 근대사회의 대규모 조직을 설명하는 데 가장 적합한 조직이라고 하였다(Weber, 1947). 이념형(ideal type) 조직인 관료제는 특정한 목적의 달성을 위하여 의식적으로 입안된 수단 또는 도구이기 때문에 합리적이라고 하며, 권한이 법규와 절차의 체계를 통하여 행사되기 때문에 합법적이라고 한다. 관료제는 추상적 법규에 의한 지배, 계층적 구조, 전문화, 전임직원, 금전에 의한 보수 지급 등을 특색으로 하기 때문에 조직의 능률과 합리성을 높일 수 있는 반면, 자체의 구조적 특성을 유지하는 과정에서 예기치 않았던 부작용으로서 역기능이 발생함으로써 많은 비판을 받기도 하였다(관료제에 관한 상세한 논의는 '제3장' 참조).

지금까지 개괄적으로 논의한 고전이론의 집합적인 성향을 몇 가지 측면에서 요약하면 다음과 같다. 첫째, 고전이론은 능률(efficiency)이라는 단일 가치 기준에 기초를 두었다. 고전이론은 능률 제고를 유일한 가치 기준으로 삼았기 때문에 조직의 생산활동에 관련된 공식적 구조와 과정적 변수에만 주의를 집중하였다. 따라서 어떤 의미에서는 고전이론이 능률 제고를 위한 노력의 부산물이라고도 말할 수 있다.

둘째, 고전이론은 공식적 구조를 중시하였다. 고전이론은 조직을 공식적으로 표방된 생산 목적을 달성하기 위하여 만들어진 도구로 보며, 합리적 계획에 따라 입안된 조직은 그러한 계획에서 처방하는 대로 움직여 나간다는 것을 전제하였다. 그리하여 고전이론은 조직의 공식적 구조와 기능에 관심을 두었고, 조직활동의 합리적 계획을 강조하였다. 결과적으로 고전이론은 조직의 비공식적 측면 또는 역기능적 측면을 간과하는 경향을 보였다.

셋째, 고전이론은 조직을 폐쇄체제(closed system)로 다루었다. 고전이론의 폐쇄체제적 관점은 조직 현상을 연구할 때 계획적으로 예정되지 않은 조직 내외의 불확실성 또는 비합리적 요인은 고려 대상에서 제외하는 경향이 있었으며, 특히 환경적 영향을 간과하였다.

넷째, 고전이론의 인간 본질에 관한 근본 가정은 주로 합리적·경제적 인간관(rational-economic man)이었다. 고전이론에서는 조직에 참여하는 인간은 합리적이고 경제적인 존재로서 자신에게 이익이 가장 큰 행동 대안을 타산적으로 선택할 수 있다고 보고, 동기부여의 유인은 원칙적으로 경제적(물질적)인 것이라고 가정하는 견해가 지배적이었다. 조직에 참여하는 사람들은 자신의 이익을 추구하는 이기적인 존재이므로 그들의 봉사와 희생을 요구하는 조직의 목적과 조직 참여자의 개인적 목적은 본래 대립하는 것이지만, 고전이론은 조직의 합리적 유인체제를 통하여 이러한 갈등을 해소할 수 있다고 보았다.

다섯째, 고전이론의 법칙성 발견을 위한 노력은 대체로 미숙한 것이었으며 과학활동은 형식화되는 경향을 보였다. 고전이론에서는 관리과정이나 조직구조의 형성에 관한 소위 '원리(principles)'가 크게 유행하였고, 과학적 관리 운동은 작업의 능률 제고를 위한 과학적 기법을 많이 고안하였다. 그러나 그러한 원리들의 대부분은 과거의 경험과 직감에 의존한 것으로 엄밀한 과학적 법칙이라고 할 수 없는 것이었다.

고전이론은 그 시대의 요청에 부응하는 사명을 수행하였으며, 조직의 공식적인 구조를 합리화하는 데 많은 기여를 하였다. 비록 고전이론이 실천에 있어서 미숙하기는 하였지만, 조직은 근본적으로 합리성에 기초를 두어야 하며, 조직의 연구는 과학적이어야 한다고 본 것은 고전이론의 기본적 입장이었다. 이러한 고전이론은 한때 등장했다가 소멸된 것이 아니라, 조직의 연구와 실제적인 운영에 있어 오늘날까지 꾸준한 영향을 미치고 있다.

2) 고전이론이 교육행정에 미친 영향

20세기 초부터 미국의 사회와 교육은 자본주의 체제와 자유기업의 경영철학, 19세기 후반부터 시작된 산업화와 그에 수반된 문제들에 대처하기 위해 일어났던 사회개혁 운동으로 인해 지대한 영향을 받기 시작하였다. 특히, 사회개혁 운동의 절정기에는 학교가 전형적인 비능률적 기관의 표적이 되어 비난을 받았다. 이러한 사회적 상황에서 Taylor 이후 기업경영과 공공행정에서 개발된 행정 원리가 학교조사와 교육행정가의 직무분석에 도입된 것은 자연스러운 일이었다.

과학적 관리론을 통한 학교의 능률적 운영을 주장한 대표적인 사람은 F. E. Spaulding과 J. F. Bobbitt을 들 수 있다. Spaulding은 교육행정의 비능률이 교육사업의 큰 취약점이라고 비판하면서 교육도 기업과 같이 과학적 관리에 의하여 보다 능률적으로 운영되어야 한다고 주장하였다(Spaulding, 1910, 1913). 또한 Bobbitt도 비슷한 입장에서 교육에서도 기업과 마찬가지로 생산품(학생)과 생산방법(교육방법)의 표준화, 생산자(교사)의 자격 및 교육과 훈련에 과학적 관리론을 충실히 적용할 것을 주장하였다(Bobbitt, 1913). 당시 교육행정가들은 능률의 시대를 대변하던 주장을 받아들여 과학적 관리론을 교육에 실제적으로 적용하는 데 주력하였다(Callahan & Button, 1964: 83-84).

과학적 관리론은 교육의 실제에 지대한 영향을 미친 것으로 평가되고 있으나(Callahan, 1962), 이것을 교육에 적용하는 것에 대한 비판도 만만찮았다. 특히, B. C. Gruenberg는 과학적 관리론의 교육에의 적용을 다음과 같이 비판하였다. 학교조직과 교육방법이 우리 경제생활의 특색을 이루는 기업조직과 그 운영방식을 모방하고 있다. 우리는 대기업인들의 가치평가에 따른 능률의 기준을 받아들여 공장에서 통용되고 있는 가격과 생산이라는 입장에서 교육의 결과도 측정하고 있다. 그러나 교육의 과정은 인간 유기체와 그의 독특한 개성을 다루는 것이기 때문에 공장에서 규격화된 제품을 생산하는 과정과 비교될 수 없다(이형행, 1992a: 78). Gruenberg의 관점에서 보면 당시의 주장은 교육적으로 타당했다기보다는 능률숭배의 시대 조류를 타고 정당화되었던 것 같다.

한편 교육행정학 교수로서 교육행정의 과학화에 크게 공헌한 학자로는 스탠퍼드 대학교의 E. P. Cubberley, J. B. Sears, 컬럼비아 대학교의 G. D. Strayer, 오하이오 주립대학교의 W. G. Reeder 등을 들 수 있다. 이들은 Spaulding이나 Bobbitt처럼 과학적 관리론을 교육행정에 충실하게 적용하지는 않았지만, 직무분석을 통한 교육행정에 대한 접근방법은 두 사람의 입장과 근본적으로 큰 차이가 없었다. 예를 들면, Cubberley(1916)는 『공교육행정』에서 교육감의 과업을 구체적으로 분석하였으며, Strayer(1913)는 E. L. Thorndike와 공저한 『교육행정: 계량적 연구』를 통하여 학생 및 교원 조사, 학교조직 및 교육과정 분석, 교육 결과의 측정, 학교재정 등에 대한 계량적 접근을 최초로 시도함으로써 교육행정의 과학화에 크게 기여하였다. 그리고 Reeder(1930)는 『공교육행정의 원리』에서 인사행정, 학교 예산, 교육과정 구성 등을 규정적 측면에서 다루었으며, Sears(1950)는 『행정과정의 본질』에서 Fayol이 제시하였던 다섯 가지 관리 요소를 교육행정에 최초로 적용하였고, 직무분석 방법을 통해 행정가의 과업을 분석함으로써 교육행정의 과학화에 공헌하였다.

이상의 논의와 같이 고전이론기의 교육행정학 교수들은 주로 학교 조사를 통하여 교육행정의 실제를 개선하는 데 연구의 초점을 두었다. 또한 교육행정을 직무분석의 관점에서 접근한 학자들은 교육행정가가 수행해야 할 과업과 그러한 과업을 보다 효과적으로 실천할 수 있는 방법을 제시하는 데 연구의 중점을 두었다. 따라서 이들의 연구는 교육조직 현상에 내재하는 보편적 법칙을 발견하고 이론을 정립하려는 노력이 대체로 미숙한 것이었으며, 과학적 활동도 형식화되는 경향을 보였다.

2. 교육행정과 인간관계론

1) 인간관계론의 일반적 특징

과학적 관리론을 비롯한 고전이론은 1930년대 초까지 행정에 많은 영향을 주었다. 그러나 1930년대 세계적 경제공황이 심화되면서 산업혁명 이후 계속적으로 상승 가도를 달리던 기계 중심의 편협한 생산주의는 맹점을 노출하기 시작하였고, 기계의 그늘에 덮여 있던 인간의 위치가 중대한 문제로 부각되었다. 즉, 사람들은 기계적 세계관이나 조직을 기계화하고 인간을 기계의 부속품처럼 생각하는 사고방식에 염증을 느끼게 되었다. 또한 당시의 정치적 · 사회적 · 문화적 변동은 노동자에게 인간다운 대우를 해야 한다는 새로운 사회적 기대를 형성하게 하였고, 기업의 대규모화는 분권화의 필요성을 증대시켰다. 이러한 여러 가지 시대 상황의 변화는 고전이론이 새로운 사태에 대응할 수 있는 적절한 실용적 처방을 제공하지 못하게 함으로써 고전이론의 적합성을 크게 저하시키는 결과를 초래하였다. 이러한 상황에서 고전이론에 반대하는 논리를 전개하면서 등장한 것이 인간관계론(human relations approach)이다.

인간관계론적인 연구는 하버드 대학교 경영대학원 교수였던 E. Mayo의 주도하에 실시된 일련의 실험적 연구로부터 시작된 것으로 본다. 인간관계론적 연구 경향의 출발에 직간접적인 자극을 준 M. P. Follet의 조직심리 연구(Follet, 1924; Pugh et al., 1971: 102-104; Fox & Urwick, 1973), K. Levin(1951)의 집단역학으로 알려진 장이론(field theory) 연구 등의 공적도 간과해서는 안 될 것이지만, Mayo의 공적은 훨씬 직접적이고 방대하기 때문에 사람들이 그를 인간관계론의 시조로 간주한다.

Mayo 교수를 중심으로 F. J. Roethlisberger, W. J. Dickson 등의 연구팀은 1927년부터 1932년에 걸쳐 Chicago 교외에 있는 Hawthorne 공장에서 조명 실험, 전화계전기 조립 실험, 면접 프로그램, 건반 배선 조립 관찰 실험 등 일련의 실험연구를 수행하였다. Hawthorne 실험연구는 처음에는 과학적 관리론에서 기본 전제로 삼고 있는 작업장의 물리적 환경과 생산성과의 상호 연관 관계를 검증하는 것이 기본 목적이었다. 즉, 작업 환경을 표준화하고 동작연구를 통하여 최선의 작업방법을 설정하여 그대로 작업을 수행함으로써 생산성을 극대화할 수 있다는 과학적 관리론의 원리가 실제로 유효한지를 연구하려는 것이 원래의 목적이었다(Mayo, 1933; Roethlisberger & Dickson, 1939; Pugh et al., 1971: 126-130). 그리하여 작업 환경(조명 수준, 휴식시간, 작업시간 등)과 보상제도(기본급, 성과급 등)를 변경하면서 이에 따른 생산성의 변화를 조사해 본 결과 뚜렷한 연관성이 나타나지 않았고, 오히려 생산성은 작업 조건보다는 작업 집단에 관련된 요소에 더 밀접하게 관련되어 있다는 사실을 발견하게 되었다. 따라서 Hawthorne 실험연구의 후반에는 연구의 초점을 작업 환경으로부터 집단행동에 맞추어 연구를 계속하게 되었다. 그 결과 조직의 생산성은 작업 집단의 구성원들 간의 상호 관계와 이들 사이의 상호작용에 의하여 크게 영향을 받고 있다는 사실이 발견되었다. 특히, 공식적인 직무구조와 권한체계보다는 자연 발생적인 비공식적 조직과 구성원의 비공식적 역할이 중요한 것으로 나타났고, 집단 구성원이 자신의 직무, 관리자 그리고 다른 구성원에 대하여 어떻게 생각하고 있는지의 여부가 생산성에 매우 큰 영향을 미치는 것으로 나타났다. 이러한 Hawthorne 실험연구의 결과는 고전이론의 비인간적 합리론과 기계적 도구관을 부정하고, 조직관리의 인간화를 실현하려는 것으로서 인간관계론의 이론적 기초를 제공하게 되었다.

Hawthorne 실험연구를 통해서 발견한 사실을 종합 · 정리하면 다음과 같다 (Hoy & Miskel, 1991: 15; Etzioni, 1964: 34-38).

- 경제적 유인이 유일하게 중요한 동기요인은 아니다. 실제로는 비경제적인 사회적 제재가 경제적 유인의 효과를 제한한다.
- 노동자들은 개인으로서가 아니라 비공식 집단의 구성원으로서 관리층에 반응한다.
- 생산 수준은 생리적 능력보다는 비공식조직의 사회적 규범에 의해 보다 많은 제한을 받는다.
- 전문화가 반드시 작업집단의 가장 효율적인 조직을 만들어 내는 것은 아니다.
- 노동자들은 관리자의 자의적 의사결정으로부터 자신을 보호하기 위하여 비공식조직을 이용한다.
- 비공식적인 사회조직은 관리층과 상호작용한다.
- 좁은 통솔 범위가 효과적인 감독의 필수 요건은 아니다.
- 비공식적 지도자는 종종 공식적 감독자만큼 중요하다.
- 인간은 기계의 톱니바퀴와 같은 수동적 존재가 아니라 능동적 존재다.
- 집단규범의 설정과 강요에 있어서 지도성이 중요하며, 공식적인 지도자와 비공식적 지도자는 명백하게 구별된다.

Hawthorne 실험연구의 의의는 물리적 작업 조건만을 고려하던 종래의 폐단에서 인간의 사회적 · 심리적 요인의 중요성을 부각시키고, 비공식적 · 자생적 집단의 중요성을 새롭게 인식하게 한 것이다. 그러나 Hawthorne 실험연구를 중심으로 한 인간관계론은 조직 운영의 문제를 보다 근본적으로 다루는 데 실패하였다는 지적도 적지 않다. 인간관계론에 대한 비판의 요지를 정리하면 다음과 같다.

- 인간관계론은 조직의 목표를 저버린 채 개인의 감정과 비공식적 집단의 요청만을 지나치게 중시하여 조직의 기강을 문란하게 하고 관리의 방향을 상실하게 하였다.
- 인간관계론은 조직 내의 인간적 측면에만 지나치게 집착하다 보니 조직의 구조적 측면 내지 생산성 제고 측면을 등한시하였다.
- 인간관계론은 근로자 개개인에 대한 배려를 강화하도록 처방하고 민주적 지도방식을 처방하였으나, 선량주의적 관리 방식을 포기하지 않았다. 결과적으로는 조직 참여자들을 비윤리적인 조종(unethical manipulation)의 대상으로 삼게 하고, 노동자들의 개인생활에 대한 기업주의 가부장적 지배(paternalistic domination)를 초래하였다(Whyte, 1956: 36-40; Gross, 1964).
- 인간관계론은 연구 대상과 변수가 한정적이고, 조직을 개방체제보다는 폐쇄체제로 간주하였기 때문에 조직과 환경과의 관계를 명백히 다루지 못했다.

지금까지 개괄적으로 논의한 인간관계론의 일반적 특성을 몇 가지 측면에서 요약하면 다음과 같다. 첫째, 인간관계론은 새로운 가치 기준으로서 사회적 능률(social efficiency)을 제시하였다. 사회적 능률이란 조직 참여자의 만족도, 특히 사회적 욕구 충족도를 의미하는 개념이다. 인간관계론에서는 조직의 생산성이 합리적인 직무설계나 전문기능 등 조직의 구조체계보다는 조직을 구성하고 있는 구성원 간의 상호작용에 달려 있다고 본다. 즉, 조직의 생산성은 조직 구성원이 자신의 직무에 얼마나 만족하고, 자신이 관리자로부터 얼마나 인정받고 있는가에 달렸다. 따라서 집단 구성원의 직무 만족을 높이기 위해서 구성원을 잘 이해하고 그들의 문제에 관심을 갖고 배려해 주는 인간 중심적이고 민주적인 관리방법이 중요하다. 직무 만족은 집단의 사기를 높이고 응집력을 강화함으로써 집단의 성과를 높이는 데 결정적 역할을 한다. 그러나 인간관계론이 고전이론의 능률관을 완전히 배제한 것은 아니었다. 인간관계론은 사회적 능률이 공식조직의 능률과 별개로 또는 더불어 추구해야 할 만한 중요성을 지닌 것이며, 생산활동의 능률은 사회적 능률을 통해서 성취할 수 있다고 믿었다.

둘째, 인간관계론은 비공식적 요인을 중시하였다. 고전이론의 구조 중심적 연구경향에 대한 대안으로서 인간관계론은 비공식적 요인 중심의 접근방법을 제시하였다. 인간관계론은 조직을 단순히 직무와 권한의 공식적인 구조체계로 보지 않고, 오히려 개인으로 구성된 사회적 집단으로 보고, 여기서 나타나는 자생적이고 비공식적인 행동에 연구의 초점을 맞추고 있다. 즉, 조직을 구조적으로 보지 않고 유기적으로 보려는 것이 인간관계론의 특징이다. 따라서 조직의 목적을 달성하고 생산성을 높이려면 합리적인 공식구조도 중요하겠지만, 이와 더불어 조직에서 실제로 나타나는 자연 발생적인 비공식조직도 매우 중요하다. 또한 인간관계론은 조직 참여자인 인간의 사회적 · 심리적 측면을 중시하면서 대인관계와 인간 집단의 비공식적 관계, 권한의 위임과 분권화, 민주적 지도과정, 조직 구성원의 경영 참여 등에 강조점을 두었다.

셋째, 인간관계론의 인간 본질에 대한 근본 가정은 주로 사회적 인간관(social man)이었다. 즉, 인간관계론은 조직의 구성원들이 단순히 경제적인 동기에 의해서만 행동하지 않고, 집단 구성원으로서 사회적인 동기에 의하여 행동한다고 본다. 이와 같이 조직 참여자를 사회적 존재로 파악하는 입장은 인간의 사회적 · 비합리적 측면을 존중하고 동기부여 요인으로서 사회적인 것을 중요시한다는 점에서 고전이론의 합리적 · 경제적 인간관의 명제와는 반대되는 것으로 볼 수 있다.

넷째, 인간관계론은 고전이론의 허구적인 과학성을 대단한 기세로 공박하고 경험주의를 제창하였다. 즉, 우리가 지각할 수 있는 사실에 입각한 검증을 통하여 과학적인 이론을 발전시켜야 한다는 주장을 내세우게 되었다. 그러나 인간관계론에서도 고전이론과 마찬가지로 한정된 대상과 상황과 관련하여 발견한 규칙성을 보편타당한 것이라고 믿는 과오를 범하였다. 예컨대, 고전이론이 하향적 의사소통 체계를 항상 유효한 것이라고 처방하였듯이 인간관계론은 횡적 및 상향적 의사소통 체계가 보편적으로 유용하다고 처방하였다. 이렇게 볼 때 인간관계론의 경험주의는 아직 원숙한 경지에 도달하지 못했던 것으로 볼 수 있다.

2) 인간관계론이 교육행정에 미친 영향

1930년대로 접어들면서 교육행정 분야는 20세기 초에 교육계 내부에서 자생된 민주적 행정철학의 영향과 Mayo 등이 주도한 Hawthorne 실험연구를 바탕으로 형성된 인간관계론의 영향을 동시에 받으면서 변화의 과정을 겪게 되었다. 20세기 초에 등장한 교육행정의 민주적 관점은 새로운 사회사상, 학교조직의 성격 변화, 학교의 전제적 · 권위적 장학 실제에 대한 일부 학교의 반발 등 여러 요인의 복합적 작용으로 교육자들 사이에서 처음으로 전개된 일련의 신념에 기초를 둔 학교경영 철학이었다(Campbell et al., 1987: 49-50).

여기서는 민주적 행정의 필요성과 인간관계의 중요성을 강조한 몇몇 학자들의 활동을 통해 교육행정이론의 발전과정을 개략적으로 살펴보기로 한다. 먼저, 민주교육의 방향을 제시한 대표적 저서로는 J. Dewey(1916)의 『민주주의와 교육』을 들 수 있다. Dewey는 당시 학교 지도자들에게 인기가 있었던 과학적 관리의 기법에 대해 신랄하게 비판을 가하고, 교육 경영자들은 그들이 관리하는 사람들의 동의를 얻어야 할 필요가 있음을 강조하였다. 또한 그는 이상적인 학교는 민주주의의 축소판이므로 학교의 구조나 활동에는 민주주의의 원리가 반영되어야 하며, 무엇보다도 개성을 존중하고, 학생과 교원의 자유를 증진시켜야 한다고 주장하였다.

그러나 당시 교육행정 분야에서 가장 눈부신 활동을 전개했던 학자는 미시간 대학교의 A. B. Moehlman이었다. Moehlman(1951)은 『학교행정』이라는 저서에서 조직과 행정의 과정은 교수의 필요(instructional needs)에 의해서 발생하는 것이기 때문에 조직이나 행정은 교수의 목표를 달성하는 데 목적이 있는 것이 아니라 단지 수단으로 고려되어야 한다는 점과 행정은 본질적으로 교육과정(educational process)의 기본 목표를 보다 충분하고 효과적으로 실현하기 위한 봉사활동이라는 점을 강조하였다. 이러한 관점은 교육행정을 교육 목적을 달성하기 위한 수단으로 규정함으로써, 행정 작용에 있어서 전제적 · 권력적 · 강압적 요소를 배제하고 민주적 · 기술적 · 봉사적 요소를 중시한 것으로 볼 수 있다.

W. A. Yauch(1949)는 『학교행정에 있어서 인간관계 개선』에서 교육행정에 있

어서 인간관계의 중요성을 강조하면서 민주적인 교육행정의 원리를 제시하였다. 특히, 그는 교장과 교사는 수평적 관계에서 만나야 하며, 교사들은 장학, 예산 배분, 교육과정, 일반 정책 결정 및 학교 운영에 관련된 모든 행정 영역에 참여해야 한다고 주장하였다. 한편 R. G. Koopman 등(1943)도 학교행정의 민주화를 위한 과제로서 교육에 대한 사회적 책임 규명, 민주적 지도성의 개념 개발, 민주적인 조직 형태의 확립, 모든 사람의 적극적인 참여 유도, 교원의 역할 규명 등 다섯 가지를 제시하였다.

앞에서 살펴본 바와 같이 당시의 모든 교육 관계 저서나 논문에서는 민주교육, 민주교육행정, 민주장학, 민주교수법 등을 다루고 있었다. 그러나 1930년대 이후 민주교육, 민주행정, 민주장학 등을 주장하는 사람들이 많았던 데 비하여 이를 지지하는 사람들 간에는 '민주'라는 용어의 개념이 모호했기 때문에 지나치게 단순화되었거나 때로는 오도되는 경우도 없지 않았다(Griffith, 1979: 25). 또한 학교행정에서 인간관계를 지나치게 강조함으로써 생기는 오해도 적지 않았다. 좋은 인간관계와 민주적 행정에 대한 지나친 강조는 흔히 교육 조건이 어떠해야 하며, 교사와 학생들은 어떻게 행동해야 한다는 당위적이고 규범적인 처방과 같은 것을 의미하였다. 이러한 규범적 처방의 형태로 제시되었던 대부분의 행정 원리는 사실상 교육현장에서 성공한 행정가의 체험이나 상아탑 속에 있는 교수들의 민주주의 이념에 근거한 것이었다. 그래서 교육행정에 대한 인간관계론적 접근은 말로만 성찬이었을 뿐 학교조직과 운영의 실제에 대한 이론적 연구는 소홀하였다. 그럼에도 불구하고 전반적으로 볼 때, 인간관계론은 교원의 사기 및 교원과 학생 사이의 신뢰감의 중요성을 인정하였고, 특히 민주적·참여적 행정을 강조함으로써 교육행정의 발전에 기여하였다.

3. 교육행정과 행동과학적 접근

1) 행동과학적 접근의 일반적 특징

1950년대를 전후해서 사회과학자들은 고전이론과 인간관계론이 지닌 이론적 문제점을 비판하면서 두 학파의 종합을 시도하였다. 이들은 학문 간 협동적 연구(interdisciplinary approach)를 바탕으로 심리학, 사회학, 정치학, 행정학으로부터 도출된 명제, 개념, 원리, 모형, 연구설계 등을 이용하여 이론적 가설을 경험적으로 검증함으로써 과학적 이론을 개발하려는 경향을 보였다. 행동주의 사회과학자들은 종전의 이론들이 좁은 범위의 변수에 초점을 맞춤으로써 다른 변수들은 고려하지 않았다는 점을 비판하면서 연구 대상의 범위를 공장, 교도소, 교회, 학교 등으로 확대시켰다. 또한 이들은 조직을 분석함에 있어 조직의 공식적 요인과 비공식적 요인 및 두 요인의 상호 관련성, 비공식 집단의 범위와 그들 간의 상호 관계, 상 · 하위자 간의 관계, 사회적 보수와 물질적 보수 및 그들 상호 간의 영향, 조직과 환경과의 상호작용, 작업조직과 비작업조직의 관계 등을 포함함으로써 관심 영역을 확대하였다(Etzioni, 1964: 49).

여기서는 행동과학적 접근을 통해 행정이론의 발전에 획기적인 공헌을 한 C. I. Barnard와 H. A. Simon의 연구 업적을 중심으로 행동과학적 접근의 일반적인 특징을 개략적으로 살펴보기로 한다.

Barnard는 많은 인간관계론자들과 동시대에 활동하면서 행정에 대한 행동과학적 접근을 처음으로 시도한 사람이라고 할 수 있다. 그는 New Jersey 주의 벨 전화회사의 사장, Rockefeller 재단 이사장, 정부 행정기관의 책임자 등의 경험을 토대로 현대 행정이론의 고전이라 할 수 있는 『경영자의 기능(The Functions of the Executive)』을 1938년에 출판하였다. 이 책은 공식조직 내의 협동적 행위에 관한 종합적 이론을 제시하고 있다.

Barnard는 공식조직을 두 사람 이상의 힘 또는 활동이 의식적으로 조정되는 협동체제로 보고, 조직의 활력과 지속적인 존속을 위해서는 개인의 자발적 협동, 공동의 목적 그리고 조직 구성원 간의 원활한 의사소통이 필수적이라고 주장하였다(Barnard, 1938: 73-82). 즉, Barnard는 조직을 협동체제로 정의하고 개인의 자발적 협동을 조직의 활동과 존속에 가장 핵심적인 요소로 인식함으로써 조직에 있어서 개인의 중요성을 강조하였다.

조직의 목표 달성에 대한 개인의 자발적 협동은 효과성과 능률성에 의존한다. 즉, 개인은 조직의 목표 달성이 가능하며, 동시에 조직이 그에게 요구하는 희생보다 그가 조직으로부터 얻을 수 있는 만족이 크다고 믿는 경우에 비로소 자발적으로 협동하게 된다. 여기서 능률성은 개인의 욕구 만족을 의미하며, 개인의 욕구 만족은 조직 구성원의 주관적 평가에 의존하게 된다. 따라서 조직이 최대한의 목표 달성을 하기 위해서는 조직 구성원으로부터 능률성을 도출하고 유지하여야 한다(Barnard, 1938: 46-61). Barnard의 이러한 견해는 조직의 목표 달성을 강조한 고전이론의 관점과 구성원의 욕구 만족을 강조한 인간관계론의 관점을 통합한 것으로 평가되고 있다.

Barnard는 권한(authority)의 개념을 공식조직 내의 의사소통의 특성으로 파악하고, 권한의 객관적 측면과 주관적 측면을 구별하였다. 권한의 객관적 측면이란 상위자의 명령이 개인적 능력보다는 그가 점유하고 있는 조직 내의 직위에 의해 하위자에게 수용되는 직위 권한(authority of position)을 의미하며, 권한의 주관적 측면은 상위자의 명령이 직위보다는 그의 개인적 능력에 근거해서 하위자에게 수용되는 지도성 권한(authority of leadership)을 뜻한다. Barnard는 권한이 본질적으로 상부로부터 하향적으로 부여되는 것이 아니라, 하부로부터 상향적으로 형성된다고 주장함으로써 권한의 주관적 측면의 중요성을 강조하였다(Barnard, 1938: 161-184). 이와 같은 Barnard의 견해는 권한의 위임이 위로부터가 아니라 아래로부터 이루어진다는 것으로, 고전이론의 관점과 정반대적인 것으로 평가되고 있다. 그러나 Barnard는 직위 권한이 조직 구성원에 대한 실질적인 제재 수단이 된다는 사실을 간과하였다.

Barnard는 주로 공식조직의 구조와 기능을 다루었다. 그러나 그는 모든 공식조직 속에는 자생적으로 발생하는 비공식조직이 존재하며, 이러한 비공식조직은 공식조직 속에서 원활한 의사소통, 집단 결속의 유지 그리고 개개인의 인격의 통합과 같은 세 가지 중요한 기능을 수행한다고 지적함으로써 조직 내 비공식조직의 중요성과 공식조직과의 불가피한 상호작용을 설명하고 있다(Barnard, 1938: 114-123).

또한 Barnard는 조직과 조직의 기능에 대한 분석에 기초하여 관리자의 기능을 세 가지로 제시하였다. 즉, 관리자의 기능 중 가장 중요한 첫 번째 기능은 의사소통체계를 확립하고 유지하는 것이다. 의사소통은 개인의 활동과 전체 조직의 활동, 단위 조직의 세부 목표와 전체 조직의 일반 목표를 연계하는 효과적인 조정의 기본 전제가 된다. 관리자의 두 번째 기능은 개인을 조직과 협동적 관계 속으로 유인하고, 그 개인으로부터 조직에 필수적인 서비스를 확보하는 것이다. 이것을 위해 관리자는 효과적인 보상체제, 유인체제, 감독 및 통제 체제, 교육훈련 체제 등을 확립 · 유지하여야 한다. 마지막으로, 관리자의 세 번째 기능은 조직의 목표를 결정하고 정의하는 것이다. 여기서 중요한 측면은 조직의 일반적 목표는 관리자가 결정하고 특수한 상황에서 목표에 대한 정의, 즉 구체적인 행동에 관한 결정은 하위 단위에 위임하는 객관적 권한의 위임이다(Barnard, 1938: 215-234).

행정이론의 발달에 대한 Barnard의 공헌은 그가 조직 구성원의 행태적 측면의 중요성을 인식하고 분석을 시도하였다는 점이다. 즉, Barnard는 협동과 조정에 있어서 개인의 동기와 선택의 중요성, 효과성과 능률성의 개념으로 조직의 목표 달성과 구성원의 욕구 만족과의 상호 관련성의 규명, 권한의 주관적 측면, 개인의 사회적 성격과 비공식조직이 조직 구성원의 사기에 미치는 영향, 유인과 보상체제, 관리자의 기능 등을 분석함에 있어서 개인의 행태적 측면에 초점을 맞추었다. Barnard의 행태적 분석은 Simon과 J. G. March를 비롯한 행태주의자들의 연구에 많은 영향을 미쳤다. W. B. Wolf는 행정이론에 대한 Barnard의 공헌을 다음과 같이 정리하여 제시하였다(이형행, 1992a: 64).

- 조직의 전체성(holistic nature)을 최초로 강조하면서 조직에 체제 개념을 관련시켰다.

- 조직 속에서 비공식적인 측면의 역할에 최초로 관심을 기울였다.
- 공식조직에 대해서 일반적이고도 보편적인 정의를 명백하게 내렸다.
- 권한의 본질에 대한 전통적인 생각을 바꾸었다.
- 의사결정 과정을 조직과 관리의 중요한 측면으로 최초로 강조하였다.
- 의사결정의 비논리적 사고과정에 주목하였다.
- 의사소통 체계로서 집행조직에 관심을 기울였다.

행정에 대한 행동과학적 접근을 시도하여 행정이론의 발전에 크게 공헌한 또 다른 학자는 Simon이다. 그는 자신의 박사학위 논문을 기초로 1945년에 출판한 「행정적 행위: 행정조직에 있어서 의사결정 과정에 관한 일 연구(Administrative Behavior: A Study of Decision-Making Processes in Administrative Organization)」에서 행정 현상의 연구에서 보다 엄정한 과학적 방법을 사용해야 한다는 것, 의사결정은 논리적 실증주의에 입각해야 한다는 것, 의사결정을 행정 연구의 핵심으로 삼아야 한다는 것 등을 주장함으로써 행정이론 연구에 선도적 역할을 하였다.

Simon은 기존의 행정 원리는 '격언(proverbs)'에 지나지 않는다고 비판하였다. 특히, Gulick의 POSDCORB를 비판 대상으로 삼아 이 원리의 논리적인 모순성, 원리 간의 갈등, 실제 행정 상황에서의 부적합성 등을 지적함으로써 이러한 원리들이 인간의 동기, 이해관계의 갈등, 정보처리, 의사결정, 기획 수립 등에 거의 관심을 두지 않은 지극히 피상적이고 평이한, 실재성이 결여된 원리라고 비난하였다(Simon, 1976: 20-44). Simon은 현존하는 행정 원리는 애매모호하고 상호 간에 배타적인 격언에 불과하기 때문에 금후의 새로운 접근방법은 이러한 행정 원리로부터 그 원리가 적용될 수 있는 조건에 대한 연구, 즉 일관성 있고 유용한 행정이론을 수립하는 방향으로 연구 방향을 전환하여야 한다고 주장하였다(Simon, 1976: 240).

Simon은 행정을 조직 구성원의 행위에 영향을 주는 합리적인 의사결정 과정이라고 보았으며, 행정이론의 궁극적인 목적은 조직의 결정의 합리성을 증가시키는 것이라고 하였다(Simon, 1976: 39). 따라서 Simon에게 있어서 행정은 의사결정과 같은 것이며, 그의 주요 관심은 의사결정이 어떻게 이루어지며, 어떤 방법으로 보다 유효하게 결정할 수 있는가 하는 문제를 분석하는 것이었다. Simon은 합리적으로 의사결정을 하는 데는 정보 수집과 처리, 대안 탐색과 결과 예측, 의사결정자의 정의적 요소 개입 등의 요인에 의해 현실적으로 의사결정의 합리성이 제약을 받는다는 점을 인정하고, '제한된 합리성(bounded rationality)'이라는 새로운 개념을 통해 의사결정을 이해한다(Simon, 1976). 즉, Simon은 의사결정자가 어떤 결정을 할 때, 일반적으로 최적안을 선택하기 위해 최대한도로 노력하리라고는 기대할 수 없으며, 현실적으로 만족할 만한 대안을 선택한다고 주장함으로써 의사결정의 만족화 모형(satisfying model)을 제안하였다(March & Simon, 1958).

Simon은 행정의 심리적 · 사회적 측면을 Follett, Mayo, Roethlisberger 등보다 더 깊이 분석하였으며, Barnard의 기본 개념인 균형, 의사결정, 의사소통, 권한 등을 훨씬 더 발전시켰다. 그러나 Simon의 핵심적 공헌은 행정 현상에 대한 개념 정의와 그 개념들 간의 규칙적인 관계에 주목함으로써 체계적인 행정이론을 발전시킨 점이다(Gross, 1964: 64).

이상에서 개략적으로 살펴본 행동과학적 접근방법은 조직분석에 있어서 가치중립적인 접근을 촉진하였을 뿐만 아니라, 조직의 모든 유형과 모든 요인이 포함되도록 조직의 연구 범위를 넓혔다. 또한 특정 단일요인에 관한 연구에 있어서도 그 요인과 다른 요인들과의 관련성에 주목하였고, 조직에 대한 중요성을 판단하는 기준을 제시함으로써 행정 연구를 풍요롭게 하는 데 기여하였다.

2) 행동과학적 접근이 교육행정에 미친 영향

1950년대 이전까지의 교육행정이론의 대부분은 뛰어난 행정가의 체험 사례, 대학교수의 공리, 사변 그리고 이들의 규범적 처방에 의존하고 있었다. 그러나 1950년대 이후 교육행정 연구에 행동과학적 접근이 시도되고 이론화 운동이 전개되면서부터 그 양상은 변하기 시작하였다. 즉, 교육행정 연구는 종전의 체험 사례 중심의 연구와 규범적 형태의 연구에서 조직화된 분석적 · 체계적 연구로 전환되기 시작하였다. 또한 단일 학문 중심의 사실적 관찰에 근거한 교육현장 중심의 연구에서 인접 과학을 망라한 다학문적 접근방법을 통한 이론의 개발을 지향하는 학문 중심 연구로 관심을 돌리기 시작하였다. 이러한 교육행정의 이론 지향적 경향은 낡은 이론이나 나쁜 이론에 대한 반동으로 나타난 것이 아니라, 행동과학적 접근방법을 통해 교육행정의 이론 부재 현상을 극복하려는 시도로 시작되었다고 볼 수 있다(Greenfield, 1985: 5243). 교육행정에서는 이와 같은 당시의 이론화 경향을 신운동(new movement)이라고 불렀다. 교육행정에서 신운동을 주도했던 학자들이 강조한 공통점은 다음과 같다(Halpin, 1970: 162-163).

- 교육행정을 연구하는 데 이론의 역할이 중요함을 인정하고, 이론에 근거한 가설·연역적 연구방법을 택하여야 한다.
- 교육행정을 일반 행정이나 기업행정 등과 다르게 보려는 편협한 관점을 버리고, '행정'이라는 용어 앞의 한정사와는 관계없이 행정은 그 자체로서 과학적인 연구 주제가 될 수 있다.
- 교육기관은 사회체제로서 가장 잘 이해될 수 있는 것이기 때문에 교육행정의 연구는 행동과학적 연구방법에 크게 의존하지 않을 수 없다.

여기서는 신운동을 주도하였던 세 기관의 주요 활동을 중심으로 교육행정이론의 발전과정을 개략적으로 살펴보기로 한다. 첫째, 1947년에 미국 교육행정학교수협의회(The National Conference for Professors of Educational Administration: NCPEA)가 결성되었다. 이 협의회의 결성 취지는 교육행정 분야에서 수행된 기존의 연구물을 수합·검토하여 정교화함으로써 구체적인 활용을 가능하게 하고, 기타 관련 분야의 연구물과의 통합을 시도하는 것이었다(Hayes & Pharis, 1967: 4). 특히, 이 협의회가 1954년 Colorado 주 덴버 대학교에서 개최한 연차대회에는 사회과학 분야의 행동과학자들이 다수 참석하여 교육행정학 교수들과 공동 관심 분야를 논의하였다. D. E. Griffiths(1959: 3)는 행동과학자들의 참여 의의를 당시 교육행정 분야에 지배적이었던 실무 위주의 사고방식에 정면으로 도전하여 이론적 연구가 전혀 없던 교육행정 분야에 새로운 이론적 접근방법을 제시한 점이라고 하였다. 또한 이

협의회는 R. F. Campbell과 R. T. Gregg를 공동 편집인으로 선정하여 교육행정에 관한 기존의 연구물을 종합하여 앞으로의 연구 방향을 제시하고, 이론 구성의 필요성을 인식시키기 위하여 1957년에 『교육에 있어서 행정적 행위』를 출간하였다. 이 책의 의의는 당시까지 교육행정에 대한 이론 지향적 연구가 없었다는 점을 지적하면서 이론에 바탕을 둔 새로운 연구의 필요성을 강조한 점에 있다.

둘째, 1950년에 Kellogg 재단의 후원을 받아 하버드 대학교를 비롯한 5개 대학(다음 해에 3개 대학이 추가됨)이 중심이 되어 교육행정 협동 연구(The Cooperative Program in Educational Administration: CPEA)를 수행한 것을 들 수 있다. 이 협동 연구는 초기에는 교육행정의 이론 연구보다는 교육행정의 실제를 개선하는 데 중점을 두었다. 그러나 실제의 개선은 이론 연구에 크게 의존한다는 사실을 인식한 후부터는 이론 연구에도 관심을 집중하였다. 이 협동 연구의 일반적인 목표는 교육행정가의 양성을 위한 직전 및 현직 교육 프로그램을 분석 · 평가 · 개선하고, 학교가 당면한 행정적 문제를 찾아내며, 그 해결을 시도하기 위한 사회과학자들과의 협동 연구와 동일 지역 내의 대학과 교육행정 기관과의 계속적인 협력을 위한 모형 개발 등을 들 수 있다(Halpin, 1970: 163). 이 협동 연구는 교육행정학 교수들이 사회과학자들과 계속적인 학문적 접촉과 대화를 촉진하고, 일반 행정 및 기업경영 분야에서 수행된 연구와 사회과학의 개념 및 연구 결과에 주목하게 함으로써 교육행정이론의 발전에 크게 기여하였다(Campbell et al., 1977: 100).

셋째, 1956년에 교육행정학 분야에서 박사학위 과정을 개설 중이던 32개 대학이 모여서 미국 교육행정학교수협의회의 주도하에 교육행정대학협의회(The University Council for Educational Administration: UCEA)가 구성된 것이다. 이 협의회의 창설 목적은 교육행정가의 직전 및 현직 교육 프로그램을 개선하고, 교육행정에 대한 이론적인 연구를 촉진하며, 연구와 실제로부터 얻어진 자료를 보급하는 것 등이었다(Campbell et al., 1977: 100). 대학 간 교육행정학교수협의회라고도 볼 수 있는 UCEA는 1950년 이후부터 CPEA가 주도해 왔던 교육행정에 대한 이론적 연구를 더욱 촉진하고 심화시키는 역할을 담당하였다. UCEA는 1957년에 '교육행정이론의 발전'이라는 주제로 세미나를 개최함으로써 이론화 운동을 가속화하였으며, 이 세미나에서 발표된 8편의 논문은 Halpin(1958)에 의해 『교육에 있어서 행정이론』으로 출간되었다. 또한 UCEA는 1965년부터 교육행정 분야의 최초의 학술지인 『계간 교육행정(Educational Administration Quarterly)』과 『교육행정 초록집』이라는 정기간행물을 발간해 오고 있으며, 1966년부터는 각국이 당면하고 있는 교육행정의 실제 문제와 연구 동향을 토론하기 위해 4년마다 개최되는 교육행정에 관한 국제 상호방문 계획(International Intervisitation Program on Educational Administration)을 후원해 오고 있다.

이상에서 살펴본 바와 같이 NCPEA, CPEA, UCEA 등은 1950년대부터 시작된 교육행정의 이론화 운동을 주도하면서 행동과학적 접근방법을 통해 교육행정이론의 발전에 크게 공헌하였다. 논리실증주의에 바탕을 둔 교육행정의 이론화 운동의 본질을 요약 · 제시하면 다음과 같다(Culbertson, 1981: 25-47; Greenfield, 1985: 5244-5245).

- 이론과 연구는 행정 및 조직 행위의 기술 · 설명 · 예측에 관심을 집중한다. 과학과 이론은 행정가가 무엇을 해야 한다는 진술을 포함할 수 없을 뿐만 아니라, 무엇이 바람직한 조직을 구성하는가에 대해서도 처방할 수 없다.
- 과학과 이론은 이 세상에 존재하는 현상을 기술할 수 있다.
- 유용하고 강력한 연구는 이론에 근거를 두며, 그러한 이론에 의해서 인도된다.
- 최상의 가장 강력한 이론은 수학적 모형에서 수식으로 표현되는 가설 · 연역적 진술이다.
- 효과적인 행정이론의 개발은 사회과학과 행동과학의 개념과 탐구 방식의 활용을 필요로 한다.
- 행정과 조직은 포괄적인 개념이다. 그것들이 묘사하는 것은 모든 장소와 모든 시간에서 동일하다.

1950년대부터 전개된 교육행정의 이론화 운동은 처음 10년여 동안은 행동과학 접근방법을 통해 교육행정이론의 발전에 선도적 역할을 수행하였으나, 1960년대 중반 이후 이론화 운동의 열정은 다음과 같은 몇 가지 원인으로 인해 약화되었다 (Halpin & Hayes, 1977: 271-275).

첫째, 이론화 운동의 행정이론에 대한 지나친 강조가 과도한 기대를 불러일으켜 행동과학적 접근방법에 대한 환멸과 비판을 초래하였다. 둘째, 이론화 운동의 배경을 이룬 행동과학적 언어와 방법이 기존 학자들에게는 새롭고 생소하였으며, 심지어 혼란스럽기까지 하였다. 셋째, 이론화 운동은 조직 내의 변인에만 관심을 두었을 뿐 외적인 환경 변인을 도외시함으로써 급속한 환경적 변화에 적절히 대응하지 못하였다.

4. 교육행정이론의 최근 동향

현시점에서 1960대 중반 이후 몇 가지 요인들의 영향을 받아 새로운 변화의 과정을 모색하고 있는 교육행정이론의 최근 동향을 일목요연하게 제시한다는 것은 사실상 어려운 일이다. 따라서 여기서는 개략적인 논의를 통해 대체적인 경향을 파악하기로 한다.[2)]

1960년대 후반 미국의 사회적 · 정치적 불안과 1970년대의 재정적 · 정치적 긴급 사태—인권운동, 베트남전, 워터게이트, 위기론자와 보수주의 등—는 교육행정이론의 발전에 커다란 영향을 미쳤다. 학교가 처한 환경은 평온한 상태에서 혼란

2) 교육행정이론은 1950~1960년대의 이론적 발전기를 거치면서 1980~1990년대에 이르러 다양한 관점이 복합적으로 혼재하는 다원화 단계에 이르고 있다. 학자들에 의해 다양하게 논의되고 있는 이론과 관점은 체제이론(systems theory), 상황중심이론(contingency theory), 조직행동론(organizational behavior), 인적자원론(human resources theory), 해석론(interpretive theory), 비판론(critical theory), 포스트모더니즘(postmodernism), 페미니즘(feminist theory), 정치적 관점(political perspective), 문화적 관점(cultural perspective) 등이다(Hoy & Miskel, 1996: 17-20; Sergiovanni, Burlingame, Coombs, & Thurston, 1992: 148-173; 박성식, 1993: 357-425; 윤정일 외, 2002: 60-71; 노종희, 1992: 76-98; 이군현, 1992: 50-63; 권기욱 외, 2000: 26-33; 주삼환 외, 2002: 37-40; 진동섭 외, 2007: 61-70).

한 상태로 급격히 바뀌었다. 분명히 학교는 폐쇄체제가 아니며, 단지 한정된 체제에서나 가능한 정확한 예측은 학교에서는 가능하지도 않다. 폐쇄체제 전략은 체제가 완전히 외부와 단절되어 있거나 또는 체제에 영향을 주는 외부 세력이 예측 가능하다는 것을 전제로 한다(Thompson, 1967: 4). 비록 학교가 외부 환경과 상호 의존적일지라도 학교의 환경은 소용돌이치고 예측할 수 없는 것이다. 결과적으로 과학적 관리론, 관료제 이론, 1950~1960년대를 풍미하였던 J. W. Getzels와 E. G. Guba의 사회과정이론(social process theory)과 같은 폐쇄체제이론은 적합하지 않았다. Griffiths(1979: 51)는 그와 같은 이론들은 강력한 개념과 가설을 산출하는 데 있어 더 이상 효과적이지 않음을 개탄하였다. 즉, 그러한 이론들은 조직 또는 조직 내의 인간을 기술하는 것을 허용하지 않으며, 교육행정가에게도 도움이 되지 못한다. 실제로 오늘날은 교육조직을 포함한 현대 조직이 개방체제라는 점에 의견의 일치를 보고 있다(Bidwell, 1979: 111-131; Boyd & Crowson, 1981: 311-373; Meyer, 1978; Thompson, 1967). 즉, 오늘날은 '모든 것은 모든 것에 관련되어 있다.'(포괄적 관련성)는 명제가 보편적으로 수용되고 있기 때문에 조직 외부에서 일어나는 사건을 고려하지 않고 조직을 분석하는 것이 적절한 방법이라고 주장하는 연구자나 이론가는 거의 없다.

또한 교육체제를 둘러싼 소용돌이치는 환경은 결과에 새로운 압력을 가하여 왔다. 행동과학으로부터 도출된 이론적 지식을 적용하는 데 있어서 한 가지 위험성은 어떤 사실을 지나치게 일반화하려는 경향이 있다는 점이다. Lorsch(1979)는 이를 '보편이론의 유혹(lure of universal theory)'이라고 불렀다. 어떤 조건하에서 개념과 명제가 적절한가를 묻는 대신 이론가들은 개념은 항상 옳다고 가정한다. 예를 들어, Likert(1961)는 조직이나 위치에 상관없이 참여적 관리가 언제나 가장 효과적이라고 주장한다. 바로 이때에 조직에 대한 보편이론 또는 일반이론은 잘 맞지 않으며, 이러한 사실이 교육행정이론이 가지고 있는 환상을 부분적이나마 설명해 줄 것이다.

이론 발달에 있어 개방체제 전략이 폐쇄체제 전략을 대신하였듯이, 상황중심이론(contingency theory)이 조직의 이해에 대한 지배적인 접근방법인 보편이론을 대체하게 되었다(Meyer, 1978: 4). 조직의 규칙성은 권력, 규모, 기술, 문화, 환경 등과 같은 상황 요소에 의존하고 있다는 점이 오늘날 폭넓게 수용되고 있다(Meyer, 1978; Mintzberg, 1979). 즉, 대부분의 연구자들은 '상황에 따라 모든 것이 달라질 수 있다.'(상황 중심성)는 명제를 타당한 것으로 받아들인다. Meyer(1978: 4)는 이러한 상황을 "조직화하는 최선의 유일한 방법이 없듯이, 모든 조직에 대한 단순한 경험적 일반화도 있을 수 없을 것이다."라고 적절하게 요약하였다. 앞으로 교육행정이론이 보다 유용해지려면, 이론은 더욱 세련되어야 하고 상황 지향적이어야 한다. 사회과학 및 행동과학으로부터 개념이나 모형을 무비판적으로 받아들이는 것은 유용한 이론을 제공하지 못한다. 교육조직은 다른 공식조직과 공통점이 많지만 확실히 다른 점도 있다. 이것은 교육조직에 있어 행태에 관한 일반화가 이루어질 수 없다는 것을 말하는 것이 아니라, 오히려 중요한 상황적 변수가 그와 같은 명제의 조건이 될 가능성이 있으며, 따라서 실제적인 적용은 제한적일 것이라는 것을 말하는 것이다.

1960년대 중반 이래 교육행정학 분야는 빠르게 개발되어 온 새로운 하위 분야들로 넘쳐 왔다. 그 시기는 교육정책학, 교육경제학, 교육재정론, 교육법, 교육정치학 등에서 전문화의 출현과 더불어 정교화되어 가는 시기였다. Boyan(1981)은 교육행정학의 현재 상태에 대한 분석을 통해 연구의 내적 전문화를 언급하였다. 그러나 그는 유일한 새로운 통합 패러다임을 위한 조건이 현재는 존재하지 않는다고 결론지었다. 당연한 이야기이지만 한 분야 내에서 상당 기간 내적 분화과정을 거친 후에는 어느 정도 통합이 이루어지기 마련이다.

또한 교육행정이론은 최근 들어 엄격한 분석과 날카로운 비판을 받아 왔다. 소위 'Greenfield-Griffiths' 논쟁의 시작과 더불어 인식론적 문제, 현상학, 전통과학, 논리적 실증주의 그리고 주류 조직이론과 연구의 부적절성 등에 관한 학문적 토의가 점차 증가해 왔으며, 패러다임의 전환에 대한 빈번한 요구가 제기되어 왔다.[3] 사실 이것은 1977년 5월 로체스터 대학교에서 경력개발 세미나를 위해 제공된 연구 분야의 내부적 갈등으로서, 이곳에서 몇몇 학자들은 가설의 오류에 기초한 전통적 개념에 대해 본격적인 비판을 하기 시작하였다(Greenfield, 1979: 167-190;

Haller & Strike, 1979: 227-243). 확실히 최근의 교육행정이론은 동요와 비판적 분석에 직면해 있으며, 다양한 이론적 관점이 제시되는 가운데 새로운 패러다임으로의 전환을 모색하고 있는 중이다.

교육행정 현상을 온전히 파악하려면 균형 잡힌 관점에 입각한 포괄적 접근방법(comprehensive approach)을 채택해야 한다는 것이 오늘날의 교육행정이론의 기본 명제인 것 같다. 즉, 조직 현상의 다양성, 상황별 고유성 그리고 변칙 가능성을 이해하고 용납하면서 '변화 속의 일관성(patterned variations)'을 찾아 보편적인 요인을 포착하려는 성숙한 태도를 보이는 것이 최근 교육행정이론의 집합적인 경향이라고 할 수 있다. 따라서 최근의 교육행정이론은 인간이 거의 무한한 잠재력과 가변성을 지닌 복잡한 존재임을 인식하고 조직을 복잡한 체제로 보기 때문에 무모한 획일화나 단순한 법칙화를 피하려고 하는 경향을 보이고 있다.

3) 소위 'Greenfield-Griffiths' 논쟁과 관련된 일련의 논쟁에 관한 보다 자세한 논의는 Greenfield(1975: 71-99, 1979: 167-190, 1980: 26-59), Griffiths(1979a: 43-65, 1979b: 41-62), Bates(1980: 1-20), Hills(1980: 20-44), Hoy(1978: 1-12), Willower(1979a: 20-42, 1979b: 63-85, 1980: 1-25), Gronn(1983) 등을 참고할 것.

제3장 조직구조론

1. 조직의 개념
2. 조직의 종류
3. 조직구조의 개념
4. 조직구조의 결정요인
5. 조직구조의 형태
6. 조직의 유형론
7. 학교조직의 특성

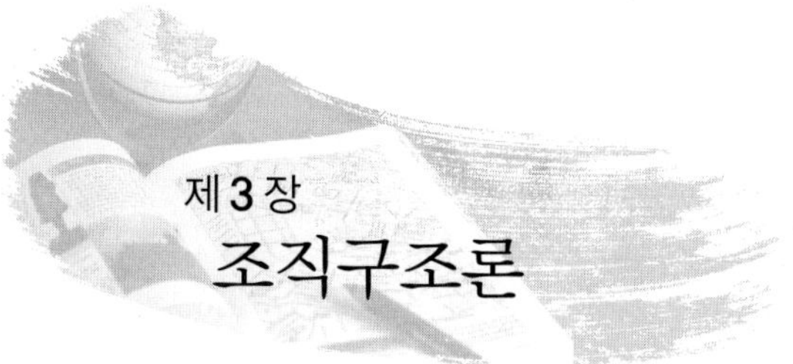

제3장 조직구조론

행정은 조직 구성원으로서의 인간의 사회적 행위와 관련되어 성립되는 현상이기 때문에 조직을 전제로 하여 존립한다. 따라서 행정 현상에 대한 체계적 · 종합적 이해를 위해서는 조직 현상에 대한 이해를 필요로 한다. 여기서는 교육행정 현상을 보다 종합적으로 이해하기 위하여 다음과 같은 문제들을 살펴보고자 한다. 첫째, 조직의 개념적 정의를 통해 조직의 본질적 의미를 이해한다. 둘째, 조직의 종류와 특징을 알아본다. 셋째, 조직구조의 개념을 밝힌다. 넷째, 조직구조의 결정 요인을 분석한다. 다섯째, 조직구조의 형태를 설명한다. 여섯째, 조직의 유형론을 통해 조직 간의 유사점과 차이점을 규명한다. 일곱째, 교육조직의 독자적인 특성에 대하여 논의한다.

1. 조직의 개념

현대사회는 조직사회다. 우리는 조직 속에서 출생하여 조직에 의해 교육되며, 조직을 위해 일하는 데 거의 모든 일생을 바친다. 이와 같이 인간은 누구나 어떤 형태로든지 조직생활을 하고 있기 때문에 조직은 인간의 생활의 전반에 걸쳐 큰 영향을 미친다. 이러한 조직의 개념을 밝히기 위하여 조직에 대한 정의를 내린다는 것은 그렇게 쉬운 일이 아니다. 그래서 조직을 연구하는 학자들 가운데는 조직을 정의하는 데 드는 노력에 비하여 그 효용 가치가 희박하다고 지적하면서 조직 현상의 논의에서 조직에 대한 정의 규명을 회피하는 사람들도 있다(March & Simon, 1958: 1). 그러나 조직을 정의하는 일은 규명하고자 하는 조직 현상이 뜻하는 바를 기본적으로 밝히고 전제하는 작업이므로 조직을 연구하는 데 있어서 회피할 수 없는 과제이기도 하다.

조직에 대한 정의는 조직을 연구하는 사람들의 조직관을 반영한다. 따라서 연구자들마다 조직을 다르게 정의할 수 있으며, 실제로 다양한 정의를 내리고 있다. 그러나 서로 다른 표현을 하고 있음에도 불구하고, 조직에 대한 많은 사람들의 정의에는 기본적인 공통점이 있음을 알 수 있다. 따라서 여기서는 대표적인 몇 사람의 조직에 대한 정의를 살펴보고, 이들 정의에 내포된 공통점을 추출함으로써 조직이 무엇을 의미하는가를 이해하고자 한다.

Weber의 정의 M. Weber(1947: 139-153)는 조직의 구조 또는 체제에 역점을 두면서 조직을 계속적이고 의도적인 특정한 종류의 활동체제라고 정의하고, 그런 조직의 속성으로서 다음과 같은 것들을 지적하였다. 조직에는 경계가 있다. 조직 구성원의 상호작용은 조직에 의하여 유형화된다. 조직 내에는 권한의 계층과 분업이 있다. 조직 내의 질서는 이를 관리하는 역할을 맡은 특정한 구성원들에 의해서 유지된다. 조직 내의 상호작용은 연합적(associative)이며 공생적(communal)인 것은 아니다. 조직은 특정한 종류의 목적 지향적 활동을 지속적으로 수행한다. 조직은 구성원의 생애를 초월하는 존재로서 개별 구성원이 죽는 경우에도 살아남을 수 있다. 이러한 Weber의 조직에 대한 정의는 조직에 목적과 경계 및 공식적 구조가 있음을 확인하고, 이것들을 중요시한 고전적 조직이론기의 연구 경향을 반영한 것이라 할 수 있다.

Barnard의 정의 C. I. Barnard(1938: 73-82)는 조직의 구성원에 초점을 맞추어, 조직이란 두 사람 이상의 힘 또는 활동이 의식적으로 조정되는 체제라고 정의하고, 조직의 구성요소로서 의사소통, 봉사하려는 의지 그리고 공동의 목적 등을 제시하였다. 이러한 조직이 지속되려면 대내외적인 균형 및 효과성과 효율성이 유지되어야 한다. Barnard의 조직에 대한 정의에서는 인간적 요소가 강조되고 있는데, 고전적 조직이론에서는 이와 같은 정의를 찾아보기 어렵다. 이 점에서 Barnard의 정의는 인간관계론을 중심으로 한 초창기 행동주의 관점을 반영한 것이라고 할 수 있다.

Selznick의 정의 P. Selznick(1957: 5)은 조직과 환경과의 관계를 강조하는 조직관을 바탕으로 하여, 조직이란 직무를 수행하기 위해서 설계된 도구이며, 의도적으로 조정된 활동의 체제라고 정의하였다. 따라서 조직은 공식적인 목적과 합리적으로 정돈된 구조에 연관 내지 접속되어 있는 여러 세력의 영향을 받는다. 즉, 조직은 그 환경에 끊임없이 적응해야만 살아남는 사회적 단위인 것이다. 이러한 조직이 그 존재를 계속적으로 유지하려면 사회적 환경 속에서 안전성 확보, 의사소통 경로와 권한체계의 안전성 유지, 조직의 존립 의의와 역할에 관한 조직 구성원들의 동질적 이해 확보, 조직 구성원들의 지속적인 참여와 지지 확보 그리고 조직 내에 있는 비공식적 관계의 안전성 유지 등에 관한 필요를 충족시켜야 한다. Selznick의 조직에 대한 정의는 조직과 환경과의 관계를 강조하였다는 점에 특색이 있다.

Etzioni의 정의 A. Etzioni(1964: 3)는 고전적 조직이론과 인간관계론을 통합한 구조주의자의 견해를 피력하면서 다음과 같은 조직에 대한 정의를 제시하였다. 조직은 목적을 추구하기 위하여 신중하게 구성되고 또다시 구성된 사회적 단위 혹은 인간의 집합이다. 이러한 조직은 노동 · 권력 · 의사소통의 분화, 조직의 협동적 노력을 통제하고 이를 조직의 목적에 지향시키는 권력 중심(power centers)의 존재, 구성원의 교체와 같은 세 가지 특징이 있다. 다른 사회적 단위에도 이와 같은 특성이 다소 있을 수 있지만, 조직에 비하면 그 정도가 현저히 낮다. Etzioni의 정의에서는 공식적으로 분화된 구조, 권력 중심과 통제활동, 조직의 목적, 구성원과는 구별되는 조직의 실체 등이 강조되고 있다.

지금까지 살펴본 조직의 개념을 통해서 알 수 있는 조직의 특징을 종합적으로 정리하면 다음과 같다.

- 조직은 어떤 특정한 목적 또는 목표를 가지고 있다.
- 조직은 사람들로 구성되지만, 개별적인 구성원의 존재와는 별개의 실체를 형성한다.
- 조직 내에는 분화와 통합에 관한 공식적인 구조와 과정이 있으며, 반드시 비공식적 또는 자생적 관계가 형성된다.
- 조직에는 경계가 있어서 조직과 그 환경을 구별해 준다.
- 조직은 개방체제로서 환경과 영향을 주고받는 상호작용을 한다.
- 조직은 규모가 크고 그 구성원이 복잡하여도 어느 정도 합리성의 지배를 받는다.
- 조직은 상당한 지속성을 지니고 시간선상에서 움직여 가는 역동적인 현상이다.

2. 조직의 종류

현대적인 조직은 그 성격에 따라서 여러 가지로 구분할 수 있으나, 행정조직에 관해서는 다음과 같은 구분이 중요한 의의를 갖는다. 즉, 공식조직과 비공식조직,

계선조직과 참모조직, 관료제와 특별임시위원회의 구분이 그것이다.

1) 공식조직과 비공식조직

공식조직(formal organization)이란 공식적 조직표(organization chart)에 나타난 조직으로서 명문화된 구조표에 따른 조직이다. 그것은 공식화된 분업의 계통과 인원의 배치를 표시하는 것이다. 또한 그것은 공식적인 의사소통의 경로와 권한의 배분을 나타내는 것이다. 일반적으로 행정조직은 능률의 논리(logic of efficiency)에 따라서 구성되며, 계층화 및 분업화의 원리에 따른 공식조직을 통해 과업을 수행한다. 조직의 구성원들은 그 직위에 따라서 소정의 업무와 기능의 수행이 기대되고, 공식화된 목표 달성을 위하여 명확한 역할이 부여된다.

반면에 비공식조직(informal organization)은 공식조직의 내부에 자연 발생적으로 생기는 조직으로서 일명 '자생조직'이라고도 한다. 비공식조직은 주로 감정의 논리(logic of sentiments)에 의거하여 인간관계를 규율하고, 감정, 태도, 가치관 등 정의적 측면의 기능을 수행한다. 따라서 비공식조직은 공식조직에 의하여 충족되지 못하는 여러 가지 심리적 기능을 수행하며, 공식조직의 기능에도 중요한 영향을 미친다.

공식조직은 일반적으로 인간의 합리성을 토대로 성립 · 운영되는 사회성 조직(socio-group organization)으로서 '제도상의 조직'이라면, 비공식조직은 주로 인간의 합리성의 한계를 전제로 감성을 처리하는 심리성 조직(psyche-group organization)으로서 '현실의 조직'이라 할 수 있다(김종철, 1985: 96; 유종해, 1986: 215). 이러한 공식조직과 비공식조직의 특성을 몇 가지 측면에서 비교하여 살펴보면 다음과 같다.

첫째, 공식조직이 인위적인 조직인 반면에 비공식조직은 자연 발생적인 조직이다. 전자는 행정조직 또는 기업조직이 확고하고 제도화된 목적에 의거하여 조직기구와 직제에 의하여 만들어진 문서화된 조직인 반면, 후자는 조직 구성원의 취미, 혈연, 지연, 경력, 동창 등의 인연을 기초로 한 태도와 행동의 생생한 상호작용을 통하여 대부분 자연스럽게 형성되며, 때로는 의식적인 노력에 의하여 만들어지기도 한다.

둘째, 공식조직은 일반적으로 '능률의 논리'에 의거해서 구성되는 데 반하여, 비공식조직은 '감정의 논리'에 따라서 구성된다. 전자는 기계적 또는 비인정적(impersonal) 관계이며 능률을 중시하지만, 후자는 능률을 그다지 중요시하지 않는다. 대부분의 경우에 비공식조직의 구성원들의 상호작용은 친밀감 등 감정의 소통에 기초해서 이루어지므로 이성적인 측면보다는 감정적인 것이 더 큰 비중을 차지하는 인정적인 관계다.

셋째, 공식조직은 '전체적인 질서'를 강조하는 외재적 조직인 반면에 비공식조직은 '내부적인 질서'를 중시하는 내재적 조직이라 할 수 있다(Simon, Smithburg, & Thompson, 1961: 85-91). 전자는 가시적인 조직으로서 전체 조직이 인식 대상인 데 반해, 후자는 공식조직의 일부를 점유하면서 산재되어 있으며 구성원들의 행동과 태도를 내면에서 규정한다. 따라서 비공식조직은 조직 형태나 지도자 등을 잘 알 수 없는 비가시적인 조직이다.

넷째, 공식조직은 방대한 규모로 확대되는 경향이 있는 반면, 비공식조직은 현실적인 친밀한 인간관계를 필수 요건으로 하기 때문에 항상 소집단 상태를 유지한다.

모든 종류의 공식조직 속에는 비공식조직이 형성되어 공식조직에 영향을 미친다. 즉, 비공식조직은 공식조직을 보완하는 순기능과 저해하는 역기능을 동시에 가지고 있다. 먼저, 비공식조직의 순기능을 구체적으로 살펴보면 다음과 같다.

- 비공식조직은 조직원들에게 부과된 업무를 능률적으로 수행하게 할 수 있다. 즉, 비공식조직은 능률적인 업무 수행에 필요한 조직 구성원 사이의 원활한 협동 관계, 집단적 의사결정에의 참여, 유기적인 상호 의존 관계 등을 가능하게 한다.
- 비공식조직은 조직 구성원에게 만족감을 제공하고 직무집단을 안정화시킨다. 즉, 조직 구성원들은 비공식조직을 통하여 소속감과 안정감을 느끼게 됨으로써 조직으로부터 기인하는 소외감을 감소시킬 수 있다.

- 비공식조직은 조직 구성원들이 서로 정보를 교환할 수 있는 의사소통 체계와 통로를 확장시켜 주는 역할을 한다. 의사소통은 공식적인 통로에만 의존할 수는 없으며, 비공식적인 의사소통도 활용하여야 조직 전체의 의사소통이 활발해질 수 있다.
- 비공식조직은 조직 구성원의 좌절감과 심리적인 불평, 욕구불만에 대한 안전판(배출구)의 역할을 한다.
- 관리자는 비공식조직을 통하여 조직 구성원의 업무 태도와 내부 사정 등 조직의 생리 현상을 파악할 수 있다. 공식조직의 내용인 조직도표는 해부학의 기준만을 제시해 주지만, 비공식조직은 조직의 생리학과 병리학적 정보를 동시에 제공해 준다(Dubin, 1961: 86-87).

한편 비공식조직은 공식조직에 대하여 다음과 같은 역기능도 가지고 있다.

- 비공식조직은 자칫하면 파벌을 조성할 위험이 있다. 따라서 조직의 책임을 무효화할 가능성이 있다.
- 비공식적 접촉을 통하여 개인적 이익을 도모하기 쉬우며 정실이 조장될 우려가 있다. 또한 이것은 조직 단위 사이의 간극(gap)을 확대시킬 가능성이 있다.
- 공식조직의 목표에 배치되는 역기능이 있다. 즉, 구성원들이 불안감을 가지고 있을 때는 이것이 조직 전체에 확대됨으로써 공식조직을 해체시킬 수도 있다.

지금까지 살펴본 바와 같이 모든 조직에는 공식조직과 비공식조직이 공존하고 있다. 비공식조직은 공식조직을 보완하는 기능과 저해하는 역기능을 동시에 수행한다. 관리자는 비공식조직의 역기능적 측면에 집착하여 비공식조직을 제거하거나 과소평가해서는 안 된다. 오늘날은 공식조직과 비공식조직이 상호 보완적 관계에서 양립하여 존재하는 조직의 필수 부분이며, 표리일체의 관계에 있다는 점이 점점 강조되고 있다. 따라서 행정조직을 논할 경우에 제도상의 공식조직만을 언급하는 것은 매우 미흡한 일이며 반드시 비공식조직을 연구해야 한다.

2) 계선조직과 참모조직

모든 조직은 기능적 관점에서 적어도 두 가지 형태의 조직으로 분류할 수 있다. 즉, 집행기능을 주로 담당하는 계선조직과 계획, 자문, 조언과 같은 보조적인 서비스 기능을 주로 제공하는 참모조직으로 구분할 수 있다.

계선조직(line organization)은 조직의 장, 국장, 과장, 계장, 계원에 이르는 명령과 복종의 관계를 갖는 수직적인 조직 형태로서 명령적 · 집행적 기능을 갖는 점이 특징이다. 이 조직은 계층제의 원리, 명령 통일의 원리, 통솔 범위의 원리에 의하여 조직되며, 조직의 전체적인 목적 달성에 직접적으로 공헌하는 조직이다(Pfiffner & Sherwood, 1960: 171). 이러한 계선조직의 장점으로는 권한과 책임의 한계가 명확하여 업무 수행이 능률적이며, 단일 기관으로 구성되어 정책 결정이 신속히 이루어지고, 강력한 통솔력을 행사할 수 있다는 점을 들 수 있다. 반면에 계선조직의 단점으로는 대규모의 조직에서는 업무량이 과다해지고, 특수 분야에서 전문가의 지식과 경험을 이용할 수 없으며, 조직의 장이 주관적 · 독단적 조치를 취할 가능성이 있고, 조직이 지나치게 경직화될 가능성이 있다는 점을 지적할 수 있다.

한편 참모조직(staff organization)은 '막료조직'이라고도 하며, 주로 계선조직의 상층부에 위치하여 계선조직이 원활하게 기능을 수행하여 조직의 목적을 달성할 수 있도록 계획, 자문, 조언 등의 역할을 담당하는 수평적인 조직 형태다. 이러한 참모조직은 조성적 · 촉진적 기능을 통해 조직의 목적에 간접적으로 기여하지만 집행 권한이 없다는 점이 특징이다(Pfiffner & Sherwood, 1960: 171). 즉, 참모조직은 계선조직의 상층부에 있는 결정권자에 대하여 의사결정을 돕기 위한 정보와 자료를 제공하지만, 업무를 집행하는 하부에 대해서는 직접 지휘하고 명령하지 않는다. 그러나 참모조직은 조직에서 주로 두뇌진(think tank)의 역할을 담당하면서 계선조직의 상층부를 움직일 수 있다는 점에서 막강한 영향력을 행사한다고 보아야 할 것이다. 이러한 참모조직은 기관장의 통솔 범위를 확대시키며, 전문적인 지식과 경험을 활용함으로써 보다 합리적인 지시와 명령을 내릴 수 있고, 수평적인 업무의 조정과 협조를 가능하게 함으로써 조직을 신축성 있게 운영할 수 있다는 장점을 지닌다. 반면에 참모조직의 단점으로는 조직의 복잡성으로 인해 조직 내의 알력과 불화가 생길 수 있으며, 조직 운영 경비의 증가, 계선과 참모 간의 책임 전가 현상, 의사소통 경로의 혼란 등을 지적할 수 있다.

지금까지 살펴본 바와 같이 계선조직과 참모조직은 각각 독특한 기능을 지니고 있기 때문에 현대의 대규모적이고 복잡한 기능을 가진 조직에 있어서는 다 같이 불가결한 것이다. 그러나 계선조직은 경직성을 갖기 쉽고 계선의 일부가 무능하면 하부구조의 기능이 마비되기 쉽다. 반면에 참모조직의 효율성은 계선조직의 상층부의 활용과 결심 여하에 좌우된다. 참모조직이 계선조직의 권한을 침범하거나 전문가로서 우월감을 가지게 되면 계선조직과 갈등이나 마찰이 생길 우려가 있다. 그러므로 효율적인 조직은 계선조직과 참모조직이 구비되어 있고, 각각 제 역할을 수행할 때 그 기능을 원활히 발휘할 수 있다.

3) 관료제와 특별임시위원회

모든 조직은 구조적 관점에서 적어도 두 가지 형태의 조직으로 분류할 수 있다. 즉, 관료제(bureaucracy)는 대규모성, 복잡성 그리고 표준화된 고정적 구조와 계층제적 구조를 갖는 반면에, 특별임시위원회(adhocracy)는 구조적으로 융통성이 있고 적응도가 높으며 혁신적인 성격을 띤다. 따라서 관료제를 기계적인 조직에 비유한다면, 특별임시위원회는 유기체적 조직에 비유할 수 있을 것이다. 이러한 두 가지 형태의 조직이 갖고 있는 구조적 특성을 보다 구체적으로 살펴보면 다음과 같다.

'관료제'라는 용어는 오늘날 여러 학문 분야에서 널리 쓰이고 있는 개념으로서 그 의미는 매우 다양하게 이해되고 있다.[1] 여기서는 관료제의 개념을 Selznick

1) F. M. Marx(1957: 17-33)는 오늘날 관료제 개념이 각각 다른 의미로 사용되고 있음을 지적한 바 있다. 첫째, 특정한 조직 형태의 조직을 관료제라고 하는 경우다(조직구조로서의 관료제). 둘째, 특정한 조직 형태에 수반되는 조직의 병폐를 지적하기 위해 관료제라는 용어를 쓰는 경우다(조직의 병폐로서의 관료제). 셋

(1961: 9)이 '합리적 행위의 구조적 표현'이라고 명명한 특정한 구조를 가진 조직 형태로 한정하고, M. Weber가 제시한 관료제 이론을 중심으로 논의하고자 한다.

Weber의 관료제 이론은 그의 권한구조에 관한 이론에 기초를 둔 것이다. Weber는 권한의 유형을 전통적 권한(traditional authority), 신수적 권한(charismatic authority), 합리적 · 합법적 권한(rational-legal authority)으로 분류하고, 합리적 · 합법적 권한에 기초해서 운영되는 관료제가 근대사회의 대규모 조직을 설명하는 데 가장 적합한 조직이라고 하였다(Weber, 1947). 이념형(ideal type) 조직인 관료제는 특정한 목적의 달성을 위하여 의식적으로 입안된 수단 또는 도구이기 때문에 합리적이라고 하며, 권한이 법규와 절차의 체계를 통하여 행사되기 때문에 합법적이라고 한다. 합리적 · 합법적 권한에 기초를 둔 관료제의 구조적 특성을 요약하면 다음과 같다(Weber, 1947: 329-341; Hoy & Miskel, 1991: 104-106; Lane, Corwin, & Monahan, 1967: 9; Silver, 1983: 75-77).

① 전문화(specialization): 임무 수행에 필요한 전문적 훈련을 받은 사람들이 조직 구성원으로 채용된다. 채용의 기준은 전문적 능력이다. 조직 구성원들이 가지고 있는 기술적 지식과 전문적 배경에 의해서 책임과 의무가 명확히 구분된다.

② 위계 서열(hierachy): 권한의 계층이 분명하여 상급자와 하급자의 구분이 엄격하며, 감독 · 권한 · 책임의 한계가 명료하다. 하급자는 상급자의 엄격한 감독과 통제하에 임무를 수행한다.

③ 규칙과 절차(rules and procedures): 모든 행위와 결정은 공식적인 규칙과 규정에 따라 수행되며, 문서에 기록 · 보존된다. 모든 직위의 권한과 임무는 문서화된 법규에 의하여 규정된다. 조직 구성원들에게는 임무 수행에 관한 법규

째, 관료제라는 말이 '거대한 정부'라는 뜻으로 쓰이는 경우다(현대 정부의 성격으로서의 관료제). 넷째, 국민의 자유와 권리를 침해하는 해독으로 관료제를 이해하는 경우다(고발 대상으로서의 현대 정부)(오석홍, 1990: 530 재인용).

의 적용에 있어서 개인적 이익이나 특별한 사정 등에 구애됨이 없이 공평무사한 비정성(impersonality)을 유지하도록 요구된다.

④ 업적 지위(achieved positions): 조직 내의 구성원들의 지위와 직위는 훈련, 경험, 실력을 바탕으로 결정되며, 역할은 단지 효율적인 측면에서만 평가된다. 조직 구성원들에게는 상위직으로 승진할 수 있는 기회가 제공되는 것이 보통이며, 승진의 기준은 주로 선임 순위다.

⑤ 직업 지향성(career orientation): 조직 구성원의 직업은 잠정적인 것이 아니라 일생 동안 종사하는 항구적인 직업이며, 조직의 재산과 개인의 재산은 엄격히 구별된다. 조직의 구성원들은 봉급, 진급, 퇴직금 등의 직업적 보상을 받는다.

Weber는 이와 같은 구조적 특성을 지닌 관료제가 다른 형태의 조직에 비해 기술적 우월성을 가진다고 주장하였다. 즉, 관료제의 전문성, 정확성, 신속성, 비모호성, 엄격한 복종, 마찰의 감소, 조직의 재산과 개인의 재산의 분리, 비개인적이고 객관적인 임무 수행 등은 고도의 합리성과 기술적 완벽성을 가져올 수 있다고 주장하였다. 그러나 Weber의 관료제 모형은 후세의 연구자들에 의해서 적지 않은 비판을 받아 왔다. 관료제에 대한 비판은 크게 두 가지 측면으로 분류할 수 있다. 하나는 이론적 측면에서 모형 구성에 내포된 이론적 결함 내지는 비일관성에 대한 비판이며, 다른 하나는 실제적 측면에서 관료제가 수반하는 병리 현상에 대한 비판이다.

먼저, 이론적 측면에서 Weber의 모형에 대한 연구자들의 비판 내용을 요약하면, Weber는 현대사회에 있어서 관료제의 불가결성을 지나치게 강조하였다는 것, 관료제의 순기능적 요인만을 강조하고 역기능적 요인을 간과하였다는 것, 공식적 요인에만 집착한 나머지 인간적인 요인과 비공식적 요인을 도외시하였다는 것, 열거된 여러 특성 사이에 일관성이 결여되었다는 것, 계서제적 권한과 전문성에 의한 권한 사이에 갈등이 일어날 수 있다는 사실을 확인하는 데 실패하였다는 것, 인간을 자동 인형처럼 취급한 기계적 이론이라는 것, 공식적 규칙으로 모든 상황을 규율할 수 있는 것처럼 생각한 오류를 범했다는 것, 조직을 구성하는 하위체제 사이의 상호 의존 관계를 간과했다는 것 등이 지적되고 있다(오석홍, 1990: 534-537).

또한 Weber의 이념형에 부합되는 관료제는 실제적 측면에서 여러 가지 병리 현상을 수반한다. 조직사회에 대한 시대적 요청이 변화됨에 따라 관료제에 수반되는 병리 현상은 더욱 심각한 문제로 인식되어 왔다. 관료제의 병리 현상이라고 많은 사람들이 지적한 점을 종합하면 다음과 같다(Owens, 1970: 9; Hoy & Miskel, 1991: 106-114; 오석홍, 1990: 538-540).

① 목표 전치(goal displacement) 현상: 기술적으로 필요한 수준을 넘어서 법규의 엄격한 적용과 준수가 강요되기 때문에 법규적 요청에 대한 과잉 동조(over-conformity) 현상과 목표 전치 현상이 빚어진다. 즉, 엄격한 법규 적용과 통제의 강조는 목표보다는 그 수단인 규칙이나 절차를 더 중요시함으로써 수단을 목표에 대치시키고, 조직의 궁극적인 성공보다는 양적인 실적에만 몰두하는 이른바 '양적 복종(quantitative compliance)'을 중요시하는 풍조를 초래한다.

② 번문욕례(red tape)와 변동에 대한 저항: 구조의 경직성 및 법규와 절차 적용의 강조 그리고 문서주의는 불필요하거나 번거로운 문서 처리가 늘어나는 번문욕례 현상과 관료제적 경직성(bureaucratic rigidity)을 초래한다. 이는 혁신과 발전에 대한 저항을 초래하고, 고객과 환경의 요청에 적절하게 대응하지 못하는 관료적 행태를 조장한다.

③ 권력구조의 이원화와 갈등: 상위자의 계서제적 권한과 능력 사이에 괴리가 생기면, 상위자의 계서제적 권한과 하위자의 전문적 능력에 근거한 권력은 이원화되어 갈등을 초래한다. 전문적으로 훈련된 하위자들은 자신의 전문적 견해와 상이한 상위자의 계서제적 명령에 불만을 품고 저항하게 된다. 상위자는 전문지식의 결여 때문에 방어적인 태도를 보이지만 좀처럼 계서제적 권한을 포기하려 하지 않는다. 권력구조의 이원화는 조직 구성원의 불만을 고조시키며 조직의 효율성을 저하시킨다.

④ 권위적 행태의 조장: 권한과 능력의 괴리, 상위직으로 올라갈수록 모호해지는 업적 평가기준, 조직의 공식적 규범을 엄격하게 준수해야 한다는 압박감 등은

관료들을 불안하게 함으로써 한층 더 권위적인 행태를 유발한다. 즉, 관료들은 규칙과 절차를 더욱 엄격하게 적용하고 통제를 강화함으로써 안전에 대한 위협을 제거하고 자신의 지위를 향상시키려 한다. 특히, 능력이 부족하고 지위가 불안한 관료들은 부하들과의 관계에서 공평무사한 비정성을 과장하여 냉담하게 행동하며 비공식적인 접촉을 회피하는 경향이 있다.

⑤ 인간적 발전의 저해: 집권적이고 권위적인 통제와 법규 우선주의 그리고 비개인적인(impersonal) 역할 관계는 불신과 불안감을 조성하고, 조직 구성원의 사회적 욕구 충족을 저해하며, 성장과 성숙을 방해한다. 따라서 조직 내의 인적자원이 효율적으로 활용되지 못하는 상황이 초래된다.

⑥ 훈련된 무능(trained incapacity) 현상: 한 사람의 능력이 어떤 경우에는 무능 또는 맹점으로 되는 현상을 '훈련된 무능'이라고 한다.[2] 한 가지 지식 또는 기술에 관하여 전문적 훈련을 받고, 기존 규칙을 준수하도록 길들여진 사람은 흔히 다른 대안을 생각하지 못한다. 훈련받은 바에 따른 행동이 과거에는 성공적으로 적용되었더라도 변화된 조건에서는 그것이 부적합할 수 있음에도 불구하고, 관료들은 새로운 변화에 적절히 적응하지 못하는 경직성을 보인다.

⑦ 자기 보존 및 세력 확장: 관료제는 수행해야 할 업무량과는 관계없이 기구와 인력을 증대시켜 자기 보존과 세력 확장을 도모하는 경향이 있다.[3] 불필요한 조직 단위와 인력이 자꾸 늘어나면 조직은 심각한 비능률성에 직면한다.

⑧ 관료를 무능화시키는 승진제도: 관료제의 규모가 커지면 승진의 기회가 확대되어 조직 내의 각 개인은 위계질서에 따라 계속해서 진급하며, 신분 보장 규

2) '훈련된 무능'이라는 개념은 Thornstein Veblen이 처음 사용한 것으로 알려져 있다. 이 개념과 관련된 하나의 예를 들면, 종소리를 먹이를 주는 신호로 알아듣도록 닭을 훈련시킨 다음, 닭을 잡아먹으려고 부를 때도 종소리를 이용하는 것이다. 종소리에 따라 모이도록 훈련된 닭들은 잡아먹으려는 목적으로 치는 종소리에도 먹이를 주려고 할 때와 똑같이 반응한다.

3) 관료제의 이러한 팽창 성향을 설명한 이론을 흔히 'Parkinson's Law' 또는 'The Law of Rising Pyramid'라고 부른다(Parkinson, 1957).

> 정에 의해 그 자리에 머물러 있게 된다. 이와 같은 연쇄적 승진은 해당 직위의 업무를 감당할 수 없는 사람들까지 승진시킴으로써 상당수 직위가 무능력자로 채워지는 경향을 초래한다.[4)]

지금까지 살펴본 바와 같이 Weber가 이념형으로 제시한 관료제는 다른 형태의 조직에 비해 기술적 우월성을 나타내는 구조적 특성을 지니고 있음에도 불구하고, 이론적 · 실제적 측면에서 많은 비판을 받아 온 것이 사실이다. 그러나 오늘날 대규모 조직에 Weber가 제시한 관료제의 기본적인 구조적 특성이 여전히 상존하고 있다는 사실은 관료제가 역사적 유물로 완전히 퇴역해 버린 것이 아니라, 시대적 요청의 변화에 따라 다소간의 변질과 보완을 통해 명맥이 이어지고 있다는 것을 반증해 주는 것이라고 볼 수 있다.

조직을 구조적 관점에서 분류할 때, 관료제와 비교되는 또 다른 조직의 형태는 특별임시위원회다. 특별임시위원회의 기원은 제2차 세계대전 중 특수 임무를 수행했던 기동타격대에서 찾아볼 수 있다. 이 부대는 임무가 완수되면 해산되었다가 새로운 임무가 주어지면 재구성되는 속성을 가지고 있었다. 따라서 구성원의 역할은 주어진 임무의 성격과 복잡성의 정도에 따라 바뀌며, 구성원 각자는 세분화된 자기 분야에 대해서만 책임을 지는 형태를 취하였다. 오늘날 조직에서 활용하고 있는 매트릭스 구조(matrix structure), 기동타격대(task force), 위원회 구조(committee structure) 등은 특별임시위원회의 전형적인 예다. 이러한 특별임시위원회는 다음과 같은 세 가지 중요한 구조적 특성을 지닌다(Robbins, 1983: 210-221).

첫째, 특별임시위원회는 구조가 복잡하지 않다. 특별임시위원회는 대부분 고도의 전문지식을 가진 사람들로 구성되기 때문에 고도의 수평적 분화가 이루어진 구조를 가지는 반면에 수직적 분화는 거의 이루어지지 않는다.

둘째, 특별임시위원회는 공식적인 성격이 약한 반면에 전문성이 강하다. 공식성과 전문성은 서로 반비례의 관계에 있다고 할 수 있다. 즉, 공식성을 강조하다 보면

4) 이와 같은 현상을 Peter가 언급하였기 때문에 'Peter Principle'이라고 부른다(Peter & Hall, 1979).

형식에 치우치게 되고 융통성이 없게 되며 새로운 사고나 기술혁신이 어렵게 된다. 따라서 전문성은 자연히 공식성을 배격하게 되는 것이다. 특별임시위원회에 요구되는 필수적인 요소는 융통성과 신속성이며, 전문성을 강조하기 때문에 규칙과 규제가 거의 없으며, 만약 있다고 하더라도 융통성이나 혁신이라는 개념에 의해 거의 효력을 발휘하지 못하게 된다.

셋째, 특별임시위원회는 의사결정권이 분권화되어 있다. 대규모의 복잡한 조직에서 소수의 최고경영진이 모든 의사결정을 내리기란 사실상 어려운 일이며, 그것이 가능하다 할지라도 전문성이 결여될 것은 자명한 일이다. 이러한 점을 보완하기 위하여 특별임시위원회에서는 거의 모든 의사결정권이 전문가로 구성된 팀에 분화되어 있다. 따라서 특별임시위원회에서는 관료제에서의 계층제적 의사결정과는 달리 각 전문가가 주요 의사결정에 적극적으로 참여하는 민주적 의사결정 과정이 보편화되어 있으며, 직위가 가져다주는 권위가 아닌 전문지식에 의거해서 영향력이 행사된다.

이상과 같은 구조적 특성을 지닌 특별임시위원회는 제2차 세계대전 이후 오늘날까지 여전히 활용되고 있다. 이것은 특별임시위원회가 갖는 효용성을 잘 대변해 주는 증거다. 여기서는 특별임시위원회가 가장 효과적으로 사용될 수 있는 경우를 살펴봄으로써, 그것이 갖는 장점을 알아보고자 한다.

- 특별임시위원회는 높은 적응도와 창조성을 요구하는 경우에 적합하다.
- 특별임시위원회는 어떠한 공동 목표를 달성하기 위해 개별적으로 활동하는 여러 유형의 전문가들을 모아 상호 협력하도록 하고자 할 경우에 적합하다.
- 특별임시위원회는 수행해야 할 업무가 전문지식을 요구할 뿐만 아니라, 비정형화되어 있고 너무 복잡해서 한 사람의 힘으로는 감당하기 어려운 경우에 적합하다.

반면에 특별임시위원회는 다음과 같은 단점도 지니고 있다.

- 특별임시위원회에서는 갈등이 불가피하다. 왜냐하면, 여기서는 상위자와 하위자 간의 관계가 불분명하며, 권한과 책임의 명확한 구분이 없기 때문이다. 따라서 특별임시위원회는 업무의 표준화가 가져다주는 장점이 결여되어 있다.
- 특별임시위원회는 구성원들의 대인관계에 문제를 야기할 수 있으며, 심리적 불안감을 안겨 준다. 특정 업무에 종사하다가 업무의 목표가 달성되면, 전혀 새로운 과업과 인간관계에 다시 적응해야 하는 특별임시위원회의 운영 방식은 구성원들에게 커다란 부담감을 지우는 것이다.
- 특별임시위원회는 관료제와 비교할 때 분명히 비효율적인 구조를 취하고 있다. 그중에서 가장 큰 단점은 관료제와 같은 기계적 모형이 제공하는 정밀성과 편의성이 결여되었다는 점이다.

지금까지 살펴본 바와 같이 특별임시위원회는 모든 조직에 활용 가능하고 효과적인 조직구조는 아니다. 오늘날 특별임시위원회는 관료제 구조의 보조적 역할로서 더 많이 활용되고 있는 실정이다. 즉, 조직의 기본 골격은 관료제를 유지하면서 혁신이나 융통성을 요하는 업무에 대해서만 특별임시위원회를 활용하는 것이다. 그러나 대규모적이고 복잡한 현대의 조직들이 급격한 환경의 변동에 보다 적절히 대응하기 위해서는 반드시 관료제와 특별임시위원회가 공존하면서 효과적인 상호작용을 하여야 할 것이다.

3. 조직구조의 개념

일반적으로 조직구조를 구성하고 있는 여러 차원, 즉 조직구조의 설명 변인은 조직구조를 구성하고 있는 구성요소가 무엇인가에 대해 조직이론가들 간에 의견 일치가 쉽게 이루어지지 않고 있다. S. P. Robbins(1983: 6)는 조직구조를 '복잡성, 공식화 및 집권화라는 세 가지 요소로 구성된 체제'라고 정의하고 있다. 이와 같은 세 가지 구성요소가 조직구조의 핵심적인 차원으로 수용되고 있는 정도는 보편적이라고 할 수는 없어도 오늘날 널리 인정되고 있는 실정이다(Robbins, 1983: 45). 따라서 여기서는 이들 세 가지 구성요소의 의미를 보다 구체적으로 살펴봄으로써 조직구조의 개념을 파악하고자 한다.

1) 복잡성

복잡성(complexity)이란 조직 내 분화의 정도(degree of differentiation)를 가리키는 말로서, 여기에는 전문화의 정도, 분업의 정도, 조직 계층의 수 및 조직의 단위 부서의 지리적인 분산의 정도와 같은 세 가지 하위 요소가 포함된다(Robbins, 1983: 6). 수평적 분화(horizontal differentiation)는 단위 부서 간의 횡적 분리의 정도를 의미하고, 수직적 분화(vertical differentiation)는 조직 계층의 깊이를 의미한다. 그리고 공간적 분산(spatial dispersion)은 조직의 시설 및 인력이 지역적으로 분산되어 있는 정도를 의미하는 것이다. 따라서 이들 세 가지 요인 중 어느 하나만 증가해도 조직의 복잡성을 증대시키는 결과를 가져온다(Robbins, 1983: 47).

2) 공식화

조직은 구성원이 조직의 목표 달성을 향해 나아가도록 행동을 규제하기 위해서 공식화를 활용한다. 공식화(formalization)란 조직이 직원들의 행동을 지휘 · 통솔하기 위해서 규칙이나 절차에 의존하는 정도를 의미한다(Robbins, 1983: 6-7). 즉, 공식화란 조직 내의 직무가 표준화되어 있는 정도를 가리키는 말이다(Robbins, 1983: 61). 어떤 직무가 고도로 공식화되어 있다면, 그 직무의 수행자는 직무 수행에서 최소한도의 자유재량권밖에는 갖지 못한다. 왜냐하면 언제, 무엇을, 어떻게 해야 하는가에 대하여 이미 규정화된 프로그램이 있기 때문이다. 그래서 구성원들에게는 동일한 투입물을 똑같은 방법으로 처리하도록 기대되며, 그 결과는 일관된 표준의 산출물로 나타난다. 이상과 같은 이유로 대규모 조직에서는 최소의 비용으로 가장 효과적인 업적을 올리기 위해 가능한 한 직무의 공식화를 선택하게 된다(Robbins,

1983: 64). 조직에서 가장 널리 활용되고 있는 공식화 기법으로는 선발과정, 역할요구, 규칙과 절차, 정책, 훈련 및 구성원들로 하여금 특정 의식을 거치도록 하여 조직에 대한 충성심을 입증하도록 하는 것 등을 들 수 있다(Robbins, 1983: 66-70).

3) 집권화

집권화(centralization)란 의사결정 권한의 소재가 어디에 위치하느냐의 문제다. 조직이 집권–분권의 연속선상의 어디에 위치하고 있는가 하는 문제는 조직구조의 유형을 결정짓는 주요한 요인 중 하나다(Robbins, 1983: 7). 조직이란 구성원만이 모여 있는 곳이 아니라, 의사결정 체제이며 정보처리 체제인 것이다. 그리고 조직은 집단의 노력의 조정을 통해서 목표 달성을 촉진한다. 그런데 의사결정과 정보처리는 조직 내의 조정활동을 가능하게 하는 데 있어서 중추적인 역할을 하게 된다. 조직 내에서 의사결정은 어느 위치에서 이루어지는가? 상층부의 최고경영자에 의해서 이루어지는가? 아니면 하층부의 작업활동과 가장 가까운 계층에서 이루어지는가? 이와 같은 문제가 조직의 집권화와 관련된 문제다.

일반적으로 조직이론가들의 대부분은 집권화란 '조직 내의 의사결정권이 어떤 단일한 위치에 집중되어 있는 정도'라는 정의에 대체로 동의한다. 여기서 집권화는 하나의 범위, 즉 집권화의 정도가 높거나 낮은 범위를 나타내는 말이다. 그래서 조직의 상층부에 의사결정권이 집중되어 있으면 집권화의 정도가 높은 것이고, 반면에 하층부에 의사결정권이 집중되어 있으면 집권화의 정도가 낮다고 말하며 이 같은 경우를 '분권화(decentralization)'라고 한다. 그리고 조직이론가들이 의견의 일치를 보이고 있는 것은 분권화의 개념은 공간적 분산의 개념과는 분명히 다르다는 것이다. 즉, 분권화는 의사결정 권한의 조직 내에서의 분산이지 지역적인 분산은 아닌 것이다.

4. 조직구조의 결정요인

조직구조의 형태를 결정하는 것은 무엇인가? 하버드 대학교와 맥도날드사는 모두 성공적인 조직이지만, 왜 서로 다른 구조를 지니고 있는가? 어떤 특수한 조건하에서 어떤 구조가 가장 적합한가? 조직구조의 설계에 영향을 주는 요소에 대해서는 다양한 견해가 존재한다. 예를 들면, Robbins(1983: 93-186)는 조직구조의 결정요인으로서 전략, 조직의 규모, 기술, 환경 그리고 권력-통제(power-control)를 제시하였다. 한편 Bolman과 Deal(1991: 118-134)은 조직구조의 결정요인으로, 규모, 핵심 기술, 환경, 전략과 목표, 정보기술 및 구성원의 특성 등을 제시하였다. 이러한 요소들은 조직 구성원이 집단으로서 잘 기능하도록 공식구조를 설계할 경우에 반드시 고려해야 할 요인이자 조건이다. 여기서는 Bolman과 Deal(1991: 118-134), Robbins(1983: 93-186)의 견해를 중심으로 조직구조의 결정요인을 살펴보기로 한다.

1) 조직의 규모

조직의 규모(organizational size)는 조직구조의 형태와 특성에 영향을 미친다. 조직구조의 결정요인으로서 조직 규모의 중요성은 Blau와 Schoenherr(1971)에 의해 가장 강력하게 주장되었다. 그들은 정부기관, 대학교, 백화점 등을 대상으로 한 연구에 기초하여 조직 규모가 조직구조에 영향을 미치는 가장 중요한 조건이라고 결론 내렸다. 영국의 애스턴 대학교의 연구에서도 규모가 조직구조의 주요 결정요인이라는 것이 발견되었다(Pugh et al., 1969; Hickson, Pugh, & Pheysey, 1969: 378-397). 예를 들어, 애스턴 대학교의 연구팀은 56개의 조직을 대상으로 한 연구에서 규모의 증대는 전문화 및 공식화의 증대와 상호 관련된다는 것을 발견하였다(Pugh et al., 1969). Child(1973: 171)도 조직의 규모가 증대할수록 전문화의 정도가 증대되고 규칙과 문서화가 더 증가하며, 권한 계층이 더욱 확대되고, 의사결정의 분권화가 권한 계층을 따라 더욱 하향적으로 분산된다고 결론 내리고 있다. 조직 규모 결정론에 대한 가장 설명력 있는 종단적 사례연구가 M. W. Meyer(1972: 434-441)에 의해 이루어졌다. 그는 연구 결과로부터 다음과 같은 결론을 내렸다. 즉, 조직의 특성에 대한 규모의 영향은 경시할 수 없다(Meyer, 1972: 440). 구체적으로 말해서 그가 발견한 것은 규모의 영향은 조직의 구석구석에 나타난다는 것이고, 또 규모와 조직구조의 제 차원들 간의 관계는 일방적 관계라는 점이다. 즉, 규모를 통제할 때 조직구조에 영향을 미치는 것으로 알려진 다른 변인들의 영향은 자태를 감추게 된다는 것이다.

2) 핵심 기술

조직 규모 이외에 원재료를 투입하여 완성품을 생산하는 과정과 관련된 기술도 조직구조에 영향을 미친다. 기술(technology)이란 조직 내에서 투입물을 산출물로 변형시키는 과정 또는 방법을 가리키는 말이다(Robbins, 1983: 123). 전략이나 조직 규모의 경우와 마찬가지로 기술을 조직구조의 결정요인으로 보는 사람들이 있다. 이와 같은 기술결정론을 주장하는 대표적인 학자는 J. Woodward(1965), C. Perrow(1967), J. Thompson(1967) 등이다.

모든 조직은 소위 핵심 기술(core technology)이라고 일컬어지는 중심적 활동을 수행한다. 핵심 기술은 세 가지 측면으로 이루어져 있다. 첫째는 원재료이고, 둘째는 원재료를 이용해서 완성품을 만드는 변환과정, 즉 기술적 활동이며, 셋째는 이들 원재료와 기술적 활동 그리고 생산되는 완성품 간에 일정한 인과관계가 있을 것으로 여기는 잠재된 신념이 그것이다(Dornbusch & Scott, 1975).

조직이 사용하는 기술은 그 명료성, 예측성, 효과성 등에 있어서 차이가 있다. 맥도날드 햄버거를 만드는 일은 비교적 단순하며 미리 예정된 기계적인 행위다. 맥도날드의 기술은 매우 단순하기 때문에 대부분 수직적 조정에 의해 조직이 효과적으로 운영된다. 반면에 대학의 경우는 두 가지 핵심 기술이라고 할 수 있는 연구와 강의가 매우 비일상적이며 예측 가능성도 낮다. 강의 목표는 늘 복잡하며 식별 가능하지도 않다. 또한 학생들은 햄버거와 달리 인격을 지닌 행위 주체다. 이들의 욕구와 능력은 천차만별이고, 이들의 태도는 수시로 변한다. 따라서 어떤 강의 방식이 바람직한 결과를 낳을 것인가 하는 문제는 사실상 예측이 어려운 일이다. 대학이 고도로 분권화되고 느슨한 구조를 취하게 된 이면에는 이와 같이 복잡한 핵심 기술이 존재한다.

일반적으로 기술이 복잡할수록 좀 더 정교한 조직구조가 필요하다. 간단한 맹장 수술만을 행하는 병원의 경우는 폐와 심장수술을 행하는 병원에 비해 전문화와 조정의 정도가 훨씬 단순하다. 최근 기술 변화의 속도가 빨라지면서 새로운 기술에 효과적으로 대처할 수 있는 능력은 조직의 효과성은 물론 생존까지도 좌우하게 되었다. 신기술의 도입은 조직 구성원의 작업과정에 영향을 미치며, 이는 결과적으로 개인과 집단 간의 상호 관계에도 변화를 가져온다. 기술의 변화는 필연적으로 조직구조의 변화를 요구하지만, 기존의 조직구조로 인해 조직의 적응 능력이 제약을 받는 경우가 종종 일어난다. 따라서 기존의 조직은 조직구조에 충격을 주지 않고 신기술을 받아들일 수 있는 방안을 모색해야 하는 과제에 직면하게 된다.

3) 환 경

조직구조에 영향을 주는 세 번째 요인은 환경(environment)이다. 환경이 조직구조를 결정한다고 주장하는 대표적인 학자는 T. Burns와 G. M. Stalker(1961), F. Emery와 E. Trist(1965), P. Lawrence와 J. Lorsch(1967) 등이다.

환경에 대한 정의는 수없이 많다. 그러나 환경에 대한 많은 정의들의 공통점은 조직 그 자체의 외부에 있는 모든 요인들을 환경의 범주 속에 포함시킨다는 점이다. 예를 들면, 환경이란 조직의 업적에 영향을 미치는 기관이나 세력들로 구성된 것으로서 조직이 직접적으로 통제할 수 없거나 거의 통제할 수 없는 것이다(Churchman, 1968: 36; Robbins, 1983: 143 재인용). 또 어떤 학자는 조직의 환경을 확인하는 것은 매우 간단한 문제인 것 같다며, 조직 환경의 확인방법을 다음과 같이 제시하였다. 즉, 단지 전 세계를 택한 다음에 거기서 조직을 대표하고 있는 부분을 제하고 나면 그 남아 있는 부분이 조직의 환경이라는 것이다(Miles, 1980: 195). 그러나 그것은 실제에 있어서 그렇게 간단하지가 않다. 불행하게도 조직의 환경은 형체가 분명한 것도 아니고 또 명백한 경계가 있는 것도 아니다. 그래서 똑같은 환경에 대해서 어떤 조직은 예측 불가능하고 복잡한 환경으로 지각하는가 하면, 또 어떤 조직은 정태적이고 단순한 환경으로 지각하기도 한다(Starbuck, 1976: 1080). 이와 같은 사실은 조직들이 그들의 환경을 스스로 구축하고 고안해 낸다는 점과 고안된 환경은 지각에 의해 좌우된다는 것을 시사하는 것이다. 그러므로 중요한 것은 지각된 환경(perceived environment)이라는 것을 잊어서는 안 된다.

모든 조직은 외부 환경의 변동과 간섭으로부터 조직 내부의 활동을 보호하기 위해 여러 가지 전략을 사용하지만, 환경의 영향으로부터 완전히 벗어날 수는 없기 때문에 불가피하게 환경과 상호작용해야 할 필요가 있다. 환경은 한편으로는 조직에 대해 원재료를 투입해 주는 반면에 다른 한편으로는 조직이 생산하는 산출물을 받는다. 가령, 학교는 지역사회에서 학생을 받아들이며, 이들을 교육시킨 후 노동시장으로 배출하거나 대학으로 진학시킨다. 그러나 학교와 외부 환경 간의 관계가 이처럼 단순한 것은 아니다. 즉, 외부 환경과의 경계는 사실상 매우 불투명하며, 학교와 환경 간에는 상호 간 영향을 주고받는 관계가 존재한다. 정부, 지방자치단체, 기타 여러 이해집단은 학교의 교육과정에 영향을 미치기 위해 부단히 노력한다.

환경이 조직의 내부 활동에 영향을 주는 정도는 조직에 따라 다르다. 더구나 환경 자체도 매우 이질적일 수 있다. 즉, 매우 단순하고 안정적인 환경이 있는 반면에 고도로 다양하고 불안정하며 예측 곤란한 환경도 있다. 고도로 불확실한 환경에 처한 조직은 불확실성에 대처하기 위해서 고도의 유연성과 적응력을 지닐 필요가 있다. 따라서 불확실한 환경에 처한 조직은 집권화된 관료적 풍토를 지양하고 분권화된 구조를 취하는 경향이 높다.

모든 조직이 환경에 의존하게 되지만, 의존의 정도는 조직마다 서로 다르다. 공립학교의 경우는 환경에 대해서 행사할 수 있는 영향력이 매우 작으며, 학교 운영에 필요한 제반 자원을 획득하는 것도 상당히 어렵다. 일반적으로 말하자면, 조직의 규모가 비교적 작은 경우, 강력한 경쟁자에 둘러싸여 있는 경우 혹은 조직의 유연성이 매우 낮고 급격한 환경 변화에 대처할 수 있는 여유 자원이 희소한 경우에 조직의 환경 의존도가 높아지게 마련이다.

일반적으로 불확실하고 변동적이며 급변하는 환경에 처한 조직일수록 좀 더 정교한 구조 형태를 취한다. 왜냐하면, 급변하는 환경에서 발생하는 새로운 문제를 해결하기 위해서는 여기에 적합한 새로운 전문기능과 역할이 요구되기 때문이다. 그리고 기능과 역할이 전문화되고 다양화될수록 수직적 · 수평적 조정에 있어서도 그만큼 정교하고 탄력적인 방식이 요구된다. 결국 조직의 효과성은 구조가 환경의 요구에 얼마나 잘 대응하도록 설계되었는가에 따라 크게 좌우된다.

4) 전략과 목표

무엇이 조직구조를 결정하는가에 대한 초기의 입장은 조직의 목표와 전략(strategy)이 조직구조의 결정요인이라는 주장이었다. 즉, 초기의 입장은 조직구조를 목표의 달성을 촉진시키기 위한 합리적인 수단으로 보았던 것이다. 전략이 조직구조를 결정한다는 전략결정론을 주장한 대표적인 학자는 A. Chandler(1962), J. Child (1972) 등이다.

'목표'와 '전략'이란 두 용어는 상호 관련성을 가지고 있으나 동일한 의미는 아니다. 목표는 최종 도달점을 가리키는 말이고, 전략은 수단과 최종 도달점을 동시에 포괄하는 개념이다. 그래서 목표는 조직전략의 일부분에 해당된다. 여기서 전략의 개념을 보다 구체적으로 살펴보면 다음과 같다. 즉, 전략이란 '기본적인 장기 목표 및 조직의 목표를 설정하고 행동의 방침과 방향을 채택하여, 목표를 달성하는 데 필요한 여러 자원을 배분하는 것'(Chandler, 1962: 13; Robbins, 1983: 94 재인용)으로 정의될 수 있다. 따라서 전략은 수단과 목표 모두를 고려하고 있는 개념이다.

조직의 의사결정은 크게 전술적 의사결정과 전략적 의사결정으로 나누어 볼 수 있다. 전술적 의사결정(tactical decision-making)은 조직의 원활한 기능 수행과 지속적 활력을 가로막는 일상적인 문제들을 극복하기 위해 결정을 내리는 것이다. 반면에 전략적 의사결정(strategic decision-making)은 미래지향적이며 장기적 관점에서 조직의 성장과 발전에 관련된 중요한 사안에 대해 결정을 내리는 것이다. 따라서 조직의 전략 수립 활동에서는 조직의 중 · 장기 목표를 설정하고, 이의 실천 방안을 수립하며, 목표 달성을 위한 필요 자원을 적절히 배분하는 것이 핵심이 된다.

조직이 추구하는 전략은 조직마다 서로 다르다. 예를 들면, 매우 저렴한 가격으로 품질이 좋은 제품을 생산하는 것을 전략으로 삼는 기업이 있는가 하면, 품질과 명성이 높은 제품을 선호하는 소비자를 대상으로 고가품을 생산하는 것을 전략으로 수립하는 회사도 있다. 어떤 전략을 추구하건 간에 각각의 전략은 이에 상응하는 조직구조의 설계를 요구한다.

조직의 목표는 전략을 통해 구현된다. 구조적 관점에서 볼 때, 조직은 오로지 목표를 달성하기 위해서 존재하는 것이라고 할 수 있다. 목표는 조직이 궁극적으로 달성하고자 하는 것을 개념화하여 표현한 것이다. 즉, 목표는 조직이 생산하고자 하는 것이나 달성하고자 하는 것에 대한 사전 계획이라고 할 수 있다. 목표의 구체성 정도는 조직에 따라 다르다. 기업의 수익성, 성장률 및 시장점유율 등의 목표는 비교적 구체적이며 측정이 용이하다. 맥도날드사의 경우에 제반 자원에 대한 엄격한 통제가 가능한 것은 바로 이 때문이다. 그러나 교육기관이나 복지기관의 경우는 인격의 도야 혹은 복지 향상을 목표로 하기 때문에 이들 조직의 목표는 매우 추상적일 수밖에 없다. 일반적으로 대학이 보다 분권적이고 느슨한 구조를 취하고 있는 것은 이러한 이유 때문이다.

또한 조직은 목표의 종류와 복잡성에 있어서도 서로 다르다. 맥도날드사는 대학에 비해 목표의 종류가 적고 단순한 만큼 목표와 관련한 의견 대립은 거의 없다. 반면에 교육기관이나 복지기관은 목표가 복잡하고, 목표에 대한 의견이 서로 다를 수 있기 때문에 구성원 간에 합의된 목표를 도출하기가 그만큼 어렵다. 조직이 공식적으로 표방하는 목표가 조직이 진정으로 달성하려고 하는 목표가 아니거나, 가장 중요한 목표가 아닌 경우에 조직은 심각한 문제에 직면한다.

조직구조가 과연 전략 혹은 목표와 부합하는지를 알아내기 위해서는 공식적으로 표방된 목표만을 살펴보아서는 안 된다. 학교조직의 경우 그 구조가 학문의 성취라는 본연의 목표를 달성하는 데 적합하지 않다는 비판을 종종 받는다. 그러나 학교는 확인이 용이하지는 않지만, 학문의 성취 외에 다른 여러 가지 목표를 동시에 가지고 있다. 그중 하나는 인격 도야이고, 다른 하나는 금기시하는 목표로서 학생의 차별적 분류다. 후자는 항상 베일에 가려져 있는 목표이지만, 학생을 차별적으로 분류하여 실력 있고 유능한 학생을 좀 더 나은 곳으로 배출하고 있다는 것은 누구나 알고 있는 사실이다. 또 다른 목표는 보호와 통제다. 즉, 학생이 문제아가 되지 않도록 지도하는 것이다. 마지막으로, 모든 조직이 그렇듯이 학교도 흔히 명문학교가 되어야 한다는 상투적인 목표를 가지고 있다. 결론적으로 전략과 목표가 구조에 영향을 미친다는 것은 의심할 바가 없다. 그러나 영향을 미치는 과정은 대부분의 경영관리자들이 인식하고 있는 것 이상으로 복잡하고 모호한 것이다.

5) 정보기술

지난 10여 년간 컴퓨터의 발달과 보급으로 인해 조직이 접할 수 있는 정보량이 비약적으로 증대되었을 뿐만 아니라, 정보의 지역 간 이동 속도도 엄청나게 빨라졌다. 한때는 경영자와 관리자만이 공유하던 정보가 이제는 직위의 고하를 막론하고 누구나 쉽게 접근하고 공유할 수 있는 시대가 되었다. 또한 과거에는 경영층에서만 이루어졌던 의사결정이 지금은 일선 현업 부문에서 즉각적으로 이루어지는 것이 가능하게 되었다. 기술의 진보가 조직의 설계에 미치는 영향은 실로 광범위하다. 컴퓨터와 정보기술(information technology)의 발전으로 조직에서 중간관리층의 필요성은 현저하게 감소되고 있으며, 그 결과로 조직의 계층 수가 훨씬 적어진 평면구조가 가능해지고 있다. 불과 수년 전만 하더라도 정보 중심의 조직은 명령과 통제 방식에 의한 전통적인 조직에 비해 관리 계층의 수를 대폭 감소할 필요가 있다고 주장하는 것은 큰 논쟁을 초래했었다. 그러나 지금은 거의 대부분의 조직이 관리 계층을 1/3 혹은 그 이상으로 감축하고 있는 추세다.

6) 구성원의 특성

우리들 대다수는 여전히 낡은 인간관에 입각하여 공식구조를 설계하고 있다. 물론 과거에는 근로자의 대부분이 비숙련자이거나 반숙련자였으며, 교육 수준도 매우 낮았다. 따라서 의사결정은 으레 조직의 상부에서 이루어졌다. 또한 과업이 매우 작은 단위로 획일적으로 세분되어 직원에게 할당되었으며, 경영관리자의 주된 임무는 오로지 이들의 과업을 엄격히 감독하여 품질 수준이 유지되도록 하는 것이었다. 그러나 이제는 과거와 달리 인적자원의 특성이 상대적으로 전문화됨에 따라 위계 중심의 전통적 조직구조 형태는 변화될 필요성에 직면하고 있으며, 미래에는 현재와 전혀 다른 조직구조 형태가 출현할 가능성도 있다.

5. 조직구조의 형태

각 조직은 그 나름의 독특한 구조를 지니고 있지만, 동시에 여러 가지 공통점을 지니고 있다. 즉, 학교, 은행, 회사, 교회, 군대 등 모든 조직들은 그 형태 여하를 불문하고 목표, 권한 계층, 경계, 의사소통 체계, 통합과 조정 기구, 과업의 수행 절차 등을 가지고 있다는 점에서 공통점이 있다. 그러나 조직의 유형에 따라 그 구조는 매우 다르다. 일반적으로 대학과 같은 교육기관은 다양하고 추상적인 목표, 불분명한 경계, 교수-학습 방법과 같은 비표준화된 기술 그리고 비공식적 업무 조정과 같은 특성을 지니고 있다. 이와는 대조적으로 대기업의 경우는 보다 명확한 목표와 경계, 일사불란한 명령 계통 그리고 보다 정교하며 광범위한 통제체제를 지니고 있다.

조직이 자체의 조직구조를 어떤 형태로 할 것인가는 모든 조직이 당면하게 되는 중요한 문제 중 하나다. 구조는 단지 조직기구표에 계층별로 그려져 있는 그림을 의미하는 것이 아니라, 그 이상의 의미를 지니고 있다. 즉, 구조는 경영자, 관리자, 근로자 그리고 고객 간에 형성되는 행위, 역할 기대 및 상호 관계의 형태를 결정짓는 하나의 토대가 된다. 따라서 조직이 어떤 구조를 취하는가에 따라서 행위, 역할 기대, 상호 관계의 형태가 달라진다. 말하자면, 공식적인 구조의 형태는 조직이 할 수 있는 것과 할 수 없는 것을 명확하게 보여 주는 틀이다.

조직의 구조는 각 직책 간의 수평적 · 수직적 관계를 평면적으로 보여 주는 조직도표(organizational chart)로 그려지기도 한다. H. Mintzberg(1983)는 조직구조를 다섯 가지 요소를 이용해서 다음 [그림 3-1]과 같이 도식화하여 제시하였다.

Mintzberg의 모형에서 가장 아랫부분은 일선 현업 부문(operating core)으로서 조직의 중추적인 과업을 수행하는 부분이다. 이 부문은 제조 인력, 서비스 인력, 전문 인력 등으로 구성되어 있다. 학교의 경우 교사가 일선 현업 부문에 해당되며, 제조 기업의 경우는 일선 근로자가 이에 해당된다. 병원은 의사와 간호사가, 항공사는 승무원이 이에 해당된다.

일선 현업 부문 바로 위에는 관리 부문이 있다. 이들 중간관리층(middle line)은 현업 부문에 대해 감독 · 통제 및 자원 분배 등의 역할을 수행하는 관리자로 구성된다. 학교의 주임교사, 공장의 감독자 및 일선 감독자 등이 바로 이러한 역할을 수행

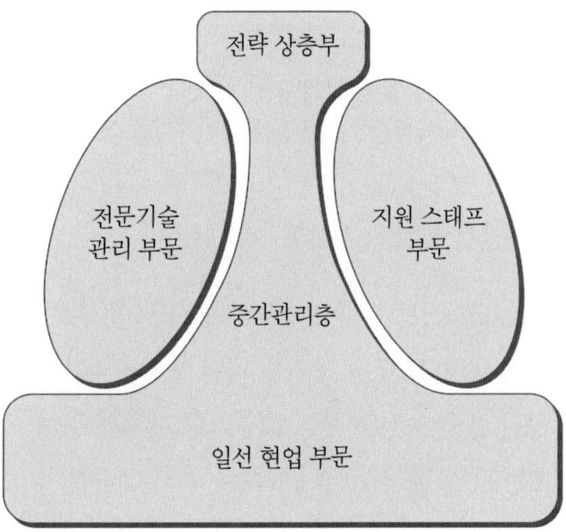

[그림 3-1] 조직구조의 모형

출처: Henry Mintzberg(1983). *Structure in Fives Designing Effective Organizations*. Englewood Cliffs, N. J.: Prentice-Hall, Inc., p. 11.

한다. 중간관리층 위에는 다시 전략 상층부(strategic apex)에 속하는 최고경영층이 있다. 이 최고경영층의 역할은 주로 조직의 외부 환경과 관계된다. 즉, 이들은 조직의 사명과 목표를 정하고, 전략의 방향을 설정한다. 학교의 경우는 교장과 이사회가, 사기업의 경우는 최고경영자, 대표이사 등이 이에 해당된다.

Mintzberg는 관리 부문에 다시 두 가지 부문을 추가한다. 하나는 전문기술 관리 부문(technostructure)인데, 이는 주로 제품이나 성과물 혹은 공정과정을 조사·점검하여 과업이나 작업을 표준화하는 역할을 수행하는 전문적인 분석기술자들로 구성된다. 기업의 품질관리부서, 정부기관의 감사부처, 항공사의 항공표준부서 등은 모두 이러한 기능을 수행한다. 다른 하나는 지원 스태프 부문(support staff)으로, 이들은 일선 현업 부문의 과업이 원활히 수행되도록 간접적으로 지원해 주는 일을 한다. 예를 들면, 학교의 경우에는 보건교사, 비서, 수위, 식당 종업원, 버스 기사 등이 이에 해당된다.

조직들은 각기 처해 있는 상황이 다르기 때문에 구체적인 조직구조의 형태도 서로 다르다. Mintzberg(1983)는 가능한 조직구조의 형태로 다음과 같은 다섯 가지를 제시하였다. 즉, 단순 구조, 기계적 관료제, 전문적 관료제, 사업부 형태 및 특별임시위원회 등이 그것이다. 이들 각각은 나름의 배경과 특성을 지니고 있다. 다음에서는 다섯 가지 조직구조의 형태에 대해 구체적으로 살펴보고자 한다.

1) 단순 구조

단순 구조(simple structure)는 전략 상층부와 일선 현업 부문이라는 두 가지 계층으로만 이루어진 구조 형태다. 단순 구조를 지닌 조직의 핵심 부문은 전략 상층부이며, 계층 간, 구성원 간의 조정은 주로 직접적인 감독을 통해 이루어진다. 이 유형의 전형적인 구조는 주로 소규모 자영업에서 흔히 찾아볼 수 있다. 자영업자는 항시 자신의 점포 현황을 파악하고 있으며, 일상의 점포 운영에 관한 전권을 행사한다.

단순 구조의 장점은 유연성과 적응성이다. 왜냐하면, 한 사람이 모든 활동을 신속

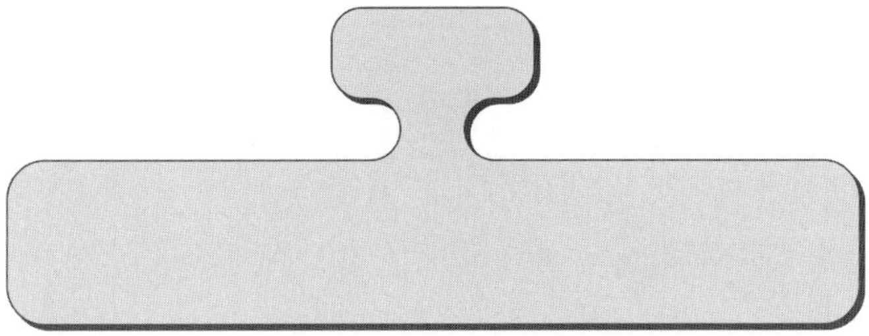

[그림 3-2] 단순 구조 형태

출처: Henry Mintzberg(1983). *Structure in Fives Designing Effective Organizations*. Englewood Cliffs, N. J.: Prentice-Hall, Inc., p. 159.

하게 변경하는 것이 가능하기 때문이다. 반면에 이러한 장점이 또한 단점이 될 수도 있다. 왜냐하면, 모든 것이 한 사람에 의해 좌지우지될 수 있기 때문이다. 또한 소유주는 자신의 사업을 매일 직접적으로 관장하기 때문에 그때그때의 현안 문제에만 매달리다 보면 장기적인 전략적 의사결정을 소홀히 할 가능성이 많다(Mintzberg, 1983: 157-162).

2) 기계적 관료제

단순 구조 형태와 달리 기계적 관료제(machine bureaucracy)는 많은 지원 인력과 전문 인력이 있으며, 최고경영층과 일선 현업 계층 사이에는 많은 계층 단계가 있다. 맥도날드사의 구조 형태는 전형적인 기계적 관료제의 예다. 기계적 관료제에서는 가장 중요한 의사결정이 전략적 상층부인 최고경영층에서 이루어진다. 기계적 관료제 형태의 구조를 지닌 조직의 핵심 부문은 전문기술 관리 부문이며, 조직활동의 조정은 주로 작업과정의 표준화를 통해 달성된다. 이 기계적 관료제는 변동적인 환경에의 유연한 적응보다는 조직의 효율성을 주된 목적으로 하는 구조 형태다. 따라서 햄버거 요리나 자동차 부품의 제조와 같은 단순한 과업에는 기계적 관료제가 가장 효율적이고 효과적이다.

기계적 관료제하에서 구조와 관련된 가장 주된 문제는 일선 현업 근로자에 대한

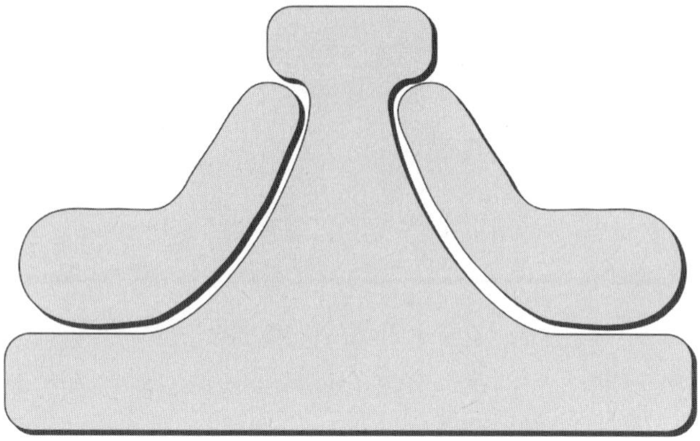

[그림 3-3] 기계적 관료제 형태

출처: Henry Mintzberg(1983). *Structure in Fives Designing Effective Organizations*. Englewood Cliffs, N. J.: Prentice-Hall, Inc., p. 170.

동기부여와 직무 만족이다. 왜냐하면 대다수 구성원은 단순 반복적인 과업과 획일적인 직무 규정으로 인하여 쉽게 권태를 느끼기 때문이다(Mintzberg, 1983: 163-187).

3) 전문적 관료제

전문적 관료제(professional bureaucracy)는 전략 상층부와 전문가로 구성되는 일선 현업 부문 간에는 계층 단위가 거의 없는 분권화된 구조다. 대학의 구조 형태는 전형적인 전문적 관료제의 예다. 전문적 관료제 형태의 구조를 지닌 조직의 핵심 부문은 일선 현업 부문이며, 조직활동의 조정은 주로 기술의 표준화를 통해 이루어진다. 전문적 관료제 조직은 일선 현업 부문의 전문 인력에 대해 가급적 공식 규칙의 적용을 배제함으로써 이들이 자신의 전문적 역량을 마음껏 발휘하도록 해 준다. 따라서 조직활동은 구성원의 전문직업적 신조에 따라 자발적으로 통제가 이루어진다. 그리고 지원 인력, 사무직원의 임무는 중추적 역할을 수행하는 일선 현업 부문의 전문가들을 지원하는 것이다.

전문적 관료제는 많은 장점을 가지고 있지만, 조정의 문제와 질적 수준의 유지에 어려움을 야기한다. 전문적 관료제에서는 일선 현업 부문의 전문 인력의 성과를 방

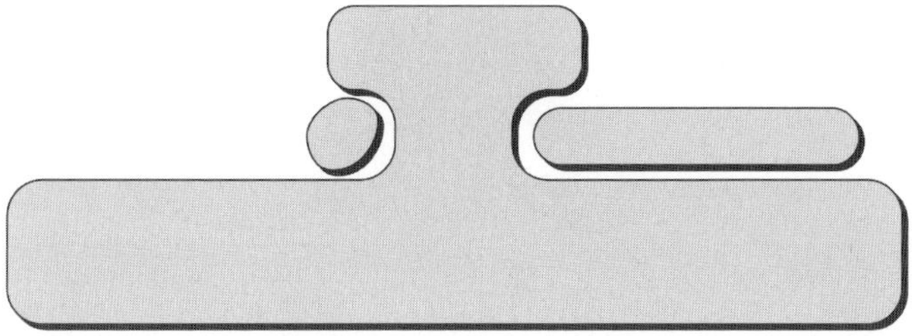

[그림 3-4] 전문적 관료제 형태

출처: Henry Mintzberg(1983). *Structure in Fives Designing Effective Organizations*. Englewood Cliffs, N. J.: Prentice-Hall, Inc., p. 191.

침이나 감독 또는 산출물 통제와 같은 방식에 의해 표준화하려고 할 경우에는 실패하기 쉽다. 교수들에게 표준화된 강의방법을 따르도록 요구해도 소용이 없다. 획일적 강의방법을 강요하는 경우에는 오히려 강의의 질을 저하시킬 가능성이 높다. 또한 전문적 관료제 조직은 일반적으로 환경 변화에 대한 적응이 느리다. 과거 수십 년간 많은 혁신의 물결 속에서 공립학교의 혁신과 구조 재설계를 시도했지만 거의 모두 실패하고 말았다. 비록 교사들 각자가 자신의 전공 분야에서 일어나고 있는 새로운 변화에 신속히 적응한다 하더라도 정작 이들이 몸담고 있는 학교조직의 변화는 매우 느리기 때문이다(Mintzberg, 1983: 189-213).

4) 사업부 형태

사업부 형태(divisionalized form) 조직하에서는 비교적 자율성이 높은 각 부문들이 대부분의 과업을 수행한다. 종합대학의 각 단과대학, 종합병원의 각 전문진료부문, 대기업의 각 사업부 등이 이러한 조직구조를 가지고 있다. 사업부 형태 조직의 핵심 부문은 중간관리층이며, 조직활동의 조정은 주로 산출물의 표준화를 통해 이루어진다. 사업부 형태의 구조는 대부분 기계적 관료제이지만, 다양한 응용 형태를 취할 수도 있다. 사업부는 특정한 시장을 대상으로 사업을 전개하며, 자체적으로 여러 기능부서를 두고 있다. 전략 상층부는 거래 원칙에 입각하여 각 사업부와

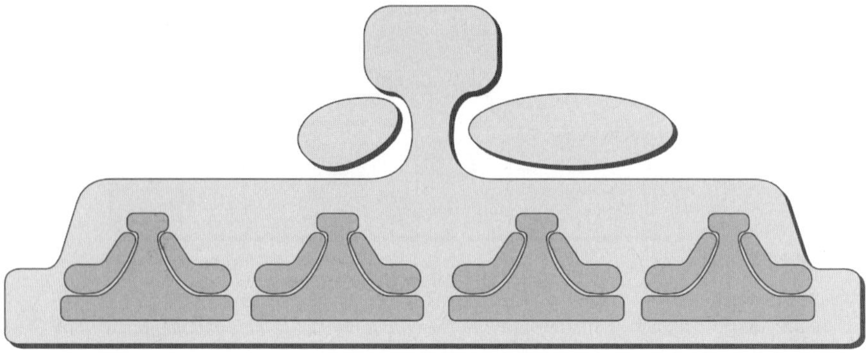

[그림 3-5] 사업부 형태

출처: Henry Mintzberg(1983). *Structure in Fives Designing Effective Organizations*. Englewood Cliffs, N. J.: Prentice-Hall, Inc., p. 225.

계약 관계를 맺는다. 본사는 사업부의 성과가 일정한 수준을 유지하는 한도 내에서 사업부에 대해 폭넓은 재량권을 위임하는 것이 보통이다. 각 사업부는 상당한 자율성을 가지는 대신에 경영 성과의 달성에 대해 전적으로 책임을 진다.

이론적으로 볼 때, 사업부 형태는 규모의 경제(economies of scale)와 비교적 풍부한 자원을 보유할 수 있다는 장점 이외에도 경제적 위험을 최소화하면서 시장에 대응할 수 있다는 장점이 있다. 반면에 사업부 형태는 문제점도 가지고 있다. 그중 한 가지는 본사의 경영자와 사업부 책임자 사이에 통제의 문제를 둘러싸고 끊임없는 술래잡기 게임이 벌어질 수 있다는 점이다. 또 다른 문제는 조직의 규모가 큰 경우에 본사가 전체 사업부의 활동을 일일이 파악하기 어려워 조직이 지켜야 할 사회적 책임을 소홀히 할 가능성이 있다는 점이다. 사업부 형태는 목표가 명확하지 않거나 효과적인 정보체계가 구축되지 않았을 경우에 그 효과를 기대하기 어렵다(Mintzberg, 1983: 215-252).

5) 특별임시위원회

특별임시위원회(adhocracy)는 느슨하고 유연하며 자체 변혁적인 유기체적 조직

구조 형태로, 주로 수평적 조정에 의해서 통합을 달성한다. 특별임시위원회는 단순 반복적인 업무에는 적합하지 않다. 왜냐하면, 이 형태는 종종 중복과 비능률을 초래하며, 업무활동의 조정이 어렵기 때문이다. 특별임시위원회가 지니게 되는 모호한 권한체계, 불명확한 목표, 상호 모순적인 책임 할당 등의 개념은 사실상 많은 논란의 여지가 있고, 전통적 사고방식에 위배되는 것이다. 그러나 이와 같은 비일관성과 무원칙이 오히려 구성원의 모험심과 자기평가 및 자기 학습을 촉진시킬 수도 있다(Hedberg, Nystrom, & Starbuck, 1976: 45). 따라서 특별임시위원회는 급격히 변화하는 환경 속에서 창의적으로 과업을 수행해야 할 경우 가장 적합하다.

그러나 다른 구조 형태와 마찬가지로 특별임시위원회도 몇 가지 문제점을 안고 있다. 즉, 특별임시위원회는 그 모호성 때문에 가장 창의적인 구성원과 부서조차도 위축될 가능성이 있으며, 갈등과 무질서를 야기할 수 있다(Mintzberg, 1983: 253-279).

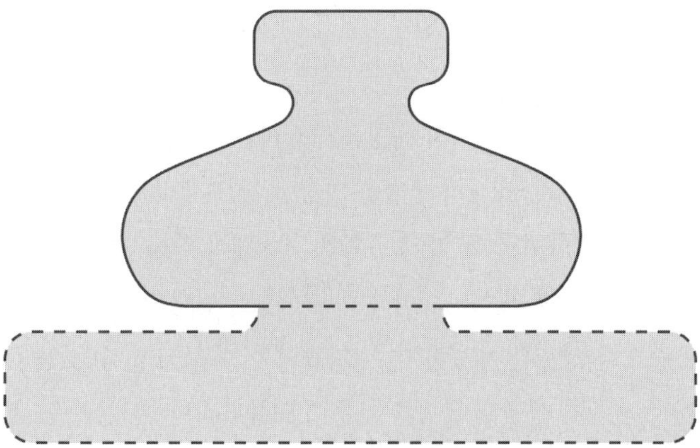

[그림 3-6] 특별임시위원회 형태

출처: Henry Mintzberg(1983). *Structure in Fives Designing Effective Organizations*. Englewood Cliffs, N. J.: Prentice-Hall, Inc., p. 262.

6. 조직의 유형론

유형론(typology)이란 연구 대상인 사물을 그 유사점과 차이점에 따라 분류한 일종의 양식군 혹은 범주군을 말한다. 조직의 경우에 있어서 어떤 조직은 다른 조직이 가지고 있지 않은 특징을 가지고 있다는 전제하에서 유형론에 대한 연구가 이루어진다. 조직의 유형을 분류하는 목적은 사회에 실재하는 조직의 실태를 가능한 한 정확하게 파악하고, 조직의 실체에 좀 더 가까운 지식과 이론을 소개하는 방법 또는 분석적 도구를 만들려는 데 있다.

조직의 유형론은 조직 현상을 설명하기보다는 조직의 특성에 근거하여 기술하고 비교하는 일을 가능하게 해 준다. 따라서 학교라는 조직이 어떻게 기능하는가를 알아보기 위한 방법 중 하나는 조직을 유형화하거나 분류체계를 만들어 보는 것이다. 그러나 여기서 중요한 것은 분류기준을 어떻게 설정하느냐 하는 점이다. 분류기준이 너무 단순하면 복잡한 조직의 일부분만을 보게 되고, 너무 포괄적이면 조직 분류의 의의가 없어지기 때문이다.

J. A. Litterer(1973: 59)는 조직의 유형을 구성하는 데 고려해야 할 사항을 다음과 같이 제시하였다. 첫째로, 조직의 구별을 가능한 한 분명하게 해 주는 대단히 중요하고도 일반적인 변수나 속성에 따라 유형을 구성해야 한다. 둘째로, 그 변수는 반드시 중요한 조직 변수 중의 하나여야 한다. 셋째로, 선택된 변수는 유형을 이용하는 사람에게 중요한 정보를 제공하거나, 그들의 이해를 도울 수 있는 것이어야 한다. 여기서는 현재까지 연구된 유형론 가운데 교육조직의 이해에 중요한 시사점을 제공하는 몇 가지를 선별하여 살펴보기로 한다.

1) Katz와 kahn의 유형: 본원적 기능에 의한 분류

katz와 kahn(1978: 144-146)은 모든 조직은 주요한 기능을 가지고 있다고 전제하고, 조직의 본원적 기능(genotypic function)에 근거하여 조직을 다음과 같이 네 가지로 유형화하였다.

① 생산적 또는 경제적 조직: 이 유형에 속하는 조직은 사회를 위해 부를 창조하고 재화를 생산하며 용역을 제공해 준다. 이러한 조직들은 의식주 등에 관한 인간의 가장 기본적인 욕구를 충족시키는 산출물을 제공함으로써 사회 전체에 통합의 수단을 제공한다.
② 유지기능적 조직: 이들 조직은 사회생활과 조직생활에서 각 개인이 각자의 역할을 감당할 수 있도록 사람들을 사회화하는 기능을 수행한다. 다시 말하면, 사회가 와해되지 않도록 규범적 통합을 보존하려는 조직이다. 이러한 조직의 예로는 학교와 교회 등을 들 수 있다.
③ 적응적 조직: 이들 조직은 새로운 지식을 창출하고 이론을 구성 · 검증하며, 어느 정도까지는 실제 문제에 이를 적용하는 기능도 맡는다. 각종 과학연구소, 연구원, 대학 부설 연구소 등이 이러한 기능을 수행한다.
④ 관리적 또는 정치적 조직: 이들 조직은 인적 · 물적 자원 및 하위체제에 대한 통제, 조정, 재결을 하는 기능을 수행한다. 이러한 조직들의 정점에는 국가가 있다. 국가는 사회의 주된 권력구조인 것이다. 여러 가지 정부조직들이 이 유형에 속한다.

katz와 kahn은 사회가 존속하려면 이 네 가지 본원적 기능을 담당하는 조직이 필요하므로 이와 같은 조직의 분류가 이론적으로 타당하다고 보았다. 즉, 인간의 기본적인 욕구를 충족시켜 주기 위해서는 생산적 또는 경제적 조직이, 한 사회의 가치와 규범을 교화하기 위해서는 유지기능적 조직이, 새로운 지식을 창출하기 위해서는 적응적 조직이, 그리고 공익을 위한 자원 분배를 위해서는 관리적 또는 정치적 조직이 반드시 있어야 한다는 것이다.

그러나 이 네 가지 조직 유형은 그 본원적인 기능에 따라 각기 중요한 과업을 가지고 있음에도 불구하고, 때로 어떤 유형은 다른 유형의 영역에 부차적인 공헌을 하기도 한다. 즉, 조직 유형 간에 중첩이 많고 모호한 점이 있다. 예를 들면, 형사처

분 기관은 법의 시행 수단이라는 점에서 보면 정치적 조직이며, 교정기관이라는 점에서 보면 사회화 기능 내지 규범적 기능을 수행하는 유지기능적 조직으로 볼 수 있다. 또한 유지기능적 조직인 학교는 일차적으로 사회규범을 유지하는 일에 주력하면서도 때로는 이차적으로 사회규범을 바꾸도록 하기도 한다. 이때 학교는 규범의 유지와 변화 간의 갈등을 경험하게 된다. 따라서 한 조직 유형이 두 기능을 수행하는 곳에서는 기능 간에 정교한 균형을 유지해야만 한다.

2) Blau와 Scott의 유형: 주요 수혜자별 분류

P. M. Blau와 W. R. Scott(1962: 45-58)은 조직의 산출물의 주요 수혜자(prime beneficiary)가 누구냐에 근거해서 조직을 다음과 같이 네 가지로 유형화하였다.

① 호혜조직: 호혜조직의 주된 수혜자는 조직의 참여자 혹은 조직의 구성원으로 이러한 조직의 예로는 노동조합, 공제조합, 재향군인회, 한국교총, 전문가협회, 종교단체, 정당 등을 들 수 있다. 호혜조직이 안고 있는 가장 큰 문제는 구성원의 조직 운영 참여와 구성원에 의한 조직 통제를 보장하는 민주적 절차를 조직 내에서 유지하는 것이다.

② 사업조직: 사업조직에서 가장 큰 이득을 보는 사람은 조직의 소유주이며, 제조공장, 무역회사, 금융기관 등 주로 이윤을 목적으로 하는 사기업체가 여기에 속한다. 사업조직이 당면하는 핵심적인 문제는 치열한 경쟁 상황 속에서 조직 운영의 효율성을 극대화하는 것이다.

③ 봉사조직: 봉사조직으로부터 가장 큰 혜택을 받는 사람은 조직의 고객이다. 사회사업기관, 법률상담소, 학교, 병원, 재활원 등은 고객에게 봉사를 제공하는 것을 조직의 기본 기능으로 하고 있는 봉사조직이다. 봉사조직의 중요한 문제는 고객에게 제공되는 봉사의 질이 전적으로 전문가의 성실성에 의존할 수밖에 없다는 점이다. 봉사조직에 있어서 고객은 대체로 어떤 것이 자신의 이익에 최선인지를 모르기 때문에 상처받거나 이용당하기 쉽다.

④ 공공복리조직: 공공복리조직의 뚜렷한 특성은 일반 대중 전체가 조직의 주요 수혜자라는 점이다. 군대조직, 경찰조직, 국세청, 조사연구기관 등이 이러한 유형의 조직에 해당된다. 공공복리조직에 관련하여 제기되는 가장 중요한 문제는 국민에 의한 외재적 통제가 가능하도록 내부적 장치를 발전시키는 것이다.

이상에서 살펴본 Blau와 Scott의 주요 수혜자에 따른 조직의 분류에는 주요 수혜자를 어떻게 구분하느냐의 문제가 따른다. 즉, 조직이 운영됨에 따라 그 조직으로부터 혜택을 받을 수 있는 수혜자는 관점에 따라 다를 수도 있다는 것이다. 예를 들면, 사업조직의 경우 조직의 소유주, 근로자, 고객 등은 모두가 그 조직의 주요 수혜자다. 왜냐하면, 이들 모두가 조직으로부터 어떤 이익을 받지 않으면 조직에 대한 그들의 지지를 철회할 것이고, 그렇게 되면 조직은 목적을 달성할 수 없게 되기 때문이다. 그러므로 Blau와 Scott이 말한 대로 조직의 소유주만을 그 조직의 주요 수혜자로 보기는 곤란하다는 것이다.

Blau와 Scott의 유형론이 지닌 문제점을 해결하기 위해서 Litterer(1973: 63-64)는 수혜자가 조직으로부터 수익을 얻는 방식에 따라 조직을 분류하였다. 첫째로, 수익이 본질적이냐 혹은 부수적이냐, 둘째로 소유주가 가깝고 특정적이냐 혹은 멀고 일반적이냐를 기준으로 [그림 3-7]과 같이 조직을 유형화하였다. 여기서 본질적 수익이란 수혜자가 직접 조직에 가담하고 개입하여 자신이 얻은 이익을 뜻하고, 부수적 수익이란 직접 조직에 가담하거나 개입하지 않고 다른 것에 의해 수익을 얻는 것을 말한다. 또 조직의 소유주가 '가깝고 특정하다'는 말은 조직을 어떤 특정인이 직접적으로 소유하고 있는 경우를 뜻하고, '멀고 일반적이다'라는 말은 어떤 특정인이 조직의 소유주가 아니라 일반 대중이 간접적으로 소유하고 있는 경우를 말한다. 즉, 수혜자가 조직으로부터 간접적으로 수익을 얻는 관계다.

[그림 3-7]에서 볼 수 있는 바와 같이 주요 수혜자의 수익이 본질적이고 주요 수혜자가 그 조직의 직접 소유주일 경우에는 호혜조직이고, 수익은 본질적이지만 간접적으로 소유한 경우에는 봉사조직이다. 또 주요 수혜자의 수익이 부수적이고 주

		소유주	
		특정적	일반적
수익	본질적	호혜조직	봉사조직
	부수적	사업조직	공공복리조직

[그림 3-7] 주요 수혜자에 의한 조직의 분류

요 수혜자가 직접적으로 조직을 소유하고 있는 경우는 사업조직이고, 수익이 부수적이고, 조직을 간접적으로 소유하고 있는 경우는 공공복리조직이다. 예를 들면, 한국교원단체총연합회의 경우는 회원이 주요 수혜자란 입장에서 보면 회원들이 바로 연합회의 주인이며, 그들이 가입해서 이익을 얻으므로 호혜조직에 속한다. 또 학교의 경우는 학생이 주요 수혜자라는 관점에서 보면 학생들이 직접 참여하여 이익을 얻지만 그들이 학교를 직접 소유하고 있지 않으므로 봉사조직에 속한다.

이러한 Blau와 Scott의 봉사조직을 학교 상황에 적용할 때, 학교행정가들은 다음과 같은 사실에 주의하여야 한다. 첫째로, 교사나 학교행정가들이 자신들의 지위나 행정적인 문제에 사로잡혀 학생들의 복지를 소홀히 해서는 안 된다는 사실이다. 예를 들면, 학생들에 대한 처벌은 보다 큰 교육 목적을 달성하기 위한 수단으로서만 적용되어야 하며, 처벌 그 자체가 목적이 될 때 학생들의 복지는 보장될 수 없다. 둘째로, 학교행정가들은 학교가 베풀 수 있는 교육적인 봉사의 본질을 결정하는 데 있어서 그 결정권을 학생들에게 넘겨주어서는 안 된다는 사실이다. 여기서도 Katz와 Kahn의 조직 유형에서와 같이 학교행정가들은 상반된 욕구 간에 정교한 균형을 취해 나아갈 것이 요청된다고 하겠다. 따라서 교사나 학교행정가들은 호혜조직과 봉사조직 간에 생겨날 수 있는 갈등을 경험하게 된다. 왜냐하면, 이들은 학교라는 봉사조직에 봉직하면서 동시에 한국교원단체총연합회와 같은 호혜조직에도 관여하기 때문이다.

3) Etzioni의 유형: 복종 관계에 의한 분류

Etzioni(1961: 3-22)는 조직이 구성원을 통제하기 위해 이용하는 통제 수단과 구성원의 조직에 대한 관여(involvement)의 정도를 결합하여 복종 관계의 유형을 제시하였다. Etzioni의 유형론은 기본적인 통제 수단이 물리적, 물질적, 상징적인 것으로 구별될 수 있음을 전제한다. 즉, 물리적 통제 수단은 신체적 위협, 고통, 감금과 같은 수단을 통해 구성원을 통제하는 것으로 이러한 수단에 근거해서 행사되는 권력은 강제적 권력(coercive power)이며, 물질적 통제 수단은 봉급, 상여금, 특별급여 등과 같은 물질적 · 금전적 수단을 통해 구성원을 통제하는 것으로 이러한 수단에 근거해서 행사되는 권력은 공리적 · 보수적 권력(utilitarian/remunerative power)이며, 상징적 통제 수단은 위신, 존경, 칭찬, 비난 등과 같은 상징의 조작과 부여를 통해 구성원을 통제하는 것으로 이러한 수단에 근거해서 행사되는 권력은 규범적 권력(normative power)이다.

또한 Etzioni는 조직에 대한 구성원의 관여 정도에 기초하여 관여의 종류를 세 가지로 구별한다. 즉, 소외적 관여(alienative involvement)는 심리적으로 소외되고 조직으로부터 이탈하려는 마음을 가지고 있지만 별수 없이 조직에 남아 복종하지 않을 수 없는 경우에 나타나는 반응이며, 타산적 관여(calculative involvement)는 조직이 제공하는 물질적 · 금전적 보상이 적정하다고 생각되는 범위 내에서만 조직의 명령에 복종하는 반응이며, 도덕적 관여(moral involvement)는 조직의 임무와 자기가 맡은 일을 가치 있는 것이라 생각하고 충심으로 조직의 요구에 순응하는 태도를 말한다. Etzioni는 이상의 세 가지 권력과 세 종류의 관여를 결합하여 〈표 3-1〉과 같은 복종 관계의 유형을 제시하였다.

〈표 3-1〉에서 볼 수 있는 바와 같이 조직 내에서 9개 형태의 복종 관계를 발생시킨다. Etzioni는 특수한 종류의 권력과 관여는 흔히 병행되기 때문에 조직에서 발견되는 가장 흔한 복종의 형태는 1, 5, 9라고 주장하였다. 강제적 조직은 강제적 권력과 소외적 관여가 부합되어 있는 조직으로서 강제수용소, 교도소, 정신병원 등이 여기에 속한다. 공리적 조직은 보수적 권력과 타산적 관여가 부합되어 있는 조

〈표 3-1〉 복종 관계의 유형

관여 / 권력	소외적 관여	타산적 관여	도덕적 관여
강제적 권력	1 강제적 조직	2	3
보수적 권력	4	5 공리적 조직	6
규범적 권력	7	8	9 규범적 조직

출처: A. Etzioni(1961). *A Comparative Analysys of Complex Organization*. New York: The Free Press of Clenco, Inc., p. 12.

직으로서 영리 추구를 목적으로 운영되는 대부분의 사기업이 이에 해당한다. 규범적 조직은 규범적 권력과 도덕적 관여가 부합되어 있는 조직으로서 종교조직, 학교조직 등이 이에 해당한다. 다른 6개의 가능한 조직 형태는 권력체제가 구성원들의 관여와 일치하지 못한다는 의미에서 적합하지 못하다. Etzioni는 적합한 복종의 구조를 갖고 있는 조직은 그렇지 못한 조직보다 훨씬 효과적일 것이라고 주장한다. 이것은 학교조직이 통제의 수단으로서 강제나 보수보다는 상징(규범)을 사용할 때보다 유효하게 기능한다는 것을 시사한다.

4) Carlson의 봉사조직 유형: 고객 선발방법에 의한 분류

R. O. Carlson(1964: 262-276)은 고객 선발방법이 봉사조직의 내적 기능에 중요한 함축적 의미를 지닌다고 믿고, 이에 따라 봉사조직에 대한 새로운 유형을 제시하였다. 즉, Carlson은 고객이 조직에의 참여 여부를 선택할 수 있는 경우와 없는 경우로 분류하고, 또한 조직이 고객을 선발할 수 있는 경우와 없는 경우로 나누어 봉사조직을 [그림 3-8]과 같이 유형화하였다.

제I유형은 조직이 고객을 선발하기도 하고, 고객이 조직을 선택하기도 한다. 즉, 조직과 고객은 고객 선발과 조직에의 참여 여부를 각각 독자적으로 결정한다. 이러한 조직은 사립대학, 사립의료시설, 일반 복지후생기관 등을 들 수 있다. Carlson은 제I유형의 조직을 야생조직(wild organization)이라고 하였는데, 그 이유는 조직

조직의 선발권 \ 고객의 선택권	있음	없음
있음	제I유형 고객: 선택 가능 조직: 선발 가능	제III유형 고객: 무조건 선택 조직: 선발 가능
없음	제II유형 고객: 선택 가능 조직: 무조건 선발	제IV유형 고객: 무조건 선택 조직: 무조건 선발

[그림 3-8] 고객 선발방법에 의한 봉사조직의 유형

출처: Richard O. Carlson(1964). Environmental Constraints and Organizational Consequences: The Public school and Its Clients. In D. E. Griffiths (ed.), *Behavioral Science and Educational Administration*. The Sixty-third Yearbook of NSSE., Part II, Chicago: Univ. of Chicago Press, p. 265.

이 생존하기 위하여 동일 유형의 조직 간에 치열한 생존경쟁을 벌여야만 하기 때문이다. 다시 말하면, 이들 조직은 충분한 고객을 확보하지 못하면 살아남을 수 없다. 제I유형에 속하는 조직들은 지속적인 고객 확보가 보장되어 있지 않기 때문에 이러한 조직이 제공하는 봉사의 질은 생존을 위하여 절대적으로 긴요하다는 것이다.

제II유형은 조직이 고객을 선발하지 않을 수 없는 반면, 고객은 조직을 선택할 수 있는 경우다. 고객의 조직에의 참여는 고객의 자유재량에 달려 있다. 이러한 조직은 미국의 경우 모든 고졸 지원생을 받도록 학칙에 명시되어 있는 주립대학과 대부분의 지역사회 대학 등을 들 수 있다.

제III유형은 이론적으로는 존재할 수 있으나 현실적으로 실재할 수 없는 조직이다. 왜냐하면, 조직이 고객을 선발할 권리는 있으나 고객이 조직을 선택할 권리가 없는 봉사조직이란 존재할 수 없기 때문이다. 이러한 조직의 예로 군대를 들 수 있으나 군대는 봉사조직이 아니라는 점에서 적합하지 않다.

제IV유형은 제I유형에 속하는 조직과는 정반대로 조직이 고객을 선발하지 않을 수 없음은 물론, 고객도 조직을 선택하지 않을 수 없는 경우다. 이러한 유형의 조직은 법에 의해서 조직이 고객을 받아들이지 않으면 안 되고, 고객도 참여하지 않으면 안 된다. 이러한 조직의 예로는 의무교육을 실시하는 국·공립 초등학교, 교도소, 국립정신병원 등이다. Carlson은 이와 같은 조직을 순치조직(domesticated organization)이라고 불렀는데, 이는 조직의 생존이 법에 의해서 보장되기 때문이다. 순치조직은 고객 확보를 위한 치열한 경쟁이 없으며, 재정 지원의 수준도 고객의 질과는 관계가 없고 오직 양에만 관계가 있다. 순치조직에 있어서 가장 어려운 문제는 어떻게 하면 고객의 동기를 유발시켜서 조직에 적응할 수 있도록 돕는가 하는 것이다. 왜냐하면, 조직은 고객을 위하여 봉사하지만 고객은 조직에 참여하여 적응하도록 강요당한다고만 생각해서 조직의 봉사에는 전혀 관심이 없기 때문이다.

지금까지 살펴본 조직의 유형론은 교육행정 연구에도 많은 시사점을 준다. 조직을 유형화하는 것은 조직의 복잡한 현상을 될 수 있는 대로 정확하게 파악하고, 조직의 실체에 좀 더 가깝게 기술하려는 노력인 것이다. 조직을 복잡한 현상이라고 한다면 이를 분류할 때도 그러한 복잡성이 반영되기 마련이다. 그러나 오늘날까지 많은 학자들은 조직 현상 속의 복잡성을 온전하게 파악하지 못한 채, 단지 몇몇 특성에만 초점을 맞추어 조직을 분류하였기 때문에 너무 단순하였고 간혹 모순을 드러내기도 하였다. 예를 들면, Katz와 Kahn의 조직 유형에서는 유지기능적 조직 속에 학교, 교회, 병원을 함께 포함시킨 데 비해, Blau와 Scott의 조직 유형에서는 학교를 병원, 교도소와 같이 봉사조직 속에, 교회를 호혜조직 속에, 군대를 공공복리조직 속에 따로따로 분류하였다. 또 Etzioni는 학교, 교회, 병원을 모두 규범적 조직 유형에 포함시키고, 교도소, 군대, 정신병원은 강제조직에 속한다고 하였다. 그런데 고객 선발을 중심으로 봉사조직의 유형을 분류한 Carlson은 제I유형의 조직에 사립대학과 사립의료기관을, 제IV유형의 조직에 의무교육을 실시하는 국·공립 초등학교와 국립정신병원 및 교도소를 포함시켰고, 군대는 봉사조직이 아니라고 하여 조직 유형에서 제외시켰다.

7. 학교조직의 특성

학교조직은 복잡한 조직으로서 다른 조직들과 여러 면에서 비슷한 공통점도 많지만, 다른 조직과는 전혀 다른 독자성을 가지고 있다. 지금까지 학교조직의 독특한 성격은 많은 학자들에 의해 다양하게 논의되어 왔다.[5] 여기서는 여러 사람들에 의해 제시된 학교조직의 특성에 대한 논의를 다음과 같이 네 가지로 종합하여 살펴보고자 한다.

1) 전문적 관료제

학교조직은 앞에서 살펴본 관료제의 구조적 특성을 가지고 있다는 점에서 관료제 조직에 속한다. 그러나 학교조직은 다른 관료제 조직과는 여러 가지 측면에서 상이한 특성을 지니고 있으며, 그것은 주로 교직의 전문성에서 기인하는 것이다.[6]

5) 교육조직에는 중앙 교육조직인 교육과학기술부, 지방 교육조직인 교육위원회와 교육지원청, 각종 학교조직, 각종 교육 관련 기관 등 여러 가지가 있다. 여기서는 교육조직의 특성을 주로 '학교조직'을 중심으로 논의하고자 한다. 학교조직의 특성은 여러 사람들에 의해 다양한 관점에서 논의되어 왔다. 예를 들면, Sergiovanni와 Carver(1980: 163-164), Sergiovanni 등(1980: 72-73), Campbell 등(1983: 61-63), 백현기(1981: 147-148), 남정걸(1985: 84-85, 1986: 170-178), 박종렬(1989: 30-31), 김종철, 진동섭과 허병기(1990: 26-27), 박성식(1989: 9-43; 1994), 백승관(1993: 230-253) 등을 참고할 것.

6) 교직의 전문성에 대해서는 반론과 비판도 없지 않으나, 다음과 같은 전문직의 지표에 비추어 볼 때 교직의 전문성은 인정되고 있다. 일반적으로 한 직업이 전문직으로 인정받기 위해서는 그 직업이 갖추어야 할 조건들이 있다. 몇 가지 중요한 전문직의 조건들을 살펴보면 다음과 같다(Dill, 1981: 255-267; 백현기, 1981: 35; 김종철, 1982: 42-43; 박성식, 1989: 11-14).

첫째, 전문직은 고도의 지식과 기술을 필요로 한다. 이러한 지식과 기술은 학문적 이론체계를 기초로 하며, 따라서 일시적인 경험이나 단기간의 훈련을 통하여 습득할 수 없으며, 장기간의 형식교육을 통하여 그 업무 수행에 필요한 전문적 자질을 기른다.

둘째, 전문직에 종사하는 사람들은 자신의 직무에 대하여 배타적인 권한을 갖는다. 즉, 직무의 전문성으로 인해 주위의 평가나 간섭을 배제한다. 따라서 직무에 따라 자율적 행동의 범위가 크며, 자신의 행동에 대해서 스스로 책임을 진다.

즉, 학교조직에서 권한 계층의 하위에 위치하고 있는 교사들은 고도의 교육을 받았고, 또 자신들을 전문가로 생각한다는 점에서 많은 다른 관료제와 다르다. 교사의 책임은 다양한 자극을 통해서 각각 다른 속도로 학습하는 상이한 배경을 지닌 학생들을 가르치는 것이다. 이러한 책임의 성격과 교사들이 흔히 독립된 교실에서 독자적인 방식으로 학생들을 가르친다는 사실은 교사들이 상당한 자유재량권을 가지고 있다는 것을 의미한다. 또한 다른 관료제 조직의 하위층에서 일하는 사람들과는 대조적으로 교사들에게는 철저한 감독과 표준화된 직무 수행 지침을 적용하기가 곤란하다. 교사들은 조직의 규정에 따라 과업을 수행하는 측면도 있지만, 전문가로서 자율성을 가지고 있기 때문에 자신의 전문적 지식과 판단 그리고 전문직의 행동윤리에 따라 과업을 수행하는 측면도 있다. 즉, 교사들은 학생들을 다룰 때 항상 공식적이고 보편적인 기준이나 원칙만을 엄격하게 적용하는 것이 아니라, 때로는 학생에 대한 감화력을 강화하기 위해서 특정한 학생에게 비공식적이고 특수한 기준이나 원칙을 적용하기도 한다.

학교행정가들은 교사들이 고도의 교육과 훈련을 받은 전문가라는 사실을 인정하여 교육과정의 편성과 운영, 교수-학습 활동, 교육평가 등과 같은 전문적 문제에 관한 의사결정에 교사들의 자발적이고 적극적인 참여를 유도하고 있다. 이상과 같은 여러 가지 특성으로 인해 학교조직은 전문적 관료제로 인정되고 있다.

셋째, 전문직은 사회봉사 활동을 지향하며 이윤 추구를 목적으로 하지 않는다. 이러한 이타주의적인 면은 전문직의 중심적인 준거가 되고 있다.

넷째, 전문직에 종사하는 사람들은 스스로의 행동을 규제하기 위한 윤리강령(code of ethics)을 가지고 있다. 이러한 윤리강령은 그들이 지켜야 할 행동을 명백하고 체계적으로 제시하며, 특히 이타적 · 봉사적 행동을 강력하게 표현한다.

다섯째, 전문직에 종사하는 사람들은 자치적인 전문조직을 가지고 있다. 이런 조직에서는 그들의 권위와 지위 향상을 위해 노력하며, 이를 위해서 때로는 집단적인 힘(collective power)을 행사하기도 한다. 뿐만 아니라 이런 전문조직은 그 전문직의 자격과 기준을 철저히 규정함으로써 우수하지 못한 사람이 들어오는 것을 통제한다.

2) 순치조직

Carlson(1964: 262-272)이 명명한 '순치조직'이라는 개념은 학교조직의 독특한 특성을 이해하는 데 많은 시사점을 제공한다. 순치조직은 자기 조직에 들어오는 고객을 통제하지 못하고, 조직의 고객도 조직 참여에 대한 선택권을 갖지 못한다. 즉, 순치조직은 법에 의해서 조직이 고객을 받아들이지 않으면 안 되고, 고객도 조직에 참여하지 않으면 안 된다.

이러한 특성은 때때로 학교에 다니기를 원하지 않았던 학생들을 학교가 책임지고 교육해야 하고, 반대로 학교가 등록하지 않았으면 하고 바랐던 학생들도 가르쳐야 할 의무가 있다는 것을 암시한다. 순치조직의 생존은 법에 의해서 보장되기 때문에 고객 확보를 위한 치열한 경쟁이 없으며, 재정 지원의 수준도 고객의 질과는 관계가 없고 오직 양에만 관계가 있다. 이러한 특성은 학교조직의 안정성을 보장해 주지만, 전통적으로 학교조직이 왜 변화에 둔감할 수밖에 없었는가를 설명해 주는 중요한 이유가 되기도 한다. 순치조직에 있어서 가장 어려운 문제는 어떻게 하면 고객의 동기를 유발시켜서 조직에 적응하도록 하느냐 하는 것이다. 왜냐하면, 조직은 고객을 위하여 봉사하지만, 고객은 조직에 참여하여 적응하도록 강요당한다고만 생각해서 조직의 봉사에는 전혀 관심이 없기 때문이다.

일반적으로 학교조직은 선발하지 않은 학생들을 수용하고 통제하는 데 두 가지 적응기제(adaptive mechanism)를 사용하여 왔다. 하나는 소위 '불량 학생'이라고 불리는 학생들을 분리하여 특수한 통제방법을 사용하는 것이며(예, 능력별 학급 편성, 직업학교, 야간학교), 다른 하나는 모범학생에게는 우선적인 대우(예, 성적, 심화된 교육과정의 제공)를 해 주는 것이다. 한편 학생들 역시 학교에 대한 적응기제를 가지고 있다. 하나의 극단은 학생들이 학교생활을 즐거운 것으로 받아들이는 적극적이고 수용적인 적응이고, 다른 반대의 극단은 중도 퇴학이라는 것이다.

3) 조직화된 무정부

M. D. Cohen과 J. G. March(1974)가 제시한 조직화된 무정부(organized anarchy)의 개념은 교육조직의 특성을 파악하는 데 독특한 관점을 제공한다. Cohen과 March는 중앙집권적인 조정 또는 통제가 적은 체제로서 대학조직을 조직화된 무정부라는 개념을 통해 다음과 같이 기술하고 있다.

> 무정부 상태에 있는 대학에서는 대학 내에 있는 각 개인이 자율적인 결정을 하는 것처럼 보인다. 교수들은 언제, 무엇을 가르칠 것인가를 결정하고, 학생들은 언제, 무엇을 배울 것인지를 결정한다. 국회의원과 기부자들은 언제, 무엇을 지원할 것인가를 결정한다. 조정도 통제도 실행되지 않고 있다. 자원들은 어떠한 과정이 나타나든지 간에 명백한 조정 없이 그리고 상위 목적에 대한 명백한 참조 없이 할당된다. 체제의 '결정'은 체제에 의해 산출된 결과이지만, 특정인과 특정 집단에 의해 결정적으로 통제된 산출물은 아니다(Cohen & March, 1974: 33-34).

조직화된 무정부는 고도로 구조화된 관료제 또는 합의로 결속된 공동체(consensus-bound collegium)와는 근본적으로 다르다. 조직화된 무정부는 중앙집권적인 권한에 의한 조정 없이 풍부한 자원이 상이한 목적에 따라 할당되도록 허용하는 조직이다. 지도자들은 상대적으로 지도력이 약하며, 결정은 개별 행동에 의해 이루어진다. 조직의 목적이 모호하기 때문에 결정은 종종 의도적으로 계획되지 않은 활동의 부산물이다. Cohen과 March(1974: 3)의 관점에 의하면, 대학은 조직의 목적이 조화되지 않고 잘 규정되지 않은 선호를 포함하기 때문에 문제가 되고, 조직의 산출물(예, 보다 많이 교육받은 학생)을 생산하기 위한 과정에서 사용되는 기술이 불분명하며, 조직 구성원의 의사결정 참여는 그들의 관심과 욕구에 따라 달라지는 것이 특징이다. 일반적으로 학교조직은 Cohen과 March가 '조직화된 무정부'라고 묘사한 그런 조직의 범주에 속한다. 이러한 조직의 중요한 특성은 다음과 같다

(Cohen, March, & Olsen, 1972: 1-19).

첫째는 불분명한 목표로, 학교의 교육 목표는 학교조직에 방향을 제시해 주며, 학교의 존재 이유가 된다. 그러나 학교의 교육 목표는 너무 일반적이고 추상적이어서 분명하지 않고 상세화하기 어렵다. 실제로 목표는 시간의 경과와 더불어 변한다. 목표는 학교의 한 부분과 다른 부분에서 서로 다르다. 대부분의 목표는 행동으로 전환하기 어려운 용어들로 진술되어 있다. 따라서 목표 간에 갈등이 있으며, 이러한 갈등은 쉽게 해결되지 않는다. 비록 목표를 관찰 가능한 행동으로 전환하여 조직 구성원에게 제시하는 것이 가능할지라도, 그와 같은 전환은 불안정하며 조직의 모든 구성원들이 받아들일 수 있는 목표는 아니다. 목표에 대한 진술은 대부분 행정적으로 도움이 되지 않는 진부한 것들이다.

둘째는 불확실한 기술로, 학교조직에서는 목표 수행을 위한 방법이나 기법이 불확실하다. 학교를 설립하고, 직원을 배치하며, 교육활동을 명시하는 방법을 알고 있다 하더라도, 학교조직이 어떠한 과정을 통해서 작용하는지에 관해서는 별로 알지 못하는 상황에서 교육활동은 계속되고 있다. 학생들은 계속해서 변한다. 만약 학교조직이 새로운 교수-학습 절차를 창안한다면, 그러한 절차는 대략 동일한 산출물을 가져올 것으로 기대된다. 그러나 학교조직은 계획된 변화를 수행할 수 있는 능력을 거의 가지고 있지 못하며, 변화의 결과도 정확하게 예측하지 못한다. 일반적으로 학교조직은 표준화된 절차를 비표준적인 학생 또는 상황에 적응시키는 방법을 모른다. 새로운 사건은 일련의 새로운 시행착오적 절차를 요구한다.

셋째는 유동적인 참여로, 학교조직을 구성하는 학생, 교사, 행정가들이 전·출입한다. 학교 운영에 대한 학부모들의 개별적 또는 집단적 참여는 일정하지 않으며, 지역사회의 지도자들은 때때로 학교를 무시하기도 하고, 어떤 경우에는 상당한 관심을 보인다. 정부기관은 어떤 경우에는 능동적이고 또 어떤 경우에는 수동적이다. 학교에 관련된 사람들의 의사결정 참여 여부는 대안의 성격에 따라 달라진다.

4) 이완결합 체제

교육조직의 독특한 특성을 이해하는 데 도움이 되는 또 다른 관점은 K. E. Weick (1976: 1-19)이 제시한 이완결합 체제(loosely coupled system)다. 이완결합이라는 개념은 조직 단위 간에 상호 의존하고 있는 상황을 설명하기 위하여 개발된 개념이다(Hall, 1982: 120). Weick은 '이완결합'이라는 용어를 다음과 같은 의미로 사용하였다.

> 연결된 각 사건은 서로 반응적이지만, 각 사건은 또한 그 자체의 정체성을 보존하고 있는 물리적 또는 논리적 독립성을 가지고 있다는 증거가 있다. 이리하여 교육조직의 경우에 상담실은 교장실과 느슨하게 연결·결합되었다는 것은 하나의 사례다. 여기서 갖는 이미지는 교장과 상담교사는 어느 정도 연결되어 있다는 것이지만, 각자는 또한 정체성과 독립성을 보유하고 있다는 것이며, 이들의 연결은 아마 제한되고, 빈번하지 않으며, 상호 영향력이 약하고, 덜 중요하며, 반응은 느리다(Weick, 1976: 3).

따라서 이완결합의 개념은 권한의 분권화와 동일한 것이 아니다. 왜냐하면, 연결의 정도는 권한의 분배를 언급하기보다는 조직 단위 간의 상호 의존 수준을 언급하는 것이기 때문이다. 즉, 이완결합이란 구조와 활동 사이의 결합이 느슨하게 되어 있는 것을 의미한다.

이완결합조직은 매우 고도로 구조화된 조직에서는 흔치 않은 몇 가지 잠재적 기능을 가지고 있다. 즉, 이완결합은 ① 환경 변화에 당면하여 생존하기 위해서 한 조직에서 근본적으로 이질적인 요소들이 공존하는 것을 허용하고, ② 광범한 환경 변화에 대한 민감성을 허용하며, ③ 지역적인 적응을 허용하고, ④ 기발한 해결책의 개발과 유지를 고무하며, ⑤ 다른 부분에 영향을 주지 않는 한 체제의 한 부분이 분리되는 것을 용납하고, ⑥ 체제 내의 활동자에게 보다 많은 자유재량권과 자기 결정권을 제공해 주며, ⑦ 부분 간의 조정을 위하여 비교적 소액의 경비를 요구한다

(Weick, 1976: 6-9).

Weick이 제시하고 있는 이완결합의 개념은 새로운 것은 아니다. 이미 오래전에 C. E. Bidwell(1965: 976)이 공식조직으로서 학교의 독특한 특성으로 '구조적 이완성(structural looseness)'을 지적한 바 있으며, T. Parsons(1971: 486-495) 역시 교수가 구조적 핵심을 이루는 대학의 조직적 특성으로 '느슨한 사회조직(a loose kind of social organization)'을 언급한 바 있다. Weick의 이완결합의 관점은 지금까지 연구자들이 조직구조와 과정이 합리적이라는 편견에 사로잡혀 조직의 비합리적인 구조적 속성과 행위를 무시하고, 실제로 조직 속에 만연해 있는 조직활동의 이완결합의 정도를 무시하는 경향에 신선한 자극을 주었다는 점에서 높이 평가되어야 한다(Boyan, 1982: 34).

학교조직은 전반적으로 느슨한 구조를 가지고 있다(Gross & Grambsch, 1974). 여기서 학교조직의 구조가 느슨하다는 것은 학교조직의 여러 부분이 다른 부분들과 전혀 관계를 맺고 있지 않다는 것을 의미하는 것은 아니다. 오히려 학교조직의 몇몇 부분은 고도로 구조화되어 있으며, 심지어 관료적이다. 그럼에도 불구하고 조직적인 관점에서 볼 때, 학교조직은 전체로서 최소한의 통일을 유지할 수 있을 정도로 내부 업무가 조정되고 있는, 상대적으로 느슨한 구조를 지닌 복잡한 조직이라는 것은 많은 학자들에 의해 지지되고 있다. 따라서 Weick의 이완결합조직의 관점은 학교조직의 독특한 특성을 이해하는 데 유용하다고 할 수 있다.

제4장 체제이론과 학교조직

1. 체제의 개념
2. 체제의 속성과 개방체제의 특징
3. 사회체제로 본 학교조직

제 4 장
체제이론과 학교조직

학교조직은 여러 가지 환경적 요인과 내부의 구성요소에 의해 영향을 받는 복잡한 조직이다. 따라서 학교조직 속에서 일어나는 현상을 이해하기 위해서는 환경적 요인과 내부 구성요인의 상호작용을 체계적으로 이해할 필요가 있다. 그리고 체제이론은 여러 가지 요인들이 복합적으로 상호작용하여 발생하는 복잡한 사회현상을 체계적으로 분석하는 데 매우 유용한 이론이다. 따라서 이 장에서는 체제이론을 통해 다음과 같은 문제들을 살펴봄으로써 학교조직의 복잡한 현상을 종합적으로 분석하여 이해하고자 한다. 첫째로, 체제의 개념을 살펴보고, 둘째로 체제의 일반적 속성과 개방체제의 특징을 설명한 다음, 셋째로 사회체제적 관점을 적용하여 학교조직을 분석하고자 한다.

1. 체제의 개념

'체제(system)'라는 용어는 사용하는 학자들에 따라 다양하게 정의되어 왔다. C. D. Flagle 등(1960: 58-59)은 체제를 '하나의 예정된 기능을 협동적으로 수행하도록 마련된 상호작용하는 요소들의 통합된 집합'으로 보았고, D. E. Griffiths(1964: 428)는 '상호작용하는 요소들의 복합체'라고 하였다. 또한 S. J. Knezevich(1975: 166)는 체제를 '모든 조직된 실체를 위한 일련의 목적에 초점을 맞추어 상호작용하는 상호 독립적인 구성요소들의 집합체'라고 보았다. 한편 A. Rapoport(1980: 453)에 의하면, 체제는 '일련의 실체로 구성되며 이러한 실체들 사이에는 일련의 관계가 명시되어 있어서 이러한 관계 혹은 체제의 형태나 내력에 대한 실체군 간의 관계로부터 다른 것들을 연역할 수 있는 것'이라고 정의하였다. 이상과 같은 체제에 대한 다양한 정의로부터 공통점을 정리해 보면 다음과 같다.

- 체제는 여러 하위체제(subsystems)로 구성되며, 이것들은 상호 의존 관계에 있다.
- 체제는 환경으로부터 일정한 투입을 필요로 하며, 이것은 전환과정 혹은 처리과정을 통해서 산출로 변화된다. 이러한 산출의 일부는 평가의 피드백(feedback)을 통해서 다시 체제 속으로 흘러 들어가게 되고, 다른 일부는 체제의 환경으로 흘러 나간다.
- 이러한 한 묶음의 상호작용, 즉 하나의 체제는 '경계(boundary)'라는 개념에 의해서 다른 체제들과 구별되며, 체제의 경계 밖에 속하는 상호작용은 바로 그 체제의 환경이 된다.

우선 체제의 개념을 보다 분명히 밝히기 위해서 체제의 기본 모형을 살펴보기로 한다. 체제의 개념을 이해하는 데 가장 유용하고도 기본적인 모형은 다음 [그림 4-1]에 제시된 투입-산출 모형(input-output model)이다. 사실 모든 체제 개념의

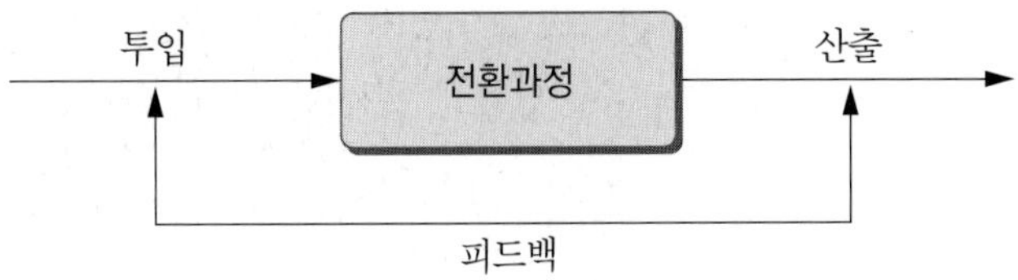

[그림 4-1] 체제의 기본 모형

출처: Glenn L. Immegart & Francis J. Pilecki(1973). *An Introduction to Systems for the Educational Administrator*. Reading, Mass: Addison-Wesley Publishing Co., p. 78.

기본 전제는 투입–산출 과정의 상호 관계에 근거하고 있다(Immegart & Pilecki, 1973: 77). 투입–산출 과정의 상호 관계를 이해하기 위하여 가정의 난방체제를 예를 들어 보겠다. 우선 방을 따뜻하게 하기 위한 연료가 있어야 하고, 이것이 준비되면 보일러가 물을 데워서 각 방에 흐르게 함으로써 방이 따뜻해지는 것이다. 한편 실내 온도를 섭씨 18도로 자동 조절이 되도록 하였을 때, 실내 온도가 그 이하로 떨어지면 다시 보일러가 작동하게 되는데, 이러한 작동은 외부 환경의 영향을 받아 이루어진다.

오늘날 체제의 개념이 중요하게 다루어지는 이유는 모든 체제가 많은 부분 요소들로 구성되어 있으며, 이들 부분 요소는 서로 관련을 가지고 작용하고, 또한 체제는 외부 환경의 다른 체제들과도 관련을 맺고 상호작용하기 때문이다. 즉, 모든 것이 상호 관련되어 있을 뿐만 아니라, 그 모든 것은 또한 상황에 따라 달라질 수 있기 때문에 한 유기체나 사회현상을 연구하는 데 있어서 그것을 따로 분리할 수 없다는 인식에서 비롯되었다.

Bertalanffy(1975: 6-18)는 오늘날 체제이론이 등장하여 이처럼 여러 학문 분야에서 수용되어 발전되고 있는 중요한 이유로, 사물의 현상을 규명하기 위하여 학문 간 협동적 접근방법(interdisciplinary approach) 내지 다학문적 접근방법(multidisciplinary approach)이 이용되고 있음을 지적하고 있다. 그에 따르면 과거에는 주로 두 개의 사물에 대한 단순한 인과관계를 일차방정식이나 이차방정식 관계를 통해 규명하는 정도에 그쳤었다. 그러나 학문이 발달함에 따라 하나의 사물은 다른 사물과 직간접적으로 상호 의존적 관계를 맺게 되었을 뿐만 아니라, 그 사물은 외부 환경의 다른 사물로부터 투입을 받아야만 생존할 수 있다는 것을 알게 되었다. 따라서 거의 무한정에 가까울 정도로 많은 사물들 간의 상호 관련 및 상호작용을 다루는 데 있어서 새로운 개념적 도구가 필요하게 되었는데, 이 도구로서 적합한 것이 체제이론이라는 것이다.

오늘날 체제의 개념이 중요하게 다루어지는 또 다른 이유는 체제를 하나의 이론으로 여기기보다는 오히려 하나의 사고방식이나 문제 분석을 위한 준거 틀(frame of reference)로 볼 수 있기 때문이다(Newell, 1978: 31; Immegart & Pilecki, 1973: 30). 즉, 오늘날 교육조직을 포함한 모든 조직의 문제를 다룸에 있어 당면하는 문제들은 종래의 접근방법으로는 도저히 해결할 수 없을 만큼 복잡하고 다양해졌다. 종래에는 조직이 당면한 문제를 조직의 다른 문제들과는 별개의 독립된 상황 속에서 해결하고자 하는 폐쇄적인 방법을 사용하였으나, 오늘날에는 종래의 접근방법이 가지는 결함을 시정 또는 보완하기 위하여 하나의 문제를 조직의 전체적인 입장에서 파악하고, 이와 관련된 여러 요인들과의 상호 관련하에서 해결하고자 하는 개방적 노력을 기울이지 않으면 안 되게 되었다. 바로 이와 같은 생각과 접근방법을 '체제적 사고'라고 한다. 즉, 체제적 사고는 하나의 사고방식으로서 사물의 현상을 바라보는 시각 또는 현상을 처리하는 태도인 것이다. 이러한 체제적 접근방법은 학술적인 이론의 제시라기보다는 오히려 하나의 사고 양식(mode of thought)으로서 다음과 같은 분석적이고 통합적인 장점을 가지고 있다(김영식, 1975: 48-49).

- 체제적 사고는 당면한 문제를 중심으로 선행조건과 앞으로의 발전 경향을 기능적으로나 행동적으로 분석하는 것을 용이하게 해 준다.
- 체제적 사고는 기구의 분석을 통하여 구성요소 간의 상호 관계와 연결 등을 알아내는 데 도움을 준다.
- 체제적 사고는 실천 방안을 제시하며, 혼미한 상태에서도 옳은 질문과 옳은 답을 할 수 있게 한다.
- 체제적 사고는 미래지향적이다.
- 체제적 사고는 복잡한 여건하에서 변수를 조절하여 방안의 투입 및 산출 과정

에서 효과를 극대화할 수 있는 것을 선택하는 데 도움을 준다.

- 체제적 사고는 문제를 분석하고 구명하는 데 있어서 통합적인 접근을 시도하기 때문에 문제해결을 위해서 학문의 고유 영역을 넘어 학자들이 공동의 노력을 할 수 있는 광장을 마련해 준다.

2. 체제의 속성과 개방체제의 특징

체제는 여러 가지 속성을 가지고 있다. 여기서는 G. L. Immegart와 F. J. Pilecki (1973: 34-39)의 견해를 중심으로 체제의 속성을 정리해 보기로 한다.

① 소멸하려는 경향(entropy): 모든 체제는 그 성질, 규모 또는 형태와 관계없이 두서없이 무질서하고 무력하게 되어 궁극적으로 소멸하려는 경향이 있다.

② 시공간 속의 존재: 모든 체제는 시간과 공간 속에서 존재한다. 이 말은 모든 체제가 특정한 공간을 차지한 채 시간의 연속적인 흐름 속에서 진화하고 생성하며 성장한다는 것을 의미한다.

③ 경계 영역(boundaries): 모든 체제에는 그 체제의 안과 밖을 구분하는 경계 영역이 있으며, 체제에 따라서 그 경계 영역이 다소 임의적일 수 있다.

④ 환경: 모든 체제는 환경을 가지고 있다. 체제의 환경은 체제의 영역 밖에 있는 모든 것을 의미한다.

⑤ 변인(variables)과 매개변수(parameter): 모든 체제는 구조와 기능에 영향을 미치는 요소들을 가지고 있다. 체제의 내부 요소를 변인이라 하고, 체제 밖의 환경에 속하는 요소를 매개변수라 한다.

⑥ 하위체제(subsystem): 가장 작은 체제를 제외한 모든 체제는 하위체제를 가지고 있다. 그리고 하위체제도 체제와 동일한 구성요소, 관계, 속성으로 구성되어 있다.

⑦ 상위체제(suprasystem): 가장 큰 체제를 제외한 모든 체제는 상위체제를 가지

고 있다. 가장 작은 체제를 제외한 모든 체제가 분석적으로 그리고 실제적으로 하위체제로 분류될 수 있듯이, 가장 큰 체제를 제외하면 어떠한 체제라도 이는 보다 크고 복잡한 체제의 하위체제인 것이다.

이상과 같은 속성을 가지고 있는 체제는 외부 환경과의 상호작용 여하에 따라 폐쇄체제와 개방체제로 분류할 수 있다. 폐쇄체제(closed system)는 외부 환경과의 상호작용을 하지 않고 체제의 구성요소만으로 독립적으로 존재하고 그 자체로서 모든 것이 충족된다고 가정한다. 그러나 이러한 폐쇄체제는 단순한 가정에 불과하며 현실적으로는 존재할 수 없다고 보아야 할 것이다. 왜냐하면, 체제가 보유하고 있는 일정한 에너지는 시간이 경과되어 감에 따라 고갈되기 때문에 체제 자체는 결국 생존하지 못하고 소멸되기 때문이다. 반면에 개방체제(open system)는 항상 외부 환경과 투입 및 산출을 통해 에너지를 주고받는 역동적 상호 관계를 유지하면서 환경에 적응하고 체제의 생존을 유지해 나간다. 일반적으로 모든 개방체제는 다음과 같은 특징을 갖는다(Katz & Kahn, 1978: 23-30).

① 에너지의 투입(input): 개방체제는 외부의 환경으로부터 여러 가지 에너지를 투입받아 생존을 유지한다. 예를 들면, 세포가 혈맥을 통하여 산소를 공급받고, 인체가 외부 환경으로부터 공기와 음식을 공급받는 것과 흡사하다.
② 전환(throughput): 개방체제는 환경에서 투입된 에너지를 자신이 이용할 수 있는 형태로 전환시킨다. 예를 들면, 인체는 외부 환경으로부터 투입된 전분과 당분을 활동 에너지로 변화 혹은 전환시키듯이, 조직은 새로운 산출물을 창조하고, 물질을 가공하며, 사람을 훈련하기도 한다.
③ 산출(output): 개방체제는 전환과정을 통해 처리한 체제의 산출물을 환경으로 내보낸다. 예를 들면, 유기체는 폐로부터 이산화탄소와 같은 산출물을 밖으로 내보냄으로써 식물의 성장을 돕기도 한다. 촛불은 외부로부터 산소를 공급받아 소모하면서 다시 외부로 이산화탄소를 발산한다.
④ 순환체제(systems as cycles of events): 개방체제에서 에너지의 교환활동은 순

환적인 성격을 띤다. 예를 들면, 생산공장은 원료와 인력을 투입하여 수익을 얻을 수 있는 생산물을 생산하고, 그 생산물의 수익으로 다시 원료와 인력을 확보하여 재생산에 들어가는 순환의 과정을 반복한다.

⑤ 소멸저항장치(negative entropy): 원래 엔트로피란 모든 형태의 조직이 해체 또는 소멸로 향해서 움직여 가는 과정을 의미한다. 그러므로 개방체제가 생존하기 위해서는 엔트로피적인 과정을 없애야 하는데, 그것은 부정적 엔트로피를 지녀야 함을 뜻한다. 폐쇄체제는 환경으로부터 에너지를 공급받지 못하기 때문에 해체되거나 소멸될 수 있으나, 개방체제는 그들이 소모하는 양보다 더 많은 에너지를 외부 환경으로부터 받아들여 이 엔트로피적인 효력을 상쇄시킬 수 있다. 물론 상당수의 체제가 해체되고 소멸되기도 하지만, 사회체제는 다른 생물학적인 유기체와는 달리 엔트로피적인 과정을 저지할 수 있는 능력이 있다.

⑥ 정보의 투입, 제어적 평가의 반송, 정보의 선택적 흡수과정: 개방체제에 투입되는 것은 에너지뿐만 아니라, 환경과의 관계에 있어서 체제의 기능에 관한 정보도 투입된다. 그리고 '제어적 평가의 반송(negative feedback)'이란 체제로 하여금 정보가 그 진로로부터 이탈하는 것을 막도록 하는 것이다. 한편 체제는 투입되는 모든 정보를 흡수하는 것이 아니라, 적절한 정보만을 선택적으로 받아들인다. 이러한 체제의 선별과정을 '정보의 선택적 흡수과정'이라고 한다.

⑦ 안정상태와 역동적 항상성(homeostasis): 개방체제에서는 전술한 엔트로피의 발생을 저지하기 위하여 에너지를 받아들이는데, 이와 같은 에너지의 교류활동이 순조롭게 이루어지면 체제는 안정상태를 유지하게 된다. 이처럼 개방체제는 스스로 조절할 수 있는 자율규제장치를 가지고 있어서 항상 평형상태를 유지하려고 한다. 다시 앞의 촛불의 예를 보면, 촛불을 켜 놓고 갑작스럽게 창문을 활짝 열면 바람이 불어 불꽃이 나부끼면서 작아지지만, 그 바람이 촛불을 꺼 버릴 정도로 강하지만 않다면 촛불은 곧 원형을 회복하여 다시 안정상태를 유지하는 것과 같다. 체제의 안정상태란 결코 정적인 상태가 아니라 오

히려 역동적인 평형상태인 것이다. 그리고 '항상성'이란 원래 생물체에 있어서 내부 기관의 평형을 유지하기 위한 불변성을 의미하는 것인데, 개방체제에 있어서는 환경으로부터 계속 에너지가 투입되고 그와 동시에 생산물이 계속 유출되지만 체제의 특질은 변동되지 않는 것을 말한다. 따라서 개방체제에서는 엔트로피를 저지해 나가면서 체제가 역동적 항상성을 계속 유지해야만 지속적인 성장을 유지할 수 있다.

⑧ 분화(differentiation): 개방체제는 체제 내의 역할을 정교하게 하고 기능적으로 전문화하는 방향으로 움직여 나아가는 특색이 있다.

⑨ 통합(integration)과 조정(coordination): 개방체제는 통합과 조정이라는 과정을 통해 체제의 통일성을 유지한다. 여기서 '통합'이란 소집단 수준에서 그들이 공유하는 규범과 가치를 단일화하는 노력을 말하며, '조정'이란 보다 큰 사회조직에 있어서 과업과 역할의 기능적 분화를 도모하는 한편 통제와 결합을 위해 노력하는 것을 뜻한다.

⑩ 이인동과성(equifinality): 마지막으로 개방체제는 이인동과성으로 특징지어진다. 이것은 처음에 각기 다른 상태에서 출발한 체제들이 서로 다른 경로를 밟더라도 종국에는 동일한 상태에 도달할 수 있다는 원리다. 그러므로 이 특징은 개방체제가 특정 목표에 도달하는 데는 여러 가지 수단이 존재할 수 있음을 암시해 준다. 예를 들면, 두 교사가 특정 과목을 서로 다른 교수-학습 방법으로 가르쳐도 각기 다른 두 학급에서 유사한 교수-학습 결과가 나타날 수 있다는 것이다.

지금까지 Katz와 Kahn이 제시한 개방체제의 특징을 살펴보았다. 이것을 다시 종합적으로 정리하면 다음과 같다. 즉, 개방체제는 우선 외부 환경으로부터 에너지를 안으로 끌어들여 그것을 체제 안의 전환과정을 통해 형태를 바꾸어 산출물을 체제 밖으로 내보낸다. 이러한 순환과정은 한 번으로 끝나는 것이 아니라, 체제가 생존하는 한 계속된다. 이때 조직의 존속과 유지를 위하여 소멸저항장치와 제어적 평가의 반송을 통해 통제행위를 하게 된다. 이 결과로 조직은 안정상태와 역동적인 평형상태 및 항상성을 유지하게 되는 것이다. 그리고 체제는 그 규모가 커질수록 자율적인 단위로 분화되지만, 출발과 경로는 달라도 통합과 조정의 과정을 통하여 종국에는 동일한 상태(결과)에 도달할 수 있게 된다.

3. 사회체제로 본 학교조직

1950년대 후반부터 학교조직을 이해하는 하나의 방법으로 사회체제이론(social system theory)이 널리 적용되기 시작하였다. J. W. Getzels와 E. G. Guba(1957)가 조직을 계서적인 역할구조를 특징으로 한 사회체제로서 설명했던 것과 같이, 체제이론은 조직 속의 개인의 행동에 영향을 미치는 요인들을 분석하는 데 유용하며, 조직 자체를 정확하게 평가할 가능성이 높다. 행정을 사회적 과정(social process)으로 그리고 학교를 사회체제로 받아들이고, 이에 대해 개념적이고 실증적인 연구를 한 것은 미국의 경우 1950년대와 1960년대에 성행하였지만, 아직도 교육행정 연구자들을 위한 연구 가설로서 그리고 교육행정 실무자들을 위한 실무 지침으로서 유용하다고 본다. 이와 같이 조직 속의 개인의 행동에 영향을 주는 요인을 분석하고, 조직 자체에 대한 평가를 하는 데 체제이론이 유용하다는 점을 생각할 때, 사회체제의 관점에서 학교조직 속의 사회적 행동을 분석하는 것은 매우 의미 있는 일일 것이다.

사회체제는 주로 조직 속의 인간의 행위를 이해하려는 것이며, 그 규모나 수준과는 관계없이 적용이 가능한 일종의 명제로 구성된 논리적 전개로서 변수와 변수 간의 상호 관계 혹은 인과관계를 이루는 이론체제다. 이러한 사회체제의 특징으로는 부분 간의 상호 내적 의존성, 그 부분들의 총체성, 개인과 조직 모두의 현존성을 들 수 있다(Getzels, et al., 1968: 54). 한편 T. J. Sergiovanni와 F. D. Carver(1980: 209)는 사회체제가 개인들로 구성되어 있고, 사회체제 속에서 개인 간에 상호작용을 하며, 그 상호작용은 무작위적인 것이 아니라 목적 달성을 위한 의도적인 것이라는 점을 제시하였다. 이와 같은 특징을 지닌 사회체제는 폐쇄체제와 같은 정적인 관계의 틀이라기보다 개방체제와 같이 역동적인 변화를 의미하기 때문에, 체제의 모든 요소들이 상호 의존적이고 서로 영향을 주고받는 관계에 있다고 할 수 있다.

이러한 사회체제의 개념에 대한 이해를 돕기 위해서 이것의 바탕이 되는 기본 전제는 J. A. Litterer(1969: 116-119)와 C. E. Bidwell(1965: 972-1022) 그리고 Getzels와 Guba(1957: 423-441, 1968: 52-107)의 연구물을 중심으로 정리해 보면 다음과 같다.

- 사회체제는 서로 의존하는 부분과 특성 및 활동으로 구성되어 있다. 이것들은 전체 체제와 에너지를 주고받는다. 그러므로 한 부분에 영향을 받으면, 그것은 사회체제의 전체에 파급된다.
- 사회체제는 목적 지향적이다. 사실상 체제 속에는 여러 가지 목적이 있을 수 있다.
- 사회체제는 사람들로 구성된다. 예를 들면, 학교체제의 경우는 학교행정가, 교사, 학생, 사무직 및 기술직의 관리직, 수위, 용인 등으로 구성되어 있다.
- 사회체제는 구조적이다. 구성요소는 특수한 기능을 수행하기 위해서 필요한 것이며, 자원을 분배하기도 한다.
- 사회체제는 규범적이다. 사회체제의 구성원들은 특수한 방식으로 행동하도록 기대되며, 공식적인 규칙과 규정 그리고 비공식적인 지침이 적절한 행동을 하도록 규제한다.
- 사회체제는 행정 제재적이다. 구성원들에게는 행동 규범이 상과 벌을 통하여 강요된다. 행정 제재의 공식적인 방법으로는 제명, 정직, 퇴진, 승진제도 등이 사용되며, 비공식적인 제재로는 야유와 배척 등이 사용된다.

다음으로 사회체제이론을 적용하여 학교조직의 분석을 시도한 몇 가지 대표적인 사회체제 모형을 살펴보기로 한다.

1) Getzels와 Guba의 모형

최초로 행정의 개념을 사회과정 모형(social process model)으로 보기 시작한 학자들은 Getzels와 Guba(1957)다. 그 후 이 모형은 Getzels(1958) 단독으로, 또 다른 학자들에 의해서 더욱 정교하게 발전되고 확대되었다(Getzels, et al., 1968; Hoy & Miskel, 1978).

Getzels와 Guba(1957)는 행정을 구조적으로는 사회체제 내에서 상위자와 하위자 간의 계서적 관계로 보았고, 기능적으로는 이 계서적 관계가 사회체제의 목표를 달성하기 위하여 역할과 시설을 할당하고 통합하는 장소로 보았다. 또 사회체제는 개념적으로는 독자적이면서도 실제적인 상황에서는 상호작용을 하는 두 가지 측면으로 구성된다고 하였는데, 그중 한 측면은 사회체제의 목표를 달성하기 위하여 규정된 역할과 역할 기대가 존재하는 제도이며, 다른 측면은 체제 안에서 생활하는 특정한 인성과 욕구 성향을 가지고 있는 개인이다. 따라서 Getzels와 Guba는 사회체제 내에서 구체적으로 일어나는 한 개인의 사회적 행위(social behavior)는 조직적 차원을 형성하는 제도, 역할, 역할 기대라는 요소와 인성적 차원을 형성하는 개인, 인성, 욕구 성향이라는 요소 간의 기능적 상호작용으로 이해될 수 있다고 하였다. 그들이 사회체제 내의 사회적 행위를 분석 · 연구하기 위하여 제시한 이론적 모형은 [그림 4-2]와 같다.

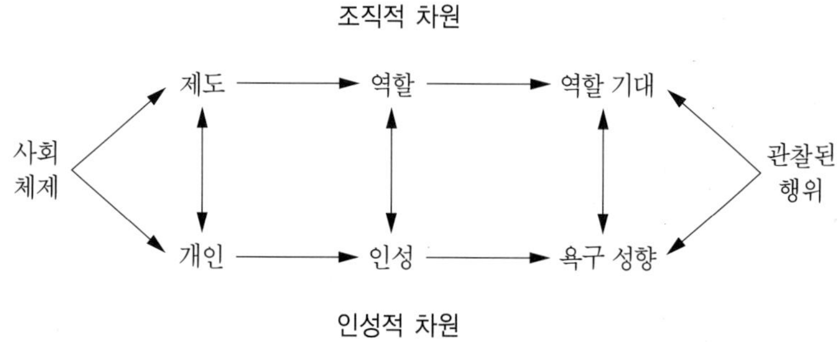

[그림 4-2] 사회과정 모형

출처: Jacob W. Getzels & Egon G. Guba(1957). Social Behavior and The Administrative Process. *The School Review*, Vol. LXV, No. 4(Winter), p. 429.

[그림 4-2]에서 볼 수 있듯이, 사회체제 내의 한 개인의 사회적 행위를 이해하고 예언하며 통제하기 위해서는 체제의 조직적 측면과 인성적 측면의 여러 요소 간의 상호 관계를 파악하여야 한다. 여기서는 편의상 이 두 측면을 구분하여 설명하기로 한다.

(1) 조직적 차원(nomothetic dimension)

제도(institution)에 대한 정의는 사회학자들 간에도 다양하지만 여기서는 제도를 다음과 같이 볼 것이다. 즉, 모든 사회체제는 일상적인 방법으로 적시에 수행해야 할 긴요한 기능을 가지고 있다. 예를 들면, 이러한 기능은 사회의 통치기능, 교육기능, 치안기능 등으로 제도화된 것이라고 할 수 있으며, 이와 같이 제도화된 기능을 수행하기 위해 설립된 기관(예: 정부, 학교, 경찰서)을 '제도'라고 할 수 있다. 이러한 제도는 다음과 같은 속성을 지닌다(Getzels & Guba, 1957: 425-426; Getzels, et al., 1968: 57-59).

- 제도는 유목적적이다.
- 제도는 사람들로 구성된다.
- 제도는 구조적이다.
- 제도는 규범적이다.
- 제도는 행정 제재적이다.

이러한 제도를 구성하는 가장 중요한 분석 단위는 역할(role)이다. 제도와 마찬가지로 역할에 대한 정의도 학자에 따라 다양하다. R. Linton(1936: 113-114)은 역할에 대해 다음과 같이 기술하고 있다. 즉, 지위(status)는 그것을 차지하는 개인과는 구별되는 권리와 의무의 집합이다. 역할은 이러한 지위의 역동적인 측면을 뜻한다. 개인에게 사회적으로 지위가 주어지면, 그는 다른 지위에 있는 사람들과 관련을 맺으면서 그 지위에 앉게 된다. 그가 지위를 구성하는 권리와 의무를 이행할 때 자신의 역할을 수행하는 것이 된다. 이와 같이 역할과 지위는 불가분의 관계에 있기 때문에 이것들을 구분하려는 시도는 학문적인 관심일 뿐 실제적인 것은 아니다. 지위 없는 역할이나 역할 없는 지위란 생각할 수 없다. 이러한 역할은 다음과 같은 속성을 지닌다(Getzels & Guba, 1957: 426-427; Getzels, et al., 1968: 61-63).

- 역할은 제도 속에서 직위, 업무, 지위를 나타낸다.
- 역할은 역할 기대에 의해서 규정된다.
- 역할 기대는 제도적으로 정해진 것이다.
- 역할은 다소 융통성이 있다.
- 역할은 상호 보완적이다.

이러한 속성을 지닌 역할은 한 제도 속에서 권리와 의무를 수반하는 직위와 지위로서 역할 기대에 의하여 규정되며, 그 역할 기대는 제도적으로 정해진다. 제도 속의 이러한 역할은 그 수행상 다소 융통성을 지니며, 역할 간의 관계는 상호 보완적 관계에 있다. 즉, 역할은 언제나 그와 관련된 다른 역할들과 관계를 가지고 상대적으로 규정되기 때문에 따로 분리해서 이해할 수 없는 것이다.

역할 기대(role expectation)에 대해서 일반적인 정의를 내린다면, '사회체제 속의 특정 역할 수임자가 무엇을 해야만 하고, 또 무엇을 해서는 안 된다는 규정 권리와 의무, 특전과 책무'라고 할 수 있다(Getzels, et al., 1968: 64). 역할 수임자가 역할 기대에 따라 행동할 때 그는 사회체제 속의 역할을 수행한다고 말할 수 있다.

지금까지 사회적 행동의 조직적 차원을 구성하는 요소인 제도, 역할, 역할 기대 등에 관하여 논의하였다. 여기서 특별히 유의해야 할 것은 개인을 특정한 역할을 수행하는 행위자로 본다는 것이다. 이 말은 개인 행위자의 독특한 인성적 특성이나 욕구 성향을 고려하지 않는다는 것이다. 즉, 누가 그 역할을 담당하든 그들은 동일한 행동을 할 것이라고 기대하는 것이다. 그러므로 개별 행위자들의 실제적인 행동을 직접적으로 관찰하지 않고, 다만 사회체제의 조직적 측면만 분석하여도 그들의 행동에 대한 이해가 가능하다는 것이다. 즉, 사회적 행동을 어느 정도 이해하고, 예언하며, 통제할 수 있다는 것이다.

(2) 인성적 차원(idiographic dimension)

사회체제는 증오, 사랑, 공포, 열망 등을 지닌 각기 다른 사람들로 구성되어 있기 때문에 역할도 각자 자신만의 독특한 형태로 수행하기 마련이다. 그래서 모든 행정가들은 서로 다른 방법으로 행정을 수행하고, 모든 교사들도 각기 다른 방법으로 가르치게 된다. 심지어 행동에 재량권이 비교적 적다고 볼 수 있는 군대사회에서도 동일한 계급의 두 군인의 역할 수행 결과는 다르게 나타난다. 그러므로 사회체제 속에서 한 개인의 행동을 이해하기 위해서 그의 역할과 역할 기대를 아는 것만으로는 불충분하다. 특정한 행정가가 구체적인 상황에서 어떻게 행정활동을 수행하는지를 이해하려면 제도의 조직적 측면을 검토함은 물론 개인의 사회적 측면도 동시에 고려하여야 한다. 다시 말하면, 한 개인의 인성적인 행동을 이해하기 위해서는 사회학적 측면은 물론 심리학적 측면의 분석까지도 필요하다는 것이다.

우리는 조직적 차원의 구성요소인 제도, 역할, 역할 기대를 분석할 수 있듯이, 인성적 차원의 구성요소인 개인, 인성, 욕구 성향을 분석할 수 있다. 그러나 분석에 앞서 인성과 욕구 성향에 대한 개념부터 밝혀 보기로 한다. 제도와 역할에 관한 정의가 학자들 간에 다양했듯이, 인성(personality)에 대한 정의도 학자에 따라 다양하다. 일반적으로 심리학을 포함한 행동과학에서 가장 폭넓게 받아들여지고 있는 이에 대한 정의는 다음과 같다(Getzels et al., 1968: 66).

- 인성은 개인의 인습적인 행위를 포함하여 관찰할 수 있는 모든 것의 총체다.
- 인성은 한 개인의 또 다른 개인이나 집단에 대한 외적 자극 가치다.
- 인성은 환경에 대한 개인의 독특한 반응을 결정하는 내적 동기체제다.

Getzels와 H. A. Thelen(1960: 66)은 자신들의 이론 모형에서 인성에 대한 적절한 정의를 내리고 있다. 즉, 인성은 '개인의 욕구 성향의 역동적인 조직이며, 조직된 욕구 성향은 환경에 대한 개인의 행동적 반응을 지배하는 힘'이라는 것이다. 이러한 인성을 구성하는 중심적 요소는 욕구 성향이다. 역할을 조직적 차원의 구성요소인 역할 기대로 규정할 수 있듯이, 인성은 인성적 차원의 욕구 성향에 의하여 규정할 수 있다. 욕구 성향(need-disposition)에 대한 정의도 학자들마다 다양하지만, T. Parsons와 E. A. Shils(1951: 114)에 의하면, 욕구 성향은 욕구와 성향의 합성어로서 두 가지 의미가 있다고 하였다. 하나는 유기체에게 필요한 어떤 것을 충족시키려는 경향, 즉 어떠한 궁극적인 목적(상태)에 이르려는 경향이고, 다른 하나는 목적 지향적인 상태를 이루기 위하여 계획된 대상과 관련을 맺으려는 성향이다. 따라서 욕구 성향은 어떤 대상에 대하여 특정한 방식으로 지향하고 행동하려는 개인적인 경향인 동시에 그 행동으로부터 어떤 결과를 기대하는 성향이라고 정의하였다. 이러한 욕구 성향에 대해서 Getzels 등(1968: 70-75)은 다음과 같이 일반화하였다.

- 욕구 성향은 개인이 지니고 있는 잠재적 힘이다.
- 욕구 성향은 목적 지향적이다.
- 욕구 성향은 인식과 지각행위뿐만 아니라 다른 형태의 행위도 결정하는 요인이다.
- 욕구 성향은 대상의 특수성이나 구체성 혹은 보편성이나 일반성에 의해 바뀌게 된다.
- 욕구 성향은 정형화되어 있고 상호 관련되어 있다.

사회체제 속에서 개인의 사회적 행동은 개인이 지니고 있는 특정한 욕구 성향에 따라 달라질 것이다. 예를 들면, 복종심에 대해 높은 욕구 성향을 가진 교사와 우월감에 대해 높은 욕구 성향을 가진 교사는 역할 수행에 있어서나 대인관계 측면에서 서로 다를 것이다. 즉, 복종심이 강한 교사는 교장이 지시하는 대로 자기가 맡은 과업을 수행하려 할 것이나, 우월감이 강한 교사는 교장의 지시나 간섭을 받지 않고 자기 나름대로 업무를 처리해 나가려 할 것이다. 그러므로 설령 이 두 교사가 동일한 역할을 맡았다 할지라도 같은 사회적 행동을 하리라고 기대할 수 없는 것이다. 사회체제 내부에는 제도적으로 규정된 특수한 역할이 있으며, 이러한 역할을 수행하는 역할 수임자의 사회적 행동을 이해하려면 역할 기대와 욕구 성향의 양쪽 측면을 모두 이해해야 한다. 왜냐하면, 인성의 욕구와 조직의 기대는 모두 사회적 행동을 유발하는 동기요인으로 작용하기 때문이다.

여기서 앞의 [그림 4-2]를 다시 한번 정리해 보면, 사회체제의 조직적 차원은 사회체제 내의 제도에 의해서 규정되고, 각 제도는 제도의 구성요인인 역할에 의해서 규정되며, 각 역할은 역할에 수반되는 역할 기대에 의해서 규정된다. 마찬가지로 인성적 차원은 개인, 인성, 욕구 성향으로 구성되는데, 욕구 성향은 인성의 분석 단위로, 인성은 개인의 분석 단위로 볼 수 있다. 즉, 사회적 행동은 조직적 차원과 인성적 차원의 상호작용을 통해 발생한다. 따라서 사회체제 속에서의 개인의 행동은 역할과 인성 간의 상호작용의 기능이라고 볼 수 있다. 즉, 사회적 행동이란 독특한 욕구 성향을 지닌 개인이 기대의 유형을 구성하는 환경에 대처하려는 시도에서 나오는 행동이라고 이해될 수 있다. Getzels와 Guba(1957: 429)는 이와 같은 사회적 행동에 관한 공식을 다음과 같이 제시하였다.

$$B = f(R \times P)$$

＊B: 사회적 행동
＊R: 역할
＊P: 인성
＊f : 함수

이 공식에서 사회적 행동(B)은 제도 속의 역할(R)과 개인의 인성(P)과의 상호작용의 함수(f)다. 따라서 한 사회체제 속에서 사회적 행동은 역할과 인성의 비율에 따라 다양하게 나타날 수 있다. Getzels와 Guba(1957: 430)는 제도적으로 규정된 역할과 개인의 인성과의 상호작용을 통해 나타나는 사회적 행동을 [그림 4-3]과 같이 제시하였다.

[그림 4-3]에서 왼쪽 선(A)의 행동은 역할 기대가 인성에 비하여 훨씬 지배적인 반면에, 오른쪽 선(B)의 행동은 인성이 역할 기대에 비하여 훨씬 지배적이라는 것을 알 수 있다. 이러한 관점에서 볼 때 역할 기대가 더 지배적이라고 예상되는 군인의 행위는 A선으로 볼 수 있고, 역할 기대보다는 인성이 더 지배적이라고 생각되는

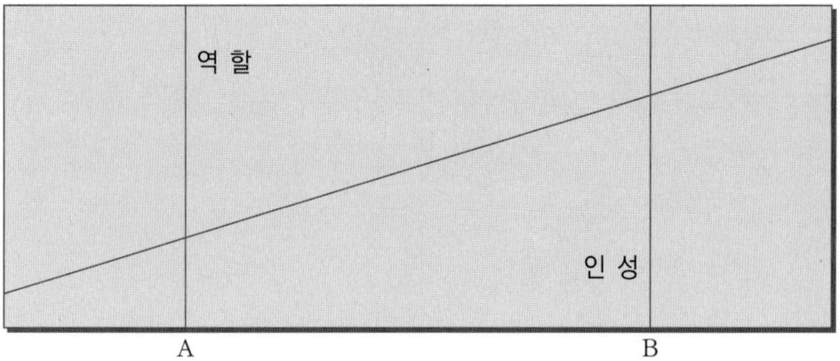

[그림 4-3] 공식 B=f(R×P)에서 역할과 인성 간의 상호 관계

출처: Jacob W. Getzels & Egon G. Guba(1957). Social Behavior and The Administrative Process. *The School Review*, Vol. LXV, No. 4(Winter), p. 430.

예술가의 행위는 B선으로 볼 수 있다. 그러나 인간의 행위는 어떠한 경우라도 사회적이기 때문에 정도의 차이는 있을지라도 역할과 인성의 상호작용의 기능으로 나타나게 된다. 따라서 아무리 역할이 극대화된 사회적 행위라도 인성적인 측면을 완전히 배제할 수 없으며, 반면에 인성이 아무리 극대화되더라도 역할 기대를 철저하게 배제할 수는 없는 것이다. [그림 4-3]이 시사하는 점을 일반화하여 조직에 적용시켜 보면 [그림 4-4]와 같다.

군대조직에서는 제도적으로 규정된 역할과 역할 기대가 더 지배적일 것이기 때문에 개별 군인의 인성적 요인은 그의 사회적 행동에 비교적 적은 영향을 미칠 것이다. 반면에 예술가 조직에서는 개인의 인성과 욕구 성향이 훨씬 크게 작용할 것이므로 제도적 요인의 역할 기대는 예술가의 사회적 행동에 비교적 적은 영향을 미칠 것이다. 이와 같은 극단적인 두 조직의 중간에 위치하는 조직으로 학교조직을 상정할 수 있다. 그러나 모든 학교조직이 반드시 중간에 위치하는 것은 아니다. W. K. Hoy와 C. G. Miskel(1978: 43)은 자유와 개방의 이념을 표방하는 학교와 몬테소리(Montessori) 학교는 예술가 조직 쪽에 가까울 것이고, 특정한 종파가 세운 학교는 군대조직 쪽에 가까울 것으로 보았다. 또 학교가 위기에 처해 있을 때는 A선 쪽으로, 안정기에 있게 되면 B선 쪽으로 가까워질 가능성을 상정할 수 있다.

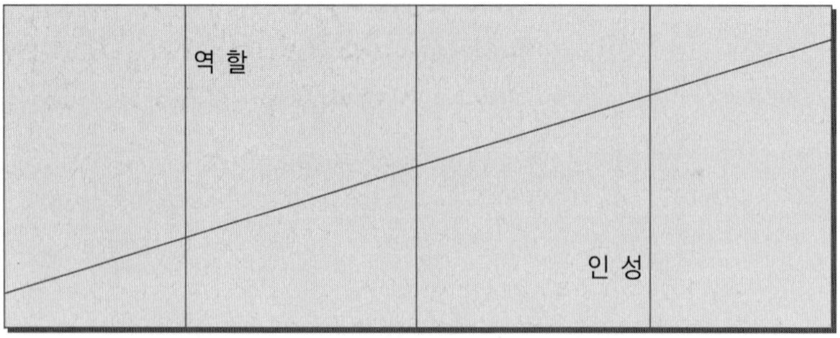

[그림 4-4] 군대조직, 학교조직, 예술가 조직의 행위 비교

2) Getzels와 Thelen의 모형

앞서 제시한 Getzels와 Guba의 사회과정 모형은 인간의 사회적 행동을 분석하고 설명함에 있어서 환경적 영향을 고려하지 않는 폐쇄체제적 관점을 취함으로써 한계점을 가지고 있다. 따라서 Getzels와 Thelen(1960)은 인간의 사회적 행동을 보다 포괄적으로 이해하기 위해 Getzels와 Guba가 제시한 사회과정 모형의 제한점을 보완하여 [그림 4-5]와 같은 모형을 제시하였다.

[그림 4-5]에 의하면, Getzels와 Guba의 사회과정 모형에 인류학적 차원, 생물학적 차원 및 조직 분위기 차원이 추가되어 인간의 사회적 행동을 보다 심층적으로 분석하고 있음을 알 수 있다. 아울러 [그림 4-5]에서 일체감(identification)은 인성적 측면의 욕구 성향과 조직적 측면의 목표 간의 일치 정도를 의미하고, 소속감(belongingness)은 욕구 성향과 역할 기대 간의 일치 정도를 나타내며, 합리성(rationality)은 역할 기대와 목표 간의 일치 정도로 규정된다(Getzels & Guba, 1957: 439). 다시 말하면, 일체감은 역할 담당자가 제도의 목표와 자신의 욕구를 통합하는 정도를 가리키는 것이고, 소속감은 그가 역할 기대와 개인적 욕구 성향을 동시에 만족시키는 정도를 의미하며, 합리성은 역할 기대와 제도의 목표 간의 논리적 적절성에 대한 그의 지각을 나타내는 것이다.

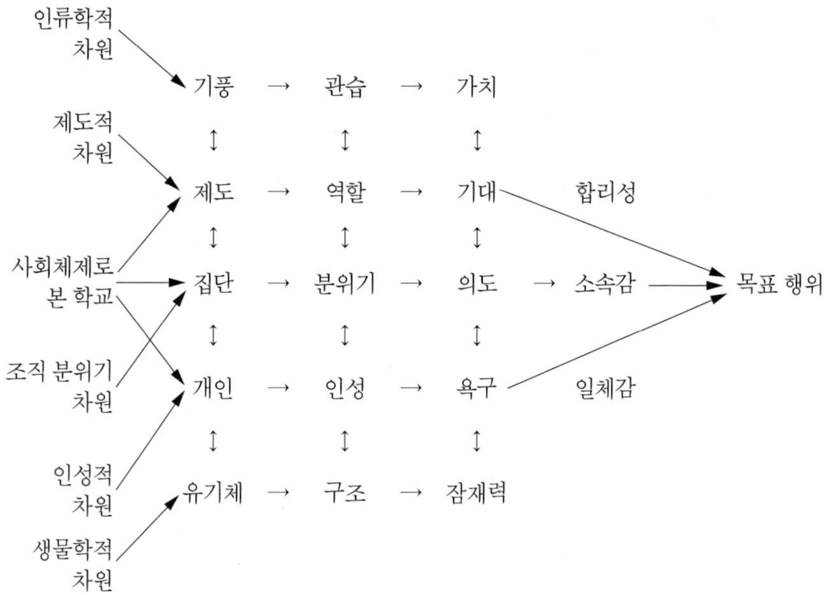

[그림 4-5] 사회체제로 본 학교의 차원

출처: Jacob W. Getzels & Herbert A. Thelen(1960). The Classroom Group as a Unique Social System. In Nelson B. Henry (ed.), *The Dynamics of Instructional Groups: Sociophychological Aspects of Teaching and Learning*. The Fifty-nine Yearbook of National Society for the Study of Education, Part II. Chicago: The University of Chicago Press, p. 80.

3) Hoy와 Miskel의 모형

Hoy와 Miskel(1996)은 조직과 환경 간의 상호작용을 강조하는 개방체제적 관점에서 기존의 연구들을 통합 · 확장한 사회체제 모형을 [그림 4-6]과 같이 제시하였다.

[그림 4-6]에 의하면, Hoy와 Miskel은 학교체제를 환경으로부터 여러 가지 투입물을 받아들여 학교체제 내의 전환과정을 통해 산출물을 환경으로 내보내는 과정이 순환적으로 이루어지는 개방체제로 이해하고 있다. 즉, 학교체제는 환경으로부터 받아들인 여러 가지 투입물을 학교체제를 구성하는 네 가지 하위체제, 즉 구조체제(structural system), 문화체제(cultural system), 정치체제(political system) 및

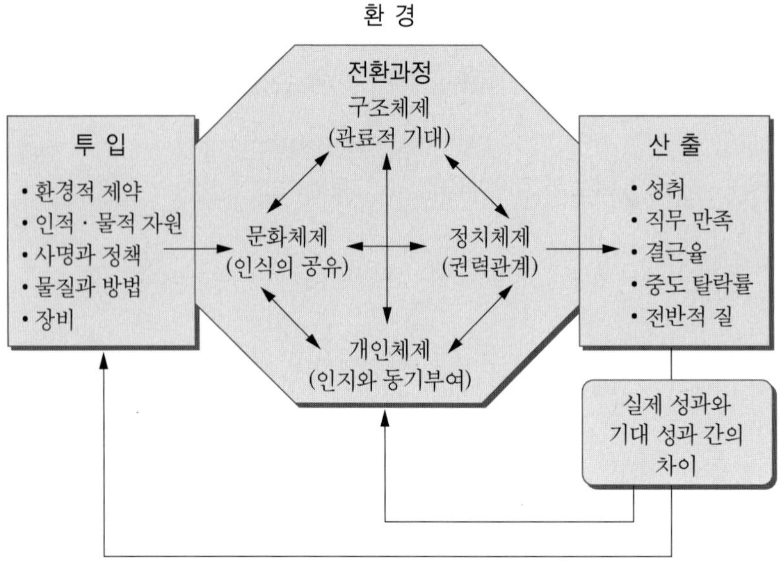

[그림 4-6] 사회체제로 본 학교조직

출처: Wayne K. Hoy & Cecil G. Miskel(1996). *Educational Administration: Theory, Research, and Practice* (5th ed.). New York: McGraw-Hill, Inc., p. 42.

개인체제(individual system)가 상호작용 과정을 통해 여러 가지 산출물로 전환시켜 환경으로 내보내는 개방체제다.

제5장 인적자원 관리

1. 인적자원 관리의 본질
2. 모집과 선발의 이론적 기초
3. 인사고과의 이론적 기초
4. 인사이동의 이론적 기초

제 5 장

인적자원 관리

인적자원은 조직의 중요한 자산인 동시에 조직의 성과와 발전에 결정적 역할을 하는 전략적 자원이라 할 수 있다. 이러한 인적자원이 자금이나 물적자원과 더불어 조직의 중요한 자산이라는 것은 오랫동안 인식되어 왔다. 특히, 조직의 효과성은 자금, 물적자원, 인적자원 등 조직의 자원을 얼마나 잘 관리하느냐에 따라 결정된다. 그러나 이들 자원 중에서도 조직의 성과와 가장 밀접한 관련을 갖는 것이 인적자원이다. 따라서 인적자원은 다른 어느 자원보다도 조직의 성과에 있어서 가장 전략적인 요소로 작용하고 있다.

이 장에서는 조직의 인적자원 관리와 관련된 다음의 네 가지 문제를 중점적으로 살펴보고자 한다. 첫째로, 인사관리의 개념, 인사관리의 기본적 성격, 인적자원 접근방법의 특징 및 인적자원 관리의 기능을 살펴봄으로써 인적자원 관리의 본질을 규명한다. 둘째로, 모집의 중요성과 방법, 선발의 이론적 타당성과 선발과정을 살펴봄으로써 모집과 선발의 이론적 기초를 밝힌다. 셋째로, 인사고과의 개념과 목적, 인사고과의 과정, 인사고과의 요소를 검토하여 인사고과의 이론적 기초를 정립한다. 넷째로, 승진관리와 전직관리를 중심으로 인사이동의 이론적 기초를 탐색한다.

1. 인적자원 관리의 본질

1) 인사관리의 개념

인사관리에 대한 개념 정의는 학자마다 다소 차이가 있다. 그러나 일반적으로 인사관리(personnel administration, personnel management)는 조직의 인적자원을 관리하는 데 관련된 모든 기능과 활동을 의미함으로써 인적자원의 계획과 확보, 활용과 보전 그리고 인적자원의 보상과 개발을 포함하는 행정의 하위과정의 하나로 인식되고 있다(Byars & Rue, 1979: 8; French, 1982: 3). 이와 같은 인사관리는 그 자체가 인적자원의 관리이기 때문에 인사관리와 인적자원 관리(human resource management)는 거의 같은 개념으로 인식되고 있다. 다만 인사관리의 개념에 비하여 인적자원의 개념이 인적자원의 중요성과 특히 인적자원의 개발을 더 강조하고, 인적자원의 전략적인 중요성과 일반 관리자의 인적자원 기능(human resource function)을 한층 더 강조하고 있다는 점에서 약간의 차이를 찾아볼 수 있다(Byars & Rue, 1984: 3). 그러므로 인적자원 관리는 현대적인 인사관리라고 할 수 있으며, 따라서 여기서는 인사관리와 인적자원 관리를 동일한 개념으로 취급하고자 한다.

2) 인사관리의 성격

인사관리는 본질적으로 조직의 인적자원을 관리하는 행정의 하위 기능적 성격을 가지고 있다. 따라서 인사관리는 인적자원의 확보로부터 시작하여 이의 효율적인 활용과 개발에 이르기까지 노사 관계를 포함한 모든 기능과 활동을 의미한다. 조직은 인적자원을 비롯하여 물적자원, 자금, 정보자원 등 여러 가지 자원이 활용되고 있다. 그리고 이러한 자원들은 행정의 각 분야에서 관리 대상이 되고 있다. 그러나 각 분야에서의 자원관리는 그 자체에서 어떠한 성과를 달성하는 것이 아니고, 이들 분야에서 일하는 조직 구성원, 즉 인적자원에 의해서 조직이 지향하는 성과와 목적이 달성되는 것이다. 그러므로 인적자원의 관리 또는 인사관리는 모든 행정 분야의 공통적인 핵심 기능이다.

또한 인사관리는 행정의 각 분야에 걸친 공통된 인적자원 관리기능일 뿐만 아니라, 조직의 최고 행정층에서 일선 관리자에 이르기까지 행정의 전 분야에서 일하는 모든 실무관리자들의 기본적인 인적자원 관리기능이다. 따라서 인사관리는 조직의 행정 분야와 관리 계층을 막론하고 모든 실무관리자가 수행하는 기본적인 행정기능의 성격을 지닌다. 물론 실무관리자는 인사관리 전문가들의 지원과 협조를 받는 것이 사실이다. 그러나 실제적인 인적자원 관리는 실무관리자 자신이 직접적으로 수행해야 하므로 인사관리의 최종적인 책임은 어디까지나 실무관리자 자신에게 있다.

마지막으로, 인사관리는 행정의 중요한 과정이기 때문에 조직의 목표를 달성하고 이에 필요한 성과를 거두는 것을 가장 중요한 목적으로 삼고 있다. 조직의 목표 달성은 행정의 각 분야의 공통된 목적이다. 그러나 조직의 목적 달성에 기여하는 과정에서 인사관리가 조직 구성원의 만족감과 능력 개발을 특히 강조한다는 점에서 다른 행정관리 분야에서 강조하는 성과와는 다소 차이가 있다. 따라서 인사관리는 생산성과 만족감 그리고 능력 개발 등 3대 효과를 동시에 추구하는 성과 지향적이고 인간 중심적인 행정관리 기능이다.

3) 인적자원의 접근방법

전통적으로 인사관리는 인간 중심적인 행정 개념과 효율적인 인력의 활용 그리고 인간관계 기법을 중심으로 조직의 목적 달성에 기여해 왔다. 그러나 최근에는 조직 환경의 변화와 더불어 인사관리와 인적자원 개념에 대한 인식의 변화에 수반하여 인사관리 연구에 있어서 인적자원의 접근방법이 점차 강조되고 있다. 인사관리가 인적자원의 관리이므로 인사관리를 연구함에 있어서 인적자원의 접근방법을 활용하는 것은 당연할 것이다. 인적자원 접근방법(human resource approach)은 인사관리 연구의 가장 최근의 접근방법으로서 조직의 목적과 성과 달성에 있어서 인적자원의 역할과 이의 중요성을 한층 강조하는 것이 특징이다. 이러한 인적자원의 관점에서는 보다 종합적이고 중심적인 인적자원의 확보 · 활용 · 개발을 시도함으로써 실무관리자의 인적자원 관리기능과 조직 전체의 인사관리를 효율화하려는 것이 이 접근방법의 목적이다.

인적자원의 중요성은 종래의 인사관리에서도 많이 강조되어 왔다. 그러나 근래에 와서 급격하게 변하는 동태적 환경 속에서 조직의 성과와 인적자원 관리 사이에 매우 밀접한 관계가 있다는 사실이 입증됨으로써 인적자원의 중요성과 이에 대한 인식이 높아졌다. 인적자원은 자금 및 물적자원과 더불어 조직의 3대 필수 자원이다. 그러나 자금이나 물적자원에 비하여 인적자원은 다음과 같은 몇 가지 독특한 특징을 지니고 있고, 따라서 이러한 인적자원의 특이한 성격이 인적자원 관리의 중요성을 한층 더 높여 주고 있다.

첫째, 다른 자원에 비하여 가장 특이한 점은 인적자원의 능동적인 성격이다. 즉, 자금이나 기계, 설비, 자재 등의 물적자원은 성과에 있어서 주로 이들 자원 자체의 양과 질의 지배를 받음으로써 비교적 수동적인 성격을 지닌다. 그러나 인적자원으로부터의 성과는 인적자원의 욕구와 동기, 태도와 행동 그리고 만족감 여하에 따라 결정되고, 인적자원의 동기행동과 만족감은 행정관리에 대한 반응으로 나타나게 된다. 따라서 인적자원은 능동적이고 반응적인 성격을 지니고 있다.

둘째, 자금과 물적자원에 비하여 또 한 가지 특이한 점은 인적자원의 개발 가능성이다. 자금이나 물적자원은 자체의 주어진 양과 질의 한계적인 측면에 의해 이들 자원의 확장과 개발이 고정되어 있다. 그러나 인적자원은 자연적인 성장과 성숙은 물론 오랜 기간에 걸쳐서 개발될 수 있는 무한한 잠재능력과 자질을 보유하고 있다. 따라서 인적자원의 개발은 현대 조직의 인적자원 관리에 매우 중요한 부분을 차지하고 있다.

셋째, 인적자원은 조직의 중요한 자산인 동시에 조직의 성과와 발전에 결정적 역할을 하는 전략적 자원이라 할 수 있다(Odiorne, 1984: 3-31). 인적자원이 자금이나 물적자원과 더불어 조직의 중요한 자산이라는 것은 오랫동안 인식되어 왔다(Megginson, 1972: 12-13). 조직의 성과는 자금, 물적자원, 인적자원 등 조직의 자원을 얼마나 잘 관리하느냐에 따라 결정된다. 그러나 이들 자원 중에서도 조직의 성과와 가장 밀접한 관련을 갖는 것이 인적자원이다. 따라서 인적자원은 다른 어느 자원보다도 조직의 성과에 있어서 가장 전략적인 요소로 작용하고 있다.

이상과 같은 특징을 지닌 인적자원에 대한 관리를 등한시하는 조직에서는 장기적으로 높은 성과를 달성하기가 어려운 것이 사실이다(Likert, 1967). 그러므로 인적자원의 접근방법은 조직의 급격한 변동과 기술의 고도화에 따라 인적자원의 중요성을 더욱 인식하고, 점차적으로 확대 · 전문화되어 가는 인적자원의 관리기능을 보다 효율적으로 종합 · 집중 관리하는 것을 목적으로 하고 있다. 따라서 인적자원의 접근방법에서 인력 계획, 변화관리, 조직 개발, 경력 계획, 참여관리 등 새로운 기능과 기법이 한층 더 강조되고 있는 것이 종래의 인사관리와는 다른 점이라 할 수 있다.

4) 인적자원 관리의 기능

인사관리는 인적자원을 관리하는 행정의 하위 분야로서 다른 행정 분야와 더불어 조직의 전반적인 전략과 목적 달성에 중요한 역할을 하고 있다. 인적자원 관리에는 많은 기능이 포함되어 있고, 이들 기능은 상호 간에 밀접한 관계를 갖고 있기 때문에 그것을 체계적으로 분류한다는 것은 쉽지 않다. 그러나 관리과정의 관점에서 볼 때 인적자원 관리는 인적자원의 확보, 활용, 개발로 크게 분류할 수 있으며, 이를 중심으로 인적자원의 관리기능을 다음과 같이 분류할 수 있다(이학종, 1989: 22-23).

① 조직구조 설계와 인적자원 계획: 조직의 장기 전략과 계획을 중심으로 이에 필요한 조직의 장기적인 구상과 구조 설계 그리고 기술, 행정관리 인력 등 조직에서 요구되는 인력의 구체적인 수급 계획 등 조직의 장기적인 구조 설계와

인적자원의 계획기능을 포함한다.

② 직무 연구와 직무 설계: 조직구조를 구성하는 직무를 설계하여 직무체계를 형성하고, 각 직무를 연구 · 분석하여 과업 내용과 자격 조건을 설정하는 기능을 포함한다.

③ 인적자원의 확보: 조직에서 요구되는 인적자원을 확보하는 기능으로서 필요한 인력의 모집(recruitment), 선발(selection), 배치(placement) 등을 포함한다.

④ 인적자원의 활용과 보전: 조직의 성과 달성을 위한 실제적인 인적자원 관리의 가장 큰 부분을 차지하는 일상적인 기능으로서 실무관리자의 리더십과 인간관계, 인사이동, 인사고과, 보상관리와 후생복지, 직장의 안전관리 등을 포함한다.

⑤ 노사관리: 노사 관계에 관련된 모든 인적자원 관리기능으로서 노사 간의 단체교섭과 교섭 내용의 수행 그리고 노사 간의 고충 처리와 관리 등을 포함한다.

⑥ 인적자원 개발과 조직 개발: 인적자원의 잠재능력과 자질을 개발하고, 조직 전체의 적응력과 바람직한 분위기를 개발하는 기능으로서 조직 구성원의 교육 훈련과 경력 계획, 변화관리, 조직 개발, 조직 문화 개발 등을 포함한다.

이상과 같은 인적자원 관리는 조직의 모든 행정관리자가 직접 또는 간접적으로 수행하는 기능이지만, 관리자 각자의 구체적인 인적자원 관리기능은 조직의 상황적 조건과 관리자 자신의 직책에 따라 다르게 나타나는 것이 사실이다.

2. 모집과 선발의 이론적 기초

1) 모집의 중요성과 방법

모집(recruitment)은 조직이 필요로 하는 인적자원을 조직으로 끌어들이는 과정을 의미한다. 즉, 모집은 조직의 목표 달성에 기여할 수 있는 인력의 원천을 개발하고, 이들 인력으로 하여금 조직에 관심을 갖고 조직에서 일할 기회를 찾도록 만드는 과정이다. 그러므로 모집은 조직의 인적자원 확보에 있어서 우선적인 인사관리 기능으로서 조직의 이미지와 관련된 조직 전반에 관한 일반적인 정보 제공부터 구체적인 모집 광고와 지원서의 접수에 이르기까지 여러 가지 활동으로 구성된다. 조직이 필요로 하는 인적자원을 확보하는 데 있어서 모집은 다음과 같은 몇 가지 측면에서 그 중요성이 강조되고 있다.

첫째, 조직은 내부 인적자원의 자연적인 변동(퇴직, 사고, 이직 등)과 조직의 확장 및 새로운 기술의 도입 등 조직의 변화와 더불어 인력 규모와 구성이 항상 변한다는 점이다. 조직의 인력 수요는 가능한 한 내부 인력으로 충원하는 것이 바람직한 것으로 인식되고 있다. 그러나 조직의 소요 인력을 내부 인력으로만 충당하기란 현실적으로 어려움이 있다. 결국 조직은 외부로부터의 인력 조달에 의존하지 않으면 안 되기 때문에 모집활동은 특히 중요하다.

둘째, 외부의 인력시장 구조도 항상 변한다는 사실이 모집의 중요성을 뒷받침하고 있다. 즉, 조직은 필요한 인적자원을 적기에 확보하기 위해 외부 인력시장의 동향을 분석하고, 기술 인력과 관리 인력의 원천과 긴밀한 접촉을 유지하기 위한 모집활동이 매우 중요해진다.

셋째, 조직이 필요로 하는 인적자원은 즉시 공급되지 않는다는 사실이 모집의 중요성을 부각시킨다. 특히, 조직이 필요로 하는 기술 인력과 관리 인력의 경우에는 필요시의 적시 공급이 더욱 어렵다. 그러므로 조직의 모집활동은 조직의 장기적인 인력 수요 예측, 선발 방침, 조직의 전반적인 이미지 형성과 홍보활동 등과 긴밀한 관계를 유지하면서 종합적으로 계획 · 추진되어야 할 것이다.

모집은 인력의 공급원과 조직의 인력 수요를 연결시켜 주는 중요한 인사관리 기능으로서 조직에서 소요되는 인적자원의 실제적인 확보에 많은 영향을 준다. 조직이 필요로 하는 인적자원을 모집하는 방법은 인력 공급원에 따라 다소 다르다. 여기서는 인력 공급원을 크게 내부 원천(internal source)과 외부 원천(external source)으로 나누어 모집방법과 효과를 간단히 살펴보기로 한다.

일반적으로 조직은 외부의 인력 원천을 활용하기 이전에 내부의 인적자원을 활용하려고 노력한다. 내부 인력이 모집 원천이 되는 경우에 가장 많이 사용되는 모집방법은 직무 게시(job posting)와 내부 구성원(특히 부서장)의 추천이다. 특히, 노조가 결성된 조직에서는 단체교섭에 의하여 직무 게시와 직무공고제도(job bidding system)에 대한 규정과 절차를 협약할 수 있다. 직무 게시에 응하거나 추천된 구성원들은 모집 절차에 따라 원서를 제출하고 선발과정을 거쳐 나가게 된다. 한편 외부의 인력시장을 모집 원천으로 하는 경우에는 공개모집, 현장모집, 광고, 직업소개소, 학교, 단체, 친지 등 다양한 방법을 사용할 수 있으며, 그 활용도는 직종과 직급마다 모두 다르다.

모집과정에서 내부 원천을 사용하는 인사관리는 몇 가지 실질적인 이점을 가져온다. 즉, 내부 인력의 사기와 동기 유발은 물론 비용도 절약할 수 있다. 또한 내부 구성원의 능력 개발 강화와 정확한 능력평가가 가능하다는 이점도 있다. 그러나 반면에 내부 인력에 너무 의존하게 되면 조직 구성원들은 자신의 '무능력의 한계까지 승진'함으로써 결국 조직은 무능한 사람들로 구성되어 버림으로써 경직되고 침체될 위험이 있다(Peter & Hall, 1979). 그리고 인력개발 비용과 승진을 위한 과다 경쟁이 발생하여 조직의 관료화 경향과 역기능적 효과가 나타날 수 있다. 한편 모집과정에서 외부 원천을 사용하는 것은 조직에 새로운 정보, 지식, 관점 등을 도입할 수 있으며 인력개발 비용도 절약할 수 있는 이점이 있는 반면에, 부적격자 채용의 위험성, 내부 인력의 사기 저하, 신규 채용자의 적응 기간 소요 등의 단점도 수반한다. 이상과 같은 점을 종합적으로 고려해 볼 때 모집과정에서 내부와 외부의 인적자원의 원천을 적절히 활용함으로써 유능한 인적자원의 확보와 조직의 발전이 기대될 수 있다.

2) 선발의 이론적 타당성과 선발과정

모집을 통해서 지원서가 접수되면 선발과정이 시작된다. 선발(selection)은 조직의 여건에 비추어 응모자 중에서 가장 적합한 자격을 갖추었다고 여겨지는 사람을 선택하는 과정이다. 선발은 조직의 새로운 인적자원을 선택하는 과정으로 인사관리에서 가장 중요한 기능의 하나로 인식되고 있다. 특히, 종신고용제(permanent employment)를 도입하는 조직의 경우에는 조직의 목적 달성에 가장 적합한 인적 자원을 선발하려고 전력을 기울이게 되며 많은 비용을 투입한다. 여기서는 선발에 대한 접근방법과 최적격자를 선택하기 위한 선발의 타당도 분석 및 선발과정에 대하여 살펴보기로 한다.

(1) 선발에 대한 접근방법

조직의 행정을 수행하고 인적자원을 관리하는 과정에서 조직은 주어진 여건에 가장 적합한 사람들의 특성을 알게 된다. 따라서 조직은 자체의 실제 경험을 통하여 비성과적인 특성을 지닌 사람을 피하고, 성과적인 특성을 지닌 사람들을 선택하려고 노력한다. 따라서 지원자들의 특성을 측정 · 평가하기 위하여 여러 가지 도구가 개발 · 사용되며 인사 방침이 형성된다. 일반적으로 조직이 선발과정에서 가장 많이 활용하는 접근방법은 직무명세서 중심 접근방법과 경력 중심 접근방법이다.

직무명세서 중심 접근방법(first job approach)은 선발과정에서 주로 충원해야 할 직무명세서를 기준으로 그 직무를 가장 만족스럽게 수행할 수 있는 자격자를 선택하는 것이다. 따라서 이 접근방법은 선발과정에서 대상 직무를 중심으로 지능이나 자질보다는 실제적인 기술을, 잠재능력보다는 실제 경험을, 그리고 장기적인 개발성보다는 현재의 실적 가능성을 더욱 강조하게 된다.

반면에 경력 중심 접근방법(career approach)은 직무명세서의 자격 조건뿐만 아니라 지원자의 전체적인 능력을 중심으로 그의 전체 경력을 통하여 조직에 기여할 수 있는 공헌도를 예측하여 적격자를 선택하는 것이다. 그러므로 이 접근방법은 실제적인 기술보다는 지능이나 자질을, 경험보다는 잠재능력을, 그리고 단기적인 성과보다는 장기적인 개발 가능성을 강조하게 된다. 따라서 이러한 특성을 측정하기 위한 도구들이 많이 활용된다.

이러한 접근방법은 직무의 성격과 조직의 여건에 따라서 그 적용성이 다르다. 일반적으로 직무 내용의 전문성이 높을수록 직무에 명세된 자격 조건에 의하여 선발이 이루어지며, 직무 내용이 일반성을 띠고 있고 조직의 여건이 다변성을 지니고 있을수록 경력 중심의 접근방법이 적용되는 경향이 높다. 또한 접근방법에 따라서 선발과정에서 적용되는 선발도구와 선발 기준도 달라지게 마련이다.

(2) 선발의 타당도 분석

조직에 가장 적합한 지원자를 선택하려면 조직의 성과에 기여할 수 있는 특성이 무엇인지를 분석하고, 이들 특성을 측정할 수 있는 도구와 방법을 개발하여 이를 선발과정에 적용해야 할 것이다. 뿐만 아니라 이러한 도구와 방법이 성과로 연결되는 특성을 얼마나 잘 측정하고, 측정된 특성이 실제의 성과와 얼마나 밀접한 관계를 갖고 있는지를 분석함으로써 선발과정의 효과를 알 수 있으며, 차후의 선발과정을 보다 효과적으로 설계할 수 있다. 이와 같이 선발과정에서 성과를 예측하는 데 사용되는 여러 요소(예측치)의 타당도를 연구 · 분석하는 과정을 타당도 분석이라고 한다. 타당도 분석에 포함되는 주요 요소들을 요약하면 다음과 같다(이학종, 1989: 324).

① 성과(job success): 선발의 궁극적인 목적으로서 조직의 목적 달성에 기여하는 정도를 말하며, 이를 측정하는 기준치로는 생산성과 인사고과의 결과, 이직률과 결근율 등이 사용될 수 있다.

② 예측치(predictors): 성과에 관련된 요소로서 성과를 예측하는 데 사용된다. 일반적으로 직무명세서의 자격 조건에 제시되어 있으며, 구체적인 예측치로서 학력, 경력, 각종 시험 점수, 면접평가, 인사고과 자료, 기타 인적 사항 등이 사용될 수 있다.

③ 도구(instruments): 예측치를 측정하는 데 사용되는 시험과 면접 등을 말한다. 지능, 적성, 성격, 기술 등 여러 가지 특성이 시험에 의하여 측정되고 용모, 인상, 표현력, 동기 등의 특성은 면접에 의하여 흔히 측정된다.

따라서 조직에 가장 적합한 지원자를 선택하려면, 첫째로 성과의 기준치를 구체화하고 이에 관련된 예측치를 설정하여야 하며, 예측치를 측정할 수 있는 도구가

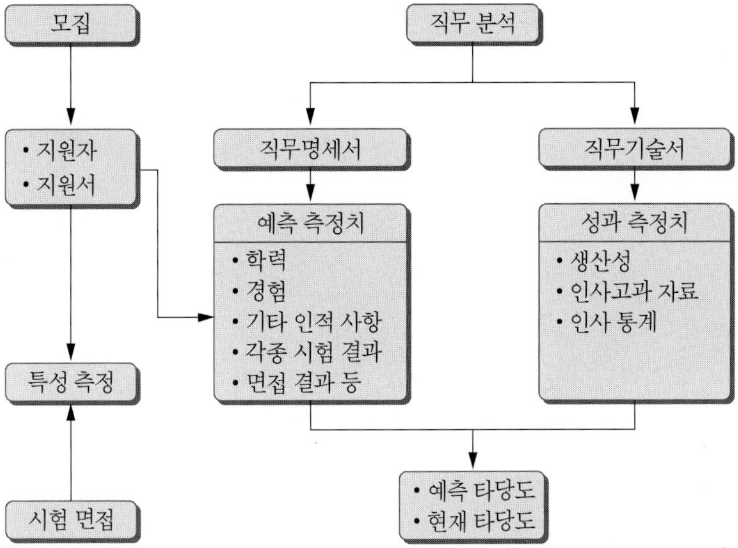

[그림 5-1] 선발의 타당도 분석과정

개발되어야 한다. 전반적으로 성과는 직무기술서에서, 예측치는 이력서에서 어느 정도 추측할 수 있으나 효과적인 선발을 위해서는 더욱 구체적인 기준치가 설정되고, 전문적인 시험과 면접을 통하여 설정된 예측치가 정확하게 측정되어야 할 것이다. 뿐만 아니라 이들 예측치와 측정도구의 실제적인 효과도 분석 · 평가하여 보다 효과적인 예측치와 도구를 모색해야 할 것이다. 지금까지 살펴본 선발의 타당도 분석과정을 도식화하면 [그림 5-1]과 같다.

(3) 선발과정

선발은 조직에 가장 적합한 지원자를 선택하는 과정으로서 합리적 결정에 필요한 모든 정보를 수집 · 분석하는 여러 도구와 절차로 구성되어 있다. 일련의 선발과정을 간단히 설명하면 다음과 같다.

① 지원서(application blank): 선발과정에서 가장 보편적으로 사용되는 도구로서 학력, 경력, 가족 등 기본적인 인적 사항을 포함한다. 선발과정에서 지원서의

가치는 지원자에 관한 일반 정보를 수집하는 데 있다. 그러나 보다 중요한 가치는 지원서의 정보가 성과를 예측해 주는 예측치로서 얼마나 잘 활용하느냐에 있다. 따라서 지원서에 제공된 정보의 신뢰성은 물론 각 정보 항목의 예측치로서의 가치가 타당도의 관점에서 평가되어야 할 것이다.

② 선발시험(selection tests): 선발과정에 비교적 큰 영향을 주는 것이 각종 시험 결과다. 선발시험의 가치는 타당도 분석 결과에 좌우되며, 시험을 사용하는 상황적 여건에 달렸다. 그러므로 시험을 사용하는 경우에는 시험의 선택은 물론 시험 결과도 전문가가 해석하고 분석함으로써 올바른 평가가 가능하다. 또한 시험은 직종과 직급에 따라 그 활용도가 다르다. 선발과정에서 시험은 일반적으로 하위계층에서 많이 사용되고, 상위계층으로 올라갈수록 사용도가 제한되고 있다. 선발에 사용되는 시험의 종류는 크게 다음과 같이 분류할 수 있다.

- 지능검사(Intelligence Test): 주로 개인의 지적 수준을 측정한다.
- 적성검사(Aptitude Test): 주로 개인의 잠재능력을 측정한다.
- 성격검사(Personality Test): 동기, 욕망, 자신감, 활동성 등 개인의 성격 경향을 측정한다.
- 흥미검사(Interest Test): 개인이 어떠한 직업과 직무에 적합한지를 알아보기 위하여 개인의 흥미와 관심 사항을 측정한다.
- 성취도검사(Achievement or Performance Test): 주로 직무에 직접적으로 관련되는 구체적인 지식이나 기술을 측정한다.
- 심리동작검사(Psychomotor Test): 개인의 육체적인 힘, 동작의 기민성, 균형능력 등을 측정한다.

③ 선발면접(employment interview): 면접도 선발과정에서 매우 중요한 부분을 차지하며, 지원서와 같이 지원자에 대한 정보를 얻는 것이 기본 목적이다. 그러나 면접은 지원서보다도 더욱 자세하고 정확한 정보를 수집할 수 있는 기회일 뿐만 아니라, 지원자의 동기와 성격 그리고 용모 등 지원서에 나타나지 않

은 정보를 얻을 수 있고, 조직에 관한 정보를 지원자에게 제공할 수 있다는 점에서 다목적인 성격을 지니고 있다. 면접에 있어서도 지원서나 시험과 같이 지원자의 실제 성과를 예측할 수 있는 타당도가 가장 중요한 문제다. 따라서 면접의 타당도를 높이기 위한 면접방법과 절차에 대하여 많은 관심을 기울여 왔다. 그리하여 구조적 · 비구조적 또는 정형적 · 비정형적, 개인 · 집단 면접 등 여러 가지 방법이 적용되고 있고, 이들 방법의 효과도 분석되고 있다. 일반적으로 비구조적(비정형적) 면접보다는 구조적(정형적) 면접이 성과를 예측하는 예측치로서의 타당도가 비교적 높은 것으로 인식되고 있다.

④ 신원 조회(reference check): 신원 조회는 지원자에 대한 인적 자료와 그 밖의 지원자에 관한 정보를 확인하고 필요에 따라서는 추가 자료도 얻는 과정이다. 특히, 지원자의 추천서에 신뢰성에 많은 문제가 있다고 판단될 경우에는 비공식적인 확인과정이 바람직한 것으로 인식되고 있다.

⑤ 신체검사(physical examination): 신체검사도 신원 조회와 같이 채용 가능성이 높은 지원자에 한하여 실시된다. 신체검사는 직무 수행과 조직생활에 적절한 건강 상태를 확인하는 데 그 목적이 있지만 의료보험, 생명보험, 장애자보험 등과 관련하여 실질적인 중요성도 적지 않다. 신체검사의 또 다른 측면은 조직에서 일하는 동안의 장기적인 건강 문제로서 지원 당시의 신체검사 결과를 예측치로 사용하여 미래의 건강을 얼마나 잘 평가할 수 있는지의 문제다. 일반적으로 신체검사 결과는 예측치로서의 타당도가 낮은 것으로 알려져 있다.

⑥ 선발 결정(selection decision): 선발과정의 마지막 단계는 최종적인 선발 결정을 하는 것이다. 선발 결정은 계선 실무층의 권한이다. 따라서 선발과정에 있어서 면접과 기타 선발도구의 선정에서부터 측정된 결과를 평가하는 과정에 계선 관리자의 적극적인 참여가 있어야 한다. 그러한 과정에서 계선 관리자는 인사관리 참모와 자기 부서의 구성원들과도 상의할 수 있지만 최종적인 선발 결정은 담당 부서장의 권한이며 책임이다. 따라서 선발 결정은 선발과정에서 수집 · 분석된 모든 자료를 종합하여 계선 관리자가 최종적인 평가와 결정을

내린다. 여러 예측치 간의 상대적 비중은 직무마다 모두 다르다. 일반적으로 하위계층의 구조적 성격이 높은 직무일수록 구체적인 선발도구의 예측치에 의하여 선발 결정이 내려질 수 있지만, 상위계층의 비구조적인 직무일수록 예측치의 타당도가 의문시되며, 따라서 시험이나 구체적인 평가 결과보다는 경험과 면접 등 주관적인 판단에 의하여 선발 결정이 내려지는 경향이 높다 (Campbell, et al., 1970: 127-147).

3. 인사고과의 이론적 기초

1) 인사고과의 개념과 목적

인사고과(performance evaluation)는 조직 구성원이 조직의 목적 달성에 얼마나 기여하는지를 평가하는 인사관리 기능으로서 구성원의 발전과 보상의 결정에 중요한 기준이 되고 있다. 따라서 조직 구성원의 성과에 대한 공정하고 정확한 평가를 위하여 평가 방침과 평가요소 및 평가방법과 평가자에 대한 훈련 등 인사고과에 많은 노력이 투입되어 왔다.

전통적으로 인사고과는 주로 인사관리의 상벌 결정과 적재적소 배치를 목적으로 수행되어 왔다. 그러나 최근에는 인적자원의 개념이 확대되면서 인사고과의 결과는 인력개발과 경력 계획 그리고 인사 정보의 데이터베이스와 인사관리 연구·조사 자료로서 그 중요성이 점점 커지고 있다. 일반적으로 인사고과의 목적은 평가 결과를 어디에 사용하느냐에 따라서 다음과 같이 여러 가지 목적으로 분류할 수 있다.

① 상벌 결정: 조직은 조직 구성원의 성과에 따라 정당한 대우를 해 주어야 한다. 따라서 조직 구성원의 성과를 주기적으로 측정하여 이를 기준으로 승진, 승급, 강등, 징계 등 적절한 조치를 취해야 한다. 인사고과의 결과는 이러한 인

사 결정에 가장 중요한 자료로 사용된다.

② 적재적소 배치: 인사고과는 성과에 대한 정당한 인사 결정뿐만 아니라 조직 구성원과 직무를 결합시키는 데 있어서도 유효한 자료를 제공한다. 따라서 인사고과는 구성원의 성격과 능력에 따라서 적합한 직무 내용과 직무 환경을 모색하는 공식적인 계기가 될 수 있다.

③ 인력개발: 인사고과의 또 다른 중요한 목적은 직무 성과를 통하여 구성원의 강점과 약점을 평가하고 구성원의 경력 목표를 감안하여 그의 능력과 자질 개발에 필요한 교육 훈련과 실무 경험을 결정하는 것이다. 따라서 인사고과의 결과는 인력개발과 경력 계획에 있어서 필수적인 자료로 활용된다.

④ 피드백(feedback): 인사고과의 가장 기본적인 목적은 조직 구성원이 얼마나 만족할 만한 성과를 거두고 있고, 조직의 기대 수준에 얼마나 접근하고 있는지를 조직 구성원에게 알려 주는 것이다. 따라서 인사고과는 구성원의 동기부여는 물론 그의 성장을 강화시켜 주는 중요한 인사관리 과정이다.

⑤ 기타 목적: 인사고과 자료는 그 밖에 조직 구성원의 기술 목록(skill inventory)과 모집, 선발, 개발 등의 타당도 분석 자료로서도 사용된다.

2) 인사고과 과정

일반적으로 조직의 인사고과 과정은 인사고과 제도의 설계, 성과에 대한 모든 정보의 수집, 피평가자의 성과 평가, 평가 결과에 대한 피평가자와의 면담 그리고 평가 결과에 대한 공식화 과정인 최종 평가라는 일련의 단계를 거쳐 이루어진다. 이러한 인사고과의 과정을 도식화하면 [그림 5-2]와 같다.

이와 같은 인사고과 과정은 체계적인 인사고과는 물론 구성원의 동기부여와 능력 개발 및 성과 증대를 궁극적인 목적으로 하고 있다. 따라서 조직 구성원의 동기부여와 성과의 관점에서 볼 때 효과적인 인사고과는 다음과 같은 몇 가지 요건을 갖추어야 할 것이다(이학종, 1989: 413).

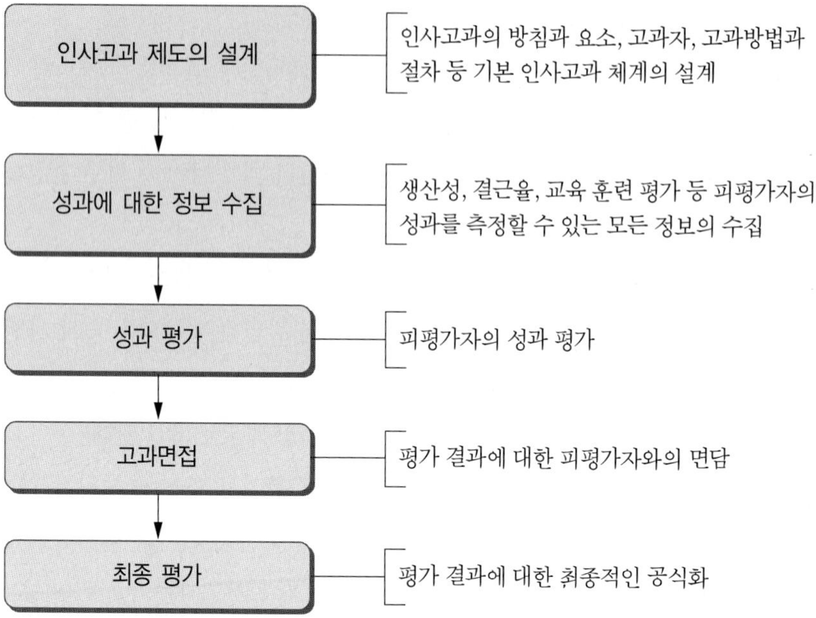

[그림 5-2] 인사고과 과정

- 조직 구성원의 노력과 성과를 정확하게 측정함과 동시에 그들의 내재적 만족과도 연결된 고과 기준(evaluation criteria)의 선정
- 조직의 목적 달성을 위하여 구성원으로부터 요구되는 성과의 구체화
- 고과 결과와 보상과의 연결성
- 내재적 만족과 외재적 보상이 동기요인으로 작용할 수 있는 주기적 평가 절차
- 타당한 평가자
- 피평가자와의 면담을 포함한 공정한 평가 절차

3) 인사고과의 요소

인사고과에서 실질적으로 가장 중요한 문제 중 하나는 무엇을 평가할 것인가에 대한 것이다. 인사고과에서 중요시되는 평가요소는 조직마다 다르다. 그러나 평가요소가 인사고과의 목적을 달성하려면 근본적으로 다음과 같은 몇 가지 요건을 충

족시켜야 한다(Smith, 1976).

① 성과와의 적합성: 인사고과의 평가요소는 성과와 직접적으로 연결되어 있을 뿐만 아니라 내용적으로도 구성타당도(construct validity)가 높아야 한다.
② 목적과의 연결성: 인사고과의 평가요소는 조직의 목적과도 밀접한 관련을 맺고 있어야 한다.
③ 실질성과 객관성: 인사고과의 평가요소는 실질적으로 측정 가능해야 하며, 편견의 영향 없이 객관성이 보장되어야 한다.

이상과 같은 요건을 모두 충족시킬 수 있는 평가요소를 선정하기는 매우 어려운 것이 사실이다. 그러나 평가요소를 설계함에 있어서 흔히 문제가 되는 것은 실제 성과나 이에 관련된 잠재적인 특성을 평가하지 않고 교육 수준이나 용모 등 성과와 관계가 없는 개인의 인적 사항을 평가하는 것이다. 따라서 인사고과는 단기적 · 장기적 성과와 관련된 평가요소만을 포함해야 한다.

4. 인사이동의 이론적 기초

1) 승진관리

일반적으로 승진은 현재 맡고 있는 직무보다 더 나은 직무로 전환하는 수직적 이동을 말한다. 그러나 정확히 말해서 '더 나은 직무'는 그 정도에 따라서 승진과 승급으로 구분할 수 있다. 승진(promotion)은 책임과 신분 그리고 기술과 보상에 있어서 더 좋은 직무로 전환하는 것을 의미하며, 승급(upgrading)은 소규모의 승진으로서 특히 같은 직업이나 직무 분류 내에서 상위급으로 올라가는 것을 말한다.

조직의 인력 계획과 확보의 관점에서 볼 때, 승진은 조직의 인력 수요를 내부의 인적자원으로 충원하는 것을 의미한다. 이러한 인력의 확보 개념과 더불어 승진은 인적자원의 개발과 경력 계획의 관점에서도 큰 의의를 갖는다. 그리고 승진은 조직 구성원 자신에게도 발전과 동기부여에 있어서 매우 중요한 요인으로 작용한다. 개인의 동기에 관한 이론도 승진은 조직 구성원의 만족감과 동기에 있어 가장 중요한 요소라는 것을 강조하고 있다(Maslow, 1954; Herzberg, Mausner, & Synderman, 1959; Adams, 1963). 따라서 승진은 조직 구성원의 가장 큰 관심의 대상이다. 승진은 조직 구성원에게 직접적인 동기요인이 될 뿐만 아니라, 경로-목표 관점에서도 그들로 하여금 열심히 일하게 만드는 가장 중요한 요소라고 할 수 있다(Vroom, 1964). 그 반면에 승진 욕구가 충족되지 않을 경우에는 동기 상실과 좌절감은 물론 직장을 그만두는 경우도 적지 않다. 이러한 측면에서 볼 때, 승진은 많은 조직 구성원들의 가장 중요한 목적이자 자아실현의 상징이다. 승진은 동기의 유인가(valance)로서 가장 강하게 작용할 뿐만 아니라(Vroom, 1964), 조직 구성원의 공정성(equity) 지각에 있어서도 가장 중요한 요소로 작용하는 것이 사실이다(Adams, 1963). 따라서 조직은 승진에 대한 인사 방침을 설정하고, 이를 공정하게 집행하려고 노력해야 한다. 여기서는 조직이 승진관리에 있어서 가장 근본적인 승진 방침으로 활용하고 있는 연공서열주의와 능력주의에 관하여 중점적으로 살펴보기로 한다.

(1) 연공서열주의

연공서열주의(seniority system)는 승진 결정에 있어서 근무 연수를 가장 중요시하는 방법이다. 즉, 승진 후보자 중에서 조직에서 가장 오랫동안 일한 사람을 승진시키는 방침이다. 이와 같은 연공서열주의는 승진기준으로서 객관성이 가장 높은 근무 연수를 사용하므로 주관적인 견해의 차이가 있을 수 없다.

공정성의 관점에서 볼 때, 연공서열 방침은 근무 연수라는 객관적 기준에 의하여 승진이 결정되므로 승진 방침 자체의 불공정성을 지각하지 않는 한, 승진 결정에 대한 불공정성 문제는 비교적 적다고 할 수 있다. 기본적으로 연공서열주의는 조직 구성원의 근무 연수와 공헌도 사이에 정적인 관계를 전제하고 있다. 따라서 연공서열주의는 과거의 인사고과의 결과를 매우 중요시한다. 그리하여 연공서열주의는 과거에 조직에서 쌓은 경험은 앞으로 더욱 중요한 직무를 수행하는 데 있어서 가장 유효하다는 경험 제일주의의 타당성도 전제하고 있다(이학종, 1989: 444).

(2) 능력주의

능력주의(merit or competence system)는 승진 결정에 있어서 근무 연수보다는 능력을 가장 중요시하는 방법이다. 그러므로 능력주의는 조직의 효율성의 관점에서 볼 때 가장 합리적이고 공정성의 관점에서도 가장 합당하다고 할 수 있다. 또한 능력주의는 인적자원의 적재적소 배치의 원칙에 부합되는 가장 이론적인 승진기준이라고 할 수 있다. 연공서열주의는 근무 연수와 경험을 중요시하는 반면에 능력주의는 직무 성과와 이에 관련된 특성을 중요시한다. 따라서 능력주의는 성과에 작용하는 개인의 특성을 명세화할 수 있고, 또 이러한 특성을 어느 정도 정확하게 측정할 수 있다는 것을 전제하고 있다.

그러나 능력주의의 이러한 전제는 타당도 분석과정에서 많은 문제점이 제기되고 있다(이학종, 1989: 324-327). 따라서 성과를 높일 수 있는 능력 자체와 그 능력의 소지 여부에 관해서는 조직 구성원의 주관적 견해에 따라 많은 차이가 있을 수 있다. 그리하여 주관적 판단에 의하여 승진이 결정되는 경우 능력주의는 기대한 만큼의 성과를 가져올 수 없고, 따라서 조직 구성원으로 하여금 공정성보다는 불공정한 처우라는 인식을 갖게 하는 원인이 될 수 있다.

이상에서 살펴본 연공서열주의와 능력주의는 각각 장단점을 가지고 있다. 따라서 어느 접근방법이 승진 방침으로서 보다 효과적이라고 단정하기는 어렵다. 일반적으로 볼 때 연공서열주의는 조직의 환경이 안정적이고 조직 구성원의 도태가 없을 때 적절한 승진 방침으로 비교적 많이 사용되어 왔다. 그러나 최근에는 조직의 환경이 급변하고 조직 내부에도 여러 가지 복잡한 변화가 많아짐에 따라서 연공서열주의는 조직의 침체와 유능한 인적자원의 이직 그리고 무사안일주의적 조직 분위기를 조성하는 중요한 요인으로 인식되고 있다. 또한 연공서열주의는 변화에 대한 적응력이나 창의력보다는 안정과 충성심 그리고 현상 유지를 강조하는 조직의 가치를 조장하는 요인으로 인식되어 왔다. 그러나 연공서열주의가 반드시 이러한 역기능적 결과를 조직에 가져오는지는 매우 의심스럽다. 왜냐하면, 연공서열에 의하여 승진과 보상을 결정하는 조직에서도 좋은 성과를 거두는 경우가 현실적으로 많이 발견되기 때문이다.

연공서열주의와 능력주의의 적용성은 주어진 사회문화적 조건과 조직의 상황 여건에 따라서 달라지게 마련이다. 따라서 대부분의 조직은 연공서열과 능력의 적절한 조화를 모색하여 이를 승진 방침에 반영하려고 노력하고 있다. 연공서열과 능력 간의 조화를 모색하는 데 있어서 연공과 능력을 승진과 보상의 결정에 달리 적용하는 조직도 많다. 즉, 연공서열은 승진 결정에 주로 반영하고, 능력은 보상 결정에 주로 반영함으로써 두 가지 기준을 모두 적용할 수 있다. 일반적으로 우리나라와 일본에서는 승진에 연공서열을 많이 반영하고 보상에는 능력을 많이 반영하는 경향이 있다. 반면에 서양에서는 승진에는 능력을 많이 반영하고 보상에는 연공서열을 비교적 많이 반영하는 경향이 있다.

2) 전직관리

승진은 수직적인 인사이동인 데 비하여 전직은 수평적인 이동을 의미한다. 따라서 전직은 책임과 신분 및 기술과 보상에 있어서 현재의 직무와 대등한 직무로 옮겨 가는 것을 말한다. 조직 성과의 관점에서 볼 때 조직 내의 각 부서는 성과 달성에 필요한 정원 구성으로 인력상의 균형을 이루어야 한다. 그리고 조직 구성원의 관점에서는 직무와 구성원 간의 적합 관계가 이루어짐으로써 구성원의 직무 만족을 기할 수 있다. 따라서 조직 내의 직무와 구성원 사이에 여러 가지 조정이 필요하고 여기서 전직관리가 필요하게 되는 것이다.

조직에서 전직은 여러 가지 목적으로 활용되고 있다. 첫 번째 목적은 조직의 인력 안정을 기하는 것이다. 조직은 여러 가지 상황 변화에 적응해 나가야 하고, 그러한 과정에서 지역이나 부서 간의 인원 조정이 불가피해진다. 두 번째 목적은 인사관리의 적재적소 원칙을 적용하는 것이다. 마지막 목적은 다양한 직무 경험과 새로운 기술의 습득을 통하여 유능한 인력을 양성하는 것이다.

조직에서 직무의 배치전환은 인력 안정과 인력의 적재적소 배치 그리고 인력개발 등 인적자원 관리에 여러 면에서 도움이 될 수 있다. 그러나 직무 전환이 너무 심하면 조직에 경제적 비용 부담과 직무 수행상에 불안정을 가져올 수 있다. 따라서 직무의 배치전환은 적절한 한계 내에서 제한되어야 하며, 이를 위하여 명백한 전직 방침이 설정되어야 한다. 전직 방침을 설정하는 데 있어서 고려되어야 할 사항을 요약하면 다음과 같다(Pigors & Myers, 1981: 311).

① 전직의 적용 범위: 먼저 직무의 배치전환을 적용할 수 있는 조직의 범위를 방침으로 명백히 할 필요가 있다. 직무 전환의 범위는 조직의 계층별, 사업별, 지역별, 직능별로 달리 적용될 수 있다. 일반적으로 조직의 단기적 성과를 강조할수록 직무 전환의 범위는 축소되고, 인력의 적재적소 원칙과 인력개발을 강조할수록 직무 전환의 범위는 확대되는 경향이 있다.

② 전직 조건에 대한 방침: 다른 직종이나 사업부 또는 계열사로 전직되는 경우에는 이에 따른 대우 방침도 명백히 설정되어야 한다. 특히, 다른 사업부나 계열사의 경우에는 임금 구조와 대우 조건이 다를 수 있으므로 현재의 대우 조건을 유지해 준다는 원칙하에 적절한 방침이 설정되어야 한다.

③ 전직 요청에 대한 권한과 책임: 원칙적으로 전직 요청에 대한 권한과 책임은 실무관리자에게 있다. 그러나 전직의 필요성과 중요성에 대해서는 실무관리자마다 견해가 다를 수 있다. 따라서 전직에 대한 조직의 전체적 관점과 실무관리층의 전직 요청을 연결시켜 효과적인 직무의 배치전환 결정을 할 수 있는 심사기구와 검토과정이 필요하다. 이러한 과정에서 인사관리 참모는 전직 요청의 원천인 실무층과 직무 전환의 최고 결정자인 최고 행정가 간의 연결 및 통합 역할을 해야 한다.

④ 직무의 연결성: 직무의 배치전환은 직무에서 요구되는 기술과 책임 그리고 자격 등 직무 간의 연결 관계를 기반으로 이루어져야 한다. 따라서 직무분석을 통하여 직무기술서와 직무명세서가 작성되고, 이를 기준으로 직무 간의 연결성과 경로가 명시되어야 한다. 특히, 직무의 배치전환이 경력개발과 인력개발

에 활용되는 경우에는 이러한 직무 경로를 기반으로 효과적인 경력 계획과 조직 구성원의 자기 계발이 실현될 수 있다.

⑤ 배치전환의 의사결정 기준: 마지막으로 똑같은 직무 배치전환에 여러 후보자가 고려되는 경우에는 공정한 의사결정을 내릴 수 있는 기준이 명백히 설정되어야 한다. 승진의 경우와 마찬가지로 주로 근무 연수와 능력이 중요한 기준이며, 그 외에도 특별한 인적 사항도 고려될 수 있다. 일반적으로 근무 연수에 따른 선임권과 능력이 적절히 반영된 의사결정 기준을 명확히 설정하는 것이 바람직하다.

제6장 동기부여 관리

1. 인간의 본질에 따른 관리전략
2. 동기에 관한 내용이론
3. 동기에 관한 과정이론

제6장
동기부여 관리

조직에서 인간은 핵심적인 구성요소다. 조직에서 인간은 불과 수십 년 전만 해도 물적자원이나 관리기술과 비슷한 생산요소의 하나로서 간주되었다. 그러나 최근에는 조직을 운영하는 관리자들이 점차 인간이라는 요소가 다른 물적자원이나 관리기술과 같은 수준의 것일 수 없으며, 조직은 결국 인간의 두뇌에 의해서 움직이게 된다는 사실을 깊이 인식하기 시작하였다. 실제로 조직 속의 인간의 본질을 어떻게 이해하느냐에 따라 조직을 구성하는 다른 모든 속성에 대한 관점과 조직 운영의 실천적 전략이 좌우된다. 그러므로 조직 속의 인간 본질에 대한 견해는 전반적인 조직 현상을 설명하는 데 일종의 기본 가정을 제공하는 것이라고 볼 수 있다.

행정가의 입장에서 볼 때, 동기부여란 조직의 목표 달성을 위하여 조직 구성원을 지휘하고 도전감을 불어넣는 활동이다. 행정가가 이러한 기능을 원활하게 수행하기 위해서는 조직 구성원의 행위 동기를 이해할 필요가 있다. 개인의 행동을 설명하는 동기이론은 오랫동안 여러 단계를 거쳐서 발달해 왔다. 현재 동기이론은 크게 두 가지로 분류되고 있다. 하나는 개인의 행동을 유발하고 에너지를 어떤 일정한 방향으로 조정하고 유지시키는 내적 요인에 초점을 둔 내용이론(content theory)이고, 다른 하나는 개인의 행동이 어떻게 형성되는지를 연구 · 분석하는 과정이론(process theory)이다.

이 장에서는 조직 내 인간의 행위를 체계적으로 이해하기 위하여 먼저 인간의 본질에 따른 관리전략을 살펴보고, 동기이론을 통하여 조직 내 인간의 행위를 보다 심층적으로 이해하기로 한다.

1. 인간의 본질에 따른 관리전략

행정가가 조직 속의 인간의 본질을 어떻게 이해하느냐에 따라 조직 운영의 실천적 전략은 달라진다. 여기서는 Schein의 인간관과 관리전략, McGregor의 X · Y이론, Argyris의 미성숙 · 성숙 이론을 중심으로 이러한 문제를 구체적으로 살펴보기로 한다.

1) Schein의 인간관과 관리전략

E. H. Schein(1980: 50-101)은 『조직심리학(Organizational Psychology)』에서 관리자들이 갖고 있는 인간의 본질에 관한 가정을 역사적인 순서에 따라 네 가지로 분류하고, 각 인간관에 따른 관리전략을 제시하였다.

(1) 합리적 · 경제적 인간

인간을 합리적이고 경제적인 존재라고 보는 견해는 쾌락주의 철학에서 유래된 것이다. 이 견해에 의하면 인간은 자신의 최대 이익을 계산하고 그에 따라 행동할 수 있는 존재라는 것이다(Schein, 1980: 52). Adam Smith의 경제이론이나 자유방임을 주장했던 초창기의 민주주의 이론은 이러한 인간관에 기초를 두었으며, 고전적 조직이론의 가정들도 이러한 인간관에 기초를 두었던 것으로 생각된다. 합리적 · 경제적 인간관의 전제가 되는 중요한 가정은 다음과 같다.

- 고용인은 주로 경제적 유인에 의해서 동기부여가 되고, 또 최대의 경제적 소득을 그들에게 제공하면 그것이 무엇이든지 간에 동기부여가 될 것이다.
- 경제적 유인은 조직에 의해서 통제되는 것이기 때문에, 고용인은 본질적으로 조직에 의하여 조종되고 동기화되며 통제되는 피동적 존재다.
- 인간의 감정은 본질적으로 비합리적이다. 그러므로 자신의 이익에 대한 인간의 합리적인 타산이 감정에 의해서 방해되지 않아야 한다.
- 조직은 인간의 감정이나 예측할 수 없는 특성을 중화시키고, 통제할 수 있도록 설계될 수 있으며, 또 그렇게 되어야 한다.

이러한 인간관은 F. W. Taylor의 과학적 관리론, H. Fayol의 산업관리론, L. Gulick과 L. Urwick의 행정관리론 그리고 M. Weber의 근대 관료제에서 찾아볼 수 있다.

합리적 · 경제적 인간관에 기초를 둔 조직의 운영 및 고용인에 대한 관리전략에 의하면 조직은 경제적인 보수로 고용인들의 용역과 복종을 사며, 또 권위와 통제제도를 통하여 인간 본질의 비합리적인 측면으로부터 조직과 고용인들을 보호해야 한다는 것이다. 이 관리전략에서는 효율적인 과업 수행을 가장 중요시한다. 고용인들이 생산을 하지 않거나 사기가 저하된다면, 적절한 동기와 생산 수준을 유지하기 위한 해결책으로 직무와 조직 관계를 재조정하거나 유인체제 및 통제제도를 바꾸어야 한다. 그러므로 이러한 가정들에 의해서 운영되는 산업조직에서는 누가 누구에게 보고하고, 누가 무슨 일을 하며, 직무는 효율성과 경제성의 관점에서 볼 때 적절하게 설계되었는가 하는 문제들을 조직 자체에 집중시킴으로써 조직의 전반적인 효과성을 제고하는 것이 제1의 관리전략이 된다.

제2의 관리전략은 조직의 유인체제를 재검토하는 것이다. 생산성이 낮다면 조직은 노동자들 간에 경쟁을 유발시켜서 더 많이 생산하는 사람에게 기꺼이 특별수당을 주어야 한다.

제3의 관리전략은 조직의 통제구조를 재검토하는 것이다. 조직은 관리자들이 노동자들에게 생산성을 높이도록 충분히 압력을 가하고 있는가, 또 생산성이 낮은 노동자를 색출하여 제재를 가하고 있는가와 같은 문제를 재검토하게 된다(Schein, 1980: 54-55).

인간의 본질을 합리적 · 경제적 존재라고 가정하고 운영하는 조직에 가장 위협이 되는 것은 노동자들이 자아실현을 하려는 경향을 보이는 것이다. 만약 노동자들이 조직의 목적에 냉담하고 적개심을 품고 있으며 경제적인 유인만으로 동기부여가 된다면, 이들을 다루는 데 사용할 수 있는 관리전략은 노동자들을 이 전략에 적합하게 행동하도록 훈련시키는 것이다.

(2) 사회적 인간

조직생활에서 사회적 동기가 중요하다는 것은 Hawthorne의 실험연구를 통해서 밝혀졌다. 이 연구에 의해서 노동자들은 비공식집단 속에서만 표현할 수 있는 사회적인 욕구를 가지고 있으며, 또 그 집단은 작업의 수행 및 생산 수준과 생산물의 질에 실질적으로 영향을 주는 인간의 감정과 규범을 만들어 낸다는 것이 인정되면서부터 인간의 본질에 대한 새로운 가정이 도출되었다. E. Mayo는 많은 노동자들이 소외감과 일체감의 상실을 불평하는 것에 착안하여 합리적 · 경제적 인간관과는 전혀 다른 인간의 본질을 지닌 사회적 인간관을 발전시켰는데, 이러한 인간관이 내포하고 있는 가정은 다음과 같다(Schein, 1980: 54-55).

- 인간은 사회적 욕구에 의해서 행동하도록 동기부여가 되고, 대인관계를 통하여 일체감을 얻는 존재다.
- 산업혁명에 따른 기계화의 결과로 작업은 그 본래의 의미를 잃었으며, 따라서 지금은 일의 의미를 직무 현장의 사회적 관계 속에서 되찾지 않으면 안 된다.
- 고용인은 관리자의 유인이나 통제보다는 동료집단의 사회적 영향력에 더 감응한다.
- 고용인은 관리자가 자신들의 소외감, 수용, 일체감의 욕구를 충족시켜 주는 정

도에 따라 관리자에게 감응한다.

인간의 본질에 대한 이러한 가정은 관리전략에 전혀 다른 의미를 지니게 하는데, 관리자의 전략 과제를 정리하면 다음과 같다(Schein, 1980: 63).

- 관리자는 수행되어야 할 작업에만 관심을 한정하지 말고, 노동자들의 욕구에 더 많은 관심을 가져야 한다.
- 관리자는 노동자에게 지시하고 통제하는 대신에 노동자들의 심리적 충족, 특히 수용, 소속감 및 일체감과 같은 그들의 감정에 관심을 가져야 한다.
- 관리자는 작업집단을 현실로서 받아들여야 하며, 개인적 유인보다는 집단적 유인을 고려해야 한다.
- 가장 중요한 것은 관리자가 노동자들의 욕구와 감정을 이해하려 하고, 그러한 욕구와 감정에 관심과 공감을 보이며, 노동자들의 주장을 지지해 줌으로써 기획하기, 조직하기, 통제하기로부터 노동자들과 고위 관리층 간의 중개자로서의 역할을 하는 것이다.

인간의 본질에 대한 이러한 가정은 작업에 대한 주도권을 관리자로부터 노동자로 바꾸어 놓았다. 관리자는 작업을 배정하고 외재적으로부터 동기를 부여하며, 통제하는 대신에 작업을 촉진하는 사람, 노동자들을 공감하고 지지해 주는 사람이 되는 것이다. 가장 중요한 것은 관리자는 노동자들이 경제적인 욕구를 가진 존재일 뿐만 아니라 다른 많은 욕구를 가진 존재라는 것을 인정해야 하며, 또 경제적 유인은 사람과 환경의 변화에 의해서 크게 달라진다는 사실도 인정해야 한다는 것이다. 그리하여 관리자는 노동자들을 사회의 전체적인 상황 속에서 파악해야 하는 것이다.

(3) 자아실현적 인간

조직을 연구하는 학자들은 작업이 노동자들에게 의미가 없게 되었다는 Mayo의 기본적인 명제에 동의하면서 작업 자체의 본질에 관심을 돌렸다. D. M. McGregor,

C. Argyris 그리고 A. H. Maslow 등은 노동자들에게 요구되는 작업은 노동자들이 원숙하고도 생산적인 방법으로 능력과 기술을 이용할 수 있도록 허용하지 않았기 때문에 노동자들을 소외시켰다고 주장하였다. 이들은 현대의 산업구조에서 많은 직무들이 지나치게 세분화 · 전문화되었기 때문에 노동자들이 자신의 능력을 발휘할 수 없게 되었고, 또 자신들이 하는 일과 조직 전체의 목적과의 관계를 알려 주지도 않았다는 증거를 제시하였다. 이러한 가운데 인간 본질에 대한 보다 새롭고 복잡한 자아실현적 인간관이 형성되기 시작하였다. 이러한 인간관의 가정을 Maslow, Argyris, McGregor 등을 중심으로 살펴보면 다음과 같다(Schein, 1980: 68).

- 인간의 동기는 계층화된 몇몇 욕구에 의하여 유발된다. 그 첫 번째는 기본적인 생리적 욕구이고, 두 번째는 안전과 보호에 대한 욕구이며, 세 번째는 사회적 · 애정적 욕구다. 그리고 네 번째는 자기존중과 성취감에 대한 욕구이고, 다섯 번째는 자신의 자질을 최대한 발휘하고 싶어 하는 자아실현의 욕구다. 그런데 인간은 가장 기본적인 생리적 욕구(음식, 수면 등)가 충족되어야 보다 높은 수준의 욕구에 의해서 동기부여가 되며, 궁극적으로 나타나는 욕구는 자아실현의 욕구다.
- 인간은 성숙을 추구하며 또 성숙할 수 있다. 인간은 자유를 누릴 수 있고, 독립할 수 있으며, 거시적인 안목도 갖는다. 인간은 특수한 능력과 기술을 발전시킬 수 있으며, 어떠한 환경에도 적응할 수 있는 유연성을 가지고 있다.
- 인간은 스스로 동기부여를 할 수 있고, 자기 규제를 할 수 있는 존재이기 때문에 외재적인 동기부여와 통제는 오히려 위협이 될 수 있으며, 덜 성숙한 적응을 하게 만든다.
- 개인적인 자아실현과 조직의 과업 수행 간에는 갈등이 있는 것이 아니므로 특정한 기회가 주어지면 노동자들은 자발적으로 자신의 목적을 조직의 목적에 통합시킬 것이다.

이러한 자아실현적 인간관은 인간의 상위 수준의 욕구를 중요시하고, 인간의 내재적인 동기부여와 자율 규제 능력을 인정하였다는 점에서 합리적 · 경제적 인간관 및 사회적 인간관과는 구별된다고 할 수 있다. 인간 본질에 대한 이러한 가정하에서의 관리전략은 다음과 같다(Schein, 1980: 69). 즉, 관리자는 조직 구성원들에 대한 배려에 대해서는 덜 걱정하게 되는 반면, 그들의 일을 어떻게 하면 의미 있게 만들 수 있느냐에 더 주력하게 된다. 이러한 경우에 문제는 조직 구성원들이 사회적 욕구를 충족할 수 있느냐 하는 것이 아니라, 어떻게 하면 조직 구성원들에게 그들이 하는 일에 대한 자부심과 자존심을 불어넣어 일에서 의미를 발견할 수 있게 하느냐 하는 것이다. 그러므로 관리자는 동기부여자, 지시자 또는 통제자라기보다는 촉매자와 촉진자의 역할을 담당하게 되며, 특히 조직 구성원들에게 그들이 감당할 수 있는 만큼의 책임을 위임하게 된다.

(4) 복잡한 인간

조직이론과 관리이론은 인간의 동기에 대한 개념을 단순화하고 일반화하여 왔다. 그러나 경험적 연구는 단순하게 일반화된 개념의 일부분만을 지지해 왔다. 따라서 오랜 세월에 걸쳐 누적된 연구 결과는 결국 인간, 조직 및 관리전략에 관한 모형을 복잡하게 만들었다. 인간은 많은 욕구와 잠재력을 가지고 있을 뿐만 아니라, 그러한 욕구의 유형은 연령, 발달단계, 역할, 상황 및 대인관계가 바뀜에 따라 변한다는 것을 인식하면서 인간의 본질에 대한 복잡한 인간관이 제시되었다. 복잡한 인간관의 가정을 살펴보면 다음과 같다(Schein, 1980: 93-94).

- 인간의 욕구는 많은 범주로 분류되며, 발달단계와 생활의 전체 상황에 따라 변한다. 인간이 가진 욕구와 동기의 중요성은 사람에 따라 다르며, 이러한 욕구와 동기의 계층별 배열은 때와 장소에 따라서 달라질 수 있다.
- 인간의 욕구와 동기는 복잡한 동기 유형, 가치 및 목표와 관련되어 있기 때문에 관리자는 어떠한 수준에서 인간의 동기를 이해할 것인지를 결정해야 한다. 예를 들면, 돈은 사람들의 많은 다른 욕구, 심지어 자아실현의 욕구까지도 충족시켜 줄 수 있다. 따라서 사회적 동기와 자아실현의 욕구는 다양한 방법으로

충족될 수 있다는 것이다.

- 조직 구성원들은 조직생활의 경험을 통해서 새로운 욕구를 가질 수 있다. 이것은 사람이 조직 내에서 가지는 욕구 유형과 조직에 대한 기대가 본래 가지고 있던 욕구와 조직생활의 경험 사이에서 일어나는 복잡한 상호작용을 통해서 형성된다는 것을 의미한다.
- 인간의 욕구는 소속되어 있는 조직 또는 조직 내의 부서나 맡고 있는 역할이 달라지면 바뀔 수 있다. 공식조직에서 소외된 사람은 비공식집단이나 또래집단에서 사회적 동기와 자아실현의 욕구를 충족시키려 할 것이다.
- 구성원들은 다양한 동기에 의해서 조직에 생산적으로 참여할 수 있다. 개인의 궁극적 만족과 조직의 궁극적 효과성은 개인적 동기부여의 성격에만 달려 있는 것은 아니다. 수행되어야 할 직무의 성격, 직무 수행에 필요한 능력과 경험, 다른 조직 구성원들의 성격 등이 모두 과업의 성취와 개인적 만족을 가져오는 데 복합적으로 작용한다. 예를 들면, 동기부여의 정도는 낮지만 능력이 탁월한 사람과 동기부여의 정도는 높지만 능력이 부족한 사람은 서로 비슷한 수준의 만족감을 얻을 수 있고, 조직을 위해 비슷한 정도의 효율성을 발휘할 수 있다는 것이다.
- 인간은 욕구체계와 능력 및 과업의 본질에 따라 서로 다른 관리전략에 대응할 수 있다. 따라서 어떤 한 가지 관리전략이 모든 사람에게 언제, 어느 곳에서나 효과적으로 적용될 수 있다고 믿는 것은 옳지 않다.

앞서 언급한 복잡한 인간관의 가정이 실제 상황과 일치한다면 관리전략에 대한 암시는 무엇이 되겠는가? 아마 가장 중요한 시사는 관리자는 훌륭한 진단가가 되어야 한다는 점일 것이다. 관리자는 개인차를 고통스러운 것으로 생각하여 배제하려고 하기보다는, 오히려 개인차를 존중하고 개인차의 발견을 위한 진단과정을 중요시해야 한다. 관리자는 진단적 통찰의 이점을 이용하기 위해 융통성을 지녀야 하고, 그 자신의 행위를 변화시키는 데 필요한 개인적 기술을 가져야 한다. 인간의 욕구와 동기가 다른 만큼 관리자는 구성원들을 다르게 취급해야 한다.

2) McGregor의 X · Y 이론

McGregor는 '인간은 어떤 존재인가?' 또 '그러한 인간을 관리하기 위한 가장 효과적인 방법에 대한 가정은 무엇인가?'라는 의문으로부터 Maslow의 욕구계층 이론에 바탕을 둔 두 가지 가설을 세웠다. McGregor(1960)는 『기업의 인간적 측면(The Human Side of Enterprise)』에서 인간의 저수준 욕구에 착안한 인간관과 그 관리전략의 가설을 X이론으로, 인간의 고수준 욕구에 착안한 인간관과 그 관리전략의 가설을 Y이론으로 설명하였다.

인간 욕구의 저수준에 바탕을 둔 X이론은 인간 본질과 관리전략에 관한 전통적인 관점으로, 이 이론이 가정하고 있는 인간관은 다음과 같다(McGregor, 1960: 33-34).

- 평범한 인간은 본질적으로 일을 싫어하며 될 수 있으면 일을 하지 않으려고 한다.
- 인간은 본래 일을 싫어하는 속성이 있기 때문에 조직의 목적을 달성하기 위해서는 인간을 강제적으로 통제하고 벌로써 위협하여야 한다.
- 평범한 인간은 지시받는 것을 좋아하고 책임을 회피하려 하며, 비교적 야망이 적고 무엇보다도 안전을 원한다.

관리자가 인간 본질에 대한 X이론의 가정을 받아들일 때 다음과 같은 관리전략을 세우게 된다. 즉, 경제적 목적을 위해 자본, 물자, 도구 등의 생산요소를 조정할 책임이 있는 관리자는 노동자들의 행동을 수정하고, 동기를 유발하기 위해 지도하고 통제하는 임무를 맡아야 한다. 관리자의 이와 같은 적극적인 개입이 없으면 노동자들은 조직의 목표에 대해 회피적이거나 심지어는 저항적으로 나오기 쉽다. 따라서 관리자는 일을 싫어하는 인간의 속성을 타파하는 방책을 써야 한다. 인간의 노동 기피성을 억제하려면 적정한 작업량, 업적에 대한 보상 등을 강조하는 한편, 편히 놀고 산출을 기피하는 것을 죄악시하게 하여야 한다. 노동자들로 하여금 조직의 목적을 달성하게 하기 위해서는 강제, 통제, 지시, 처벌 등의 수단을 사용하여야 한다. 인간은 일을 싫어하는 성향이 매우 강하기 때문에 보상의 약속만으로는 부족하고 처벌과 위협을 가해야 한다.

McGregor는 이상과 같이 X이론에 대하여 논술한 후, 인간성과 그 관리방식에 대한 이와 같은 견해가 옳은 것인가? 이러한 인간관에 근거하여 관리한다는 것이 현대사회의 수많은 상황에 알맞은 것이라고 할 수 있는가? 교육 수준과 생활수준이 향상되고 있는 현대의 민주사회에서 생활하고 있는 사람들이라면 보다 성숙한 행동을 할 수 없을 것인가? 하는 일련의 의문을 제기하게 되었다. 이러한 의문에 대해 McGregor는 주로 Maslow의 욕구계층이론에 기초하여 다음과 같은 결론을 내렸다. 즉, X이론의 인간성에 대한 가설은 보편적으로 적용되기에는 적절하지 않으며, 이 가설에서 도출된 관리전략도 노동자들에게 조직의 목표 달성을 위해 일하도록 동기를 유발하기가 어렵기 때문에 명령과 통제에 의한 관리는 성공할 수 없다는 것이다.

McGregor는 관리자가 인간 본질과 동기부여에 대하여 보다 올바르게 이해하고 이를 바탕으로 관리활동을 하는 것이 필요하다고 생각했다. 그리하여 Y이론이라고 불리는 인간 본질과 그 관리방식에 관한 또 하나의 이론을 발전시켰는데, 이 Y이론이 가정하고 있는 인간관은 다음과 같다(McGregor, 1960: 47-48).

- 작업에 있어서 신체적 · 정신적 노력의 소모는 유희나 휴식을 취하는 것처럼 자연스러운 것이다. 평범한 인간은 본질적으로 일을 싫어하는 존재가 아니다. 일은 작업 상황을 어떻게 통제하느냐에 따라 인간에게 만족을 주는 원천이 될 수도 있고, 불만족을 주는 원천이 될 수도 있다.
- 외재적 통제나 처벌의 위협만이 노동자가 조직 목표를 향해 노력하도록 만드는 유일한 방법은 아니다. 인간은 자신에게 부과된 목적을 위하여 자기 지향적이고, 자기통제적으로 봉사할 수 있다.
- 목표에 대한 헌신적인 관여는 목표의 성취와 관련된 보상의 기능을 한다. 이러한 보상의 가장 중요한 것으로는 자아 충족, 자아실현에 대한 욕구 등을 들 수

있는데, 이것들은 조직의 목표를 향한 노력의 직접적인 산물이다.

- 평범한 인간은 적절한 상황에서는 책임지기를 좋아할 뿐만 아니라 책임지는 일을 추구한다. 책임을 회피하고 야망이 없으며, 지나칠 정도로 자기 보호를 강조하는 것 등은 일반적으로 인간 본래의 속성이 아니라 경험의 결과다.
- 조직 문제를 해결하는 데 필요한 비교적 높은 수준의 상상력, 연구력, 창의력을 가진 사람은 소수에 불과한 것이 아니라 많이 있다.
- 현대 산업사회의 상황에서는 평범한 인간의 잠재능력이 부분적으로만 이용되고 있다.

이러한 Y이론의 인간관은 인간의 욕구 가운데서 자아실현의 욕구, 긍지와 존경에 대한 욕구 및 일부 사회적 활동의 욕구에 착안한 것이라고 할 수 있다. 이와 같은 Y이론의 가정을 받아들이는 관리자는 노동자를 후원하고 작업 조건을 용이하게 하여 조직 목표의 달성을 촉진해 나가야 한다. X이론이 노동자의 관리방법에 있어서 정태적이고 경직된 것이라고 한다면, Y이론은 동태적이고 조직의 상황에 따라 다양해질 수 있음을 암시한다. 또 조직에 있어서 노동자의 협력이 부족한 경우가 발생하면 그것은 인간의 본질 때문이 아니고 인간의 잠재능력을 충분히 활용할 줄 모르는 관리자 때문에 기인한다는 것이다.

Y이론에 의하면 외재적인 위협에 의해 노동자들이 통제되는 것은 아니며, 노동자들이 조직의 목표 성취를 위해 노력하는 것이 바로 그들 개인의 목표를 달성하는 길이라고 생각하도록 관리자나 조직 상황을 만듦으로써 통제의 목적이 달성되는 것이다. 이것을 McGregor는 조직과 개인의 통합의 원리(principle of integration)라고 하였다. 여기서 말하는 통합이란 개인의 목표와 조직의 목표를 일치시키는 것이다. 따라서 통합의 원리는 조직의 구성원들이 조직의 목적을 위해 일하는 것이 자신들의 목표를 성취하는 길이라고 생각하도록 조직 상황을 조성하는 것이다(Saxe, 1980: 138).

그러나 이상과 같은 McGregor의 이론은 인간의 욕구체계와 그에 따른 관리방식을 양극화시켰기 때문에, 지나친 단순화의 소산이라는 비판을 받고 있다. 인간의 욕구 충족은 상대적인 것이며, 욕구의 발현은 복합적인 것이 보통이다. 따라서 욕구체계를 뚜렷하게 이등분하여 저수준 욕구만을 대상으로 하는 관리방식과 고수준 욕구만을 대상으로 하는 관리방식으로 양극화하는 것은 무리라는 것이다.

P. Hersey와 K. Blanchard(1982)는 McGregor의 X · Y 이론에서 앞서 언급한 것과 같은 결론만을 도출해 내는 것은 경계해야 한다고 하였다. 왜냐하면 X이론은 나쁜 것이고, Y이론은 좋은 것이라는 식의 생각을 하도록 오도할 수 있기 때문이다. W. Ouchi(1981)는 X이론이나 Y이론이 모든 조직에 절대적인 적절성을 가진 것은 아니라고 비판하고, 제3의 관리이론으로서 Z이론을 제시하였다. Ouchi에 의하면 관리이론은 조직의 특성 및 시간과 장소에 따라 그 적절성이 달라질 여지가 많다는 것이다. 관리기능은 조직과 별개로 존재하는 것이 아니며, 관리가 곧 조직의 기능이기 때문에 조직이 변함에 따라서 관리방식도 변화되어야 한다는 것이다. 이러한 Z이론은 고정적이고 획일적인 관리방식의 절대성을 의심하는 입장이다. Z이론은 변동하는 환경 속에 존재하는 조직과 집단 및 개인 등은 변화한다는 사실을 객관적으로 파악하여 그에 대응하는 관리전략을 펴야 한다고 주장한다. 즉, Z이론은 관리방식이 구체적인 조직의 형편에 적응해야 함을 주장하는 이론인 것이다(Lawless, 1972: 361-363).

McGregor의 X · Y 이론은 산업경영을 위해 발전된 것이지만, 교육행정에도 적용이 가능하고 또 유용하다(Monahan & Hengst, 1982; Hoy & Miskel, 1991; Hanson, 1979; Newell, 1978; Sergiovanni & Carver, 1980). 그러나 F. Griffith(1979)의 지적과 같이 보다 중요한 것은 모든 교육행정가들이 X · Y 이론 가운데 어느 하나를 택하기 전에 인간 본질에 대한 자신의 가정을 분명히 하는 일이다. 왜냐하면, 행정가의 인간관은 자신의 가치체계를 반영한 것이며, 그의 관리방식과 관리전략을 결정하기 때문이다.

3) Argyris의 미성숙 · 성숙 이론

Argyris(1957)는 개인의 인간적 발달이 그 개인이 작업하는 상황에 의하여 어떻게 영향을 받는가 하는 문제를 집요하게 연구하였다. 그는 관리방식이 개인의 행동과 성장에 어떠한 영향을 미치는지 알아보기 위해 산업조직을 분석하여 미성숙·성숙 이론(immaturity-maturity theory)을 발전시켰다.

Argyris는 각 개인을 완전히 실현될 수 있는 어떤 잠재능력을 갖고 있는 존재로 파악하였다. 이러한 자아실현은 개인뿐만 아니라 그를 둘러싸고 있는 사람들과 그가 일하고 있는 조직에도 유익하다. 그러나 불행하게도 기업조직 및 기타 조직들은 흔히 이러한 이익을 적극적으로 방해하는 방법으로 운영된다는 것이다. 이 문제에 대해서 Argyris는 세 가지 측면에서 논의하고 있다. 첫 번째는 인간적 혹은 심리적 성숙을 향한 개인의 발달이고, 두 번째는 개인과 함께 일하고 있는 사람들에 의해 표현되는 대인관계 능력의 정도이며, 세 번째는 그가 몸담고 있는 조직의 본질이다(Pugh, et al., 1971: 135).

Argyris(1957: 50)에 의하면 인간은 여러 해에 걸쳐 성숙해 가는 과정에서 그의 인성에는 여러 가지 변화가 일어난다고 한다. 즉, 인성은 〈표 6-1〉에서 보는 바와 같이 미성숙한 상태에서 성숙한 상태로 연속적으로 발달해 간다.

Argyris는 이와 같은 변화는 연속선상에서 이루어지는 것으로서 건강한 인성의 소유자는 그 연속선을 따라 미성숙에서 성숙으로 발전해 간다고 가정하였다. 이러한 변화는 단지 일반적인 경향에 지나지 않지만, 성숙이라는 문제에 대해서 어느

〈표 6-1〉 미성숙·성숙의 연속선

미성숙(immaturity) →	성숙(maturity)
수동적(passive)	능동적(active)
의존성(dependence)	독립성(independence)
한두 가지의 단순한 행동방식	여러 가지의 다양한 행동방식
변덕스럽고 천박한 흥미	보다 깊고 강한 흥미
단기적 전망(short time perspective)	장기적 전망(long time perspective)
종속적인 직위	대등하거나 우월한 직위
자아의식의 결여	자아의식과 자기통제

출처: Paul Hersey & Kenneth H. Blanchard(1982). *Management of Organizational Behavior Utilizing Human Resources* (4th ed.). Englewood Cliffs, N. J.: Prentice-Hall, Inc., p. 54.

정도의 이해는 가능하게 해 준다. 한 개인이 속한 문화나 규범 및 인성 때문에 이와 같은 성인의 특성이 최고도로 발현하고 성장하는 데 제한이나 제약을 받게 되지만 사람이 나이를 먹어 갈수록 연속선상을 따라 성숙의 극치를 향하여 발달해 나간다는 것은 일반적인 경향이라 할 수 있다. 그러나 이러한 성숙은 수준 또는 정도의 문제이며, 성숙의 정도는 사람마다 그리고 때에 따라 다를 수 있다.

Argyris의 조사연구는 공장, 연구기관, 병원, 작업장 또는 어느 곳에서나 막론하고 인간 상호 간의 대인관계 능력이 낮은 수준임을 보여 준다. 그 결과는 상호 회의와 불신이며, 다른 사람들에게 모든 것을 말하는 것을 회피하려는 경향이 생기며, 자신의 감정이나 다른 사람의 감정에 대해 솔직하기를 꺼리게 된다. 이러한 상황에서의 인간은 비록 적극적인 불만족은 없더라도 최소한의 일상적인 임무에만 관심을 기울일 뿐 문제를 보다 깊이 바라보기를 회피하는 피상적 의사건강(pseudo-health) 상태를 보여 주게 된다는 것이다. 그러나 이러한 결함도 개인의 태만의 결과라고만 할 수 없음을 시사하고 있다.

Argyris에 의하면 공식조직의 본질에는 사람을 미성숙하게 하는 특성이 있다고 한다. 즉, 조직이란 여러 사람의 집단적 노력으로 달성 가능한 조직 목표를 이루기 위해 만들어지는 것이기 때문에, 공식조직은 어떻게 하면 이러한 조직의 목표를 효과적으로 달성할 수 있을 것인가에 대한 건축가적인 사고가 반영된 것이다. 따라서 여러 가지 직무로 이루어진 조직의 설계가 먼저 이루어지고, 그다음으로 사람이 직무에 맞추어진다. 이와 같은 조직의 설계는 과학적 관리론의 네 가지 개념, 즉 과업의 전문화(task specialization), 지시의 일원화(unity of direction), 명령의 체계(chain of command), 통솔의 범위(span of control)에 근거하게 되는데, 이러한 조직 상황에서는 노동자가 관리자에게 의존적이고 예속적이며 수동적인 위치를 수락하게 된다는 것이다(Duncan, 1978: 271; Griffith, 1979: 81).

먼저 과업의 전문화는 건강한 인성을 지닌 개인이 필요로 하는 끊임없는 도전을 마련해 주지 못하기 때문에 자아실현을 할 수 없다. 그리고 지시의 일원화는 노동자 자신이 세운 목표를 향해서 일하는 것이 아니라, 다른 사람에 의해서 설정되고 통제되는 목표를 위해 작업하기 때문에 역시 자아실현을 도모할 수 없다. 명령의 체계 또한 노동자들로 하여금 의존적이고 피동적이며, 통제, 지시, 조정에 예속되도록 강요하기 때문에 자아실현을 도모할 수가 없다. 마지막으로, 통솔의 범위는 관리자가 지도하는 노동자의 수를 5~6명으로 제한할 때 행정적 능률이 증가한다고 가정하기 때문에 관리자의 철저한 감독은 노동자들을 의존적이고 종속적으로, 다시 말하면 미성숙하게 만든다.

Argyris는 이러한 공식조직의 개념은 개인의 성숙과정과 양립될 수 없는 인간관을 낳게 된다고 보고, 지금까지의 분석에 근거해서 다음과 같은 명제를 이끌어 냈다(Griffith, 1979: 81).

- 성숙한 인간이 갖는 욕구와 공식조직의 요구 사이에는 부조화(incongruity)가 생긴다.
- 이 같은 부조화의 결과는 노동자들에게 좌절감, 실패감, 단견과 갈등을 일으킨다.
- 공식조직의 본질은 조직 속의 어떤 수준에서든지 노동자들 간에 경쟁심, 질서, 적의 등을 품게 하여 노동자를 전인으로서 발전시켜 주기보다는 부분적인 발전에 주목하게 한다.

이러한 조직 상황에서 노동자들은 어떻게 적응할 것인가? 어떤 사람은 조직을 떠날 것이고, 또 어떤 사람은 조직의 보다 높은 직위로 올라갈 것이다. 그러나 많은 사람들은 자기방어를 위한 반사작용으로 백일몽, 태도의 양면성, 공격, 기만, 과오, 후퇴 등의 행동을 하게 되며, 전반적으로 조직에 대한 무관심, 생산량의 하향 조작, 비공식집단의 응집성 강화 등을 통해서 공식조직에 대항하려 한다. 그러면 관리층은 더욱더 노동자에게 압력을 가하게 되고 지시적이 되며 위장 참여의 횟수를 증가시키게 된다. 관리 통제의 증가와 노동자에게 영향을 미칠 중요한 결정에 참여할 기회의 박탈 등은 노동자들에게 심리적 실패감과 무력감을 안겨 주게 된다.

이러한 악순환 과정에서의 돌파구는 무엇인가? 이러한 물음에 대한 Argyris의 대답은 다음과 같다. 첫째, 상호 관계의 대인 능력을 증가시키는 것이다. 조직의 효과적 관리는 서로 믿을 수 있고 개방적인 상호 인간적 관계에서 그리고 결속력 있는 조직에서, 각 개인의 잠재능력을 충분히 발휘하는 데 목표를 두어야 한다. 조직의 건강을 증진시키기 위한 제1단계 조치는 관리자가 그 조직의 인간 상호 간의 대인 능력을 증가시키는 것이다(Argyris, 1962: 38-54).

둘째, 직무를 확대(job-enlargement)함으로써 관리자가 노동자들에게 그들 자신의 활동 범위 안에서 이루어지는 작업에 대한 통제권을 주어, 노동자들이 그들의 지적 대인관계 능력을 더 많이 활용하도록 해야 한다. 따라서 과업의 전문화(분업)로부터 오는 단조로움과 지루함을 떨쳐 버리고, 작업과 그 작업의 수행에 따른 책임의 범위를 확대함으로써 동기를 부여해 나가야 한다(Argyris, 1957: 177-187).

셋째, 지시적 지도성을 참여적 혹은 고용인 중심의 지도성으로 바꾸는 것이다. 이것은 노동자들을 개개인으로 또는 하나의 집단으로 취급하여 주어진 과제 범위 내에서 과제 수행 절차와 목표를 노동자들 스스로 결정하게 함으로써 그들이 높은 성취욕을 가지도록 하는 관리방식이다(Argyris, 1957: 187-191).

2. 동기에 관한 내용이론

동기에 관한 내용이론은 인간의 특정 행동을 유발하도록 만드는 것이 무엇인가를 밝히려는 이론이다. 인간의 욕구를 분명하고 상호 중복되지 않게 분류하려는 몇몇 학자들의 연구 결과를 고찰해 봄으로써 욕구의 내용을 체계적으로 살펴보기로 한다. 여기서는 Maslow의 욕구계층이론, Alderfer의 ERG 이론, F. Herzberg의 동기 · 위생 이론을 중심으로 살펴보고자 한다.

1) Maslow의 욕구계층이론

인본주의 심리학의 아버지라고 할 수 있는 Maslow는 동기를 이해하는 데 유용하다고 판명된 인간의 욕구계층이론(need hierarchy theory)을 발전시켰다. Maslow

는 『동기와 인성(Motivation and Personality)』(1954)과 『우정신학적 관리(Eupsychian Management)』(1965)를 통해 인간의 동기를 이해하는 데 긴요한 인간의 욕구계층을 주요 내용으로 하는 이론을 제시하였다. Maslow(1954: 80)는 욕구계층이론을 많은 관찰과 실험연구를 토대로 하고, 여러 유파의 심리학적 연구를 종합하였기 때문에 '역동적 통합이론(a holistic-dynamic theory)'이라고 불렀으며, 생태적 내지 내재적 욕구에 주안점을 두어 인간의 보편적인 욕구를 분류하고 그 상호 관계를 설명하였다.

Maslow(1970: 35-47)는 『동기와 인성』에서 인간의 기본적인 욕구를 계층으로 분류하여 설명하였다. 즉, 인간의 가장 기본적인 욕구를 1수준으로 하고 가장 잠재된 욕구를 5수준으로 하여, 욕구를 저수준에서 고수준으로 분류하였다. 각 단계별 욕구의 의의와 특성을 살펴보면 다음과 같다.

① 1수준의 욕구–생리적 욕구(physiological needs): 공기, 물, 음식, 수면과 같이 인간에게 가장 기본적인 욕구다. 이것들이 충족되기 전에는 어떠한 더 높은 수준의 욕구도 인간을 동기부여할 수 없다. 즉, 인간은 생리적인 욕구가 충족된 후에야 비로소 더 높은 수준의 욕구에 의하여 동기부여가 된다.

② 2수준의 욕구–안전 욕구(safety needs): 위험과 위협으로부터의 보호, 불안과 공포로부터의 자유와 같은 욕구, 정서적 욕망과 육체적 안전이 이에 포함된다. 이와 같은 2수준의 욕구도 그것들이 충족되기 이전에는 어떠한 더 높은 수준의 욕구로도 인간을 동기부여할 수 없다.

③ 3수준의 욕구–소속 및 애정의 욕구(belongingness and love needs): 원만한 대인관계, 집단에의 소속감 등에 대한 욕구가 여기에 속한다. 생존과 안전 등 신체적인 필수 조건이 보장될 때 인간은 사회적인 만족을 찾는다. 친구를 원하고 다른 사람들과 사귀기를 바라며, 또 어떤 집단에 소속되기를 원하고, 사랑받기를 갈망한다. 이러한 인간의 사회적 욕구가 충족되면 새로운 수준의 욕구가 나타난다.

④ 4수준의 욕구–존중 욕구(esteem needs): 자기 존중, 성취감, 타인으로부터의

인정, 존경 등에 대한 욕구다. 인간은 3수준의 욕구가 충족되면 권력과 지위를 얻어 타인으로부터 존경받기를 원할 뿐만 아니라 자신이 성취한 일에 의해 중요한 인물로 인정받기를 바란다.

⑤ 5수준의 욕구-자아실현 욕구(self-actualization needs): 이 욕구는 인간의 욕구의 최고 수준에 자리 잡고 있는 욕구다. 자신의 잠재능력을 극대화시키는 것을 자아실현이라고 한다. 따라서 자아실현을 성취한 사람은 자기 충족적이며, 자신의 모든 잠재력을 깨달은 사람이라고 할 수 있다.

지금까지 살펴본 Maslow의 욕구계층이론을 정리하면 다음과 같다. 첫째로, 인간의 욕구는 다섯 가지 계층으로 구분될 수 있다. 둘째로, 인간의 욕구는 저수준의 욕구로부터 고수준의 욕구 순으로 충족된다. 셋째로, 모든 욕구의 완전한 충족이란 있을 수 없기 때문에 욕구의 충족은 대개 상대적이며, 따라서 인간은 항상 무엇인가를 갈망하는 동물이다. 넷째로, 다양한 욕구들은 서로 연관되어 있기 때문에 인간의 행동에는 몇 가지 욕구가 복합적으로 작용하는 것이 보통이다. 다섯째로, 일단 충족된 욕구는 약해져서 동기 유발 요인으로서의 의미를 상실한다.

Maslow는 자신의 욕구계층이론이 실증적인 조사 결과와 불일치하는 점이 많기 때문에 모든 사람과 상황에 적용되는 것은 아니라는 점을 인정하였다. 예를 들면, 어떤 사람은 사랑받기보다는 존중받기를 원하며, 또 어떤 사람은 자신이 믿고 있는 교리를 포기하기보다는 순교자와 같이 생명을 희생하기도 한다. 이와 같은 예외적인 사례가 있음에도 불구하고, Maslow는 원칙적으로 욕구의 종류와 계층화에 관하여 일률적인 논리를 전개하고, 이를 보편적인 것으로 제시하였기 때문에 개인별 및 상황별 차이를 소홀히 다루었다는 비판을 받아 왔다. 비판자들에 의하면 Maslow의 욕구계층이론은 개념 사용에 있어서 정확성이 떨어질 뿐만 아니라, 욕구의 계층적 발현을 가져오는 구체적 상황 및 그 조건에 관하여 뚜렷한 시사점을 제공하지 못했다는 것이다.

Hersey와 Blanchard(1982: 31-40)는 Maslow의 이론이 개인차에 의하여 영향을 받게 된다는 점을 지적하고, 상황이 달라짐에 따라 인간의 욕구의 윤곽이 달리 나타날 수 있다는 예를 제시함으로써 개인이나 집단의 욕구 모형이 다양함을 보여 주었다. K. Davis(1967: 28)도 Maslow의 욕구계층이론을 구성하고 있는 개념이 너무 막연하고 일반적이며, 욕구 수준의 분류방식도 어느 정도 인위적이라고 비판하였는데, 그 이유는 인간의 모든 욕구는 실질적으로 인간 전체 내에서 상호작용하고 있기 때문이라는 것이다. 그래서 Maslow의 이론을 경험적으로 검증해 보려는 연구가 여러 학자들에 의해서 수행되었으며, Maslow의 이론에 대한 부분적인 수정이 시도되기도 하였다(Alderfer, 1969: 142-175).

그러나 Maslow의 욕구계층이론은 경험적 지지도가 낮음에도 불구하고 교육행정 분야에서 여전히 폭넓은 평판을 받고 있다. 그의 이론은 개인의 기본욕구를 정리하고 욕구 간의 차원적 개념을 제공하여 개인의 행위 동기를 이해하고 개인의 문제를 해결하는 데 있어서 분석 방향을 제시해 주는 개념적 틀(conceptual framework)을 제공함으로써 조직행동 연구에 많은 도움을 주고 있다.

2) Alderfer의 ERG 이론

Maslow의 욕구계층이론이 실증적 연구에 의하여 뒷받침되지 못하자 이를 수정하여 실증적 조사 결과에 접근시키려는 다양한 시도가 이루어졌는데, 그러한 연구 중의 하나가 C. P. Alderfer(1972)에 의해 제시된 ERG 이론이다. Alderfer는 인간의 핵심적 욕구를 존재 욕구(existence needs: E), 관계 욕구(related needs: R), 성장 욕구(growth needs: G)의 세 가지 영역으로 나눌 수 있다고 주장하였다. 이러한 연유로 인해 그의 이론을 ERG 이론이라고 부른다. Alderfer가 제시한 세 가지 욕구를 간단하게 설명하면 다음과 같다.

① 존재 욕구: 인간이 존재하기 위해서 필요로 하는 욕구다. 이러한 욕구에는 굶주림, 갈증과 같은 생리적 욕구 및 봉급, 부가 급부, 근무 조건과 같은 욕구가 포함된다. 이러한 욕구는 대체로 Maslow의 생리적 욕구와 안전 욕구에 해당된다.

② 관계 욕구: 인간이 사회적 존재로서 타인과 관계를 맺으려는 욕구다. 이러한 욕구는 가족, 친구, 동료, 상사, 부하 등과의 대인관계를 모두 포함한다. 또한 Maslow의 안전 욕구의 일부, 소속 및 애정의 욕구, 존경 욕구의 일부에 해당된다.

③ 성장 욕구: 인간이 성장하고 발전하면서 자신의 잠재능력을 최대한 발휘하고자 하는 욕구다. 이러한 욕구는 Maslow의 존경 욕구의 일부와 자아실현 욕구에 해당한다.

이상과 같은 Alderfer의 ERG 이론을 Maslow의 욕구계층이론과 비교함으로써 보다 상세한 이해를 돕기로 한다. 첫째, Maslow의 이론에서는 한 수준의 욕구로부터 다음 수준의 욕구로 나아가기 위해서는 낮은 수준의 욕구가 충족되어야 한다고 주장한다. 즉, 낮은 수준의 욕구 충족에 의해서 다음 수준으로의 진전이 이루어진다고 봄으로써 낮은 수준의 욕구로부터 높은 수준의 욕구 만족 진행(satisfaction-progression)과정이 욕구과정의 핵심이었다. 그러나 Alderfer는 이러한 과정에 덧붙여서 욕구 만족의 좌절과 퇴행(frustration-regression) 과정도 있다고 보았다.

둘째, Maslow의 이론에서는 다섯 가지 욕구 중에서 우세한 욕구가 지배적으로 활성화된다고 주장한다. 물론 다른 욕구들이 전혀 영향을 미치지 못하는 것은 아니지만 우세한 욕구의 기능을 강조하였다. 그러나 Alderfer는 일정한 시점에서 세 가지 욕구의 강도가 상이하기는 하지만, 하나 이상의 욕구가 동시에 작용하거나 활성화될 수 있다고 보았다(Alderfer, 1972: 12).

셋째, 욕구는 의식적으로 인식될 수 있다는 것이다. 특히, 우세한 욕구는 인간 자신에 의해 잘 인식된다. 이러한 측면이 있기 때문에 Alderfer는 설문지나 면접 등을 통해서 욕구를 연구할 수 있다고 주장하였다. 이러한 주장을 배경으로 Alderfer는 인간의 욕구를 무의식 수준에서 다루어야 한다는 Maslow의 주장과는 달리 의식 수준에서 다루었다.

이상과 같은 특징을 지닌 Alderfer의 ERG 이론은 Maslow의 욕구계층이론보다 훨씬 신축성을 지닌 이론으로서 Maslow의 이론을 많이 보완해 주고 있다. 그러나

Alderfer의 이론이 Maslow의 욕구 분류에서 발생하는 욕구 단계 간의 중복을 덜어 준 것은 사실이지만, 실제로 인간의 중요한 욕구를 총망라한 것인지의 여부를 평가하기에는 아직 충분한 경험적 증거가 부족한 실정이다.

3) Herzberg의 동기 · 위생 이론

Herzberg는 그의 동료인 B. Mausner와 B. B. Snyderman과 공저한 『작업동기(The Motivation to Work)』(1959)와 단독으로 저술한 『작업과 인간의 성질(Work and the Nature of Man)』(1966)에서 인간을 불만족으로 이끄는 요인과 만족하게 하는 요인은 서로 다른 종류의 것이라고 하는 대담한 이론을 제시함으로써 '연속선상의 가정'을 반박하고 소위 동기 · 위생 이론(motivation-hygiene theory)을 발전시켰다. 즉, Herzberg는 〈표 6-2〉와 같이 만족과 불만족을 동일한 연속선상의 양극에 위치하는 반대개념으로 보아 오던 종래의 방식과는 다르게 만족과 불만족은 서로 배타적이어서 전혀 별개의 차원이고, 따라서 각 차원에 작용하는 요인 역시 별개로 존재한다는 가정을 제시하였다.

Herzberg는 노동자들이 가장 효율적으로 일할 수 있도록 하기 위해서는 어떤 동기요인이 필요한가, 즉 노동자들을 만족시키고 그들을 동기부여하는 요인과 불만족을 야기하고 동기부여도 하지 못하는 요인을 알아보기 위해 중심사건 연구방법(a critical incident technique)을 사용하여 피츠버그 카운티에 있는 산업체의 노동자 가운데 200명의 기사와 회계사들을 대상으로 면접조사를 실시하였다. 이 조사에서

〈표 6-2〉 만족과 불만족 요인에 대한 연속선 가정

불만족 ◀──────▶	만족
낮은 임금	높은 임금
부적절한 부가급부	적절한 부가급부
나쁜 작업 조건	즐거운 작업 조건

출처: Fracis Griffith(1979). *Administrative Theory in Education: Text and Readings*. Midland, Mich.: Pendell Publishing Co., p. 374.

는 면접 대상자에게 각자가 자신의 직무에 관해서 특별히 좋았던 때와 나빴던 때를 진술하도록 하였다. 면접 내용은 세밀하게 분석되었고, 분석과정을 통하여 직무의 불만족과 만족을 유발하는 사례의 원인을 찾아냈다. Herzberg는 직무 만족의 결정요인으로 성취, 인정, 작업 자체, 책임, 발전 등을 발견하였다. 또 불만족의 결정요인은 만족의 요인과는 별개의 것들로서, 모두가 작업 자체의 성질에 관련된 것이기보다는 환경에 관련된 것들인 회사의 정책과 행정, 기술적인 감독, 임금, 대인관계, 작업 조건 등이라는 것을 알아냈다. 이 연구 결과로 만족을 주는 요인과 불만족을 야기하는 요인의 종류가 다르다는 Herzberg의 이론이 입증되었다(Herzberg, et al., 1959; Griffith, 1979: 375).

Herzberg는 동기 · 위생 이론에서, 첫째, 인간은 이원적인 욕구구조를 가지고 있고, 둘째, 불만족과 만족은 별개의 차원이어서 불만족을 일으키는 요인과 만족을 주는 요인은 서로 다른 것이며, 셋째, 불만족요인의 제거는 소극적이며 단기적인 효과를 가질 뿐인 데 반해서, 만족요인을 증가시키는 것은 적극적이며 장기적인 효과를 가진다고 했다. 이러한 특징을 지닌 Herzberg의 이론에 대해 좀 더 구체적으로 살펴보면 다음과 같다.

조직생활에서 노동자들에게 만족을 주고, 직무 수행의 동기를 유발하는 동기요인(motivation factors)과 불만족을 느끼게 하거나 그것을 해소하는 데 작용하는 위생요인(hygiene factors)은 서로 다르며, 두 가지 요인이 중첩되는 경우는 매우 드물다는 것이다. 즉, 동기요인은 만족요인(satisfier)이라고도 할 수 있는데, 성취, 인정, 작업 자체, 책임, 발전 등이 포함된다. 이 가운데 작업 자체, 책임, 발전 등의 요인이 보다 중요하며 직무 수행에 지속적인 영향을 미친다. 동기요인은 직무, 즉 노동자와 노동자가 하는 일 그리고 직무 사이의 관계에 관한 것으로 보다 나은 직무 수행과 노력을 위한 동기 유발 요인이 된다. 이것과 대조적인 위생요인은 불만족요인(dissatisfier)이라고도 할 수 있는데, 여기에는 회사의 정책과 행정, 감독, 임금, 대인관계, 작업 조건 등이 포함된다. 위생요인은 노동자가 직무를 수행하는 상황 또는 환경과 노동자 사이의 관계에 관한 요인이다. 동기요인과 위생요인을 도표화하면 [그림 6-1]과 같다.

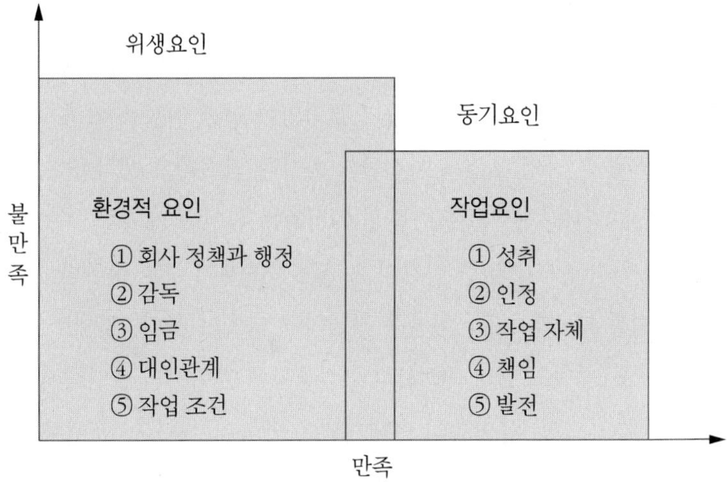

[그림 6-1] 동기요인과 위생요인

출처: Edgar F. Huse & James S. Bowditch(1977). *Behavior in Organizations: A Systems Approach to Managing* (2nd ed.). Reading, Mass: Addison Wesley Publishing Co., p. 96.

[그림 6-1]에 의하면, 만족을 주는 데 기여하는 요인과 불만족을 야기하는 데 기여하는 요인은 서로 구별될 뿐만 아니라, 양자가 별개의 차원이기 때문에 만족과 불만족은 반대개념이 아니다. 즉, 만족의 반대가 불만족은 아니라는 것이다. 따라서 불만족의 반대개념은 만족이 아니라 불만족이 없는 것이고, 마찬가지로 만족의 반대개념은 불만족이 아니라 만족이 없는 것이라는 것이다. 이러한 구분은 단순히 어의적인 차이가 아니고 실제적인 차이다(Griffith, 1979: 375).

Herzberg의 이론에 의하면, 동기요인은 위생요인이 제거된 다음에야 비로소 작용한다. 위생요인의 제거나 개선은 불만족을 감소시킬 것이다. 그러나 자동적으로 만족을 가져다준다든가 동기를 강화시켜 주는 것은 아니다. 왜냐하면, 노동자들은 현재의 합당한 임금, 즐거운 작업 조건, 적절한 부가급부, 협력적인 감독 등을 만족을 주는 동기요인으로 여기는 것이 아니라, 당연한 처사로 생각하기 때문이다. 오직 직무상의 성취, 직무 성취에 대한 인정, 책임감, 발전 기회 및 작업 자체의 매력 등만이 만족을 주는 데 기여하고, 높은 성취와 심리적인 성장을 가져다주는 동기가 될 뿐이다. 이러한 해석은 합당한 임금이 중요하지 않다는 말은 아니다. 다만 합당한 임금이 지급된다고 해도 그것이 저절로 더 많은 노력을 하게 하는 동기를 유발하는 것은 아니라는 것이다. 왜냐하면, 돈의 유인가는 일시적이기 때문에 노동자들은 언제나 낮은 임금을 받는다고 생각하며 끊임없이 임금 인상을 원하기 때문이다. 한편 노동자들은 좋은 작업 조건을 자신들의 마땅한 권리라고 생각한다. 따라서 불만족스러운 작업 조건의 개선은 불만족을 야기하는 원인을 제거할 수는 있을지 모르나, 심리적 성장과 성숙을 위한 인간의 욕구는 충족시켜 주지 못한다.

지금까지 논의한 Herzberg의 이론을 정리하면 다음과 같다. 첫째로, 인간은 이원적인 욕구구조를 가지고 있다. 둘째로, 조직생활에 있어서의 불만족과 만족은 서로 별개의 차원에 있으며, 불만족의 반대개념은 만족이 아니다. 셋째로, 조직생활에서 만족을 주는 요인과 불만족을 일으키는 요인은 서로 다르며, 만족요인은 성취, 인정, 작업 자체, 책임, 발전 등이고, 불만족요인은 회사의 정책, 감독, 임금, 대인관계, 작업 조건 등 직무 외적인 요인들이다. 넷째로, 불만족요인의 제거는 불만족을 줄여 주는 소극적이고 단기적인 효과를 가져오는 데 반해서 만족요인을 증가시키는 것은 인간의 자아실현 욕구에 자극을 주어 적극적인 만족을 가져다준다. 즉, 불만족요인(위생요인)의 제거는 단지 불만을 방지하는 데 기여할 뿐이지만, 만족요인(동기요인)의 부여는 직무 수행의 동기를 유발한다.

이러한 Herzberg의 동기 · 위생 이론은 이론적으로 큰 인기를 끌고, 많은 실무자들에 의해 폭넓게 수용되고 있지만, 한편으로는 여러 학자들로부터 비판을 받고 있다. 첫째는, 이 이론을 발전시키는 데 사용한 방법론과 관련된 것으로서, 중심사건 연구방법이나 면접조사 방법이 아닌 다른 연구방법을 사용하였을 때는 연구 결과가 달리 나타났다는 것이다(Sergiovanni, 1967: 66-82; Schmidt, 1976: 66-86; Sergiovanni & Carver, 1980: 111-113). 그러므로 Herzberg가 적용한 연구방법은 보편적이고 과학적인 연구방법이 될 수 없으며, 따라서 그의 이론은 보편타당성이 없다는 것이다.

둘째는, 동기 · 위생 이론이 동기와 성과의 의미를 검증하는 데는 별로 관심을 기울이지 않았다는 사실이다. 즉, 이 이론의 초점은 만족 자체이지 개별 노동자의 실제 동기는 아니라는 것이다(Campbell, et al., 1970: 354-358).

셋째는, 동기 · 위생 이론이 개인차를 무시하고 있다는 점이다. 이 이론은 노동자들의 작업 환경에 대한 반응이 기본적으로 유사할 것이라는 점을 전제하고 있다. 그러나 현실적으로 노동자들은 동기요인이 포함된 직무에 의해 동기가 유발될 수 있는 사람이 있는 반면에, 돈이나 직무의 안정과 같은 위생요인에 의해 동기 유발이 가능한 사람도 있을 수 있다.

이상과 같은 비판에도 불구하고, Herzberg의 동기 · 위생 이론은 동기 연구에 새로운 장을 열어 준 것은 틀림없는 사실이다. 사실 그 이전까지는 대부분의 교육행정가들이 교사들의 결근율이나 이직률이 증가한다든가 사기 문제 등에 직면했을 때의 전형적인 해결방법은 기껏해야 봉급 인상, 부가급부의 제공, 근무 조건의 개선 등 일반적으로 위생요인에만 관심을 집중하는 경향이 있었다. 그러나 이러한 단순한 해결 방안만으로는 문제의 핵심에 대한 처방을 할 수 없다. Herzberg의 동기 · 위생 이론은 위생요인만으로는 교사들의 불만을 줄일 수 있을지 모르나 교원들을 적극적으로 동기 유발할 수 없다는 점을 시사함으로써, 이러한 문제를 새로운 방식으로 해결하는 하나의 지침을 제시해 준 것이다.

지금까지 살펴본 동기에 관한 내용이론을 종합하여 비교하면 [그림 6-2]와 같다.

[그림 6-2] 동기에 관한 내용이론의 비교

출처: Fred C. Lunenburg & Allan C. Ornstein(1991). *Educational Administration: Concepts and Practices*. Belmont, California: Wadsworth Publishing Company, p. 100.

3. 동기에 관한 과정이론

동기에 관한 과정이론은 행동의 형성과정, 즉 행동이 어떻게 시작되고 유지되며 멈추는지를 설명하려는 이론으로서 동기과정에서 발생하는 인지요인(cognitive factors)을 강조하면서 개인의 동기 발생과 행동 선택과정을 설명하려는 것이 특징이다. 여기서는 V. Vroom의 기대이론, J. S. Adams의 공정성 이론, E. A. Locke의 목표이론을 중심으로 살펴보기로 한다.

1) Vroom의 기대이론

동기에 관한 기대이론은 K. Levin과 E. Tolman의 인지 개념과 고전적 경제이론인 선택 행동과 효용 개념에 근거를 두고 있다. 그러나 동기부여를 하는 데 목표를 두고 기대이론을 처음으로 제시한 사람은 Vroom이다(Luthans, 1981: 186). Vroom의 기대이론은 유인가(valence), 수단성(instrumentality), 기대감(expectancy)이라는 개념을 중심으로 구성되어 있기 때문에 VIE 모형으로도 알려져 있다. 이러한 기대이론의 기본적인 가정은 행동과정 중에 선택된 행동은 행동을 일으키는 심리적 사건과 관련된다는 것이다(Vroom, 1964: 14-15). Vroom의 기대이론을 구성하는 몇 가지 주요 개념을 살펴보면 다음과 같다.

① 유인가(valence): 이것은 개인이 특정한 산출에 대해서 가지는 선호도를 의미한다. 즉, 개인이 목표, 성과, 보상, 유인체제 등에 부여하는 긍정적 · 부정적 가치를 뜻한다. 예를 들면, 어느 개인이 승진을 원한다면 그는 승진에 대해 매우 높은 긍정적인 유인가를 부여할 것이다.

② 기대감(expectancy): 이것은 개인이 어느 정도의 노력을 하면 어떠한 수준의 성과를 달성할 것이라고 생각하는 주관적 확률을 의미한다. 이것은 행동과 성과 간에 전혀 관계가 없는 0의 상태에서 시작하여 행동과 성과 간의 관계가 확

실한 1의 사이에 존재한다.

③ 수단성(instrumentality): 이것은 1차 수준의 산출과 2차 수준의 산출 간의 상관관계에 대한 개인의 지각을 의미한다. 예를 들면, 높은 성과가 항상 봉급 인상을 가져오는 +1.0의 관계로부터 성과와 보상 간에 전혀 관계가 없는 0의 관계 그리고 높은 성과가 오히려 항상 봉급 삭감을 가져오는 −1.0의 관계 사이에 존재한다.

④ 산출(outcome): 이것은 개인의 행동의 산출물로서 개인의 성과와 같은 1차적 산출과 성과에 따른 보상과 승진과 같은 2차적 산출로 구분된다.

⑤ 행동 선택(choice behavior): 마지막으로 개인은 행동 대안과 기대되는 결과 및 그 중요성을 모두 비교 · 평가하여 자신의 행동을 선택하게 된다.

이상과 같은 개념에 근거하고 있는 Vroom의 기대이론에 의하면, 개인의 동기는 산출에 대한 욕구의 강도(유인가)와 자신의 행동이 원하는 산출물을 실제로 가져오리라는 기대감의 복합적인 함수다. 즉, 개인의 동기부여의 힘은 자신의 능력에 비추어 자신이 달성할 수 있으리라고 기대하는 1차적 성과와 이러한 1차적 성과가 실제로 2차적 결과를 가져오리라는 기대감의 복합적인 함수에 의하여 결정된다. 결국 가장 강력한 동기를 유발할 수 있는 세 가지 요인의 조합은 높은 긍정적 유인가, 높은 기대감, 높은 수단성이다(Hoy & Miskel, 1991: 180; Lunenburg & Ornstein, 1991: 102). 따라서 개인의 능력이 실제로 성과를 거두리라고 기대하고 실제 성과가 승진이나 보상 등 개인이 원하는 결과를 항상 가져오리라고 기대할수록 개인의 동기는 강하게 작용하고, 반면에 거둘 수 있는 성과에 대한 의심이 많고 성과와 개인이 원하는 보상 간에 아무런 상관관계가 없다고 믿을수록 개인의 동기는 낮게 나타난다. 이와 같은 Vroom의 기대이론은 결과에 대한 가치는 물론 노력과 성과에 대한 기대감과 성과 결과에 대한 기대감(수단성) 등에 대한 개인의 인지 여하에 따라서 개인의 행동 방향과 동기의 강도가 결정된다고 설명하는 것이 특징이다.

Vroom의 기대이론은 여러 학자들에 의하여 수정 · 보완되었다. 특히, L. W. Porter와 E. E. Lawler(1968: 10-15)는 Vroom의 기대이론을 토대로 하여 변수를

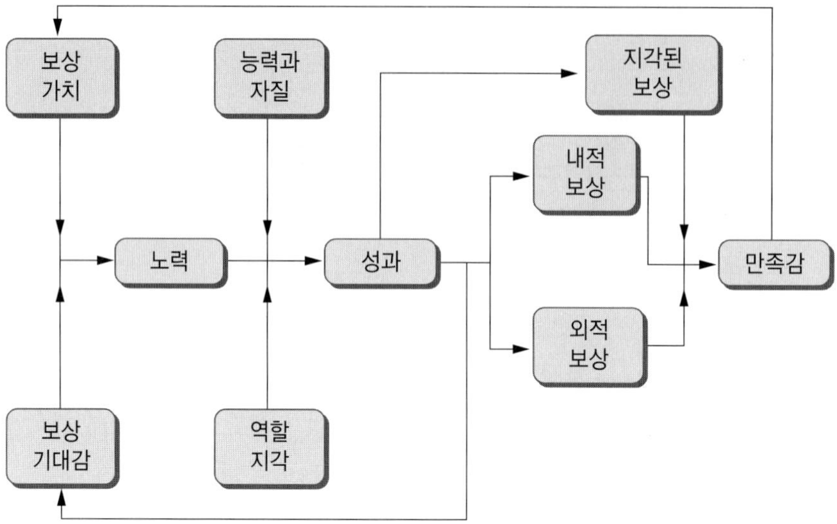

[그림 6-3] Porter Lawler의 동기부여 모형

출처: Fred Luthans(1981). *Organizational Behavior* (3rd ed.). New York: McGraw-Hill Co., p. 191.

추가·종합하고 공정성 개념을 연결시켜 자신들의 동기부여 모형을 제시하였다. Porter와 Lawler는 동기부여가 만족감과 성과에 일치하지 않는다는 전제에서 출발하였다. 즉, 동기부여, 성과 및 만족감은 모두 분리된 변수이며, 만족은 향상된 업적을 가져오고 불만족은 업적을 손상시킨다는 동기에 관한 내용이론의 가정과는 다르게 접근하고 있다. [그림 6-3]은 동기부여, 성과, 만족감 사이에 존재하는 복잡한 관계를 설명하기 위해 제시된 동기부여 모형이다.

[그림 6-3]에 제시된 보상 가치, 보상 기대감 및 노력은 Vroom의 구분과 기본적으로 동일하다. 그러나 노력이 직접 성과를 가져오는 것이 아니라 능력과 자질 및 역할 지각에 의하여 매개된다. 더욱 중요한 것은 성과에 따른 보상과 이에 대한 지각이 만족감을 결정한다는 것이다. 즉, 이 모형에 의하면 개인의 동기는 노력과 성과 그리고 보상과 만족감의 복합 함수로 나타나고 있으며, 이 복합 관계에서 성과와 보상에 대한 기대감, 보상에 대한 공정성 개념(지각된 보상) 및 개인의 특성 등도 중요한 요소로 작용하고 있다. Porter와 Lawler의 모형에서는 다음과 같은 세 가지 요인들이 노력과 성과 간의 관련성을 고려하는 데 있어서 특히 중요한 역할을 한다

(White & Bender, 1986: 252-253).

- 성과에 대한 보상의 중요성은 개인이 그 보상을 성과와 밀접한 관계를 맺고 있는 것으로 지각할 때만 그 의미를 지닌다. 예를 들면, 개인이 승진을 위해서 열심히 일해야 한다고 지각할 경우 그 사람은 승진을 위해 열심히 일하게 될 것이다.
- 보상을 받는 수혜자는 긍정적이든 부정적이든 그 보상에 대해 일정한 가치를 부여하여야 한다. 자신이 승진을 원하지 않았는데도 승진이라는 보상이 주어지면 만족감은 반감될 것이며, 오히려 직무 수행 자체를 후회하게 될 것이다.
- 보상에 대한 만족감은 보상의 공정성에 대한 지각 정도에 따라 달라지며, 이러한 만족감의 수준이 미래에 투여하고자 하는 노력의 정도에 영향을 미치게 된다.

지금까지 살펴본 기대이론은 1960년대 초에 Vroom이 처음 제시한 이래 많은 변수들이 추가되어 매우 복잡한 이론으로 발전되어 왔다. 지금까지 기대이론은 이론 자체의 복잡성으로 말미암아 이론 전체에 대한 실증적 연구는 극히 어려워 부분적인 유효성만이 주로 입증되어 왔다(Szilagyi & Wallace, 1983: 98-99). 그러나 이론 자체의 복잡성으로 인해 실증적 연구방법과 자료에 대한 신뢰성 문제도 지적되고 있다(Lawler & Suttle, 1973: 483-502).

기대이론은 실증적 연구에서 연구방법상의 문제점이 있음에도 불구하고, 성과로부터 기대되는 실제 결과와 이에 대한 만족감이 동기에 작용하는 역할을 중시함으로써 개인의 행위 동기에 대한 현실적 이해를 증진시켜 주었다. 또한 행정관리에 있어서도 노력과 성과에 대한 기대감을 중심으로 구성원의 능력 개발을 강조하고, 성과와 보상에 대한 기대감을 중심으로 적절한 유인의 중요성을 강조함으로써 동기부여 과정에도 실질적인 도움을 제공하였다.

2) Adams의 공정성 이론

동기에 관한 또 하나의 과정이론은 Adams(1963)가 제시한 공정성 이론(equity theory)이다. 공정성 이론에 의하면, 개인은 자신의 노력과 그 결과로 얻어지는 보상과의 관계를 다른 사람의 경우와 비교하여 자신이 느끼는 공정성에 따라서 행위 동기가 영향을 받는다는 것이다. 여기서 공정성(equity)은 개인의 투입(input)과 그 결과로서 얻어지는 산출(outcome)과의 비율과 비교 대상이 되는 다른 사람의 산출/투입 비율과의 상대적 비교와 관련된 개념이다. 비교 대상 또는 준거 인물은 같은 작업집단이나 조직 또는 다른 조직에서 자신과 유사한 상황에 있는 사람이다. 그리고 투입요소는 자신이 과업 수행에 투여한 노력, 기술, 비용, 시간 등 모든 에너지와 자원을 포함하며, 산출은 보상, 승진, 인정, 성취, 명예 등 과업 수행의 결과로부터 얻어지는 모든 것을 포함한다. 즉, 개인은 자신의 산출/투입 비율이 다른 사람의 산출/투입 비율과 비교하여 대등하다고 지각하면 공정하다고 느끼게 되고, 불균형 관계를 지각하면 불공정하다고 느끼게 된다. 따라서 개인은 불공정성을 지각하면 심리적 불균형, 긴장, 불안감이 수반되고, 이것을 해소시키는 과정에서 개인의 동기와 행동이 형성된다는 것이다(Adams, 1963: 422-436; 1965: 267-289; Goodman & Fridman, 1971: 271-288).

공정성 이론에 의하면, 개인은 준거 인물과의 산출/투입의 비교에서 비율 간의 불균형 관계를 지각하면 공정성을 확보하기 위해 일반적으로 다음과 같은 여러 가지 행동을 취하게 된다(Adams, 1965: 276-299; Lunenberg & Ornstein, 1991: 106-107).

① 투입과 산출의 조정: 개인은 준거 인물과의 비교 결과 자신의 산출/투입 비율이 상대적으로 큰 경우에는 투입을 증가시킴으로써 비율 간의 균형을 맞추려고 노력한다. 반면에 자신의 산출/투입 비율이 상대적으로 적은 경우에는 투입을 감소시키게 된다. 비율 간의 균형과 공정성을 유지하려는 노력은 투입의 조정뿐만 아니라 산출의 조정에서도 나타난다. 즉, 투입을 증가시키는 대신에 산출을 감소시키거나, 투입을 감소시키는 대신에 산출을 증가시킴으로써 준

거 인물의 비율과 균형을 이루려고 노력한다.

② 준거 인물의 투입과 산출의 변경: 자기 자신의 투입과 산출을 조정하는 대신에 준거 인물의 투입과 산출을 조정함으로써 상호 간 비율의 불균형을 줄일 수 있다. 그러나 준거 인물의 투입과 산출을 변경하는 것은 자기 자신의 투입과 산출을 조정하는 것보다도 훨씬 어려운 것이 사실이다. 그러므로 개인은 준거 인물로 하여금 투입과 산출을 변경하도록 그들의 행동에 영향을 줌으로써 원하는 행동을 유도하게 된다.

③ 투입과 산출의 인지적 왜곡: 개인은 투입과 산출의 양적인 조정과 더불어 투입과 산출의 중요성에 대한 개념 인식을 변경 또는 조정함으로써 준거 인물의 비율과 균형을 맞추려고 노력하게 된다. 즉, 학력이 중요한 투입요소라면 이에 대한 가치와 중요성을 더욱 높이거나 낮춤으로써 투입을 조정할 수 있다. 마찬가지로 산출에 있어서도 보상의 가치와 중요성을 변경하여 평가할 수 있다.

④ 준거 인물의 변경: 개인은 불공정성을 느끼는 경우에 비교 대상인 준거 인물을 변경함으로써 불균형 상태를 줄일 수도 있다. 그러나 비교 대상의 인지적 변경은 투입과 산출에 구체적인 변화가 보이지 않으면 지속적인 인지적 안정성을 유지하기가 어렵다. 즉, 봉급 인상과 더불어 준거 인물의 업무 내용 변화나 투입의 증가가 지각되지 않는 한 준거 인물의 변경은 인지적 안정성을 유지하기가 어려워진다. 따라서 이러한 경우에는 투입과 산출의 인지적 왜곡이 수반되어야 할 것이다.

⑤ 이직: 개인이 불공정성을 심하게 지각하면서도 이를 해소하기 위한 적절한 행동 대안을 모색하는 데 실패하면, 개인은 최종적인 수단으로 조직을 떠나게 되는 경우가 발생한다.

이상에서 살펴본 공정성 이론은 개인의 동기가 산출/투입의 비율을 중심으로 준거 인물과의 상대적 비교에서 느껴지는 공정성에 따라서 발생되고, 지각된 불공정성으로 인한 심리적 불균형과 긴장 및 불안감을 해소시키는 과정에서 행동이 형성된다고 보고 있다. 따라서 공정성 이론은 개인의 동기 행동에 있어서 동기를 자극하는 욕구나 유인 등의 중요한 요인이 단순히 절대적 가치의 강도에 의하여 작용하는 것이 아니라, 준거 인물과의 상대적 관계에서 동기요인이 작용한다는 것을 강조하고 있다.

최근의 연구 결과에 의하면 조직 구성원들의 동기부여는 절대적인 보상 못지않게 상대적인 보상에 의해서 상당한 영향을 받게 된다는 공정성 이론의 주장을 정당화해 주고 있음을 알 수 있다(Dittrich & Carrer, 1979: 29-40). 그러나 공정성 이론도 다른 이론들과 마찬가지로 여러 가지 비판을 받고 있다. 가장 중요한 문제는 투입과 산출의 객관적 측정이 어렵고 준거 인물의 설정도 연구방법의 측면에서 많은 어려움을 주고 있다. 그래서 공정성 이론의 실증적 연구는 지금까지 주로 보상을 중심으로 부분적으로 수행되어 왔다. 그러므로 공정성 이론은 산출과 투입에 대한 객관적인 연구, 산출과 투입 사이의 구체적인 조정 등 많은 문제가 아직 실증적인 연구과제로 남아 있는 것이 사실이다(Goodman & Friedman, 1971: 282-288; Lunenburg & Ornstein, 1991: 107).

3) Locke의 목표이론

목표이론(goal theory)은 Locke에 의하여 개념화되었으며, 이 이론의 보다 정교한 체계화는 Locke와 그의 동료들에 의해서 이루어졌다(Locke, 1968; Locke, Cartledge, & Knerr, 1970). 목표이론은 인지과정이론(cognitive process theory)으로서 아직 완전한 이론적 체계를 갖추지는 못했지만, 이 이론의 중심 원리는 목표관리(MBO), 기획예산제도(PPBS), 경영정보체제(MIS) 등과 같은 분석적 · 실제적 도구로서 행정가들에 의해 널리 활용되고 있다(Hoy & Miskel, 1991: 185; Lunenburg & Ornstein, 1991: 108).

목표이론에서 목표란 간단히 말해서 개인이 의식적으로 성취하고자 하는 것으로 정의된다. 목표의 중요한 두 가지 특성은 내용과 헌신이다. 내용(content)은 활동의 성격 또는 바람직한 결과를 의미한다. 그리고 헌신(commitment)은 사람들이 목표에 부여하는 애착 · 중요성 · 강도의 수준을 의미한다. 이러한 목표의 내용과 헌신

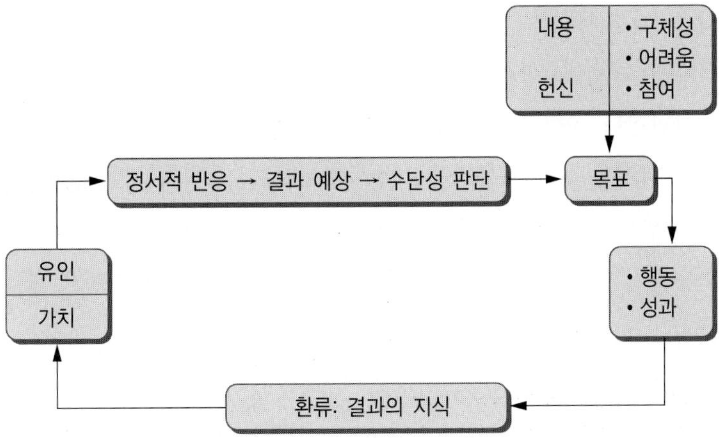

[그림 6-4] 목표이론의 개념 모형

출처: Wayne K. Hoy & Cecil G. Miskel(1991). *Educational Administration: Theory, Research, and Practice* (4th ed.). New York: Random House, p. 186.

의 두 요소는 개인으로 하여금 얼마나 노력을 투입할 것인가를 결정하는 데 영향을 준다. 이러한 목표이론의 기본적 가정은 목표를 성취하려는 의도가 행동의 중요한 동기가 된다는 것이다. 또한 이 이론은 다음과 같은 세 가지 추가적 가정을 하고 있다. 첫째로, 구체적 목표가 일반적 목표보다 우선한다. 둘째로, 어려운 목표는(목표를 수용한다면) 쉬운 목표보다 더욱 많은 노력을 하게끔 만든다. 셋째로, 목표 설정에 참여하는 것은 헌신을 증가시킬 수 있고, 목표의 내용을 변경시킬 수 있다(Hoy & Miskel, 1991: 185-186). 목표이론의 일반적 개념 모형을 제시하면 [그림 6-4]와 같다.

[그림 6-4]에서 목표 설정과정은 개인이 작업 환경 내에 존재하는 과업의 본질과 속성에 관하여 알고 있다는 가정으로부터 출발한다. 이러한 지식은 조직 내의 경험, 지각 및 이성적 추론을 통해 획득된다. 행동이란 개인의 욕구 충족을 필요로 하기 때문에 사람은 누구나 반드시 환경에 대한 가치판단을 하고, 어떤 행동이 자신에게 유익한가를 결정하게 된다. 그러므로 가치판단이 행동 대안의 선택 기준이 된다. 이러한 가치판단은 환경 속에 있는 이용 가능한 유인(incentives)에 대한 지각과 개인의 가치기준 간의 상호 관계를 평가함으로써 이루어진다. 정서적 반응은 개

인이 가치판단으로부터 갖게 되는 감정을 말한다. 개인은 정서적 반응과 선택된 대안에 근거하여 조직 내의 새로운 조건을 예상하고, 예상되는 행동과 만족감에 대한 수단성을 판단한다. 여기서 수단성이란 산출 발생에 대한 확률을 의미한다. 이 단계에 이르면 개인은 목표를 설정하고 행동으로 옮길 준비가 되어 있다. 만약 목표의 성취 가능성이 높다고 판단되면 예상 만족감도 높다. 이때 성과 수준에 대한 피드백의 기능은 중요하다. 왜냐하면, 결과에 대한 지식을 통해 개인은 새로운 목표를 수립할 수 있기 때문이다.

Locke의 목표이론은 많은 실증적 연구 결과를 통해 앞에서 제시한 기본적 가정이 입증됨으로써 이론적 타당성을 인정받고 있다. 그럼에도 불구하고 목표이론은 다음과 같은 몇 가지 문제점이 제기되고 있다(Hoy & Miskel, 1991: 187-189).

첫째, 목표이론의 가장 커다란 결점은 목표 수용(goal acceptance)과 헌신을 결정하는 요소가 무엇인가를 밝혀 주지 못하고 있다. 즉, 목표의 수용과정에 대한 설명이 부족하다. 둘째, 목표이론은 목표의 수용과 목표의 어려움 그리고 다른 여러 가지 변인들이 결합하여 노력을 결정하는 방법을 설명하는 기제(mechanisms)에 약점이 있다. 셋째, 목표이론은 구체적인 결과를 얻을 수 있는 단순한 직종에 대한 산출을 예측하는 데는 효과가 있으나, 과업이 복잡한 경우에는 효과가 적은 것으로 지적되고 있다.

제7장 의사결정과 참여관리

1. 의사결정의 본질
2. 의사결정의 유형
3. 의사결정의 과정
4. 의사결정의 모형
5. 의사결정에의 참여

제7장
의사결정과 참여관리

이 장에서는 학교조직 속에서 의사결정과 참여에 관련된 다음과 같은 문제들을 검토하고자 한다. 첫째, 의사결정의 개념과 유사한 개념과의 차이점을 고찰함으로써 의사결정의 본질을 이해하고, 둘째 의사결정의 유형을 살펴보고, 셋째 의사결정 과정을 분석하며, 넷째 의사결정 모형을 비판적으로 비교 · 분석하고, 마지막으로 의사결정 참여와 관련해서 참여의 이론적 근거, 참여의 효과, 효과적인 의사결정 참여의 준거와 방법에 관해 살펴보고자 한다.

1. 의사결정의 본질

일반적으로 여러 가지 대안 중에서 하나의 대안을 선택하는 과정으로 정의되는 의사결정은 교육행정 현상을 이해하는 데 매우 중요하다. 왜냐하면, 의사결정은 모든 행정 영역에서 행정가가 수행하는 가장 중요한 기능 중 하나일 뿐만 아니라,

학교조직도 근본적으로 다른 조직과 마찬가지로 의사결정 구조로 되어 있기 때문이다(Hoy & Miskel, 1978: 212). 특히, 학교행정가들의 의사결정은 궁극적으로 학교조직뿐만 아니라, 조직 구성원들의 직무 성과에도 어느 정도 일정한 영향력을 미친다. 더욱이 학교행정가들은 그들이 내린 의사결정의 결과에 의해 평가되기 때문에 의사결정의 질은 행정가의 효과성을 판단하는 하나의 준거로서 작용한다(Lunenburg & Ornstein, 1996: 151-152).

그렇다면 의사결정이란 구체적으로 무엇을 의미하는가? 의사결정의 개념은 그것을 연구하는 학자들의 접근방법에 따라 다양하다. 예를 들면, D. E. Griffiths(1959: 75)는 의사결정을 '심사숙고한 후에 도달한 결론'이라고 정의한 바 있으며, R. T. Gregg(1965: 48)는 의사결정을 행정의 본질로 보고, 다른 모든 행정기능은 의사결정과 관련될 수 있을 뿐만 아니라 의사결정이라고 해석될 수 있다고 보았다. 한편 R. G. Owens(1970: 90)는 의사결정을 '다른 모든 활동을 종속시킬 수 있는 행정의 중핵과정(core process) 또는 행정과 동의어'라고 보았으며, W. K. Hoy와 C. G. Miskel(1978: 212)은 의사결정은 결정을 의미할 뿐만 아니라 그러한 결정을 실행하는 과정까지도 포함한다고 보고 있다.

의사결정의 개념을 보다 명백히 이해하기 위해서는 그 유사 개념과의 관계를 규명할 필요가 있다. 의사결정의 유사 개념은 '정책결정'과 '문제해결'이 대표적인 경우다. 이 개념들은 의사결정과 차이점이 있음에도 불구하고, 상호 간에 유사성과 호혜성이 많기 때문에 상호 중복적이고 혼용되는 경우가 허다하다. 즉, 정책결정과 의사결정은 상호 동질적인 기본 가정에서 출발하고, 각기 결정과정이라는 연속 행위를 분석 대상으로 하고 있다는 점에서, 그리고 정책결정과 문제해결과의 관계는 양자가 모두 하나의 해결책을 추구하고 있다는 점에서 개념상의 혼돈이 계속되어 왔다. 이러한 혼용과 혼돈이 의사결정의 개념을 파악하는 데 장애가 되어 온 것도 사실이다.

먼저 정책결정과 의사결정의 관계를 살펴보면, 정책결정을 의사결정과 동의어로 보는 입장(Dror, 1968; Etzioni, 1968; Lindblom, 1959)과 구별하려는 입장(Anderson, 1979; Rich, 1974)이 공존하기 때문에 일치된 견해를 찾아보기 어려우나, 일반적으로 정책결정과 의사결정의 관계는 전략(strategy)과 전술(tactics)의 관계로 비유된다(Hodgkinson, 1978: 66). 전략적 결정이란 조직의 목표 달성이나 발전과 같은 문제에 관한 결정을 말하며, 전술적 결정이란 일상적 · 관례적 성격을 가진 결정으로서, 전략적 결정을 실천에 옮기기 위한 수단적 · 관례적 성격을 갖는다(신두범, 1984: 275). 따라서 정책결정은 복잡한 행정 현상 가운데 주로 가치적인 측면을 다루고, 의사결정은 사실적인 측면에 치중하게 된다(Simon, 1976: 4-6).

또한 정책결정과 의사결정은 양자가 채택하고 있는 방법론상의 독자성과 전문성 때문에 차이점을 드러낸다. 즉, 현재의 경향을 종합해 보면 의사결정이론이 규범적 접근방법(normative approach)과 기술적 접근방법(descriptive approach)을 수용하면서도, 이론의 객관성과 과학성을 확보하기 위해서 주로 기술적 접근방법에 의존하려고 하는 반면, 정책결정이론은 규범적 접근방법에 주로 의존하면서 정책의 특수성을 고려하여 독자적인 방법론을 개발해 사용하고 있다.

이 밖에도 정책결정과 의사결정은 집단 대 개인, 일련의 결정 대 일회의 선택, 특수성 대 일반성 등의 관점에서 구별되기도 하고(박동서, 1980: 114), 결정 주체를 중심으로 의사결정을 정부기관에서 이루어지는 결정뿐만 아니라, 민간 부분에서 이루어지는 결정을 포함하는 데 비해, 정책결정은 정부 내에서 이루어지는 결정만을 의미하는 것으로 구별하기도 한다(유훈, 1975: 96). 따라서 종합적으로 정책결정과 의사결정을 목표, 내용, 결정과정, 결정 형태, 범위, 결정 수준 등의 기준을 통해 비교하면 〈표 7-1〉과 같다.

〈표 7-1〉 의사결정과 정책결정의 비교

구분 / 기준	의사결정	정책결정
목 표	사실지향적, 현재지향적	가치지향적, 미래지향적
내 용	목표의 성취	목표의 설정
결정과정	대안의 선택	대안의 선택
결정 형태	주로 정형적 결정	주로 비정형적 결정
범 위	행정 및 정치 분야	정치 영역에 편재
결정 수준	작업 수행에 관련된 중간관리층	정부의 최고관리층

한편 정책결정과 문제해결의 관계를 보면, 문제해결의 특징은 정책결정처럼 몇몇 가능한 대안 중에서 가장 적합한 대안을 선택하려고 하는 것이 아니라 오직 하나뿐인 유일의 해결책(solution)을 발견하려고 한다는 점에서 구별된다(Taylor, 1965: 48-86). 정책결정과 문제해결과의 차이점을 좀 더 구체적으로 밝히기 위해서 문제해결의 특징을 기술하자면 P. B. Applewhite(1975: 51-71)의 설명이 적절할 것이다. Applewhite는 인간의 행위를 문제해결 행위(problem-solving behavior)와 선택 행위(choice behavior)로 구분하면서, 문제해결은 심리학에서 다루는 사고에 발견의 차원을 가미한 것으로서, 인간이 습관에 기초한 행위 수단에 의하여 목표를 달성할 수 없을 때 야기되는 것인데, 그것은 일반적 의사결정이나 정책결정으로 고려될 수 없는 특수한 문제해결을 위한 하나의 시도이기 때문에 해결이란 선택이 아니라 오직 하나밖에 없는 해결책을 추구하는 것이라고 설명하고 있다.

이상의 관점을 종합하여 볼 때, 정책결정은 그것이 지향하는 접근방법의 질적인 문제, 합리성의 처리 문제 그리고 그것이 다루는 문제 영역의 특성 및 선택이냐 해결이냐 하는 산출의 성격 등에 의해서 의사결정 및 문제해결과 구별된다고 하겠다. 반면에 정책결정과 의사결정은 전술한 바와 같이 상호 동질적인 가정에서 출발하고 있고, 각기 결정과정이라는 연속 행위의 본질에 비추어 볼 때 많은 공통점을 지니고 있다. 따라서 의사결정을 경쟁 중인 일련의 대안 가운데서 하나의 대안을 선택하는 것으로 볼 때(Anderson, 1979: 9), 정책결정은 의사결정을 포함하는 종합적인 과정으로서(Dror, 1968: 78) 정책결정의 질은 의사결정의 질의 의해서 좌우된다고 할 수 있다.

지금까지 살펴본 바와 같이 의사결정에 대한 개념적 정의는 학자들의 관점에 따라 다소 차이가 있지만, 오늘날 의사결정은 조직의 심장이요, 행정의 과정(Griffiths, 1959: 75)으로서 행정활동의 핵심이고, 교육활동의 중심이며, 행정의 효과성을 이해하는 중핵적인 개념(Sergiovanni & Carver, 1980: 306)으로 이해되고 있음을 알 수 있다.

2. 의사결정의 유형

의사결정은 특히 상황 중심적이다. 따라서 의사결정을 함에 있어서 하나의 올바른 방법은 존재하지 않으며, 최선의 의사결정 방법은 상황에 의해 결정된다. 따라서 행정가들은 환경, 사람 및 우선순위에 대한 이해에 근거해서 의사결정을 언제, 어떠한 방식으로 해야 하는지를 알고 있어야 한다. 일반적으로 다음과 같은 네 가지의 가능한 의사결정 방법 또는 유형이 있다(Howard & Miller, 1994: 191-192). 각각의 방법은 나름대로 정당성을 가지고 있으며, 자기의 자리를 차지하고 있다. 따라서 노련한 행정가는 이 같은 유형을 잘 활용할 줄 알 뿐만 아니라, 각 유형을 언제 사용할 것인가를 알고 있어야 한다.

1) 명령적 의사결정

명령적 의사결정(command decision)은 다른 사람들과 상의 없이 개인에 의해 이루어진 의사결정이다. 그것은 개인이 책임져야 할 답변을 알고 있을 때 선호된다. 이러한 경우에는 명령적 의사결정이 바람직하다. 명령적 의사결정의 장점 중 하나는 위기 상황에서 다른 사람들로부터 신속한 반응을 이끌어 내는 것이다.

명령적 의사결정이 적절한 상황은 시간이 주요 요인이거나 또는 단지 한 개인이 의사결정 영역에 대한 전문적 지식과 능력을 가지고 있을 때다. 명령은 창의성을 자극하지 않는다. 그것은 동조성을 자극한다. 그리고 위기 상황에서는 '구성원들이 그것을 하게 하라.'와 같은 동조성은 종종 바람직하다. 이것이 명령이 언제나 군대에서 가장 중요한 의사결정 방법이 되어 왔던 이유다. 오랫동안 군대가 사회에서 지배적인 조직이었던 시기에는 명령이 습관적으로 가치 있는 의사결정 유형이었다. 수천 년 동안 방어의 기능이 조직을 하는 일차적인 이유였다. 리더들은 거의 모두가 군대의 리더들이었다. 우리가 다른 목적을 위해 대규모의 조직을 갖게 된 것은 불과 수백 년 전부터이며, 그때부터 역사가 바뀌기 시작하였다. 오늘날 대부분의 조직의 일차적인 목적은 부(wealth)를 방어하는 것이 아니라, 부를 창출하고 분배하는 것이다. 이것은 다른 유형들이 지배적인 것이 되도록 요구한다.

명령적 의사결정의 약점은 그것이 다른 사람들의 투입과 기여를 이끌어 내지 못한다는 점이다. 의사결정에 다른 사람들의 참여가 없다면, 의사결정의 실행에 대한 헌신과 몰두는 위험에 처할 가능성이 높다. 또한 명령적 의사결정은 하위자들의 의사결정 능력을 개발하는 데 실패하기 쉽기 때문에 조직을 효과적으로 관리하기가 어렵다.

2) 자문적 의사결정

자문적 의사결정(consultative decision)에서는 행정가 또는 개별적인 조직 구성원이 적절한 지식을 가지고 있거나 또는 의사결정에 의해 영향을 받게 될 다른 사람들로부터 조언과 관여를 획득한다. 이러한 투입을 고려한 후에 개인이 의사결정을 한다. 매일매일 조직 세계에서 이루어져야 하는 대다수의 의사결정은 위기적(결정적)인 의사결정은 아니다. 또한 그러한 결정은 노력과 시간을 필요로 하는 토론과 합의를 요구하지도 않는다. 자문적 의사결정은 행정가가 사람들에게 문제를 제시하고, 조언을 구하며, 다양한 대안들의 경중을 가림으로써 이루어진다. 이러한 비공식적인 관여는 종종 눈에 띄지 않으면서 매일 일어난다. 이것은 대부분의 행정가들이 가장 빈번하게 활용하는 방법이다. 자문적 의사결정의 장점은 그것이 정보를 획득하기 위한 신속하고 유연한 과정이라는 점이다. 덧붙여 그것은 조직 구성원들을 포함시킴으로써 의사결정에 있어서 그들의 헌신과 경험을 증가시킨다. 자문적 의사결정의 잠재적인 단점은 개인의 투입이 최종적인 의사결정에서 거부될 수도 있으며, 그렇게 되면 앞으로의 관여를 방해할 수도 있다는 점이다.

3) 합의적 의사결정

합의적 의사결정(consensus decision)은 조직 구성원이 함께 모여 사실과 대안을 충분히 숙고하고, 통합된 조직으로서 의사결정에 대한 소유권을 가지고 행동 방안에 대해 합의할 때 발생한다. 합의는 특정한 해결책이 유일한 최선의 해결책이라는 점에 100% 동의가 이루어졌음을 의미할 필요는 없다. 그것은 모든 사람이 해결책의 이점에 대해 동의할 수 있으며, 따라서 그것을 지지한다는 것을 의미한다. 책임과 의사결정은 어떤 한 사람이 아닌 조직 전체에 귀속된다. 만약 의사결정이 성공적이면, 조직 구성원들은 함께 축하를 받는다. 그리고 만약 의사결정이 실패하면, 조직 구성원 이외의 다른 사람이 비난을 받지 않는다.

합의적 의사결정은 전략적 문제, 즉 모든 사람에게 영향을 미칠 문제, 한 사람 이상에 의해 심층적인 분석이 요구되는 복잡한 문제 그리고 조직 전체의 헌신과 몰두와 소유 의식을 요구하는 문제에 가장 적합하다. 조직의 모든 수준에는 전략적 문제가 있다. 시간급 고용인의 수준에서는 그의 조직에 대한 작업방식과 조직에 관한 문제가 전략적 문제다. 합의적 의사결정의 두 가지 장점은 조직 구성원들의 헌신과 몰두를 증가시키는 것과 의사결정의 질을 높일 가능성이 있다는 점이다. 단점은 합의과정에 시간과 노력이 많이 투입된다는 점이다.

4) 위 임

위임(delegation)은 다른 사람에게 결정을 하도록 허락하는 의사결정 방법이다. 개인 또는 조직에 의사결정과 책임을 위임하는 것은 의사결정의 방법으로서 명령, 자문 또는 합의를 사용하도록 선택하는 것일 수도 있다. 가능한 한 명령 계층의 가장 아래까지 의사결정을 위임하는 것이 바람직하다. 이것은 일을 자발적으로 하려고 하는 사람들의 헌신과 몰두를 이끌어 내며, 행정가로 하여금 자유롭게 다른 가치 있는 활동에 그의 정력을 쏟아부을 수 있도록 한다. 위임의 또 다른 장점은 그것이 하위자들의 의사결정 기법을 개발시킨다는 점이다. 위임에 수반되는 가능성 있는 불리한 점은 형편없는 의사결정의 위험이다. 그러나 행정가는 포기하지 않고 위임할 수 있다. 그의 조직 구성원들이 훌륭한 의사결정을 할 수 있는 시간, 기법 및 능력을 가지고 있다는 것을 보증하는 것은 여전히 행정가들의 직무다. 의사결정을 하는 데 가장 적합한 자격을 갖춘 사람들은 직무를 직접 다루는 현장에 있는 사람들이다. 불행하게도 우리는 의사결정에 가장 적절한 진정한 지식과 경험을 가진 사람들로부터 조직의 상층부로 의사결정을 밀어 올리는 경향이 있다. 이러한 방식에서는 직접적으로 작업과정을 처리해야 하는 사람들의 의욕을 잃게 만들며, 형편없는 의사결정을 할 가능성을 배제할 수 없다.

3. 의사결정의 과정

일반적으로 의사결정은 일련의 연속적인 과정을 통해 이루어진다. 그러나 의사결정을 연구하는 학자들은 편의상 의사결정 과정을 몇몇 단계로 구분하는 것이 보통이다. 즉, 의사결정은 시간선상에 순서적으로 배열된 여러 과정을 밟아서 이루어진다고 보는 것이다. 이러한 의사결정 과정의 단계에 관한 논리적 분석은 의사결정 연구에서 반드시 필요한 일이다. 그러나 이러한 분석을 실제의 의사결정과 혼동하거나 또는 그것을 보편적인 법칙인 것처럼 오해해서는 안 된다.

의사결정 과정의 단계에 대한 논의는 학자들의 관점에 따라 다소 차이가 있다. 예를 들면, H. A. Simon(1977)은 의사결정 과정을 3단계로 구분하고 있다. 즉, 의사결정 과정은 결정을 필요로 하는 경우를 발견하는 정보활동(intelligence activity), 가능한 행동 노선을 찾아내어 발전시키고 분석하는 설계활동(design activity), 그와 같은 가능한 행동 노선 중에서 특수한 행동 노선을 선택하는 선택활동(choice activity)으로 구성된다고 보았다. 그리고 H. Mintzberg와 그의 동료들은 의사결정 과정을 문제 또는 기회를 인식하고 진단하는 확인 단계(identification phase), 기존의 해결 방안을 탐색하거나 또는 새로운 해결 방안을 설계하는 개발 단계(development phase), 최종적으로 하나의 해결 방안을 선택하는 선택 단계(selection phase)로 구분하여 논의한다(Lunenburg & Ornstein, 1996: 153). 한편 P. Drucker (1993)는 의사결정 과정이 문제의 정의, 문제의 분석, 문제에 대한 대안적 해결 방안의 개발, 최선의 해결 방안의 선택, 의사결정의 효과적인 행동으로의 전환, 결과

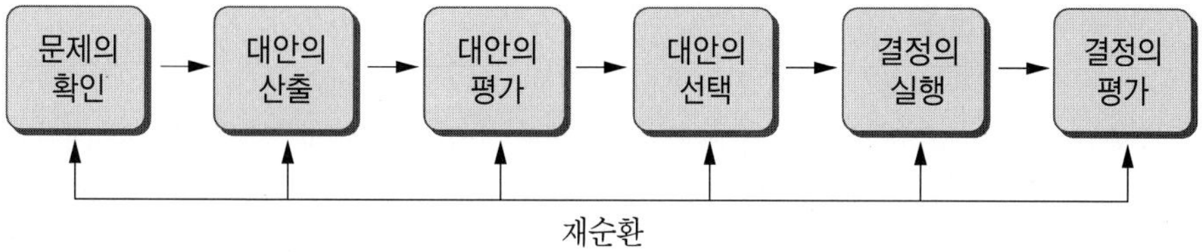

[그림 7-1] 의사결정의 과정

출처: Lunenburg, Fred C., & Ornstein, Allan C. (1996). *Educational Administration: Concepts and Practices* (2nd ed.). Belmont: Wadsworth Publishing Company, p. 154.

에 대한 감시(monitor)와 평가라는 6단계로 구분된다고 주장한다. 최근에 Hoy와 Miskel(1996: 271-279)은 의사결정 과정을 순환적으로 파악하여 문제를 인식하고 정의하는 단계, 현재의 상황에서 어려움을 분석하는 단계, 만족스러운 해결 방안을 위한 준거를 설정하는 단계, 행동 계획 또는 전략을 개발하는 단계, 행동 계획을 실행하는 단계로 구분하여 설명하고 있다. 이 밖에도 수많은 사람들이 의사결정 과정을 여러 단계로 나누어 제시해 왔지만, 여기서는 의사결정 과정을 [그림 7-1]에 제시한 바와 같이 6단계로 분류하여 살펴보기로 한다.

1) 문제의 확인

의사결정 과정의 첫 번째 단계는 문제를 확인하는 것이다. 만약 문제가 없다면, 의사결정을 할 필요가 없다. 현존하는 조건과 바람직한 조건 사이에 차이가 있다는 것은 문제가 존재할 가능성의 징후다(Lunenburg & Ornstein, 1996: 153). 문제를 확인하는 일은 일반적으로 우리가 추측하는 것보다 훨씬 어려운 일이다. 그래서 어떤 사람은 문제의 확인이 결과를 측정하고, 결과를 목표와 비교하고, 차이의 중요성을 결정하고, 초기의 차이점을 행정가에게 알리는 4단계를 거쳐서 이루어진다고 주장하기도 한다(Rosenhead, 1990; Lunenburg & Ornstein, 1996: 154 재인용).

2) 대안의 산출

문제가 확인되고 규정되면, 행정가는 대안에 대한 평가를 보류한 채 단지 대안의 목록만을 작성한다. 즉, 모든 가능한 대안이 목록에 포함되어야 한다. 선택은 이후에 이루어질 것이다. 대안의 목록에서 너무 일찍 대안을 제거시키는 것은 최선의 해결 방안에 대한 선택권을 감소시키는 것이다. 따라서 행정가는 문제의 해결에 기여할 각 대안과 그것의 다양한 결과에 관한 정보를 수집하여야 한다.

3) 대안의 평가

대안을 평가함에 있어서 정보에 대한 추가적인 탐색이 이루어져야 한다. H. J. Reitz(1989)는 대안의 평가과정에서 다음과 같은 3단계를 거칠 것을 권고하였다.

① 의사결정자는 각각의 대안으로부터 파생될 수 있는 모든 가능한 긍정적 · 부정적 결과를 전부 인식하여야 한다.
② 의사결정자는 각각의 결과에 대한 긍정적 · 부정적 가치를 모두 평가해야 한다.
③ 의사결정자는 각각의 대안에서 파생될 수 있는 가능한 결과의 유사성을 평가하여야 한다.

4) 대안의 선택

의사결정 과정에서 '대안의 평가'의 다음 단계는 행정가가 가장 효과적이라고 생각하는 하나의 대안을 선택하는 것이다. 대안의 결과가 몇 가지 비교 준거에 기초하여 평가되었을 때, 최선의 대안을 선택하는 것이 훨씬 어려울 수도 있다.

5) 결정의 실행

일단 해결 방안으로 선택되면, 그것은 실행되어야 한다. 의사결정자는 의사결정 과정의 이전 단계에서 해결 방안의 실행과 관련될 수 있는 가능한 모든 문제들을 이미 고려했을 것이다. 그러나 행정가는 의사결정을 실행하기 위해서는 다른 사람들에게 의존할 수밖에 없다. 따라서 행정가는 문제해결 기법뿐만 아니라, 의사결정에 의해 영향을 받는 사람들에게 의사결정을 설득하는 기법을 가지고 있어야 한다.

6) 결정의 평가

의사결정 과정은 결정이 실행될 때 끝나는 것이 아니다. 행정가는 해결 방안이 목표를 달성한 정도를 평가해야 한다. 목표에서 구체화된 성과와 비교해서 실제적인 성과를 측정하는 일이 성공을 평가하는 하나의 방법이다. 만약 실제적인 결과와 기대 목표 간에 차이가 존재한다면, 의사결정 과정은 재순환되어야 한다. 재순환 과정에서는 선택된 대안의 변경, 실행방법의 변경 또는 목표의 재결정이 이루어진다.

4. 의사결정의 모형

일반적으로 모형(model)이란 실제 세계에 있는 특정한 객체, 상황 또는 과정 등의 일면을 추상화한 것으로서 그 실체에 대한 단순화된 설명이다(Dye, 1981: 19). 다시 말하면, 모형은 실체를 모방하거나 추상화한 것으로, 기본 요소가 완전히 구체화되어 있지 않은 실체를 보는 우리의 관점을 배치시키거나 단순화시켜 주려는 것이다(Forcess & Rich, 1973: 38). 이러한 모형은 연구되고 있는 문제에 관련된 실세계의 특정한 측면을 묘사하는 것으로서, 연구 문제에 관련된 변수들과 이러한 변수들 간의 관련성으로 구성되기 때문에, 변수 간의 상호 관계를 어느 정도 설명해준다. 즉, 모형은 사물이나 현상에 대한 인식을 가능하게 해 주기 때문에 연구자의 인식도구로서 중요한 기능을 한다(Kaplan, 1964: 268-278).

따라서 여기서는 의사결정 현상을 인식하는 데 도움이 되는 의사결정의 모형을 살펴보고자 한다. 이러한 모형들은 의사결정에 따르는 합리적 사고의 양식과 절차를 모의하기 위하여 계획된 것으로(Rich, 1974: 72), 학자들의 관점에 따라 여러 가지로 분류된다. 여기서는 의사결정의 모형을 주로 '합리성의 한계'라는 관점에서 합리성 모형, 만족화 모형, 점증적 모형, 혼합 모형, 최적 모형, 쓰레기통 모형으로 분류하여 비판적으로 검토하고자 한다. 이러한 모형들은 의사결정의 복잡한 현상을 인식하기 위하여 의사결정 현상의 특정한 측면을 단순화하여 제시한 것이기 때문에 이들 중 어느 것도 실제의 의사결정 현상을 완전하게 설명해 주지는 못한다. 그럼에도 불구하고 이들 모형은 복잡한 의사결정의 현상에 대한 우리의 사고를 단순화 · 명료화시켜 줌으로써 의사결정의 중요한 양상을 파악하고 결정의 결과를 예견하는 데 도움을 준다는 점에서 의미가 있다고 하겠다.

1) 합리성 모형: 이상적 · 규범적 접근

합리성 모형(rationality model)은 인간과 조직의 합리성, 지식과 정보의 가용성을 전제하였던 고전적 조직이론 학자들의 의사결정 모형이다. 고전적 조직이론에 의해서 심각한 반성 없이 수용되었던 합리성 모형은 의사결정의 실제와는 상당한 거리가 있는 것이었기 때문에, 후기 연구자들은 이 모형을 이상적이고 규범적인 모형이라고 하였다. 합리성 모형은 의사결정자가, 첫째로 문제를 완전히 파악하고, 둘째로 문제를 해결해야 할 필요를 느끼고, 셋째로 모든 해결 대안과 그 대안이 초래할 결과를 예측하며, 넷째로 대안을 선택하는 데 비합리적인 요인이 개입되지 않는다는 것을 전제로 한 모형이다.

합리성 모형이 가정하고 있는 이러한 전제들은 지나치게 이상적이고 규범적이기 때문에 현실 세계의 의사결정 상황에는 잘 부합되지 않는다. 합리성 모형은 일상적이고 반복적인 정형적 문제해결에는 적용될 수 있을지 모르지만, 선례가 없는 새롭고 비구조적인 비정형적 문제해결에는 적용 가능성이 매우 낮다고 볼 수 있다. 또한 합리성 모형의 적용에 가해지는 제약요인을 의사결정 과정의 순서에서 보면, 문제의 인지가 정확할 수 있느냐, 정보의 수집과 분석이 완전할 수 있느냐, 대안을 작성하고 평가할 때 인간의 한정된 예측 능력으로 과연 완전을 기할 수 있느냐 하는 문제 등이 지적되고 있다. 이러한 제약요인을 극복하는 데 다소나마 기여하는 것이 근래에 개발되어 보급되기 시작한 관리과학적 기법(tools of management science)이다.

연구자들이 경험적 세계의 실제에 부합하는 의사결정 모형을 발전시켜야겠다고 자각하면서부터 의사결정의 순수한 합리성을 믿는 견해는 차츰 후퇴하기 시작하였다. 인간과 조직의 합리성은 제한되어 있는 것이기 때문에 의사결정의 합리성도 제한될 수밖에 없다고 생각한 행동과학자들은 의사결정의 다양한 수준에서 그리고 여러 측면에서 고전적인 합리성 모형을 수정해 왔다.

2) 만족화 모형: 기술적 · 실증적 접근

J. G. March와 H. A. Simon(1958)은 인간의 제한된 합리성(bounded rationality)에 주의를 환기하면서 합리성 모형을 수정하는 만족화 모형(satisfying model)을 제시하였다. 만족화 모형은 행동과학적 접근방법으로, 의사결정자의 사회적 · 심리적 측면을 중요시하는 기술적이고 실증적인 모형이다. 특히, Simon(1976)은 의사결정의 객관적인 상황보다 오히려 의사결정자의 주관적인 입장에 서서 의사결정자가 사실상 어떻게 행동하는가를 중요한 논점으로 다루었다. 의사결정의 합리성 문제에 대한 Simon의 견해는 합리성의 존재를 부정하는 것도, 긍정하는 것도 아니다. Simon은 의사결정에는 결정자의 정의적 요소가 개입되기 때문에 여러 가지 비합리성이 작용함을 인정하고 있으며, 이와 같은 의사결정에 가해지는 여러 가지 제약 속에서 의사결정자가 기도하는 의도적 합리성(intended rationality) 또는 제한된 합리성이 존재한다고 하였다.

그래서 March와 Simon(1958: 141)은 의사결정자가 어떤 결정을 하는 경우, 일반적으로 최적안을 위해 최대한도로 노력하리라고는 기대할 수 없으며, 현실적으로 만족할 만한 것에 그친다고 주장하였다. 이와 같이 만족화 모형은 의사결정자의 사회적 · 심리적 측면에 입각한 것이라고 할 수 있으나, 그 만족의 정도라는 것이 극히 주관적인 것이어서 보편타당성이 문제시되며, 또한 자칫하면 보수주의에 빠지기 쉬운 약점도 가지고 있다(Dror, 1968: 148).

3) 점증적 모형: 현실적 · 정치적 접근

점증적 모형(incremental model)은 C. E. Lindblom(1959: 79-88)에 의하여 제시된 현실적이고 정치적인 모형이다. Lindblom은 복잡한 의사결정 문제에 합리적 의사결정 모형을 적용하기는 불가능하다고 주장하면서 합리성 모형과는 상당히 다른 점증적 접근방법(incremental approach)을 제시하였다. Lindblom은 의사결정에서 선택되는 대안은 기존의 의사결정을 점진적으로 수정해 나가는 것이므로 의사결정 과정에서 대안의 선택과 분석의 범위는 큰 제약을 받으며, 따라서 의사결정은 부분적이고 순차적으로 진행된다고 보았기 때문에 점증적 모형이라고 하였다.

Lindblom(1959: 79-81)은 자신의 접근방법에 여러 가지 명칭을 붙였다. 자신의 모형을 소개하는 논문 제목을 「요행히 헤쳐 나가는 방법(The Science of 'Muddling Through')」이라고 썼는가 하면, 그 논문 속에서는 합리성 모형을 '합리적 · 종합적 방법(rational-comprehensive method)'이라고 할 수 있다면, 자신의 모형은 '순차적 · 한정적 비교방법(the method of successive limited comparisons)'이라고 불려야 한다고 하였다. 또 합리성 모형은 매번 근본적인 문제에서부터 새로이 시작할 것을 처방하기 때문에 '뿌리에서 시작하는 방법(root method)'이라고 불려야겠지만, 자신이 소개하는 방법은 현재의 상황을 바탕으로 조금씩 쌓아 나가는 방법이므로 '가지에서부터 시작하는 방법(branch method)'이라고 불려야 한다고 주장하였다. 이와 같은 점증적 의사결정 모형의 특징을 살펴보면 다음과 같다(Lindblom, 1965: 144-148).

- 의사결정자는 모든 대안을 종합적으로 검토하고 평가하기보다는 현존의 의사결정보다 약간 향상된 의사결정에만 관심을 가진다.
- 의사결정자는 비교적 한정된 수의 대안만을 평가한다.
- 의사결정자는 각 대안에 대해서도 한정된 수의 중요한 결과만을 평가한다.
- 의사결정자는 당면한 문제를 끊임없이 재정의한다.
- 의사결정자는 하나의 올바른 해결안이 없으면 연속적으로 분석하고 평가하는 것을 통하여 당면한 문제를 계속 검토한다.

이러한 점증적 모형은 보수주의에 빠지기 쉬운 결함이 있으나, 개방적이고 정치활동이 활발한 사회에서는 현실적으로 예외적인 경우를 제외한다면 적용 범위가 넓을 수 있다. 그러나 의사결정자에 대한 여러 방면으로부터의 압력이 약해서 결정자 자신의 판단이 크게 작용할 가능성이 많은 사회에서는 그 적용 가능성이 희박하다고 할 수 있다.

4) 혼합 모형: 합리성 모형과 점증적 모형의 혼합 모형

혼합 모형(mixed scanning model)은 전술한 합리성 모형과 점증적 모형을 혼합한 제3의 모형으로 A. Etzioni(1967: 385-392)에 의해서 개발된 것이다. Etzioni는 합리성 모형의 지나친 이상주의와 점증적 모형의 과도한 보수주의를 비판하고, 이 양자를 절충한 혼합 모형을 제시하였다. 합리성 모형에서는 의사결정자가 환경과 상황을 완전히 장악하고 지배하는 것을 전제로 하는 데 반하여, 점증적 모형에서는 의사결정자가 환경과 상황에 압도당하는 것을 전제로 한다. 그러나 혼합 모형은 이 두 입장을 절충하여 우선 기본적인 방향의 설정과 같은 것은 합리성 모형의 방법을 택하지만, 그것이 설정된 후의 특정한 문제에 대한 결정은 점증적 모형의 입장을 취하는 것이 보다 현실적이라고 하였다(Etzioni, 1967: 385).

혼합 모형의 전략은 특정한 의사결정에 관련이 있을 수 있는 폭넓은 영역을 개괄적으로 탐색하고, 그 가운데서 특별한 주의를 기울여야 할 좁은 영역을 골라 다시 면밀하게 탐색하는 것이다. 다시 말하면, 합리적 접근방법에서는 넓은 영역을 빠짐없이 면밀하게 탐색하고, 점증적 접근방법에서는 처음부터 좁은 영역에만 주의를 한정하는 데 비해, 혼합적 접근방법에서는 넓은 영역을 개괄적으로 살펴보고, 문제가 될 만한 좁은 영역을 골라서 다시 집중적으로 검토한다는 것이다(Etzioni, 1967: 389).

그러나 혼합 모형은 새로운 모형이라기보다는 두 개의 대립적인 극단의 모형을 절충한 것에 지나지 않는다는 비판이 있고, 현실적으로 볼 때 의사결정 과정에서 혼합 모형이 제시하는 방법을 순서적으로 얼마나 따를 수 있겠는가 하는 문제가 있다.

5) 최적 모형: 만족화 모형과 점증적 모형의 혼합 모형

최적 모형(optimal model)은 전술한 만족화 모형이나 점증적 모형과 같은 보수적인 의사결정 모형에 대한 비판으로 Y. Dror(1968: 129-213)가 주창한 모형이다. '최적'이란 의사결정 과정에서 모든 것이 고려되었다는 점에서 '가장 좋음'을 뜻한다. 그러나 그것은 진정한 최량을 의미하는 것이 아니라, 어떤 주어진 목표에 도움이 되는 가장 호적한 상태를 뜻한다. 특히, 비정형적인 결정은 합리성만 고려해서는 이루어질 수 없는 것으로, 불가피하게 적극적인 요인으로 초합리적인 것, 즉 직관, 판단, 창의성 등의 잠재의식이 개입되기 마련이다. 따라서 최적 모형은 단순히 현실적으로 이루어지는 결정만을 고려하는 것이 아니라, 언제나 이상을 갖고 가능성의 영역을 개척하기 위한 의사결정 방법으로서 결정이 이루어진 후의 집행에 대한 평가의 반송(feedback)을 계속하면서 최적의 수준에 도달하려는 방법이라고 할 수 있다(Dror, 1968: 123-125).

최적 모형은 초합리적인 요인도 의사결정 시 고려되어야 한다는 것을 지적하였고, 연구와 노력의 여하에 따라서 보수성을 탈피하고 최적의 수준에 이를 수 있다는 발전 가능성을 제시하였으며, 의사결정 방법에 대한 관심, 의사결정 집행 후 평가의 반송을 중요시하였다. 그러나 최적 모형에서 주의를 요하는 것은 '초합리성'이라는 개념에 대한 보다 명확한 규명과 합리성과의 관계를 밝히는 것이라고 할 수 있다.

6) 쓰레기통 모형: 비합리적 의사결정 모형

M. D. Cohen과 J. G. March(1974)는 42개 미국 대학 총장의 역할에 관한 연구에서 대학은 그들이 명명한 조직화된 무정부(organized anarchy) 조직군에 속한다고 제의하였다. Cohen과 March는 문제스러운 목적, 불분명한 기술 및 유동적 참여가 조직화된 무정부 조직의 중요한 속성이라고 주장하였다. Cohen과 March는 무정부 상태의 조직에서 일어나는 의사결정 과정을 다음과 같이 기술함으로써, 의사결정에 관한 이전의 많은 기술들은 실제로 발생하고 있는 것을 왜곡하지 않았다면 심각하게 단순화시켰다는 것을 명백히 하고 있다.

> 조직의 참여자들은 의사결정을 하는 과정에서 그들이 과거에 했던 일과 현재 하고 있는 일에 대한 해석을 통해 의사결정 절차를 설정한다. 이와 같은 관점에서 볼 때, 조직은 문제해결을 위한 선택 대안, 그들이 추론하는 결정 상황을 해결하기 위한 문제와 감정, 그들이 해결해야 할 문제에 대한 해결 방안 그리고 해결을 모색하는 의사결정자들의 집합체다(Cohen & March, 1974: 81).

이와 같은 상황은 의사결정에 대한 어떠한 합리적 관점에도 쉽게 적합하지는 않다. 왜냐하면, 목적과 기술과 참여가 모호한 상황에서의 의사결정은 고도로 상황 의존적이기 때문이다(Estler, 1988: 311). 조직화된 무정부 조직에서는 의사결정을 오로지 목적 달성에 초점을 둔 기법이라기보다는 결정의 산출물과는 관련이 없는 많은 효과를 가지고 있는 하나의 과정으로 본다. 따라서 이 관점은 과정 자체의 중요성에 초점을 두면서 이완결합과 심지어 목적과 수단 간의 전치 현상을 인정함으로써 목적에 근거한 의사결정의 합리적 가정을 초월한다(Estler, 1988: 311-312; Boyan, 1982: 34).

이러한 일반적인 생각이 목적과 기술과 참여가 모호한 조건하에서 의사결정을 기술하기 위한 상황적 선택 모형인 쓰레기통 모형(garbage-can model)의 배경을 구성한다(Cohen, March, & Olsen, 1972; Cohen & March, 1974). 이 모형은 교육조직에서의 의사결정에 특별히 초점을 두고 있다. 이 모형은 의사결정에 대한 합리적 접근방법의 요소로 잘 알려진 표준 운영 절차, 참여자, 목적과 같은 많은 요소들을 포함하고 있다. 그러나 이 모형은 의사결정이 목적을 달성하기 위한 하나의 과정이라는 가정에서 의사결정은 종종 조직 산출물 또는 개인의 의도와는 단지 느슨하게 결합된 하나의 과정이라는 가정으로 개념적 도약을 함으로써, 그와 같은 요소들을 다른 방법으로 결합한다(Estler, 1988: 312).

쓰레기통 모형의 구성요소는 상대적으로 서로 독립적인 문제, 해결책, 참여자 및 선택 기회의 네 가지다. 이러한 요소들이 서로 다른 시간에 통(can) 안에 들어와서 우연히 동시에 한데 모일 때 비로소 결정이 이루어진다. 이들 네 가지 구성요소의 특징은 다음과 같다(Cohen, March, & Olsen, 1972: 3-4).

① 문제(problems): 문제는 조직 내외에 있는 사람들의 관심을 의미하는 것으로서, 일상생활에서 발견되는 사람들의 관심을 끄는 무수한 사건(예: 가정 문제, 대인관계 갈등, 경력과 지위)을 의미한다.

② 해결책(solutions): 해결책은 어떤 사람의 산출물 또는 대답을 의미하는 것으로서, 문제가 발생할 경우에 그 해결을 위한 해답을 필요로 하게 되지만, 현실사회에서는 해답이 먼저 발견되고 이것이 오히려 해결해야 할 문제를 찾는 것으로 거슬러 올라가는 경우도 있다.

③ 참여자(participants): 참여자는 조직의 구조, 규범, 이해관계 및 의무에 의해 참여의 권리를 인정받아 상충되는 요구들을 가지고 결정하는 장소에 들어오고, 나가는 사람을 의미한다. 참여자는 문제 발생에서부터 특정한 결정이 내려질 때까지 계속적으로 참여하는 것이 아니라, 개인의 시간 사정이나 관심 및 문제의 성격에 따라 참여하므로 결정의 전 과정을 통해 유동적이다.

④ 선택 기회(choice opportunities): 선택 기회는 조직이 결정하도록 기대되는 때를 의미한다. 선택 기회는 상충하는 선택 기회 중 이용 가능성, 현존성 그리고 매력에 따라 이용 가능한 문제, 해결책 그리고 참여자를 끌어들이는 은유적인 쓰레기통을 의미한다.

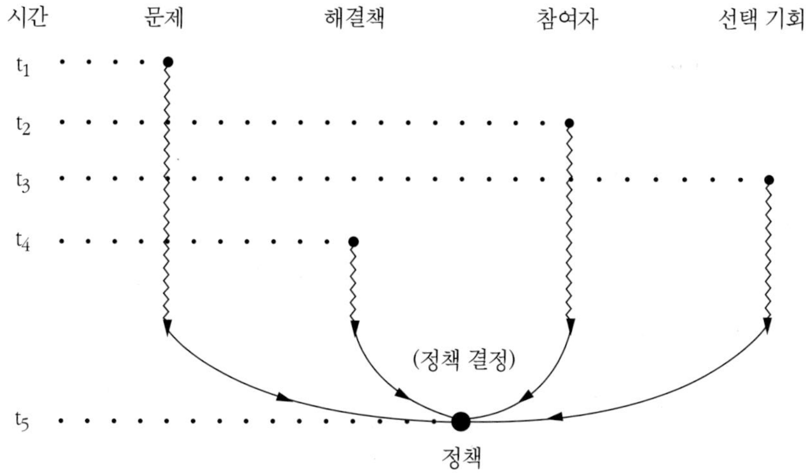

[그림 7-2] 쓰레기통 모형의 의사결정 과정

출처: 안해준(1982). 현대행정학. 서울: 다산출판사, p. 272.

따라서 이 모형에 의하면, 의사결정은 상대적으로 독립적인 네 가지 요소들이 특정 시점에 한곳에서 우연히 만날 때 이루어진다. 이러한 쓰레기통 모형의 의사결정 과정을 도식화하면 [그림 7-2]와 같다.

쓰레기통 모형은 목표가 불분명하고 불확실한 기술과 유동적 참여를 특징으로 하는 조직화된 무정부 상태의 조직에서 일어나는 의사결정 과정을 설명하는 모형이다. 조직화된 무정부 상태에서는 합리적인 의사결정 과정이 존재하지 않는다. 오히려 참여자, 해결책 그리고 문제들이 혼란스러운 조직구조 속에 서로 뒤엉켜져 있으며, 때로는 거의 우연적인 사건에 의해 결합되는 의사결정의 쓰레기통 과정이 만연되어 있다. 따라서 의사결정은 문제와 해결책과 의사결정자가 혼합되어 이루어지거나 연기된다.

쓰레기통 모형은 여러 가지 측면에서 의외로 강력한 설득력을 가지고 있다. 이 관점은 전통적인 모형이 설명하지 않고 남겨 두었던 의사결정 과정의 실체(reality)에 초점을 둠으로써 목적 지향적 행동의 가정을 극복하도록 만들었다. 특히, 이 관점은 비합리적인 의사결정 행위에 강조점을 두고 있다는 점에서 전통적인 모형과는 구별된다(Estler, 1988; Boyan, 1982).

5. 의사결정에의 참여

조직 구성원들은 조직 운영에 의해 직간접적인 영향을 받기 때문에 조직 운영과 관련된 중요한 의사결정에 참여하기를 원한다. 조직 구성원들은 자신들의 참여 없이 이루어진 조직의 결정에 대해 거의 정당성을 부여하지 않는 경향이 있으며, 종종 그와 같은 결정의 집행에 대해서 저항한다. 조직 구성원의 참여 없이 이루어진 결정은 결정의 질 자체는 높을 수 있을지 몰라도 결정에 대한 구성원들의 정당성을 확보하기는 어렵다. 정당성이 결여된 결정은 그것을 집행하는 과정에서 구성원들의 수용과 헌신을 확보하지 못하기 때문에 집행의 효율성과 효과성을 기대할 수 없다.

그러므로 조직 운영에 관한 중요한 의사결정에 조직 구성원의 참여는 어떠한 형태로든 보장되어야 할 것이다. 그러나 구성원들의 참여는 자신뿐만 아니라 조직에 대해서 긍정적인 결과를 가져오거나 부정적인 결과를 초래할 수 있기 때문에 구성원들의 참여가 효과적이기 위해서는 계획적이어야 하며 우연에 맡겨서는 안 된다. 따라서 여기서는 의사결정 참여에 관련된 연구들을 통해 참여의 이론적 근거, 참여의 효과, 효과적인 의사결정 참여의 준거와 방법을 살펴보고자 한다.

1) 의사결정 참여의 이론적 근거

의사결정 참여에 관한 연구들은 조직행동의 어떠한 분야보다도 많은 이념적·도덕적 의미를 함축하고 있기 때문에(Greenberg, 1975; Locke & Schweiger, 1979; Riley, 1984), 참여에 관한 이론적 근거 역시 가치 지향성(value orientations)에 따라 상이하게 제시되고 있다. E. S. Greenberg(1975: 191-209)는 의사결정 참여에 관련된 문헌들을 상이한 가치 지향성에 따라 다음과 같이 네 가지의 주요 학파로 분류하여 제시한 바 있다.

① 관리학파(The Management School): 이 학파는 참여를 생산성의 관점에서 본다. 즉, 참여를 증가시킴으로써 직무의 단조로움과 소외를 감소시키는 것이 가능하며, 사기를 높이는 것은 보다 많은 산출을 가져온다는 것이다. 따라서 참여는 생산성의 증가를 위한 수단으로서 강조된다.

② 인본주의 심리학파(The Humanistic Psychology School): 이 학파는 일련의 작업 환경은 개인의 건전한 발달에 도움이 되지 않는다고 본다. 따라서 윤리적이고 인간 성장의 잠재력에 근거한 참여를 주장한다.

③ 민주주의 학파(The Democratic School): 이 학파는 민주적인 인성은 참여적인 행동을 허용하지 않는 환경 속에서는 출현할 수 없다고 주장한다. 왜냐하면, 민주주의는 가장 기본적인 통치 형태로서 직접적인 참여에 기반을 두고 있기 때문이다. 따라서 이 학파는 참여 자체를 하나의 목적으로 간주한다.

④ 급진적 좌파(The Radical Left): 이 학파는 참여를 대중과 노동자 계급을 혁명적 의식을 가진 반자본주의자로 교육시키는 수단으로 본다.

이상의 네 가지 관점은 이론의 역사적 발전의 근원이 다르기 때문에 각각 특이한 가치체계를 반영하고 있다. 그 결과 각각의 관점은 참여에 관한 입장이 다르다. 민주주의 학파와 급진적 좌파는 조직과 집단요인에 대해서는 거의 관심을 두지 않고 사회적 문제에 초점을 두면서 참여를 주장한다. 반면에 관리학파와 인본주의 심리학파는 참여의 사회적 의미에 대해서는 거의 관심을 두지 않고 조직과 집단요인에 초점을 두면서 참여를 강조한다(Dachler & Wilpert, 1978: 1-10). 따라서 상이한 가치 지향성에 근거해서 참여가 주장될 때 각각의 관점이 상충하는 것으로 간주하기보다는 상호 보완적인 것으로 고려할 필요가 있다.

F. Griffith(1979: 242)는 조직의 의사결정에 구성원을 참여시켜야 하는 이유를 또 다른 관점에서 다음과 같이 제시하고 있다. 첫째, 모든 구성원은 자신의 복지에 영향을 미치게 될 정책을 결정하는 데 발언권이 있어야 한다. 둘째, 의사결정에 참여한 구성원들이 개발한 정책은 수행하기가 훨씬 용이하다. 셋째, 구성원들이 의사결정에 참여함으로써 보다 나은 결정을 할 수 있다. 넷째, 구성원들을 의사결정에

참여시킴으로써 그들의 사기를 높일 수 있다. Griffith가 제시한 참여의 이론적 근거는 윤리적 측면과 실제적 측면을 동시에 고려한 것이라고 볼 수 있다.

M. Keeton(1971: 9-37, 146-147)은 대학 구성원들의 대학 운영에 대한 참여의 주장을 검토한 후, 참여의 이론적 근거를 네 가지로 요약 · 제시하였다. 첫째로, 대학 내부 집단은 대학 운영에 관한 정책에 영향을 받기 때문에 정책에 이해관계가 있는 집단은 참여해야 한다. 둘째로, 결정하고자 하는 문제에 대하여 전문지식과 능력이 있는 사람과 집단은 참여해야 한다. 셋째로, 구성원의 협조를 필요로 하는 의사결정에는 조직 구성원이 참여해야 한다. 마지막으로, 대학에 자원을 제공하는 후원자와 제공자는 그들의 목적과 관심을 보호하기 위해서 참여의 권리가 주어져야 한다.

이상에서 살펴본 몇 가지 관점들은 일반적인 상황에서 포괄적으로 참여의 근거를 제시한 것이다. 따라서 참여의 근거는 구체적이고 개별적인 상황(예: 관리자의 입장, 고용인의 입장)에서는 일일이 열거할 수 없을 만큼 복잡하고 다양하게 제시될 수 있을 것이다.

2) 의사결정 참여의 효과

조직 구성원들이 의사결정에 참여함으로써 얻을 수 있다고 추정되어 온 효과는 구성원의 직무 만족과 조직의 생산성 증가라는 두 가지로 요약할 수 있다(Locke & Schweiger, 1979: 277-288). 왜 참여가 구성원의 직무 만족과 조직의 생산성 증가를 가져오는지를 설명하는 여러 가지 이유들이 많은 연구자들에 의해 제시되어 왔다. G. A. Yukl(1981; 김대운, 이성연, 박유진, 1987: 282-284)은 기존의 연구 결과들을 종합하여 그 이유를 다음과 같이 제시하였다.

- 의사결정이 내포하고 있는 의미에 대한 두려움 때문에 변화에 대한 저항이 발생할 가능성이 있을 때, 참여는 구성원들이 의사결정을 보다 잘 이해하고 수용할 수 있도록 해 준다.

- 참여는 의사결정을 보다 잘 수용되게 하고, 그렇지 않으면 발생하지 않을 가능성이 있는 의사결정 사항을 효과적으로 수용하는 데 필요한 헌신을 유발한다.
- 참여는 특정한 의사결정에 내포된 목표와 그 목표를 달성하기 위해서 개발된 행동 계획을 보다 잘 이해할 수 있게 한다. 이러한 이해는 구성원들이 그 의사결정을 보다 용이하게 실행할 수 있도록 해 주며, 예상하지 못한 사태를 처리해야 할 때 그 행동 계획을 수정할 수 있도록 해 준다.
- 의사결정에의 참여를 통하여 구성원들의 과업 동기가 증가될 수 있다. 왜냐하면, 구성원들은 노력에 따라오는 긍정적 또는 부정적 성과를 알 수 있기 때문이다.
- 참여는 자율, 성취, 자아 인식 및 심리적 성장을 위한 성숙한 구성원들의 욕구와 일치하며, 그러한 사람들에게는 높은 수준의 참여가 직무를 보다 흥미 있고 만족스럽게 한다.
- 집단 의사결정이 구성원들이 합법적인 것이라고 받아들이는 과정에 의해 이루어질 때 집단은 구성원들에게 그 의사결정의 수용을 증진하도록 사회적 압력을 가하거나 또는 적어도 그렇지 않으면 그것을 실행하는 데 저항하는 구성원들이 그 의사결정에 순종하도록 한다.
- 집단 의사결정은 구성원들에게 공동의 문제를 해결하는 데 있어서 협력할 수 있는 기회를 제공한다.
- 참여는 관리자가 가지고 있지 않은 적절한 정보나 분석기법을 구성원들이 가지고 있고 협력하려는 의사가 있을 때 더 좋은 결정을 할 수 있다.

이상과 같은 참여의 잠재적인 이점의 목록은 인상적이다. 그러나 다른 저자들(Powers & Powers, 1983; Locke & Schweiger, 1979; Anthony, 1978; Lowin, 1968)은 참여의 잠재적인 부정적 결과와 비효과적 조건을 다음과 같이 지적하고 있다.

첫째, 어떤 의사결정에의 참여는 다른 의사결정에도 영향을 미치려고 하는 구성원들의 기대를 유발한다. 따라서 관리자는 그가 기꺼이 허용하고자 하는 것보다 더 광범위한 의사결정 영역에 참여하려고 하는 구성원들과 갈등을 일으키게 된다.

둘째, 참여에 의한 의사결정은 다른 어떤 의사결정 방법(예: 전제적 결정)보다 더 많은 시간을 요한다. 따라서 시간이 낭비될 수 있고, 특히 위기 상황에서는 적합하지 않다.

셋째, 집단 의사결정 및 위임과 같은 극단적인 참여의 형태는 만일 구성원들이 적절한 전문지식이 결여되어 있거나, 참여에 대해 냉담하거나 또는 조직의 목표와 양립할 수 없는 가치관을 가지고 있을 때는 저질의 의사결정을 초래할 수도 있다.

넷째, 참여적 의사결정은 책임을 분산시키며 성공과 실패에 대한 책임을 할당하기가 어렵다. 그 결과 집단은 조직에 불행한 결과를 초래할 수도 있는 위험한 대안을 채택할 수 있다.

다섯째, 참여적 의사결정 방법이 효과적으로 사용되기 위해서 관리자는 상당한 기술을 가지고 있어야 한다. 만일 관리자가 필요한 기술을 가지고 있지 못하면 구성원의 참여는 비효과적이 될 수 있다.

참여의 효과에 대해서는 아직도 몇 가지 논쟁이 남아 있는 것이 분명하다. 의사결정에 구성원의 참여를 옹호하는 사람들은 그것이 모든 조직은 아니지만 대부분의 조직에 적용할 수 있으며, 조직의 목표 달성뿐만 아니라 인간의 본성과도 일치한다고 믿고 있다. 그러나 또 다른 이론가들은 참여에 대해 보다 비관적이고 비판적이며 제한된 잠재성과 적용 가능성이 있다고 주장한다. 이러한 의견의 불일치는 구성원의 의사결정에의 참여가 언제나 바람직하고 효과적인 것은 아니라는 사실에서 기인하는 것이며, 따라서 효과적인 참여의 준거와 방법을 모색해야 할 필요성이 있음을 시사하는 것이다.

3) 의사결정 참여의 준거 및 방법

일반적으로 조직 구성원들은 자신들의 참여 없이 이루어진 조직의 의사결정에 대해 정당성을 거의 부여하지 않는 경향이 있으며, 종종 그와 같은 의사결정의 집행에 대해서 저항한다. 조직 구성원의 참여 없이 이루어진 의사결정은 그것의 질 자체는 높을 수 있을지 몰라도 그에 대한 구성원들의 정당성을 확보하기는 어렵다. 정당성이 결여된 의사결정은 결정을 집행하는 과정에서 구성원들의 수용과 헌신을 확보하지 못하기 때문에 집행의 효율성과 효과성을 기대할 수 없다(Floyd, 1985: 8-10; Austin & Gamson, 1983: 69; Pollay, Taylor, & Thompson, 1976: 142-144; Henderson & Henderson, 1974: 216-217; Gould, 1973: 221).

그러므로 조직 운영에 관한 중요한 의사결정에 조직 구성원의 참여는 어떠한 형태로든 보장되어야 할 것이다. 그러나 구성원들의 참여는 자신뿐만 아니라 조직에 대해서 긍정적인 결과를 가져오거나 부정적인 결과를 초래할 수 있기 때문에(Dykes, 1968; Alutto & Belasco, 1972; Locke & Schweiger, 1979; Floyd, 1985; Conway, 1976, 1984; Mohrman & Mohrman, 1978; Duke, Showers, & Imber, 1980; Power & Powers, 1983; Yukl, 1989), 구성원들의 참여가 효과적이기 위해서는 계획적이어야 하며 우연에 맡겨서는 안 된다.

효율적인 학교 운영은 모든 집단이 신뢰할 수 있는 권한구조를 가능하게 하는 합리적인 책임의 분배에 달려 있다(The American Academy of Arts and Sciences, 1971: 24). 학교교육에 이해관계가 있는 집단 간의 상대적 역할 규정이 명확히 되어 있지 않는 한 집단 간의 긴장과 갈등은 피할 수 없을 것이다. R. Maclver가 적절히 지적한 바와 같이, 하나의 기관은 기관의 구성원 각자가 공동 목표를 달성함에 있어서 각자의 권리와 의무를 명백히 인식하지 않는 한 훌륭하게 운영될 수 없는 것이다(Dykes, 1968: 38). 따라서 학교조직의 효율적인 운영 방안을 모색하기 위해서는 무엇보다도 먼저 학교 운영에 관련해서 어떤 의사결정에(의사결정 내용), 누구를(참여자), 어떠한 기준에 의해(참여의 준거), 어느 단계에(참여의 단계), 어느 정도로(참여의 정도), 어떻게 참여시킬 것인가(참여방법)를 규명해야 할 것이다.

이러한 문제에 대한 해답을 추구할 때, Simon이 제시한 수용권(zone of acceptance)의 개념은 유용한 시사점을 제공한다. Simon(1976: 133)은 수용권의 개념을 '하위자들이 그들의 상위자들이 한 결정을 기꺼이 수용하는 행동의 범위'라는 의미로 사용하고 있다. 즉, 조직 구성원들은 행정가의 지시에 대하여 이의 없이 무조건 순응하고 그들의 요구를 받아들이는 행동의 범위가 있는데, 이것이 곧 '수용권'이라는 것이다. C. I. Barnard(1968: 168-169)는 상위자들의 명령이 하위자들에 의해 의심의 여지없이 수용 가능한 영역을 '무관심권(zone of indifference)'이라고 하였다. 따라서 Simon의 수용권 개념은 Barnard의 무관심권과 동일한 의미다. 사실 조직 구성원들은 모든 의사결정에 언제나 참여하기를 바라는 것은 아니다. 조직 구성원들은 행정가가 스스로 해야 할 결정이 있다고 생각한다. 따라서 행정가가 조직 구성원의 수용권에 속하는 의사결정 영역에 구성원들을 참여시키면, 구성원들은 저항과 분노를 나타낸다. 반면에 행정가가 구성원들의 수용권 밖에 속하는 의사결정을 함에 있어서 구성원들의 참여를 배제한다면, 그러한 의사결정은 구성원들로부터 정당성을 인정받기 어렵고, 결정의 집행과정에서 구성원들의 수용과 헌신을 확보하지 못함으로써 의사결정에 따른 집행의 효율성을 기대하기 어렵다. E. M. Bridges(1967: 51)는 행정가가 구성원의 수용권 내에 위치한 결정을 하는 데 구성원들을 참여시키면 결정은 비효과적인 반면, 수용권 밖에 위치한 결정을 하는 데 구성원들을 참여시키면 결정은 효과적이라고 주장한다. 따라서 행정가는 결정해야 할 의사결정 내용이 구성원들의 수용권 안에 있는지, 밖에 있는지를 판단하여 의사결정에 구성원들을 참여시켜야 할 것이다.

행정가가 의사결정 내용에 대한 구성원의 수용권과 관련해서 구성원의 의사결정 참여 여부를 결정할 때 활용할 수 있는 참여의 준거로서 Bridges(1967: 52)는 관련성 검정과 전문성 검정을 제시한 바 있으며, R. G. Owens(1970: 109; 1981: 316)는 여기에 관할권 검정을 추가하여 제시한 바 있다. 이에 대해 구체적으로 살펴보면 다음과 같다.

① 관련성 검정(Test of Relevance): 이것은 의사결정 내용에 대하여 구성원들은 높은 개인적 이해관계를 가지고 있는가? 하는 질문 속에 구체화된다. 만약 구성원들이 의사결정 내용에 대하여 개인적 이해관계를 가지고 있다면 참여에 대한 그들의 관심은 일반적으로 높을 것이다. 반면에 개인적 이해관계가 없다면 구성원들은 전형적으로 행정가의 결정을 이의 없이 받아들일 것이다.

② 전문성 검정(Test of Expertise): 이것은 구성원들이 문제의 확인 또는 문제의 해결에 유용한 공헌을 할 수 있는 능력이 어느 정도인가를 다루는 것이다. 즉,

구성원들은 의사결정에 의미 있는 기여를 할 수 있는 능력이 있는가? 그들은 전문적 지식을 가지고 있는가? 하는 물음에 해당하는 것이다. 만약 구성원들의 의사결정에의 참여가 의미 있고 중요한 공헌이 되려면, 구성원들은 효과적으로 기여할 수 있는 능력이 있어야 한다. 구성원들의 경험과 능력 범위 밖에 있는 의사결정을 하는 데 구성원들을 참여시키는 것은 그들에게서 불필요한 좌절감을 야기할 가능성이 있다.

③ 관할권 검정(Test of Jurisdiction): 이것은 구성원들이 의사결정을 하는 데 있어 어느 정도의 결정 권한을 가지고 있는가를 다루는 것이다. 모든 조직은 계층적 기반 위에 조직되어 있으므로, 개별 구성원들의 의사결정 영역에 대한 권한은 한정되어 있다. 구성원이 의사결정 내용에 대해 이해관계를 가지고 있고 전문지식을 가지고 있을지라도 결정의 권한이 없다면 의사결정을 할 수가 없다. 구성원들이 통제력을 행사할 수 없는 의사결정에 참여를 허용하는 것은 전혀 참여를 허용하지 않는 것만큼 손해를 가져올 수 있다(Lammers, 1967: 201-216).

행정가는 이상의 세 가지 참여 준거에 의거해서 구성원의 의사결정 참여 여부를 결정하게 된다. 만약 구성원이 의사결정 내용에 대해 개인적 이해관계를 가지고 있고, 의미 있는 공헌을 할 수 있는 전문지식을 가지고 있으며, 결정에 대한 권한이 있다면, 분명히 의사결정 내용은 구성원의 수용권 밖에 있는 것이다. 이러한 경우에 행정가는 구성원을 의사결정의 초기 단계에서부터 참여시키고, 참여의 정도를 최대로 허용하는 것이 효과적이다. 반면에 구성원이 개인적 이해관계와 전문지식을 가지고 있지 않고, 결정의 권한 역시 없다면, 분명히 의사결정 내용은 구성원의 수용권 안에 있는 것이다. 이러한 경우에 행정가는 구성원의 의사결정 참여를 배제시키고 단독 결정을 하는 것이 보다 효과적이다. 그 밖의 경우, 즉 의사결정 내용이 구성원의 수용권 주변에 놓이게 되는 경우에 행정가는 구성원의 의사결정 참여를 제한된 범위 내에서 허용해야 할 것이다.

행정가들이 구성원들을 의사결정 과정에 참여시키기로 결정한 후에도 어떻게 의사결정을 할 것인가의 문제가 남는다. 행정가가 의사결정을 하는 데 사용할 수 있는 의사결정 방법은 다양하다. 지금까지 여러 사람들에 의하여 의사결정 방법이 다양하게 제시되었으나(Bridges, 1967: 52-59; Vroom & Yetton, 1973: 13; Hoy & Miskel, 1987: 341; Yukl, 1989: 277-278) 최선의 의사결정 방법에 대해서는 의견의 일치를 보지 못하고 있다. 따라서 여기서는 V. H. Vroom과 P. W. Yetton(1973)이 제시한 의사결정 방법을 예시적으로 살펴보기로 한다. Vroom과 Yetton(1973: 13)은 의사결정을 할 때 사용할 수 있는 다섯 가지 의사결정 방법을 제시하였다. 이러한 의사결정 방법은 두 가지의 전제적 의사결정 방법(AI과 AII)과 두 가지의 자문적 의사결정 방법(CI과 CII) 그리고 집단 의사결정 방법(GII)이다. 각각의 의사결정 방법은 다음과 같이 정의된다.

① AI: 당신은 활용할 수 있는 정보를 이용하여 스스로 문제해결을 하거나 의사결정을 한다.

② AII: 당신은 구성원들로부터 필요한 정보를 획득한 다음 스스로 의사결정을 한다. 당신은 구성원들로부터 정보를 얻는 데 있어서 문제가 무엇인지를 이야기할 수도 있고 그렇지 않을 수도 있다. 의사결정을 함에 있어서 구성원들이 하는 역할은 선택적인 해결책을 제시하거나 또는 평가하는 것이 아니라 당신에게 필요한 정보를 제공하는 것이다.

③ CI: 당신은 구성원들을 집단으로 모으지 않고 해당되는 구성원들과 개별적으로 아이디어와 제안을 나눈다. 그러고 나서 결정을 함에 있어서 구성원의 영향력을 반영할 수도 있고 그렇지 않을 수도 있다.

④ CII: 당신은 문제를 구성원 집단과 공유하며 그들로부터 집합적인 아이디어와 제안을 획득한다. 그 후에 결정을 함에 있어서 구성원들의 영향력을 반영할 수도 있고 그렇지 않을 수도 있다.

⑤ GII: 당신은 문제를 구성원 집단과 함께 논의한다. 또 그들과 함께 대안을 선택하고 평가하며 해결책에 대한 의견 일치에 도달하도록 시도한다. 당신의 역할은 의장의 역할과 매우 비슷하여 집단이 당신의 해결책을 받아들이도록 영

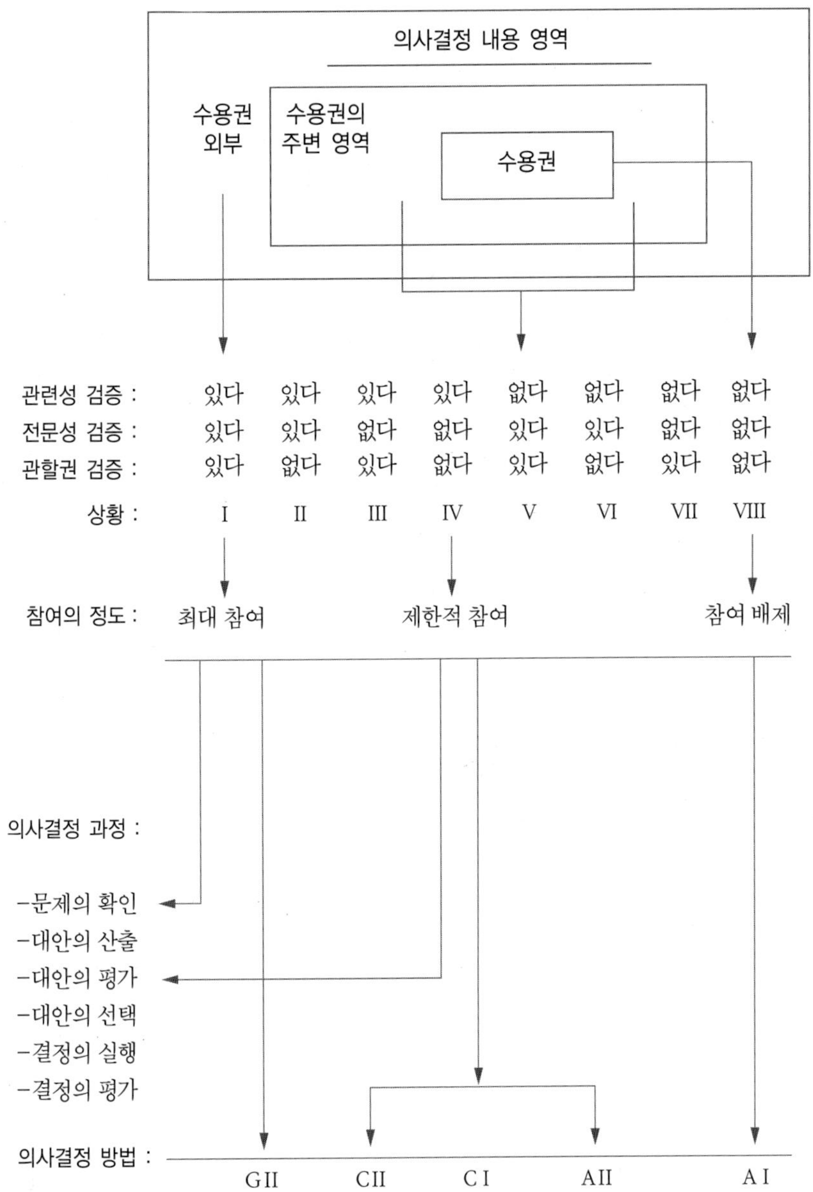

[그림 7-3] 의사결정 참여 모형

출처: Hoy, Wayne K., & Miskel, Cecil G. (1987). *Educational Administration: Theory, Research and Practice* (3rd ed.). New York: Random House, p. 343 재구성.

향력을 행사하지 않는다. 그 대신 전체 집단이 지지하는 해결책을 기꺼이 받아들이고 실행한다.

행정가는 의사결정을 하는 데 있어서 이상의 다섯 가지 의사결정 방법을 적절히 활용할 수 있을 것이다. 만약 의사결정을 함에 있어서 전체 구성원들의 완전한 합의가 필수적일 때 행정가는 집단 의사결정 방법(GII)을 사용하는 것이 바람직할 것이다. 그러나 이 방법은 시간과 노력과 경비가 다른 어떤 방법보다도 많이 요구된다. 반면에 자문적 의사결정 방법(CI과 CII)은 결정의 질과 구성원의 지지를 필요로 할 때 보다 유용할 것이다. 그리고 의사결정에 있어 단지 결정의 질만이 문제가 될 때는 전제적 의사결정 방법(AII)이 보다 효과적일 것이다. 이처럼 행정가는 의사결정의 상황에 상응하는 적절한 의사결정 방법을 선택해야 할 것이다.

이상에서 설명한 내용을 종합 · 도식화하면 [그림 7-3]과 같다. [그림 7-3]은 의사결정 참여의 준거, 즉 관련성 · 전문성 · 관할권 검증에 의해 결정되는 구성원의 수용권을 근거로 구성한 의사결정 참여 모형이다. 이 모형은 조직의 의사결정과 관련해서 어떠한 의사결정에, 누구를, 어떠한 기준에 의해, 의사결정의 어느 단계에, 어느 정도로, 어떻게 참여시킬 것인가를 결정하는 데 유용한 지침을 제공할 것이다.

제8장 의사소통 관리

1. 의사소통의 본질
2. 의사소통의 과정
3. 의사소통의 유형
4. 의사소통망의 형태
5. 의사소통의 장애요인
6. 의사소통의 기법

제8장 의사소통 관리

이 장에서는 학교조직의 효과성을 좌우하는 의사소통과 관련된 다음과 같은 문제들을 살펴보고자 한다. 첫째, 의사소통의 개념과 중요성을 고찰하고, 둘째 의사소통의 과정에 관한 모형과 구성요소들을 설명하고, 셋째 의사소통의 유형을 분석하며, 넷째 의사소통망(communication network)의 형태를 살펴보고, 다섯째 의사소통의 장애요인을 분석하고, 여섯째 의사소통의 효과성을 높일 수 있는 의사소통의 기법에 관해 살펴보고자 한다.

1. 의사소통의 본질

의사소통은 사람들 사이에서 감정, 태도, 사실, 신념, 생각 등을 전달하는 과정이다. 일반적으로 이러한 의사소통은 양방향적 과정이다. 의사소통은 메시지를 송수신하는 것 모두를 포함한다. 따라서 양방향적 의사소통은 내용 정보와 관계 정보를 송수신하는 것을 포함한다. 즉, 의사소통은 어느 한 사람이 타인에게 영향을 주고 타인을 이해하는 데 사용되는 모든 수단을 포함한다. 의사소통에서 야기되는 많은 문제점들은 사람들이 의사소통이 양방향적 과정이라는 사실을 망각하는 데서 유래한다.

S. J. Knezevich(1975: 66)는 의사소통을, 첫째로 인간의 능력이나 기술 매체를 사용하여 태도, 생각, 정보를 교환하는 것, 둘째로 아이디어를 교환하는 것, 셋째로 사상과 의견을 교환하는 것, 넷째로 사실, 생각, 느낌을 주고받는 과정이라고 정의하고, 더 단순하게는 송신자(sender)가 수신자(receiver)에게 어떤 이미지를 전달하려고 노력하는 과정이라고 하였다. 의사소통이란 한 사람으로부터 다른 사람에게 의미가 전달되는 것이다(Hicks & Gullett, 1975: 468; Griffith, 1979: 291). 즉, 의사소통은 송신자의 의사, 아이디어, 정보, 태도, 감정 등이 수신자에게 전달되는 것이다. 의사소통은 단순히 내용뿐만 아니라 의미가 전달되어야 한다. 그러나 의사소통은 의미의 전달만으로는 불충분하다. 의사소통을 통해 전달된 의미는 수신자에게 이해되어야 한다. 다시 말해서, 의사소통은 의미의 전달과 이해를 포함하는 것이다.

의사소통은 복잡하고 미묘하며 도처에 편재되어 있다. 어느 조직에서든지 의사소통은 피할 수 없다. 조직이 그 목적을 달성하기 위해서 협동과 조정은 불가피하다. 그러나 의사소통이 없이는 이러한 협동과 조정을 생각할 수 없다. C. I. Barnard (1938: 82)는 조직의 세 가지 구성요소를 의사소통, 봉사하려는 의지, 공동 목적이라고 규정하고, 공동 목적을 달성하기 위해 기꺼이 활동하려는 사람들이 상호 간에 의사소통을 할 수 있을 때, 조직은 탄생한다고 규정함으로써 의사소통을 조직의 핵심적 요소로 부각시켰다. 정보의 교환이자 의미의 전달인 의사소통은 조직의 핵심이다(Katz & Kahn, 1978: 428). 조직에서 의사소통은 심장의 고동과도 같은 것이어서 조직의 규모와 관계없이 조직의 생존을 위해서는 필수 불가결한 것이다(Griffith, 1979: 291; Knezevich, 1975: 66). 즉, 조직의 의사소통은 마치 인체의 신경계통이나 핏줄과 같아서 제대로 기능하지 못하면, 조직은 전체 또는 일부가 마비되고 동맥경화 현상이 발생하게 된다.

모든 학교조직의 활력의 근원인 의사소통은 개인, 집단 그리고 조직을 연결시켜 주는 하나의 과정이다(Lunenburg & Ornstein, 1996: 176). 확실히 의사소통은 조직과 환경 간의 투입과 산출을 중재한다. Barnard(1938: 91)가 주장한 바와 같이, 조직의 구조, 범위, 영역은 전적으로 의사소통 기법에 의해 결정되기 때문에 의사소통은 조직에서 핵심적 위치를 차지한다. 조직에 적절한 의사소통이 없다면 조직의 과업은 달성될 수 없으며, 목표도 충족될 수 없고, 의사결정도 실행될 수 없다. 조직 내에서 의사소통은 구체적으로 다음과 같은 기능을 수행한다(Scott et al., 1976: 193).

① 통제: 의사소통을 통해서 집단 내 구성원들의 활동을 통합하고 조정함을 의미한다. 직무와 관련하여 구성원들의 책임과 권한을 명확하게 규정하는 것과 관련된다.

② 동기부여: 의사소통을 통해서 구성원들에게 행해져야 할 것은 무엇이고, 그것이 어떻게 잘 행해질 수 있으며, 또 성과를 높이기 위해서는 무엇이 행해져야 하는가를 분명히 해 줌을 의미한다. 구성원들을 자극하고 격려하며 집단의 목표 달성에 몰입하도록 유도한다.

③ 감정 표현: 의사소통을 통하여 구성원들의 욕구불만과 만족감이 표출됨을 의미한다. 작업집단은 사회적 상호작용이 일어나는 일차적인 장이며, 이 집단 내에서 이루어지는 의사소통은 감정의 분출과 사회적 욕구 충족을 위한 수단이 된다.

④ 정보 제공: 의사소통을 통하여 구성원들이 의사결정 과정에 참여하고 필요한 정보와 자료를 교환함을 의미한다.

대부분의 사람들은 활동 시간의 70% 이상을 의사소통을 하면서 보냄에도 불구하고(Hicks & Gullett, 1975: 467), 그것의 중요성을 제대로 인식하지 못하고 있다. 행정가의 모든 직무 중에서 의사소통이 차지하는 중요성은 행정가들이 조직에서 의사소통을 하면서 보내는 시간이 얼마나 많은가를 살펴보면 분명해진다. 여러 종류의 조직을 대상으로 최고경영자의 활동을 조사한 H. Mintzberg(1990)의 연구 결과에 의하면, 최고경영자들은 그들의 활동 시간의 80%를 대인 간 의사소통에 보내고 있다. 한편 초·중등학교의 교장과 교육감들을 대상으로 한 연구 결과에서도 활동 시간의 70~80% 정도를 의사소통을 하면서 보내고 있음이 밝혀졌다(Kmetz & Willow, 1982: 62-78; Martin & Willow, 1981: 69-90; Pinter & Ogawa, 1981: 45-65). 조직은 의사소통이 없이는 존재할 수 없기 때문에(Simon, 1957) 의사소통 과정을 확립하는 일이 행정가의 첫 번째 과제가 된다(Barnard, 1938). 따라서 학교행정가들은 의사소통 과정을 분명하게 이해할 필요가 있다.

2. 의사소통의 과정

의사소통은 일련의 연속적인 과정을 통해 이루어진다. 따라서 의사소통은 개념적으로 하나의 흐름 또는 과정으로 이해할 수 있다. R. Likert(1961: 44)에 의하면, 의사소통은 다음과 같은 세 단계를 거쳐 이루어진다고 한다. 첫째는, 정보를 송신자로부터 표적이 되는 수신자에게 전달하는 과정이고, 둘째는 이와 같이 전달된 정보를 수용하여 포괄적으로 이해하는 과정이며, 셋째는 이해한 정보를 수신자가 수락하거나 거부하는 과정이다.

의사소통 과정은 송신자가 전달하고자 하는 의미와 정보를 여러 가지 매체와 통로를 통해 수신자에게 전달하고 피드백을 통해 확인하는 일련의 과정으로 이루어진다. 이러한 의사소통 과정에는 흔히 여러 가지 잡음요인이 작용하여 의사소통의 효과성을 저해한다. 다음에 제시한 [그림 8-1]은 이러한 일련의 연속적인 단계들이 포함된 의사소통 과정의 핵심적인 요소들을 모형화한 것이다. [그림 8-1]을 중심으로 의사소통 과정의 각 요소에 대하여 간단히 살펴보면 다음과 같다.

① 정보원(source) 또는 송신자(sender): 정보원 또는 송신자는 메시지를 생산해 내는 의사소통자다. 정보원은 반드시 사람일 필요는 없다. 신문, 잡지 또는 교

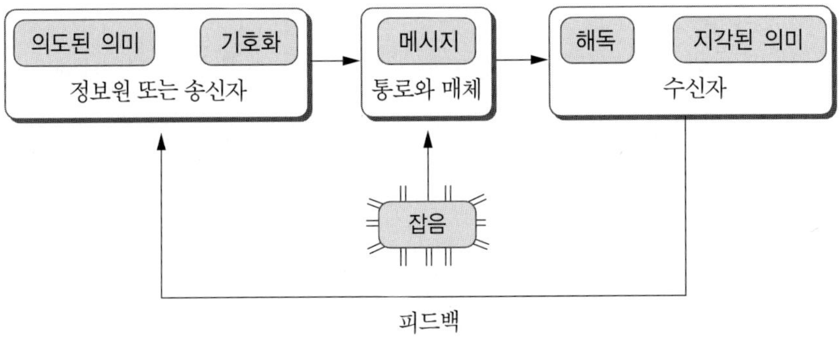

[그림 8-1] 의사소통의 과정

출처: Reece, Barry L., & Brandt, Rhonda (1984). *Effective Human Relations in Organization.* Boston: Houghton Miffflin Co. 참조.

육감, 교장과 같은 직위 등도 모두 의사소통의 원천이 될 수 있다. 송신자는 메시지의 내용을 아이디어, 사실 등으로 구성해야 한다. 메시지의 효과는 수신자가 송신자에 대해서 가지는 신뢰성의 수준에 의해 어느 정도 좌우된다. 또한 신뢰성의 수준은 송신자의 말과 행동에 대해서 수신자가 어떠한 반응을 보이느냐에 따라 영향을 받는다. 송신자에 대한 수신자의 불신은 정보를 왜곡하거나 메시지를 무시해 버리는 사태를 빚어내기도 한다.

② 기호화(encoding): 기호화는 송신자의 생각이나 아이디어 또는 정보를 부호나 상징으로 전환하는 과정이다. 언어는 기호화의 가장 보편적인 수단으로서 이는 송신자의 의도, 아이디어, 정보를 메시지의 형태로 표현한 것이다. 송신자의 의사소통 기술, 주제에 관한 지식, 태도, 가치, 관심사, 동기와 같은 인성적 요인들이 기호화의 과정과 내용을 제한하게 된다. 송신자의 제반 특성이 기호화와 메시지의 질을 결정하는 데 영향을 미친다.

③ 메시지(message): 메시지는 기호화 과정의 결과로서 전달하고자 하는 내용이다. 즉, 메시지는 송신자가 수신자와 교신하기를 원하는 아이디어다. 메시지의 형태는 이를 실어 나르는 통로와 매체가 무엇이냐에 따라 크게 좌우된다.

④ 통로(channel): 통로는 메시지가 흘러 다니는 송신로로서 수직적 통로, 수평적 통로, 사선적 통로로 구분할 수도 있고, 공식적 통로와 비공식적 통로로 분

류할 수도 있다.

⑤ 매체(medium): 매체는 메시지의 운반 수단이다. 메시지는 구두 매체와 문서 매체를 포함하는 언어 매체나 전화, 텔레비전, 라디오 등 전파 매체를 통해서 전달된다. 이 외에도 신체언어나 상징언어와 같은 비언어적 매체를 통해서도 메시지가 전달된다.

⑥ 수신자(receiver): 수신자는 송신자로부터 전달된 메시지를 접수하는 사람이다. 수신자는 접수된 메시지를 해독하고 거기에 의미를 부여하게 된다. 그러나 그 의미가 송신자가 의도한 것과 반드시 일치하는 것은 아니다. 왜냐하면, 송신자의 경우와 유사한 내적 과정이 수신자에게도 일어나기 때문이다.

⑦ 해독(decoding): 해독은 수신자가 전달된 메시지를 해석하는 과정이다. 수신자가 송신자에 의해서 기호화된 내용을 암호를 풀듯이 해독하는 것이다. 해독하는 과정에는 수신자의 의사소통 기술, 주제에 관한 지식, 가치, 흥미, 동기와 같은 특성이 작용하게 된다. 수신자의 제반 특성이 해독의 과정과 내용을 제약한다. 수신자가 받아들인 지각된 의미와 송신자가 보낸 의도된 의미가 일치하기가 어려운 것은 바로 이러한 이유 때문이다. 수신자가 보여 준 메시지에 대한 반응은 송신자에게 피드백으로 작용한다.

⑧ 피드백(feedback): 피드백은 송신자로 하여금 메시지가 정확하게 전달되고 이해되었는가를 알려 주는 수신자의 반응이다. 피드백은 의사소통 과정이 얼마나 성공적으로 이루어졌는가를 확인하게 하는 단서를 제공할 뿐만 아니라, 앞으로 이루어질 의사소통의 과정과 내용을 개선하는 데 있어 중요한 기초가 된다. 즉, 피드백의 사용은 의도된 정보와 의미 그리고 지각된 정보와 의미 사이에 존재하는 격차를 감소시킴으로써 의사소통 과정을 개선하는 데 도움을 준다.

⑨ 잡음(noise): 잡음은 정보를 송수신하는 과정에서 의사소통의 정확도를 감소시키고 방해하는 요소다. 일반적으로 물리적인 잡음, 개인의 편견과 고정관념, 사회적 상황의 소음 등이 의사소통을 방해하는 잡음요인으로 작용한다.

3. 의사소통의 유형

의사소통의 유형은 보는 관점에 따라 다음과 같이 여러 가지로 분류할 수 있다.

1) 언어적 · 비언어적 의사소통: 의사소통의 매체

언어적 의사소통(verbal communication)은 언어를 매체로 하여 메시지가 전달되는 것이다. 이것은 다시 구두 의사소통과 문서 의사소통으로 구분된다. 구두 의사소통은 즉시성과 대면성을 특징으로 하는 반면에 문서 의사소통은 정확성과 보존성을 특징으로 한다.

반면에 비언어적 의사소통(nonverbal communication)은 언어를 사용하지 않으면서 메시지를 전달하는 것이다. 비언어적 의사소통은 교통신호, 도로 표지판, 안내판 등 물리적 언어(physical language)를 통한 의사소통, 사무실의 크기와 좌석 배치, 자동차의 크기와 색상 등 지위 상징을 나타내는 상징적 언어(symbolic language)를 통한 의사소통 그리고 얼굴 표정, 몸짓, 목소리 등 신체적 언어(body language)를 통한 의사소통으로 구분할 수 있다.

2) 공식적 · 비공식적 의사소통: 의사소통의 형식

공식적 의사소통(formal communication)은 조직 내의 공식적인 통로와 절차에 따라 공식적으로 의사와 정보가 전달된다. 공식적 의사소통은 송신자의 감정이나 의도를 충분히 전달할 수 없는 제한점을 가지며, 상황의 변화에 신속하게 대응할 수 있는 융통성이 부족하다.

반면에 비공식적 의사소통(informal communication)은 비공식적 조직을 통하여 자생적으로 이루어지는 의사소통이다. 비공식적 의사소통은 공식적 의사소통의 결함을 보완해 주는 순기능을 수행하기도 하고, 허위 사실 또는 왜곡된 정보를 전달하는 역기능을 하기도 한다.

3) 하향적 · 상향적 · 수평적 · 사선적 의사소통: 의사소통의 방향

하향적 의사소통(downward communication)은 조직 내의 지휘, 명령 계통을 따라서 상사가 부하에게 메시지를 전달하는 상의하달식 의사소통 방식이다. 따라서 여기서는 명령, 지시, 방침, 규칙, 업무 정보 등의 전달이 포함된다. 반면에 상향적 의사소통(upward communication)은 부하가 상사에게 메시지를 전달하는 하의상달식 의사소통 방식이다. 여기에는 보고, 의견 조사, 제안 등이 포함된다.

한편 수평적 의사소통(horizontal communication)은 조직 내에서 같은 계층에 있는 개인 또는 부서 간에 이루어지는 상호작용적 의사소통 방식으로서 회람, 통지, 회의 등이 포함된다. 수평적 의사소통은 구성원 또는 부서 간의 활동을 조정하거나 갈등을 해소하는 데 매우 중요한 기능을 한다. 마지막으로, 사선적 의사소통(diagonal communication)은 구성원들이 다른 채널을 통해서 효과적으로 의사소통할 수 없는 상황에서 중요하다. 특히, 사선적 의사소통 방식은 필요한 자료를 확보하는 과정에서 시간의 지연을 최소화한다.

이 밖에도 의사소통은 송신자와 수신자 사이에 정보의 피드백이 존재하느냐에 따라 일방적 의사소통(one-way communication)과 쌍방적 의사소통(two-way communication)으로 분류할 수도 있다.

4. 의사소통망의 형태

의사소통망(communication network)이란 송신자로부터 수신자에게로 메시지가 흐르는 경로의 구조를 뜻한다. 일반적으로 조직에서 흔히 볼 수 있는 대표적인 의사소통망을 제시하면 [그림 8-2]와 같다.

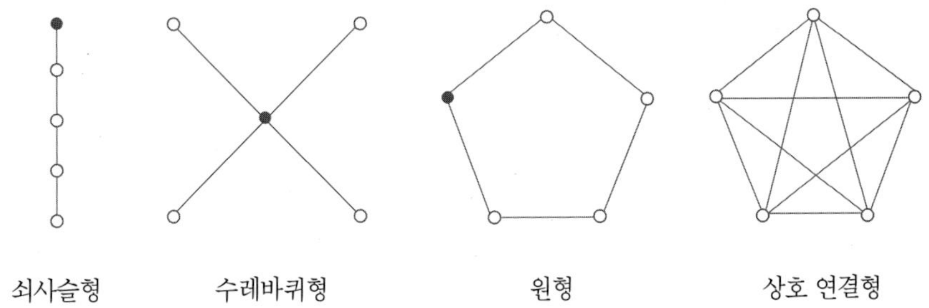

[그림 8-2] 의사소통망의 형태

출처: Fred C. Lunenburg & Allen C. Ornsstein(1996). *Educational Administration: Concepts and Practices* (2nd ed.). Belmont: Wadworth Publishing Company, p. 186.

① 쇠사슬형(chain): 쇠사슬형은 공식적인 명령 계통에 따라 의사소통이 상위 계층에서 하위 계층으로만 흐르는 경우다. 구성원들 간에 엄격한 권한의 계층 관계가 존재하며, 상위 계층의 중심인물이 정보를 종합하고 문제를 해결함으로써 의사결정의 속도는 빠르나, 조직 구성원들의 만족도는 일반적으로 낮다. 또한 정보가 계층의 단계를 따라 아래로 전달되는 과정에서 왜곡될 소지가 있다.

② 수레바퀴형(wheel): 수레바퀴형은 구성원들 간에 중심인물이 있어 모든 정보가 그에게 집중되는 의사소통망이다. 이와 같은 형태의 의사소통망을 가지고 있는 경우에는 중심인물이 신속하게 정보를 획득할 수 있고, 문제해결을 위한 상황을 정확하게 판단할 수 있으며, 문제에 대해서도 신속하게 대응할 수 있다. 단순 업무의 경우에는 의사소통의 속도와 정확성을 기할 수 있으나, 업무가 복잡한 경우에는 그 효과를 기대하기가 어렵고 조직 구성원들의 만족도도 대체로 낮다.

③ 원형(circle): 원형은 권한의 계층 관계가 형성되어 있지 않고 중심인물도 없는 상황에서 나타날 수 있는 의사소통망이다. 위원회의 의사소통망이 전형적으로 여기에 속한다. 위원회에는 공식적인 리더가 있기는 하지만, 리더에게 정보가 집중되지 않으며 구성원 상호 간에 상호작용이 왕성하게 이루어진다. 권한이 어느 한쪽에 집중되어 있지 않아서 문제해결이 더딘 편이지만 구성원의

만족도는 일반적으로 높다.

④ 상호 연결형(star): 상호 연결형은 비공식적 의사소통에서 형성되는 의사소통망이다. 여기에는 특정한 중심인물이 없고 구성원 개개인이 서로 의사소통을 주도한다. 구성원들 상호 간에 정보 교환이 왕성하게 이루어짐으로써 상황의 파악과 문제해결에 많은 시간이 소요되는 단점을 가진다. 그러나 구성원들의 참여를 통하여 창의적으로 문제를 해결하고자 할 때는 효과적일 수 있으며 구성원들의 만족도도 대체로 높다.

5. 의사소통의 장애요인

의사소통 과정에는 여러 가지 장애요인이 작용하여 효과적인 의사소통을 방해한다. 다음에 제시한 요인들은 의사소통 과정에서 효과적인 의사소통을 저해하는 대표적인 장애요인이다(Ellenson, 1982; Lunenburg & Ornstein, 1996: 190-196).

① 준거체제(frame of reference)의 상이성: 사람들은 그들의 경험, 문화, 가치관에 따라 동일한 형태의 의사소통을 다르게 해석할 수 있다. 송신자와 수신자가 가지고 있는 상이한 경험과 가치관이 기호화와 해독의 과정에서 왜곡을 불러일으킨다. 즉, 송신자와 수신자 사이에 서로 다른 준거체제가 존재함으로써 의사소통상에 장애를 일으킨다(Gibson, Ivancevich, & Donnelly, 1982: 399-400; Lunenburg & Ornstein, 1996: 190-191).

② 의미(semantics)상의 문제: 송신자와 수신자가 사용하는 언어를 같은 의미로 받아들이지 못할 때 의사소통 과정에서 흔히 장애가 발생한다.

③ 선별적 지각(selective perception): 일반적으로 수신자는 송신자가 보내는 모든 정보를 다 수용하지 않는다. 왜냐하면, 수신자는 자신의 욕구, 동기, 과거의 경험 등 개인적 특성에 따라 선택적으로 보고 듣기 때문이다. 이러한 인간의 선별적 지각의 특성이 의사소통의 장애요인으로 작용한다.

④ 여과(filtering): 메시지가 몇 사람을 거쳐 전달되는 과정에서 일어나는 장애가 여과 작용이다. 송신자가 고의로 의사소통의 내용을 일부 여과하거나 생략하는 경우가 있으며, 송신자가 내용의 전체를 파악하지 못함으로써 수신자에게 정보가 충분하게 전달되지 못할 수도 있다.

⑤ 잠재적 의도(hidden agenda): 자신의 욕구에 따라 메시지를 이해하는 것을 말한다. 송신자와 수신자가 가지고 있는 잠재적 의도는 효과적인 의사소통의 장애요인으로 작용한다.

⑥ 정보 과잉(information overload): 송신자와 수신자가 처리해야 할 정보가 지나치게 많은 경우에도 의사소통에 방해를 받는다.

⑦ 지위의 차이(status differences): 송신자와 수신자의 지위의 차이가 종종 원활한 의사소통의 장애요인으로 작용한다.

⑧ 수용 거부(reject acceptance): 수용 거부는 수신자가 송신자의 말이나 행동에 대하여 신뢰성을 갖지 못할 때 일어난다. 또한 수신자의 선입견이나 편견 때문에 발생하기도 한다.

⑨ 선입견(prejudice): 선입견은 바람직한 의사소통을 방해하는 또 다른 형태의 장애다. 마음속으로 다른 어떤 일들을 생각하고 있으면, 메시지의 의미를 완전히 이해하지 못하고 스쳐 지나가기 쉽다.

⑩ 고정관념(stereotype): 사람들이 갖고 있는 너무 단순하고 일반화된 고정관념이 의사소통의 장애요인으로 작용한다. 고정관념은 시각적인 것뿐만 아니라 가치, 편견, 불완전한 정보 등 다른 많은 요인들에 기초해서 형성된다.

6. 의사소통의 기법

의사소통 능력은 대인관계와 조직의 효과성을 좌우하는 중요한 요인이다. 따라서 여기서는 의사소통 능력을 향상시키는 데 도움이 되는 몇 가지 의사소통 기법에 대해 살펴보고자 한다.

1) 효과적인 의사소통 방법의 일반적 원리

효과적인 의사소통은 양방향적 과정이다. 의사소통의 통로를 양방향으로 개방하도록 하기 위해서는 송신자와 수신자가 협동할 필요가 있다. 다음에 제시하는 것들은 매우 기본적인 몇 가지 규칙으로 의사소통을 원만한 수준으로 지속할 수 있도록 도와줄 것이다(Ellenson, 1982).

① 감정이입을 하라: 효과적인 의사소통은 서로에 대한 관심과 문제를 공유하려는 태도를 바탕으로 한다. 따라서 자신이 타인의 입장에 서고 타인에게 자신의 온정과 이해를 전달하는 능력을 갖는다는 것은 매우 중요하다. 우리가 감정이입(empathy)을 한다고 함은 타인의 경험을 자신의 경험 속에서 재창조하는 것을 말한다. 즉, 타인의 관점에서 세상을 보려고 하는 것을 말한다.

② 장애물을 의식하라: 자신과 타인의 준거체제가 서로 다르다는 사실을 알고, 이를 극복하려는 노력을 기울여야 한다. 서로 간에 차이점이 있다고 해서 의사소통이 되지 않을 것이라고 생각하지 마라. 자신이 갖고 있는 가정, 과거의 경험, 사적인 가치, 신념, 흥미 등이 자신의 지각에 영향을 줄 것이라는 것을 인식하고, 마음을 개방한 상태에서 타인의 관점에서 상황을 보도록 노력하라.

③ 피드백을 주고받으라: 만일 자신이 타인이 전하고자 하는 의도나 의미를 이해했다는 확신을 갖지 못했다면 다시 물어보라.

④ 타인의 말을 경청하라: 경청하기 위해서는 적극적인 책임의식이 수반되어야 한다. 상대방의 말뿐만 아니라, 그 사람의 사상과 감정을 알아차리는 '마음의 귀(inner ear)'를 갖고 이야기를 들어야 한다.

⑤ 권력과 조작에 의한 전달을 피하라: 권위나 권력은 타인이 효과적인 의사결정을 하도록 돕는 경우에만 사용해야 한다. 사람들은 자신이 권력의 남용이나 조작적인 상황에 처해 있다는 것을 알게 되면, 인간관계를 승리와 패배의 시각에서 보게 된다. 그러나 신뢰와 이해의 관계는 개인의 권력에 기초하는 것이 아니라 믿음에 기초를 두어야 한다. 이해는 타인에게 자신의 견해를 강요

하는 것이 아니다. 그러나 조작적인 사람들은 이해를 타인에게 강요함으로써 타인으로 하여금 자신의 견해에 동조하게 만드는 것으로 본다. 그래서 그는 타인이 자신을 이해해 주기를 바란다. 그렇지만 이것은 잘못된 생각이다.

⑥ 일대일로 의사소통하라: 효과적인 의사소통은 타인에 대한 진정한 배려를 전제로 한다. 이것은 일대일의 의사소통 방식을 통해서 가능하다. 항상 상대방의 개인차를 인정하고 존중하라.

⑦ 타인을 수용하려고 노력하라: 조건 없이 타인을 수용하는 것은 의사소통을 원활하게 한다. 타인과 타인의 견해에 대하여 존중하고 배려하는 것, 타인의 강점을 격려해 주고 강화시켜 주는 것은 수용과 관련된 몇 가지 예다. 수용에는 타인과 함께하고자 하는 개방적이고 자발적인 태도가 포함된다.

⑧ 자신과 타인을 신뢰하라: 의사소통이 안 될 경우에는 일단 자신과 상대방을 신뢰하라. 타인에게서 신뢰와 믿음을 발견하고자 한다면, 여러분이 먼저 신뢰받는 사람이 되어야 한다. 정직하고 개방적인 의사소통에는 모험이 수반된다. 왜냐하면, 상호작용의 결과는 이로운 것이 될 수도 있지만 해로운 것이 될 수도 있기 때문이다. 사람들은 자신과 타인을 믿는 경우에만 자신의 성장과 문제해결을 위한 의사소통에서 모험을 하려 할 것이다.

2) 건설적이고 효과적인 피드백의 일반적 원리

피드백(feedback)은 지각과 정보를 전달하고 자신의 이해를 명료화하는 과정이다. 따라서 적절한 피드백의 활용은 의사소통 능력을 향상시킨다. 다음에 제시한 것들은 건설적이고 효과적인 피드백의 일반적인 원리다(Gordon, 1975: 121-138).

① 성격보다는 행동에 대해서 말하라: 자신의 메시지가 타인을 공격하는 것으로 지각되면 상대방은 분명히 방어적이게 될 것이다. 따라서 타인의 실제 '모습'이 어떻다고 말하기보다는 타인의 '행동'이 어떻다고 말하는 것이 타인의 방어 의식을 감소시키는 데 도움을 준다.

② 판단하기보다는 정보를 교환하라: 딱 잘라 말하는 것보다는 규모, 범위, 전체적인 윤곽에 대해서 말하는 것이 더 효과적이다. 예를 들어, "이 새로운 제도는 지긋지긋해."라고 말하기보다는 "전에 있던 제도가 좋았던 것 같아."라고 말하는 것이 더 효과적일 것이다.

③ 충고나 해결 방안보다는 대안을 제시하라: 선택안, 생각, 지각 등에 대하여 서로 의견을 교환하는 것은 다른 사람으로 하여금 자신이 고려해야 할 대안에 관해 정보를 제공하는 기회가 된다. 그러나 최종적인 의사결정은 당사자에게 맡겨져야 한다. 해결 방안을 말해 주는 것은 상대방에게 부적절하다는 감정과 무능감을 느끼게 할 수도 있다.

④ 타인에게 자유로운 제안을 하되 강요는 하지 마라: 피드백은 이것을 받으려는 사람의 욕구를 채워 주기 위한 것이지 자신의 욕구를 방출하거나 정화하기 위한 것이 아니다. 만일 여러분이 다른 사람에게 더 많은 정보를 받아들이도록 강요한다면, 그것은 그의 욕구를 위한 것이 아니라 여러분 자신의 욕구 표현에 불과하다.

3) 자아 개방: 조해리의 창

조해리의 창(Johari Window)은 원래 자아 개방(self-disclosure)과 피드백이란 두 가지 중요한 개념을 명료화하기 위하여 J. Luft와 H. Ingham이란 두 명의 심리학자에 의해 개발된 개념으로, 두 사람의 이름을 본떠서 '조해리의 창'이라고 명명되었다. 자아 개방이란 자신의 입장을 명백히 밝히고, 자신을 타인에게 보여 줌으로써 타인이 자신을 알 수 있도록 하는 행위다. 이러한 자아 개방은 어떤 사람이 다른 사람과 정보와 감정을 공유할 수 있을 만큼 신뢰 수준이 높아질 때 가능하게 된다. 신뢰 수준이 더 높아지고, 기꺼이 모험을 감행하려고 하면 할수록 사람들은 더욱더 자아를 공개할 것이다. 피드백은 타인이 우리를 개방적이고 수용적이라고 지각하고 이해할 때 일어난다. 그러면 타인은 우리에 대한 자신의 지각을 말해 주고, 우리가 그들에 대해서 어떤 영향력을 갖는지 말해 주게 된다. 또한 신뢰 수준이 높아진

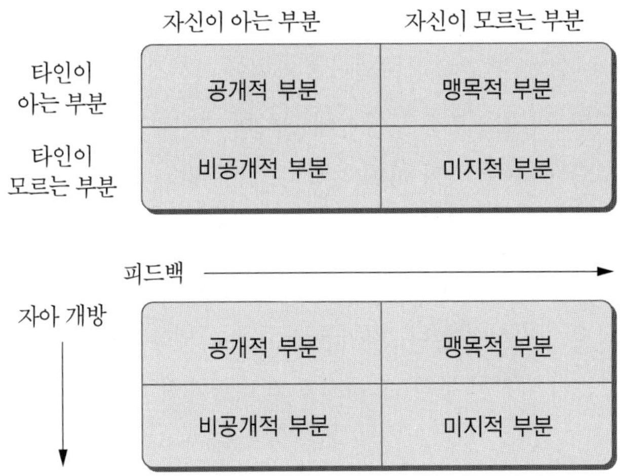

[그림 8-3] 조해리의 창

출처: Joseph Luft(1963). *Group Processes: An Introduction to Group Dynamics.* 출판지 미상: Mayfield Publishing Co.

다는 것은 생각을 공유하고 모험을 감행하는 정도가 높다는 것을 의미한다. [그림 8-3]에 제시된 '조해리의 창'에서 네 가지 창들의 크기와 형태는 고정된 것이 아니라, 상호 신뢰의 수준과 자아 개방 및 피드백을 교환하는 정도에 따라 유동적으로 결정된다.

① 공개적 부분: 공개적 부분은 자기 자신에 대하여 본인은 물론이고 다른 사람들에게도 잘 알려진 정보로 구성되어 있다. 이 부분이 확대된다는 것은 효과적인 의사소통이 가능해진다는 것을 의미한다.

② 맹목적 부분: 맹목적 부분은 자기 자신에 대하여 다른 사람들은 알고 있는데 정작 본인은 모르고 있는 정보로 구성되어 있다. 만일 어떤 사람이 자기주장은 강하게 하면서 상대방의 의견에 대해서는 불신하고 수용하지 않는다면 이 부분은 확대되고 효과적인 의사소통은 그만큼 어려워지게 된다.

③ 비공개적 부분: 비공개적 부분은 자기 자신에 대해서 다른 사람들은 전혀 모르고 다만 자신만이 알고 있는 비밀스러운 정보로 구성되어 있다. 만일 어떤

사람이 자기 자신을 거의 개방하지 않으면서 상대방으로부터 피드백만을 받으려고 한다면 이 부분이 확대되어 효과적인 의사소통을 방해하게 될 것이다.

④ 미지적 부분: 미지적 부분은 자신에 관하여 자신과 타인이 모두 모르는 정보들로 구성되어 있다. 만일 어떤 사람이 자아 개방과 피드백의 수용을 최소화한다면 이 부분은 확대되어 효과적인 의사소통은 매우 어렵게 된다. 그러나 본인을 포함하여 어느 누구도 특정한 개인을 완전히 알 수 없기 때문에 이 부분은 결코 없어지지 않는다. 자아 공개와 피드백을 통해서 미지의 영역 속에 있는 정보들이 극적인 통찰(insight)을 거쳐 공개적 부분으로 이동하는 경우도 있다.

4) 개인의 의사소통 유형

대부분의 사람들은 자신만의 독특한 의사소통 유형을 가지고 있다. 따라서 자신의 독특한 의사소통 유형을 분석하여 장점을 발전시키고 단점을 보완하는 것은 의사소통 능력의 향상에 기여하게 된다.

개인의 의사소통 유형에 관하여 B. L. Reece와 R. Brandt(1984: 124-135)는 독단성(dominance)과 사교성(sociability)의 정도라는 개념을 통해 다음 [그림 8-4]와 같이 네 가지 유형으로 분류하여 제시한 바 있다. 여기서 독단성은 책임을 맡으려는 태도를 과시하는 경향으로 정의된다. 일반적으로 독단성이 낮은 사람은 협조적이고 타인을 열렬히 돕는 경향이 있으며, 또 자기주장이 약하고 타인에 의해서 쉽게 통제당하는 경향이 있다. 한편 독단성이 높은 사람은 거리낌 없이 충고하고, 자주 강력하게 의견이나 요구를 표현하며, 자기주장이 강하고 타인을 통제하려는 경향이 있다. 반면에 사교성은 자신의 감정을 통제하거나 표현하려는 경향으로 정의된다. 일반적으로 사교성이 낮은 사람은 자신의 감정을 통제하는 경향이 있으며, 보수적이고 공식적인 인간관계를 유지한다. 한편 사교성이 높은 사람은 자신의 감정을 자유롭게 표현하며, 개방적이고 말을 많이 하는 경향이 있다.

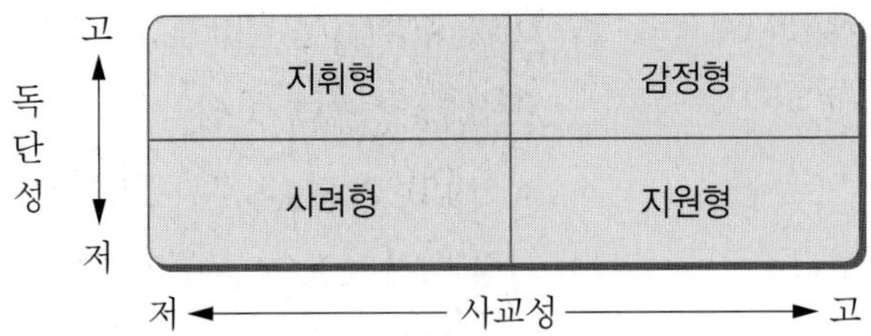

[그림 8-4] 개인의 의사소통 유형

출처: Barry L. Reece & Rhonda Brandt(1984). *Effective Human Relations in Organization*. Boston: Houghton Miffin Co., p. 124.

① 감정형(emotive style): 이 유형은 높은 독단성과 높은 사교성을 가지며, 열정적이고 솔직 담백하게 의사소통하는 유형이다. 감정형의 사람은 말이 빠르고 정렬적인 제스처와 함께 자신의 의견을 표현한다. 이들은 또한 상대방의 이름을 부르고, 사적인 이야기를 하는 등 비격식을 좋아하며, 자신의 의견을 극적이면서도 설득력 있게 표현한다.

② 지휘형(director style): 이 유형은 높은 독단성과 낮은 사교성을 가지며, 솔직하고 엄격하며 독단적이고 단호하다. 지휘형의 사람은 진지한 태도를 나타내는데, 이로 인하여 사무적이고 재미없는 인상을 주기도 한다. 이들은 또한 단호한 표정과 결단력 있는 음색으로 강력하게 의견을 개진하며, 따뜻하게 보살펴 주는 태도를 보이지 않고 냉담하고 격식을 차린다.

③ 사려형(reflective style): 이 유형은 낮은 독단성과 낮은 사교성을 가지며, 조용하고 혼자 있기를 좋아하며, 의사결정을 쉽게 하지 않는다. 사려형의 사람은 또한 격식을 차리고 신중한 태도로 의견을 제시하며, 서두르지 않고 계산된 의견을 개진하며, 감정 통제를 잘한다. 또한 침착하고 어떤 일에 몰두하며 초연해서, 친해지기가 쉽지 않다. 이들은 특히 질서 정연한 작업 환경을 좋아하고 회의 시 안건을 숙고하며, 세부적인 것까지 검토하여 천천히 결정을 내린다.

④ 지원형(supportive style): 이 유형은 낮은 독단성과 높은 사교성을 가지며, 민감하고 참을성이 있으며 좋은 경청자가 된다. 지원형의 사람은 주의를 기울여

경청하고 권력의 사용을 절제하며, 오히려 친절하게 설득하며 온정을 표현한다. 이들은 또한 사려 깊고 신중하게 의사결정과 의사 표현을 한다.

앞서 제시한 의사소통 유형에서 가장 이상적인 유형이 별도로 존재하는 것은 아니다. 각각의 유형은 나름대로 독특한 강점을 지닌다. 그러나 이러한 강점이 과장되면 문제가 발생한다. 예를 들면, 감정형이 너무 지나치면 쉽게 흥분하고 진지하지 않게 보일 수 있다. 반면에 너무 엄격한 지휘형은 다른 사람들에게 밀어붙이는 유형으로 비쳐질 수도 있다. 또한 과도한 사려형은 소심하게 보일 수 있는 반면에 지나친 지원형은 우유부단하게 비쳐질 수 있다.

제9장 조직의 갈등관리

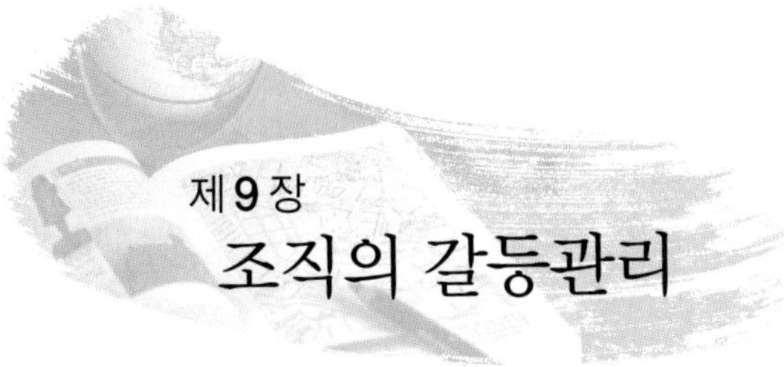

제9장 조직의 갈등관리

이 장에서는 학교조직 상황에서 발생할 수 있는 갈등과 관련된 문제들을 검토하고자 한다. 첫째로, 갈등의 개념에 관해 논의하고, 둘째로 갈등의 유형을 검토하고, 셋째로 갈등의 원인을 분석하고, 넷째로 갈등의 전개과정을 살펴보고자 한다. 마지막으로, 갈등의 해결기법과 갈등관리 전략을 검토하고자 한다.

1. 갈등의 개념

조직 내의 복잡한 대인관계는 매일매일의 생활 속에서 갈등을 피할 수 없게 만든다. 이와 같이 갈등 생성의 불가피성에도 불구하고, 우리는 갈등은 나쁜 것이고 또 피해야만 된다는 생각을 가지고 있다. 즉, 대부분이 사람들 사이에 갈등이 없으면 좋은 관계라고 믿고 있다. 그러나 갈등이 없다는 것은 건강한 관계가 아니라 무관심과 무개입의 징표일 수 있음에 유의할 필요가 있다. 사실상 다소간의 의견차는 창의적 사고와 진정한 혁신을 위해서 얼마간 필요함을 우리는 일상의 경험을 통해서 알고 있다. 그러므로 갈등은 적절하게 다루어질 수만 있다면 매우 가치 있는 요소가 될 수 있기 때문에 전적으로 부정적인 현상으로 간주할 필요는 없다.

그러면 갈등이란 구체적으로 무엇을 의미하는가? 갈등에 대한 개념적 정의는 매우 다양하다. 갈등 현상을 어떠한 측면에서 보느냐 그리고 그 범위를 어떻게 설정하느냐에 따라 그 의미는 상이해진다. 그리하여 아직껏 합의된 하나의 개념적 정의는 존재하지 않는다. 따라서 여기서는 몇 가지 개념적 정의를 소개하고, 그들 간의 공통점을 추출해 봄으로써 갈등의 개념을 이해하고자 한다.

K. Thomas(1976: 889)는 갈등이란 상대방이 욕구불만을 경험하고 있거나 혹은 좌절할 가능성이 있는 것을 지각할 때 나타나는 과정이라고 정의한다. 즉, 그는 갈등을 양 당사자의 지각, 감정, 행동 그리고 결과를 포함하는 과정으로 보면서, 상대방이 욕구불만을 가지고 있다는 것을 지각하게 될 때 시작되는 과정으로 규정하고 있다. 한편 R. Likert는 갈등이란 자신들이 선호하는 결과를 얻기 위해서 상대방이 그것을 얻지 못하도록 방해하는 노력을 의미한다고 정의하고 있으며(Likert & Likert, 1976: 7-8), M. Deutsch(1973: 10)는 갈등이란 단지 양립할 수 없는 여러 활동들이 일어날 때마다 나타나는 현상(Robbins, 1983: 288 재인용)이라고 정의하고 있다. 반면에 S. P. Robbins(1983: 289)는 갈등이란 목적을 달성하고 이익을 계속적으로 추구함에 있어서 B에게 좌절을 초래할 방해 행동을 취함으로써 B의 노력을 상쇄하기 위해 A에 의해 의도적으로 이루어지는 노력의 과정이라고 정의한다. Robbins가 제시한 갈등에 관한 정의에는 지각, 반대 입장, 자원의 희소성, 방해 등의 개념을 포괄하고 있으며, 더욱이 의도적인 결심에 의해 행해진 내재적 · 외현적 행동을 가정하고 있다.

한편 L. R. Pondy(1982: 360-364)는 하나의 갈등 현상은 서로 맞물려 있는 네 가지 갈등 단계로 구성되어 있다고 전제하면서 갈등은 이 모든 것을 포함하는 개념이어야 한다고 진술하고 있다. 네 가지의 갈등 단계는 갈등의 조건(자원 부족, 정책의 상이성 등), 갈등 당사자의 감정 상태(긴장, 스트레스, 불안, 적대감 등), 갈등 당사자의 인지 상태(갈등 상황의 지각과 인지) 그리고 갈등 행동(소극적 저항에서부터 공격까지)으로 구성되어 있다. 특히, 갈등의 조건은 잠재적 갈등으로 작용하며, 잠재적 갈등은 다음과 같이 세 가지 원천을 가진다(Pondy, 1982: 361).

첫째, 부족한 자원에 대한 경쟁이다. 자원에 대한 요구는 많은 데 반해서 가용 자원이 부족할 때 자원의 획득을 위한 경쟁은 갈등을 일으키게 된다. 둘째, 자율성의 행사다. 상대방의 영역에 해당되는 어떤 활동에 대해서 통제를 가하거나, 이러한 통제로부터 그 활동을 격리하려 할 때 자율성에 대한 요구가 갈등을 유발하게 된다. 셋째, 하위 단위 목표의 다양성이다. 서로 협동해야 하는 쌍방이 통일된 행동에 대한 합의가 이루어지지 않을 때 목표의 다양성은 갈등의 원천이 된다.

이상에서 살펴본 갈등의 정의에서는 다음과 같은 몇 가지 공통점을 발견할 수 있다. 첫째, 갈등은 양편 모두에 의해서 지각되어야 한다. 즉, 갈등의 존재 여부는 지각의 문제로 귀착된다. 만일 어느 한편이 갈등을 인지하고 있지 않다면, 갈등은 없는 것으로 간주된다. 물론 지각된 갈등이 모두 현실적인 갈등으로 나타나는 것은 아니다. 그리고 갈등적이라고 할 수 없는 상황이라고 해서 관련된 조직 구성원들이 갈등을 지각하지 않는 것은 아니다. 따라서 갈등이 존재하려면 그러한 갈등이 지각되어야 한다.

둘째, 갈등은 대립, 결핍 및 방해의 개념을 포함하며, 쌍방 간에 서로 양립할 수 없는 목표와 이해관계가 존재한다고 가정한다. 돈, 직무, 직위, 명예, 권력 등의 자원은 제한되어 있고, 이러한 자원의 부족이 상대방을 방해하도록 유인한다. 그래서 쌍방이 대립하게 된다. 한편 상대편의 목표 달성을 방해할 때 갈등상태가 일어나게 된다.

셋째, 갈등에 대한 정의 간의 차이는 갈등의 의도(intent)와 갈등이란 용어가 단지 공공연한 행동에만 한정되는 것인가, 그렇지 않은가에 집중된다. 의도의 문제는 방해 행동이 사전의 결심, 즉 의도에 의해 행해진 행동인가 아니면 예기치 않은 환경의 결과로 일어난 것인가의 여부에 관한 논쟁이다. 그리고 갈등이 공공연한 행동만을 가리키는 용어인가 하는 문제는, 어떤 정의에서는 갈등이 존재한다는 판단기준으로서 명백하고 공개적인 투쟁의 흔적이 있어야 한다고 주장하고 있는 것이다.

다음으로 갈등의 본질에 대한 이해를 심화시키기 위해 조직 내의 갈등의 역할에 관한 견해의 변천과정을 살펴보기로 한다. 조직 내에 갈등이 존재한다는 사실은 오래전부터 조직 현상을 연구하는 학자들에 의해 인정되어 왔지만, 갈등이라는 현상을 바라보는 관점은 상당한 변화를 거쳐 왔다. 일반적으로 조직 내에서 갈등의 역할이 무엇인가에 대해서는 다음과 같은 세 가지 관점이 존재한다. 첫 번째는 전통적 관점(traditional view)으로서, 갈등은 조직 내에서 역기능을 나타내기 때문에 될 수 있는 대로 피해야 한다는 것이다. 두 번째는 행동주의적 관점(behavioral view)으로서, 갈등이란 자연적인 것이며 조직에서 불가피하다는 것이다. 이 관점에서 갈등이란 나쁜 것이 아니라 오히려 조직의 효과성을 결정하는 적극적인 추진력이 될 수 있는 잠재력을 가지고 있다고 주장한다. 세 번째는 가장 최근의 관점인 상호작용적 관점(interactionist view)으로서, 갈등이 조직 내에서 적극적인 추진력이 될 수 있을 뿐만 아니라, 어떤 갈등은 조직이 업무를 효과적으로 수행하는 데 있어서 절대적으로 필요하다고 주장한다(Robbins, 1983: 289-291). 다음에서는 이 세 가지 관점을 좀 더 자세하게 살펴보기로 한다.

1) 전통적 관점

갈등에 대한 전통적인 견해는 갈등은 나쁜 것이고 조직의 효과성에 언제나 부정적인 영향을 미친다고 가정하였다. 그래서 갈등이란 용어는 폭력, 파괴, 비합리성 등과 같은 용어들과 동의어로 사용되었다. 갈등은 해로운 것이기 때문에 회피하여야만 했다. 그래서 관리자들의 책임의 일부는 조직에서 갈등을 제거하는 것이었다. 이와 같은 전통적인 주장은 19세기의 관리 및 조직에 관한 문헌의 지배적인 내용이었고, 그와 같은 주장은 1940년대 중반까지 지속되었다.

2) 행동주의적 관점

갈등에 대한 전통적인 견해에 뒤이어 나타난 견해가 행동주의적 관점이다. 행동주의적 관점을 취하는 사람들은 갈등이란 조직 내에서 자연적으로 일어나는 현상이라고 주장한다. 즉, 조직은 그 성질상 내재적인 갈등을 안고 있다는 것이다. 목표에 대한 의견의 불일치가 분명히 존재하고, 각 부서는 인정을 받기 위해 그리고 위세를 위해 경쟁한다는 것이다. 그리고 서로 다른 단위 부서끼리 자신들의 영역을 확대하기 위해 경쟁한다는 것이다. 이와 같이 갈등은 조직의 성질상 불가피한 것이기 때문에 행동주의자들은 갈등의 수용(acceptance of conflict)을 주장한다. 따라서 행동주의적 관점은 갈등의 존재를 다음과 같은 말로 합리화하였다. 즉, 갈등이란 조직에서 제거될 수 없는 현실이며, 조직의 성과에 유익한 결과를 가져다주는 경우도 있다는 것이다. 그러나 이와 같은 접근은 기껏해야 피상적인 갈등의 수용만을 주장하고 있다는 점에 유의해야 한다. 행동주의자들은 갈등의 고무를 때때로 언급하기는 하지만, 갈등을 능동적으로 추구하는 사람은 거의 없다. 행동주의자들은 갈등을 불가피한 것으로 받아들이기는 하지만, 갈등관리에 관한 문제를 언급할 때 그들이 의미하는 것은 모두 갈등의 해결(resolving conflict)을 말하고 있다. 역사적 관점에서 보아 행동주의적 견해는 1940년대 후반부터 1970년대 중반까지 관리 및 조직이론을 지배하고 있었다.

3) 상호작용적 관점

갈등에 관한 최근의 이론적 관점은 상호작용적 접근이다. 행동주의적 관점은 갈등을 수용하였지만, 상호작용적 관점은 갈등을 고무한다. 즉, 상호작용적 관점에 의하면, 조화롭고 평화로우며 평온하고 전적으로 협동적인 조직은 정태적이고 무감동적이며 변화와 개혁의 필요에 민감하지 못하게 되는 경향을 나타낸다는 것이다. 따라서 상호작용적 관점에 의하면, 갈등은 새로운 아이디어를 촉진하며 집단 내의 응집성을 강화시키고, 다양한 의견의 투입을 통하여 보다 우수한 의사결정을 초래하고, 욕구불만의 탈출구를 제공하며, 그 밖에 이와 유사한 유익한 결과를 조직에 가져다준다는 것이다. 이러한 상호작용적 관점은 다음과 같은 점에서 특히 행동주의적 견해와 차이를 보이고 있다(Robbins, 1983: 290).

- 갈등의 절대적 필요성을 인정한다.
- 기능적 대립을 조장한다.
- 갈등의 해결방법은 물론 갈등의 자극을 포함하여 갈등의 관리를 규정한다.
- 갈등의 관리를 모든 관리자의 주된 책임이라고 생각한다.

이와 같은 상호작용적 관점은 갈등이란 전적으로 좋은 것도 아니고 전적으로 나쁜 것도 아니라고 생각한다. 조직의 목표 달성을 지원하거나 업적 향상에 도움이 되는 갈등은 순기능을 하고, 업적을 방해하는 갈등은 역기능을 한다고 주장한다. 그러므로 관리자의 역할은 갈등이 병적인 극단적 상황으로 흐르지 않도록 환경을 조성하는 것이다.

2. 갈등의 유형

조직에서 나타나는 갈등은 조직 수준, 가시화의 정도 및 과업과의 관계의 비중에 따라 여러 가지 유형으로 분류할 수 있다. 먼저, 개인, 집단, 조직 수준에서 발생하는 갈등은 개인 갈등, 개인 간 갈등, 집단 내 갈등, 집단 간 갈등, 조직 내 갈등 및 조직 간 갈등으로 분류할 수 있다(Coombs, 1987: 355-363).

① 개인 갈등(intrapersonal conflict): 이것은 개인이 서로 대립되는 목표 또는 역할 가운데 하나를 선택해야 할 때 개인 내적으로 경험하는 갈등을 의미한다. 개인 갈등에는 인지적 갈등(cognitive conflict)과 정의적 갈등(affective conflict)이 있다(Gordon, 1993: 450). 인지적 갈등은 대립적인 목표로 인해 지적인 불안에 의해 야기되며, 긍정적 또는 부정적인 결과를 가져올 수 있다. 정의적 갈등은 경쟁적인 감정이 대립적인 목표에 수반되어 나타나는 갈등으로서 개인의 불만과 스트레스를 가중시키고, 생산성의 저하를 초래할 수 있다.

② 개인 간 갈등(interpersonal conflict): 이것은 두 사람이 문제, 목표 또는 행동

에 관하여 의견이 불일치할 때 나타나는 갈등이다. 이것은 관련된 문제를 표면화하는 동기로 작용하기도 하고, 개인 간의 의사소통을 가로막는 부정적인 구실을 하기도 한다.

③ 집단 내 갈등(intragroup conflict): 이것은 집단 내 개인 간 의견이 불일치할 때 발생한다. 집단 내 갈등은 개인 갈등에서와 마찬가지로 문제에 관하여 여러 구성원들이 감정적으로나 지적으로 서로 다른 견해를 나타내는 것이다.

④ 집단 간 갈등(intergroup conflict): 이것은 집단과 집단 사이에서 발생하는 갈등이다. 예를 들면, 계획부서와 집행부서 간에 나타나는 갈등으로서 동일한 문제에 관하여 서로 다른 견해를 가질 때 발생한다.

⑤ 조직 내 갈등(intraorganizational conflict): 이것은 조직 내 모든 활동에 걸쳐 발생한다. 조직 내 갈등에는 수직적 갈등, 수평적 갈등, 사선적 갈등이 있다. 수직적 갈등(vertical conflict)은 주로 상관과 부하 사이에서 발생한다. 그리고 수평적 갈등(horizontal conflict)은 동일한 계층 또는 수준에서 구성원들 또는 부서 간에 나타나는 갈등이다. 마지막으로, 사선적 갈등(diagonal conflict)은 조직의 상이한 계층 간의 갈등으로서 주로 자원의 배분 문제나 계선 결정에 대한 참모의 관여 등에 있어서 발생한다.

⑥ 조직 간 갈등(interorganizational conflict): 이것은 조직과 조직 사이에서 발생하는 갈등이다. 즉, 어떤 조직이 경쟁조직, 공급자 또는 고객에게 불확실한 상황을 야기하고, 동일한 자원에 대하여 접근하거나 통제하려고 할 때 발생한다.

또한 갈등은 가시화된 정도에 따라 잠재적 갈등, 지각된 갈등, 명백한 갈등으로 구분할 수도 있다(Pondy, 1967: 296-320).

① 잠재적 갈등(latent conflict): 이것은 갈등이 아직 사람들에게 지각되지 않은 상태의 갈등을 의미한다. 개인 또는 집단은 희소한 자원, 목표, 역할 등에 있어서 잠재적인 차이를 가질 수 있다. 이러한 차이는 궁극적으로 갈등을 유발

할 소지를 안고 있다. 그러나 이러한 차이가 반드시 갈등으로 지각되거나 노출되는 것은 아니다.

② 지각된 갈등(perceived conflict): 이것은 개인 또는 집단이 갈등의 존재를 지각하는 것을 말한다. 즉, 사람들이 의견의 차이, 대립적인 가치와 목표, 반대되는 행동의 집행 등에 있어서 차이를 지각한다. 지각된 갈등은 갈등에 개입된 개인 또는 집단에 개인화된다. 즉, 개인 또는 집단은 발생한 갈등에 대하여 자신들을 중심으로 한 반응의 필요성을 느끼게 된다.

③ 명백한 갈등(manifest conflict): 이것은 갈등의 존재가 관련된 모든 개인 또는 집단에 표면화된 갈등이다. 이러한 갈등은 개인 또는 집단이 자신의 목표를 관철하기 위하여 상대방을 공격하는 명백한 형태로 나타난다. 따라서 조직은 명백한 갈등이 존재할 때 갈등의 해결방법을 강구해야 한다.

마지막으로, 갈등은 과업과 관계의 정도에 따라 과업 갈등과 관계 갈등으로 분류할 수 있다(Pinkley, 1990: 117-126).

① 과업 갈등(task conflict): 이것은 집단 또는 조직이 수행하는 과업의 내용에 기초한 갈등이다. 즉, 과업의 내용에 관해 구성원들 간에 의견의 불일치가 있을 때 나타나는 갈등이다. 여기에는 관점, 생각, 의견 등의 차이로 인한 갈등이 포함된다.

② 관계 갈등(relationship conflict): 이것은 집단 또는 조직의 상호 관계에서 비롯되는 갈등이다. 이러한 갈등은 구성원들 간의 인간관계에 있어서 양립 불가능성이 존재할 때 나타나는 갈등으로서 긴장, 적대감, 성가심 등이 전형적인 예다.

3. 갈등의 원인

많은 다양한 요인들이 조직의 갈등을 촉진시킬 수 있다. 어떤 요인들은 심리적인 특성이다. 즉, 갈등은 조직 구성원들의 개인적 특성에서 기인한다. 이와 같은 개인적 특성이 실제적으로 의미하는 것은 어떤 사람들은 서로 어울려 잘 지내기가 매우 어렵다는 것이다. 이와 같이 어울려 잘 지내기가 어려운 것은 공식적인 직무 수행상의 어쩔 수 없는 대립적인 상호작용에서 기인한 것은 아닐 것이다. 우리의 관심사는 조직구조상에서 비롯되는 갈등 문제에 있다. 따라서 여기서는 가장 빈번하게 인용되고 있는 다음과 같은 갈등의 조직구조적 원천을 중심으로 살펴보고자 한다 (Walton & Dutton, 1969: 73-84; Robbins, 1983: 294-300 재인용).

① 과업상의 상호 의존성: 과업상의 상호 의존성이란 조직 내의 두 단위부서가 각기 그들의 과업을 효과적으로 완수하기 위하여 협조, 정보 교환 및 그 밖에 협동적인 활동에 있어서 서로 의존하고 있는 정도를 가리키는 말이다. 과업상의 상호 의존성과 갈등 간의 결합 관계는 직접적인 것은 아니다. 과업상의 상호 의존성이 단위부서 간의 관계의 강도 내지는 긴장을 높인다. 따라서 두 단위부서 간에 상호작용이 강요될 때 갈등의 잠재력은 점차적으로 확대된다. 그러나 상호작용이 반드시 갈등으로 이어지지는 않는다. 단위부서 간의 상호작용은 친절하고 협동적인 관계로 발전할 수도 있는 것이다.

② 과업상의 일방적 의존성: 한 단위부서가 다른 단위부서에 대하여 일방적으로 의존할 때 갈등의 가능성은 훨씬 더 커진다. 과업상의 상호 의존성과는 대조적으로 과업상의 일방적 의존 관계는 권력의 균형이 한쪽으로 기울어져 있다는 것을 의미한다. 그리하여 지배적인 단위부서가 하위 단위부서와 협동할 만한 유인을 거의 갖지 못하기 때문에 갈등의 가능성은 결정적으로 더 높아지게 된다.

③ 고도의 수평적 분화: 단위부서 간의 차이가 크면 클수록 갈등이 일어날 가능

성은 그만큼 커진다. 조직 내의 단위부서들이 고도로 분화되어 있으면 각 단위부서가 수행하는 과업 및 단위부서가 관리해야 할 하위 환경이 차이가 나는 경향이 있기 때문이다. 물론 고도의 분화가 자동적으로 갈등으로 이어진다고 할 수는 없다. 과업의 상호 의존성 및 보상과 같은 다른 요인들이 내재적인 갈등의 잠재성을 지체시키기도 하고 자극하기도 한다.

④ 낮은 공식화: 규칙이나 규정은 모호성을 최소화함으로써 갈등을 감소시킨다. 고도의 공식화가 이루어져 있는 곳에서는 단위부서의 구성원들이 다른 부서의 구성원들과 상호작용하는 방법을 표준화하고 있다. 따라서 역할 규정이 명백하며 단위부서의 구성원들은 다른 부서의 구성원들에게서 기대되고 있는 것을 잘 알고 있게 된다. 이와 반대로 공식화의 정도가 낮은 곳에서는 관할권 분쟁의 잠재성이 증대된다.

⑤ 한정된 자원에 대한 상호 의존성: 두 개 혹은 그 이상의 단위부서들이 물리적 공간, 설비, 운영 자금, 자본 예산의 배분 등과 같은 한정된 자원을 공동으로 사용할 때 갈등의 잠재성은 증대된다.

⑥ 평가기준과 보상체제의 차이: 최고 관리자가 각 부서들을 통합하여 일괄적으로 평가하여 보상하지 않고, 각 부서별로 그 업적을 평가하고 보상하는 데 강조점을 두면 갈등의 가능성은 그만큼 더 커진다.

⑦ 참여적 의사결정: 의사결정에 의해 영향을 받게 될 사람들이 의사결정기구의 일부분을 구성하고 있는 경우, 합동적인 의사결정은 갈등을 촉진한다. 참여적 의사결정 과정에서는 현존하는 잠재적인 분쟁 가능성이 표출될 수 있는 기회와 더불어 의견의 불일치가 일어나는 경우가 많아진다.

⑧ 구성원들의 이질성: 구성원들이 보다 이질적이면 이질적일수록 그들은 순조롭고 협동적으로 함께 일하게 될 가능성이 그만큼 줄어든다. 구성원들 간의 배경, 가치관, 교육 수준, 연령 등과 같은 개인적인 차이점이 단위부서의 대표자 간에 대인관계의 친밀성을 저하시키고, 그로 인하여 단위부서 간의 협력이 감소된다는 사실이 연구에 의해 밝혀졌다.

⑨ 지위 및 신분상의 불일치: 지위 및 신분상의 불일치가 변화가 일어났을 때 갈

등을 촉진한다. 예를 들면, 개인적인 지위 및 신분(자신의 신분에 대한 지각)이 지위 및 신분 차원의 등급에 있어서 차이가 존재할 때 갈등의 증가가 최고조에 이른다는 것이 밝혀졌다.

⑩ 역할에 대한 불만: 지위 및 신분상의 불일치와 매우 유사한 것으로서 역할에 대한 불만이 있다. 역할에 대한 불만도 여러 가지 원천에서 오는데, 그중의 하나가 바로 지위 및 신분의 불일치다. 사람들은 자신의 직위에서 자신을 어떻게 지각하느냐가 그의 업적에 중대한 영향을 미치고, 자신의 부서와 다른 부서의 동료들과의 잠재적인 갈등 관계에도 영향을 미치게 된다.

⑪ 의사소통의 왜곡: 갈등의 원천으로서 빈번하게 인용되고 있는 것 중의 하나가 바로 의사소통의 왜곡 또는 의사소통의 곤란성이다. 이와 같은 의사소통의 왜곡 현상은 수직적 의사소통에서 두드러지게 나타난다. 정보가 계층을 따라 위아래로 통과하는 과정에서 모호성이나 왜곡의 영향을 받기 쉽다. 그러나 이와 같은 왜곡 현상은 수평적인 의사소통에서도 일어나고 있음을 보게 된다.

이상에서 살펴본 갈등의 조직구조적 원인 외에도 조직 내에서는 다양한 요인에 의해 갈등이 야기된다. 예를 들면, B. L. Reece와 R. Brandt(1984: 337-339)가 제시한 몇 가지 중요한 갈등의 근원을 살펴보면 다음과 같다.

① 의사소통의 단절: 조직 갈등의 가장 큰 원인은 원활하지 못한 의사소통으로 인하여 자주 발생하는 오해와 곡해다.

② 가치관의 대립: 세대, 남녀, 직위, 교육 수준, 종교 등의 차이에서 비롯되는 가치관의 차이가 갈등을 일으키는 요인이 된다.

③ 직무 및 정책의 불명확성: 직무가 명확하게 규정되어 있지 않으면, 구성원들은 자신의 권한과 책임의 범위를 잘 모르게 된다. 이와 같은 경우에 권한과 책임의 소재와 관련하여 갈등이 일어나게 된다. 또 인사정책이 명확하게 잘 규정되어 있지 않음으로써 승진, 보상 등이 일관성 없이 임의적으로 이루어지게 되는데, 이것이 갈등을 일으키는 요인으로 작용한다.

④ 인성의 차이: 인성의 현격한 차이에서 오는 갈등은 미미한 의견 대립에서부터 시작하여 심각한 인간관계의 파괴를 초래하기까지 한다. 부정적 자아개념을 가진 사람은 지나치게 방어적이어서 갈등을 일으키고, 개인적 적대감은 팀워크를 손상시키며, 협동을 어렵게 만든다.

⑤ 전제적 관리체제: 전제적 관리체제하에서는 구성원들이 철저하게 감시받게 되고, 건설적인 비판이 수용되지 않는다. 관리자들은 규칙과 절차를 엄격하게 적용하려고 하는 데 반해서 구성원들은 더 많은 자유를 향유하려고 하는 데서 갈등이 빚어지게 된다.

⑥ 공정하지 못한 임금과 혜택: 만일 어떤 구성원이 같은 일을 하는 동료가 자신보다 더 많은 임금과 혜택을 받고 있다는 사실을 알게 된다면 노사 갈등이 발생할 수 있다.

⑦ 권위에 대한 불신: 구성원들이 조직 내의 권위에 대해서 가지는 불신은 관리자들에 의해 제시된 제안과 변화에 대하여 저항하고, 관리자들의 행태에 대하여 의구심을 가지며, 조직의 정책과 절차에 대하여 비판을 가하도록 한다. 이와 같은 부정적인 태도는 다른 사람들에게 영향을 미치고, 집단의 팀워크를 허물어뜨리며, 이것이 조직 내 갈등을 유발하는 요인으로 작용한다.

⑧ 급격한 변화, 경제적 침체와 같은 외적 요인: 새로운 기술의 도입과 경제 사정의 악화는 구성원들의 직무 안정성을 위협하며, 이것이 조직 내 갈등을 유발하는 요인으로 작용한다.

4. 갈등의 과정

조직 내에서 갈등은 일련의 과정을 거쳐 발생한다. Robbins(1986: 297-305)의 관점에 따르면, 갈등의 과정은 [그림 9-1]에 제시된 바와 같이 잠재적 대립, 인지 및 개인화, 행동 그리고 결과의 4단계로 이루어진다. 다음에서는 이에 관해 구체적으로 살펴보기로 한다.

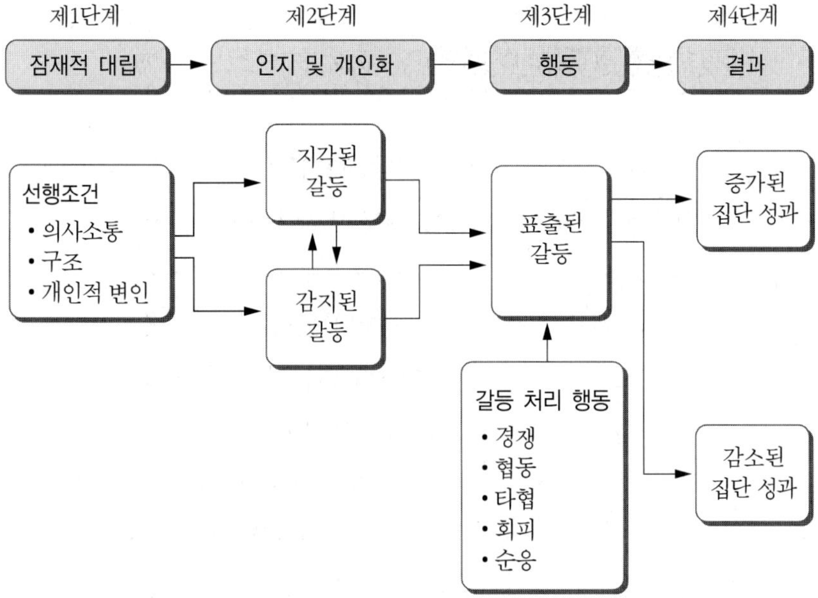

[그림 9-1] 갈등의 과정

출처: Stephen P. Robbins(1986). *Organizational Behavior*. N. J.: Prentice Hall, p. 297.

1) 제1단계: 잠재적 대립

갈등과정의 제1단계는 잠재적 대립(potential opposition)으로, 여기서는 갈등을 일으키는 여러 가지 조건들이 나타난다. 그 조건들이 직접적으로 갈등을 일으키지는 않지만 갈등이 발생하려면 이들 조건 중 하나가 필요하게 된다. 이들 조건은 의사소통, 구조 그리고 인성적 변인들로 간단하게 유목화될 수 있다.

① 의사소통: 의사소통과 관련된 잠재적 갈등은 어의상의 소통 곤란, 불충분한 정보 교환, 오해 그리고 의사소통 통로에 내재해 있는 소음으로부터 일어난다. 의사소통이 적절하게 이루어지지 않을 때가 갈등 발생의 1차적인 잠재적 원인으로 지적된다.

② 구조: 여기서 구조는 규모, 과업의 전문화 정도, 책임과 권한의 명확성, 지위

체제, 목표의 다양성, 지도성 유형, 보상체제, 집단 간의 의존성 정도와 같은 변인들을 포함한다.

③ 인성적 변인: 각 개인의 가치관과 특성상의 차이를 설명해 주는 인성을 포함한다.

2) 제2단계: 인지 및 개인화

1단계의 여러 조건들이 불만을 야기하면, 2단계에서는 잠재적 대립이 현실로 나타난다. 한편이든 양편 모두든 간에 갈등에 의해서 영향을 받고 또 이를 인지할 때 1단계의 조건들이 갈등을 유발한다. 한편이든 양편 모두든 갈등의 조건이 존재함을 인지해야 한다. 그러나 갈등을 지각한다는 것이 반드시 갈등의 개인화(personalized)를 의미하지는 않는다. 여기서 개인화는 양편이 불안, 긴장, 불만, 적대를 경험하면서 감정적으로 깊이 빠져드는 상태를 지칭한다.

3) 제3단계: 행동

갈등과정의 3단계에서는 상대방의 목적 달성을 방해하거나 이익 획득을 저지하는 행동을 취한다. 이 행동은 반드시 의도된 것이어야 한다. 다시 말하면, 상대방을 좌절시키거나 훼방 놓기 위한 행동이어야 한다. 이 시점에서 갈등은 공개적으로 표출된다. 표출된 갈등은 간접적이며 고도로 통제된 형태에서부터 직접적이며 공격적인 형태에 이르기까지 다양하게 나타날 수 있다. 또 이 단계에서 갈등 처리 행동을 취한다. 이는 갈등 발생을 예방하기 위한 조치라기보다는 발생한 갈등을 감소시키기 위한 방법이다.

Thomas(1976: 900-901)는 갈등의 처리 행동에 관해 [그림 9-2]와 같이 협동성을 X축으로, 독단성을 Y축으로 하여 이들 간의 조합을 통해서 경쟁, 협력, 회피, 순응 및 타협으로 개념화하였다. 여기서 협동성은 한편이 상대편의 관심과 이익을 어느 정도 만족시켜 주느냐와 관련된 개념인 반면에, 독단성은 한편이 자기 자신의 이익

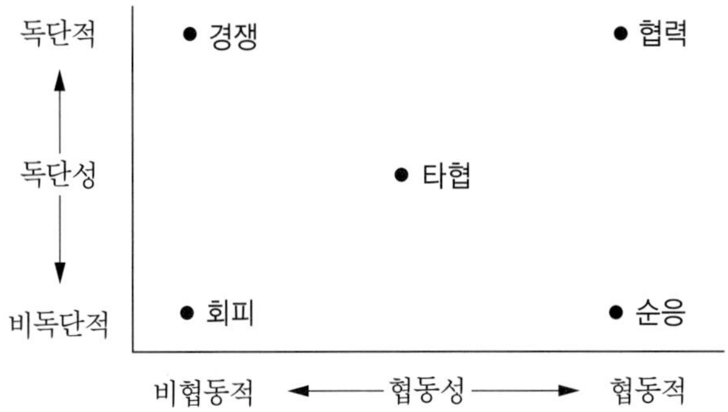

[그림 9-2] 갈등의 처리 행동

출처: Kenneth W. Thomas(1976). Conflict and Conflict Management. In M. D. Dunnette (ed.), *Handbook of Industrial and Organizational Psychology*. Chicago: Rand McNally, p. 900.

과 관심을 어느 정도 만족시키려고 하느냐와 관련된 개념이다. [그림 9-2]에 제시된 갈등의 처리 행동에 관해 구체적으로 설명하면 다음과 같다.

① 경쟁: 한편이 자기 자신의 목적과 이익을 쟁취하기 위해서 상대편을 희생시키는 경우로, 한편이 지배적이고 유리한 고지를 점하려고 한다. 이것은 한편은 이기고 상대편은 지는 승-패 전략(win-lose strategy)으로 갈등 상황을 벗어나고자 한다. 여기서는 자신의 목적이 인간관계보다 훨씬 더 중요하다. 어떠한 희생을 치르더라도 자신의 목적을 성취하려고 애쓰지만, 상대방의 욕구에 대해서는 전혀 관심을 가지지 않으며, 다른 사람들이 자신을 좋아하고 수용할 것인가에 대해서는 상관하지 않는다. 다만, 자신이 승리자가 되어 자부심과 성취감을 갖고자 한다.

② 순응: 상대편의 이익과 관심을 자기 자신의 그것보다 더 우위에 둠으로써 상대편을 회유한다. 자신의 이익을 돌보지 않으며, 인간관계를 계속 유지하기 위해서 한편이 자기희생을 감수한다. 자신의 목적보다는 인간관계를 더 중요시하며, 다른 사람들에 의해서 수용되기를 원한다. 갈등은 화합과 조화를 이루는 방향에서 피해야 한다고 본다.

③ 회피: 갈등이 존재하지만 이를 억누른다. 마치 거북이가 목을 집어넣듯이 갈

등으로부터 숨는다. 개인적 목적과 인간관계 양 측면을 모두 포기한다. 갈등에 정면으로 대응하기보다는 갈등으로부터 신체적, 심리적으로 멀리 물러서는 편이 낫다고 믿는다. 만일 갈등 상황으로부터 후퇴가 가능하지 않으면, 갈등 자체를 억누르거나 보류한다. 갈등 자체를 무시함으로써 아무런 결정을 내리지 않는 가장 소극적인 방법이다.

④ 협력: 양편의 관심과 이익을 모두 충족시키기 위해서 상호 협조와 공생 및 공존을 추구한다. 양편의 행동은 문제를 해결하고 견해차를 분명히 하는 데 그 목적을 둔다. 다양한 대안이 폭넓게 제시되고, 관점상의 유사성과 상이점이 적나라하게 표면화된다. 해결책이 양편 모두에게 도움이 되기 때문에 협력은 갈등 해소에 있어서 자주 승-승 접근(win-win approach)으로 간주된다.

⑤ 타협: 각 편이 무엇인가를 얼마간 포기해야만 할 때 상호 공유하는 부분이 생긴다. 그 결과로서 서로 간에 절충된 결과를 얻을 수 있다. 타협에서는 승자와 패자가 명확하게 구분되지 않는다. 타협의 가장 두드러진 특징은 각 편으로 하여금 무엇인가를 양보 또는 포기하도록 하는 것이다. 이것은 노사 간의 협상이 타협을 필요로 하는 상황에서 잘 나타난다.

이상과 같은 갈등의 처리 행동은 조직이 처한 상황에 따라 적절하게 고려되어야 한다. 다음에 제시된 〈표 9-1〉은 갈등의 처리 행동과 상황과의 관계를 예시적으로 제시한 것이다.

〈표 9-1〉 갈등의 처리 행동과 상황과의 관계

갈등 처리 행동	적절한 상황
1. 경 쟁	1.1 신속하고 단호한 행동이 취해져야 할 경우(비상시) 1.2 수용되기 어려운 행동이라도 해결해야만 하는 중요한 문제가 있는 경우 1.3 조직의 복지 향상에 직결되는 중요한 문제가 있는 경우 1.4 비경쟁적 행동을 이용하는 사람에게 반대할 경우

2. 순 응	2.1 자신이 틀렸다는 것을 알게 될 경우 2.2 문제가 자신보다는 상대방에게 더 중요한 경우 2.3 차후에 이득을 얻고자 할 경우 2.4 손실을 최소화하고자 할 경우 2.5 조화와 안정이 무엇보다도 중요한 경우 2.6 부하들로 하여금 실수를 통해서 학습하도록 할 경우
3. 회 피	3.1 문제가 덜 중요하거나, 더 중요한 문제가 압박을 가할 경우 3.2 자신의 이해 및 관심을 충족시킬 기회가 없다고 지각될 경우 3.3 잠재적 혼란이 갈등 해소로 인해 얻어지는 이득보다 더 클 경우 3.4 사람들로 하여금 냉정을 되찾고, 새로운 관점을 갖도록 하기 위한 경우 3.5 즉각적인 결정에 앞서 많은 정보 수집이 요구되는 경우 3.6 다른 사람이 보다 효과적으로 갈등을 해결할 수 있는 경우 3.7 문제가 다른 문제와 연결되어 있는 경우
4. 협 력	4.1 양측의 관심이 너무 중요하여 타협하기 어려우나, 해결책을 찾아야 할 경우 4.2 상이한 관점을 가진 사람들의 통찰력을 결합하고자 하는 경우 4.3 서로의 이해 및 관심을 합의로 전환시켜 헌신하도록 할 경우 4.4 대인관계를 방해하는 감정을 극복하고자 하는 경우
5. 타 협	5.1 목적은 중요하나 협력할 만한 가치가 없는 경우 5.2. 동일한 힘을 가지고 있는 상대편이 상호 배타적인 목적을 가지고 있는 경우 5.3 복잡한 문제에 대해 잠정적인 해결책을 강구할 경우 5.4 시간적 제약 때문에 임시방편의 해결책을 모색하는 경우 5.5 협력 또는 경쟁이 성공적이지 못한 상황에서 하나의 대안

출처: Kenneth W. Thomas(1977). Toward Multidimensional Values in Teaching: The Example of Conflict Behaviors. *Academy of Management Review*, p. 487.

4) 제4단계: 결과

표출된 갈등 행동과 갈등의 처리 행동 간의 상호작용은 다양한 결과를 도출한다. 그 결과는 조직의 성과를 향상시키는 데 기여함으로써 순기능적일 수도 있고, 이와는 반대로 조직의 성과를 저해하는 데 영향을 미침으로써 역기능적일 수도 있다.

다음에 제시된 [그림 9-3]에서 보듯이 갈등의 수준은 매우 높거나 매우 낮을 수

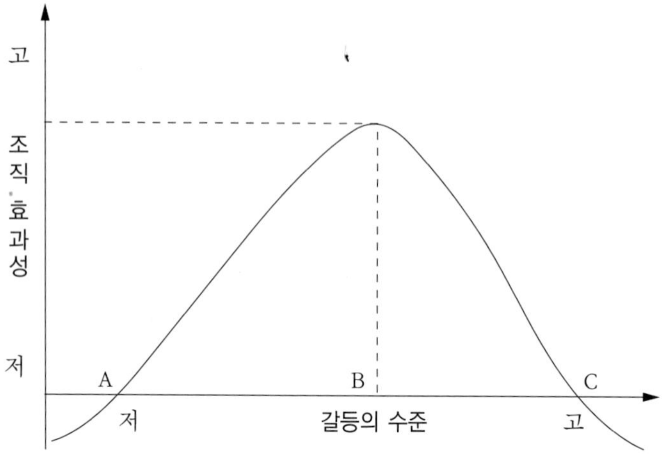

상 황	갈등의 수준	갈등의 형태	내적 특성	성 과
A	낮음 또는 없음	역기능적	• 무관심 • 침체 • 변화에 대한 무관심 • 새로운 아이디어의 결핍	낮음
B	최적	순기능적	• 활력 • 자기비판 • 혁신	높음
C	높음	역기능적	• 분열 • 혼란 • 비협조	낮음

[그림 9-3] 갈등과 조직 효과

출처: Stephen P. Robbins(1983). *Organization Theory: The Structure and Design of Organizations*. Englewood Cliffs, N. J.: Prentice-Hall, Inc., p. 291.

있다. 이때 갈등 수준이 너무 높거나 너무 낮으면 성과가 저하된다. 갈등이 침체를 예방하고 창의성을 자극하며 긴장을 해소시키고, 변화를 일으킬 수 있을 정도로 충분히 있을 경우가 적정 수준이라고 말할 수 있다. 갈등 수준이 충분하지 못하거나 지나치게 과도할 때 구성원의 만족도가 저하되고, 결근과 퇴직률이 높아지며, 생산성이 낮아지는 등 조직의 효과성이 떨어진다. 갈등이 적정 수준을 유지할 때 자기

만족이 높아지고 무관심이 최소화되며, 일을 보다 재미있게 할 수 있는 도전적인 환경이 조성됨으로써 동기가 증대된다.

[그림 9-3]에 제시된 바에 의하면, 갈등 수준이 너무 높거나 너무 낮으면 바람직하지 않다. 상황 B는 갈등의 최적의 수준을 나타내고 있다. 상황 A에서부터 B까지의 영역(B점은 포함되지 않음)에서는 관리자가 갈등을 고무하여 기능적 특성으로부터 충분한 유익을 얻으려고 노력하여야 한다. 반면에 상황 B의 우측에 있는 영역은 갈등 수준을 감소시키기 위한 노력이 필요하다.

5. 갈등 해결의 기법

갈등의 수준이 지나치게 높을 경우에는 조직의 과업 수행에 역기능을 초래한다. 따라서 여기서는 갈등의 강도를 수용될 수 있는 수준으로 낮추는 데 널리 활용되고 있는 다음과 같은 조직의 구조적 기법(structural techniques)에 관해 살펴보기로 한다(Robbins, 1983: 300-306).

① 상위 목표의 도입: 상위 목표는 두 개 혹은 그 이상의 단위부서에 의해 달성되는 공동 목표로서 어느 한 집단의 자원만으로 달성될 수 없는 매우 매력적이고 협동을 필요로 하는 목표다(Sherif, 1964: 410; Robbins, 1983: 300 재인용). 상위 목표를 도입하는 방법은 공동 목표의 규정으로부터 시작하여 그와 같은 공동 목표가 서로 갈등하고 있는 집단들의 협동적인 노력이 없이는 달성될 수 없다는 것을 인식시키는 것이다. 이와 같은 방법이 효과적이기 위해서는 상위 목표가 각 단위부서들이 개별적으로 가지고 있는 목표를 대치할 수 있는 것이어야 한다. 공동적으로 추구하는 목표 달성의 과정에서 의견의 불일치는 당사자들의 협동적인 작업을 요구하게 됨으로써 갈등을 감소시킬 수 있게 된다.

② 단위부서 간의 상호 의존성 감소: 상호적인 의존 관계나 일방적인 의존 관계

가 갈등을 야기할 때 의존 관계의 감소를 고려해 볼 수 있다. 상호 의존 관계를 감소시키는 방법으로는 완충물(buffer)을 도입하거나 조정 직위(coordination positions)를 신설하는 것이 효과적일 수 있다.

③ 자원의 확충: 갈등이 제한된 자원에 기인할 때, 그와 같은 갈등상태를 해결할 수 있는 가장 쉬운 방법으로서 갈등 당사자 모두에게 만족을 가져다주는 한 가지 방법은 활용 자원을 확충하는 방법이다. 그것이 갈등 밖에 있는 다른 당사자들에게는 가장 바람직하지 못한 것이 될지라도 가장 강력한 해결방법이 될 수 있는 것은 갈등 당사자에게 승리를 안겨 줄 수 있다는 데 있다.

④ 문제의 공동 해결: 문제의 공동 해결은 집단 간의 갈등을 해결하기 위한 가장 건전한 방법이다. 이 갈등 해결방법은 갈등 당사자들을 대면시켜 갈등의 저변에 있는 원인을 정면으로 마주하게 하여 해결책을 찾는 책임을 분담하게 하는 것이다. 이와 같은 과정을 통해서 불신의 원인과 갈등의 저변에 깔린 오해의 원인이 겉으로 명백히 드러나게 된다. 이 방법의 목적은 상이한 견해차를 단순히 조정하는 데 있지 않고 문제를 해결하려는 데 있다.

⑤ 청원체제: 갈등의 해소는 공식적인 경로를 만들어 고충 사항을 제출하고 청문 및 조치를 취하게 함으로써 처리할 수도 있다. 만약 노동자나 노동자 집단이 감독자 및 동료들의 행동에 의해 자신들의 권리가 위태로워졌다고 믿게 된다면, 청원체제는 공식적인 구제책 내지는 시정책을 제공하게 된다. 이 경우에 청원은 차 · 상급자, 조직 계층상의 높은 직위에 있는 최고경영층 및 제삼자인 노동 중재인에게 제출될 수 있다.

⑥ 공식적인 권한: 조직 내의 개인들은 거의 예외 없이 그들의 상위자들의 권한을 갈등 해결을 위해 사용할 수 있는 하나의 방법으로 인정하고 있다. 비록 갈등 당사자들이 상위자들의 결정에 의견을 같이하고 있지 않을지라도 그들은 상위자의 결정을 따르는 것이 보통이다. 그래서 공식적인 권한의 행사는 갈등을 해소하는 데 있어 고도로 성공적인 방법이 되는 것이다.

⑦ 상호작용의 촉진: 다른 상황이 동일하다면 사람들 간에 상호작용이 많으면 많을수록 협동을 촉진할 수 있는 공동 관심사와 유대감이 그만큼 더 발전하게

될 가능성이 높아진다. 분명하게 대립적인 가치관을 가진 집단들로 하여금 정규적으로 상호작용하도록 강요하는 경우, 갈등이 발생할 가능성은 그만큼 높아진다고 할 수 있다. 그러나 계속적인 상호작용은 갈등을 감소시킬 것이다. 비록 갈등이 관리자가 바라는 수준만큼 낮아질 수는 없겠지만, 그 방향은 갈등 수준이 낮아지는 쪽으로 나아가게 될 것이다.

⑧ 조직 전체에 걸친 평가기준과 보상체제: 평가와 보상을 결합시키지 않는 것이 갈등을 야기한다면, 관리자는 협동이 촉진되도록 각 부서를 평가하고 보상할 수 있는 업적 평가기준의 설정을 고려해야 한다. 그리고 평가기준이 어떤 결점이나 결함을 찾아내는 데 성공했는가보다는 오류를 어느 정도 예방했는가에 있게 되면 갈등은 많이 줄어들 것이다. 또한 조직 전체에 걸친 이익 분배 및 상여금 계획을 수립 · 실시하게 되면, 조직의 기본적인 관심사는 전체 체제의 효과성에 있는 것이지, 어떤 단일 부서의 효과성에 있는 것이 아니라는 것을 모든 구성원이 깨닫게 될 것이다.

⑨ 갈등상태에 있는 부서들의 합병: 갈등의 해결을 위해 마지막으로 제안할 수 있는 것은 갈등상태에 있는 단위부서들 중 하나가 경계 영역을 확장하여 갈등의 자극요인이 되는 상대방의 단위부서를 흡수하는 방법이다.

6. 갈등관리 전략

오늘날 조직 내에서 갈등은 피할 수 없는 일상적인 현상으로서 현실적으로 갈등을 없애는 것이 거의 불가능한 일이라면, 효과적인 조직관리의 요체는 갈등을 제거하려는 데 있는 것이 아니라, 갈등을 창의적으로 잘 관리하는 방법을 터득하여 그 에너지를 건설적인 목적을 위해 사용하도록 유도하는 데 있다고 할 수 있다. 만일 어느 조직이 적정한 수준의 긴장을 관리하고 유지할 수 있는 정교한 방법을 모르고 있다면, 갈등은 쉽게 파괴적인 요인으로 작용할 것이다. 즉, 조직 내의 갈등은 구성원들의 사기를 저하시키고, 불신과 반목을 증폭시켜 협동적 행동을 방해함으로써 주요 과업에 투입되어야 할 에너지를 분산시켜 생산성을 떨어뜨리게 될 것이다. 따라서 조직의 최고관리자는 조직을 효과적으로 관리하기 위해서 조직 내의 갈등 상황을 정확히 인지하고, 갈등 상황에 맞는 갈등관리 전략을 사용함으로써 갈등을 조직에 순기능적으로 작용하도록 하여야 할 것이다. 일반적으로 갈등관리의 기본 전략은 다음과 같이 승-패 전략, 패-패 전략, 승-승 전략으로 범주화된다.

1) 승-패 전략

상대편의 희생 위에서 자신의 목적을 달성함으로써 갈등을 제거한다. 한 사람은 승자가 되고 상대편은 패자가 될 수밖에 없다. 이 접근방법이 단기적으로는 갈등을 해결하지만 그 문제의 근본적인 원인을 치유하지는 못한다. 패자는 해결책에 대해서 불만을 가지지 않을 수 없기 때문에 승-패 전략은 새로운 갈등을 일으키기 위한 씨앗을 뿌리는 것과 같다. 이 전략은 다음과 같이 다양한 방법으로 적용될 수 있다.

- 관리자가 독재자가 되어 해결책을 결정하고, 그것이 최종안임을 분명히 한다. 당사자들 간의 토론이나 피드백이 허용되지 않으며, 법령에 의해서 문제를 해결한다.
- 만일 상대방이 해결책을 받아들이기를 거부한다면, 관리자는 그의 안전을 위협할 수 있다. '내가 말한 대로 하든지 아니면 다른 일을 찾도록 하라.'가 이를 설명하기 위한 적절한 말이다. 이 접근방법은 효과적으로 반대를 억누르고 토론을 종식시킨다.
- 관리자는 갈등에 처해 있는 사람들로부터 주어지는 어떠한 제안이나 논쟁도 무시할 수 있다. 그들은 갈등이 해결되는 과정에서 전혀 의견을 개진하지 못하도록 비인간적으로 취급된다. 만일 그들이 지속적으로 무시당한다면, 그들은 포기하고 관리자는 승리할 것이다.
- 다수결의 원리에 따라 투표한다. 만장일치가 되지 않는 한 누군가는 패자가 된다. 승-패 전략을 어느 때 사용하는 것이 좋은가? 양편이 어느 해결책에 대해

서도 의견의 일치를 보이지 않는 상황에서 이 전략이 도움이 될 수 있다. 그러나 이러한 전략으로는 바람직한 인간관계를 유지할 수 없다.

2) 패-패 전략

양편 모두가 패자가 되는 전략이다. 다시 말하면, 양편 모두가 무엇인가를 잃음으로써 갈등이 제거된다. 이 전략은 부정적인 함의에도 불구하고 갈등을 제거하기 위해서 사용된다. 또한 기본적으로 중재방법을 사용한다. 양편은 서로 타협하라는 요청을 받는다. 그래서 각자는 상대방에게 무엇인가를 양보해야만 한다. 희생이 너무 큰 경우, 그 사람은 많은 것을 포기했다는 느낌을 가지게 된다. 중재자가 나서서 갈등을 해결하는데, 이 과정은 어떠한 형태로든 해결책이 도출되어야 한다는 것을 의미한다. 그러나 중재과정은 최종적인 해결책을 도출하기 위해 각 편에서 준 것만큼 받도록 한다. 이처럼 규칙을 적용함으로써 갈등을 해소하기도 한다. 그러나 그것은 갈등에 포함된 사람의 문제를 해결하지는 못한다.

패-패 전략은 토론을 통해서 문제해결을 할 시간이 없을 때, 또는 어느 편도 합의에 도달하지 못할 때 적용될 수 있다. 예컨대, 노사 분쟁을 해결하기 위해 중재에 위탁될 수 있다. 아니면 회사의 정책으로 논쟁을 끝내게 할 수 있다. 그러나 근본적인 문제가 해결되지 않은 상태이기 때문에 갈등이 지속된다. 패-패 전략은 결코 갈등의 원인을 제거하지는 못한다.

승-패 전략에서도 마찬가지지만 패-패 전략에서 각 편은 자신의 관점에서만 문제를 보는 경향이 있으며, '우리' 모두의 입장에서 공동의 이익을 위해 문제를 규명하지 않는다. 또 문제에 대해서도 임시방편의 단기적인 해결책을 찾는 데만 급급하다. 갈등의 근본적인 원인을 규명하고, 해결책에 의해서 나타날 최종적인 결과를 규정해 보려는 노력은 거의 하지 않는다.

3) 승-승 전략

단계적 문제해결 과정을 통해서 얻어진 해결책이 양편 모두에게 만족스럽게 수용됨으로써 갈등이 제거된다. 이 전략의 근본 목적은 상대방을 비난하기 위한 것이 아니라 문제를 해결하기 위한 것이다. 따라서 이 전략을 사용하는 사람들은 양편의 이야기를 경청하고, 문제의 핵심을 규정하며, 단계적인 문제해결 과정을 통해서 신뢰의 분위기를 조성해야 한다. 승-승 전략의 성공 여부는 각 참여자가 어느 정도의 성실성과 신의를 가지고 있느냐에 따라 좌우된다. 양편 모두는 문제가 정치적 영향이나 개인적 힘에 의해서 해결되지 않고, 사안 본래의 시비에 따라 해결될 것이라는 믿음을 가져야 한다. 중재자는 융통성이 있고, 사태 변화에 민감하며, 참을성과 침착성을 가져야 한다. 어느 누구도 자신이 위협받고 있다든지 또는 인격적으로 모욕당하고 있다는 느낌을 받지 않도록 배려되어야 한다. 승-승 전략의 결과는 갈등을 일으키는 문제에 대한 해결책이고, 양편 모두가 수용하는 해결책이며, 생산성 증대는 물론이고 원만한 인간관계를 유도하는 해결책이어야 한다. 이것을 승-승 상황(win-win situation)이라고 지칭할 수 있다.

제10장 조직의 권력과 정치

1. 권한의 원천과 종류
2. 권력의 원천과 종류
3. 정치적 관점의 기본 가정과 특징
4. 정치적 관점에서 본 학교조직
5. 정치적 관점의 공헌과 한계

제10장 조직의 권력과 정치

'교육의 정치적 중립'은 현실적으로 가능한 것인가? 권한 관계는 학교생활의 기본적인 특징이다. 왜냐하면 권한은 행정가, 교사 그리고 학생의 통제를 합법화하는 기반을 제공하기 때문이다. 조직에 있어서 갈등과 권력은 핵심적인 현상이며 결코 간과할 수 없는 문제다. 조직 내에서 정치가 제거될 수 있다는 기대는 비현실적이며 낭만적인 것이다. 따라서 교육행정 현상의 정치적 특성에 대한 분석은 피할 수 없는 교육행정학의 과제이며, 행정가들은 정치적 과정을 이해하고 관리하는 것을 배우지 않으면 안 된다. 따라서 이 장에서는 학교조직의 정치적 특성과 관련된 문제들을 검토하고자 한다. 먼저 권한 및 권력의 원천과 종류에 관해 살펴보고, 다음으로 정치적 관점의 기본 가정과 특징을 검토한 뒤, 정치적 관점에서 본 학교조직의 특성을 분석할 것이다. 마지막으로, 정치적 관점의 공헌과 한계를 검토하고자 한다.

1. 권한의 원천과 종류

모든 사회조직은 조직활동에 참여하는 사람들을 통제한다. 통제의 문제는 공식조직에서 특히 중요한 문제다. 조직에서 권력과 권한의 사용은 조직 구성원들에 대한 통제(control)와 복종(compliance)의 문제와 관련하여 중요한 시사점을 제공한다. 조직 통제의 핵심은 권력(power)이다. 권력에 대한 고전적 개념 정의는 자신이 원하는 일을 다른 사람들에게 하게 할 수 있는 능력이다. M. Weber(1947: 152)는 권력을 '사회적 관계 속에 있는 한 행위자가 저항에도 불구하고 자신의 의지를 실행할 수 있는 직위에 있을 수 있는 가능성'이라고 정의하였다. 권한(authority)은 권력보다 좁은 의미다. Weber(1947: 324)는 권한을 '특정한 자원으로부터 어떠한 구체적인 명령이 특정한 개인들의 집단으로부터 복종을 이끌어 낼 수 있는 가능성'이라고 정의하였다. 이러한 Weber의 권한에 대한 개념 정의는 권한이 다른 사람들에 대한 모든 형태의 권력과 영향력의 행사를 모두 포함하는 것은 아니라는 점을 암시하고 있다. Weber는 어느 정도 자발적인 복종은 정당한 명령과 관련되어 있다고 제안하였다.

요약하면, 권한은 권력보다 좁은 개념이다. 권한은 집단 구성원들이 공유하고 있는 공통의 가치에 의해 정당화된다. 즉, 집단 구성원들이 공통적으로 공유하고 있는 신념, 규범, 가치에 의해 권력의 사용을 '옳고 적절한' 것이라고 인정할 때 권한은 존재하는 것이다. 따라서 권한은 성문화되어 있는 법, 규정, 절차 등에 의해 합법화된 권력 또는 구성원들이 공유하고 있는 전통, 관습, 신념, 가치 등에 의해 정당화된 권력(legitimated power)을 의미한다.

조직은 목적을 설정하고, 구조를 설계하며, 고용인들을 고용 · 관리하고, 목표에 부합되는 행동을 보장하기 위해 활동을 감시 · 조정하는 정당한 권한(legitimate authority)을 가진 사람들에 의해 창조되고 통제된다. 이러한 공식적인 권한을 가진 사람들이 직위 또는 지위의 정당한 권력을 가진 사람들을 통제한다. 그러나 직위 또는 지위 권력을 가진 사람들은 조직 내의 다른 형태의 권력을 위해 경쟁하는 많은 사람들 중의 하나일 뿐이다(Bolman & Deal, 1997).

권한 관계는 학교생활의 필수 불가결한 요소다(Hoy & Miskel, 2001: 217). 권한은 학생과 교사의 관계, 교사와 행정가의 관계 또는 하위자와 상위자의 관계에 있어서 기본이 되는 요소다. 권한은 학교생활의 기본적인 특징이다. 왜냐하면, 권한은 행정가, 교사 그리고 학생의 통제를 합법화하는 기반을 제공하기 때문이다. 통제의 가장 중요한 원천은 직위에 부여된 공식적 권한에 있는 것이지 공식적인 역할을 수행하는 특정 개인에게 있는 것이 아니다(Merton, 1957). 행정가, 교사, 학생들이 학교조직에 참여할 때, 그들은 공식적인 권한 관계를 받아들인다. 그들은 일정한 한계 내에서 학교의 지시에 따를 것에 동의한다.

또한 권한은 정당화된 권력이다. 권한은 정당성의 원천에 따라 다양하게 분류될 수 있다. 예를 들면, Weber(1947)는 정당성(legitimacy)의 원천에 따라 권한을 전통적 권한, 신수적 권한, 합법적 권한으로 구별하였다. 그리고 R. Pebady(1962)는 권한을 합법성과 직위에 근거한 공식적 권한과 개인적 능력과 인간관계 기술에 기초한 기능적 권한으로 구별하였다. 한편 P. M. Blau와 W. R. Scott(1962)은 권력에 대한 정당성의 원천에 따라서 권한을 단순하게 공식적 권한과 비공식적 권한으로 구분하였다. 따라서 여기서는 이들이 제시한 권한의 종류를 여섯 가지로 분류하여 각 개념을 구체적으로 살펴보기로 한다(Hoy & Miskel, 2001: 218-219).

① 전통적 권한(traditional authority): 전통적 권한은 과거로부터 권한을 행사하고 있는 사람들의 신성한 신분(sanctity of the status)에 대한 확고한 신념에 기초한다. 따라서 전통적으로 제재를 할 수 있는 직위 권한(authority of position)과 관습에 의해 확립된 권한을 물려받은 사람들에 대한 복종은 당연한 것이다. 예를 들면, 학교에서는 학생들의 부모들이 과거로부터 행정가와 교사의 권한을 수용해 왔기 때문에 학생들은 행정가와 교사의 권한을 수용할 것이다.

② 신수적 권한(charismatic authority): 신수적 권한은 개인적 신뢰 또는 모범적 자질로 인해 리더가 된 비범한 개인에 대한 헌신에 의존한다. 신수적 권한은 비합리적이고 감정적인 경향이 있으며, 리더의 개인적 자질과 특성에 크게 의

존한다. 예를 들면, 학생들은 교사의 신비한 개인적 매력 때문에 교사의 지시에 복종할 것이다.

③ 합법적 권한(legal authority): 합법적 권한은 공식적으로 올바른 절차에 따라 변경될 수 있는 성문화된 법에 근거하고 있다. 복종은 사람 또는 직위 자체가 아닌 복종의 대상과 범위를 구체화한 법에 대해서 이루어진다. 예를 들면, 학교에서의 복종은 조직의 운영을 지배하는 비정적 원리(impersonal principles)에 의해 이루어진다.

④ 공식적 권한(formal authority): 공식적 권한은 조직에서 법적으로 확립된 직위, 규칙, 규정에서 찾아볼 수 있다. 조직에 참여하고 있는 고용인들은 상위자들의 지시를 받아들이기로 동의했기 때문에 권한 관계를 수용한다. 즉, 조직은 명령할 권리를 가지고 있으며 고용인들은 복종할 의무가 있다(March & Simon, 1958). 따라서 공식적 권한은 조직과 고용인 사이에 법적으로 확립된 합의에 근거하고 있다.

⑤ 기능적 권한(functional authority): 기능적 권한의 원천은 능력 권한(authority of competence)과 개인적 권한을 포함하여 다양하다. Weber는 관료제의 합법적 · 합리적 형태의 일부로 능력 권한을 다루었지만, 능력이 항상 직위에 한정되는 것은 아니다. 기술적 능력은 공식조직에서 특정 직위의 소유와 관계없이 합법적 통제와 지시를 위한 원천이 될 수 있다. 바로 이러한 점이 전문가들에게 딜레마와 갈등을 야기한다.

⑥ 비공식적 권한(informal authority): 비공식적 권한은 개인의 행동과 특질로부터 파생되는 합법적인 통제의 또 다른 원천이다. 공식적 직위와 관계없이 일부 조직 구성원들은 그들의 동료들로부터 충성과 지지의 규범을 개발한다. 이러한 비공식적인 규범은 그들의 권력을 지지하고 합법화하며 비공식적 권한을 제공한다.

2. 권력의 원천과 종류

권력(power)이란 이해관계의 갈등이 궁극적으로 해결되는 하나의 중개과정이다. 즉, 권력은 누가, 무엇을, 언제 그리고 어떻게 획득하는가에 영향을 미치게 된다. 최근 들어 조직과 관리이론가들은 조직 현상을 설명하는 데 있어서 권력의 중요성을 인정해야 할 필요성을 점차 크게 인식해 가고 있다. 그러나 아직도 권력에 대한 보다 분명하고 일관된 정의가 내려지지 못한 상태다. 어떤 사람들은 권력을 하나의 자원, 즉 소유물로서 인식하는 반면, 또 어떤 사람들은 그것을 어떤 종류의 의존에 의해 특징지어지는 하나의 사회적 관계, 즉 사람이나 사물에 대한 영향력으로 간주한다. 그렇지만 대부분의 조직이론은 미국의 정치학자 R. A. Dahl이 제시한 권력의 정의로부터 그들의 논의를 시작한다. Dahl(1957)의 정의에 의하면, 권력이란 다른 사람으로 하여금 만일 그렇지 않았으면 행하지 않을 어떤 일을 행하도록 만들 수 있는 능력을 포함하는 것이다.

권력의 원천은 다양하다. 조직 구성원들은 비록 합법적인 형태의 권한을 갖지는 못하더라도 여러 가지 잠재적인 권력의 원천을 가지고 있다. 연구자들(French & Raven, 1959; Baldridge, 1971; Kanter, 1977)이 중요하다고 제시한 권력 형태는 직위 권력, 정보와 전문성, 보상의 통제, 강제력, 동맹과 연결망, 의제의 접근과 통제 의미와 상징의 통제, 개인적 권력 등이다(Bolman & Deal, 1991: 116). 한편 G. Morgan(1986: 159)은 가장 중요한 권력의 원천으로 공식적 권한, 희소 자원의 통제, 조직구조 · 규칙 · 규제의 사용, 의사결정 과정에 대한 통제, 지식 · 정보에 대한 통제, 경계 부문에 대한 통제, 불확실성에 대한 대처 능력, 기술에 대한 통제, 대인관계적 연합 · 연결망 · 비공식적 조직에 대한 통제, 반조직(counterorganizations)에 대한 통제, 상징주의와 의미에 대한 관리, 성과 성관계에 대한 관리, 행위를 규정하는 구조적인 요인 및 개인이 이미 가지고 있는 권력을 제시하였다. 이러한 권력의 원천은 조직 구성원들에게 그들의 이해관계를 증진시키고, 조직 갈등을 해소하거나 영구화할 수 있는 다양한 수단을 제공한다.

J. R. P. French와 B. H. Raven(1968)은 개인 간 권력(interpersonal power)에 초점을 두고 권력의 원천에 따라 그 종류를 다음과 같이 다섯 가지로 제시하였다. French와 Raven이 제시한 개인 간 권력의 유형론은 조직 수준으로 확대하여 적용될 수 있다.

① 합법적 권력(legitimate power): 합법적 권력은 조직에서 리더가 차지하고 있는 직위 또는 역할에 부여되는 권력이다. 합법적 권력은 리더가 하위자들에게 영향력을 행사할 수 있는 권리를 가지고 있다는 점에 대해 상호 간에 수용할 수 있는 지각에 근거하고 있다. 예를 들면, 학교조직에서 교장은 교사들에 의해 완수되어야 할 구체적인 과업을 기대할 수 있는 권리를 가지고 있다.

② 보상적 권력(reward power): 일반적으로 리더들은 조직에서 하위자들에게 보상을 제공할 수 있는 능력으로 인해 보상적 권력을 가지고 있다. 권력의 힘은 리더가 통제하는 보상의 양과 보상에 대한 하위자들의 욕망의 강도에 따라 달라진다. 봉급 인상, 승진, 좋은 업무의 할당, 칭찬 등이 보상적 권력에 속한다.

③ 강제적 권력(coercive power): 강제적 권력은 보상적 권력의 반대다. 강제적 권력은 리더의 지시에 불복종하는 하위자들을 통제하고 처벌할 수 있는 리더의 능력을 의미한다. 강등, 감봉, 징계, 처벌의 위협 등이 강제적 권력에 속한다.

④ 전문적 권력(expert power): 전문적 권력은 리더가 가지고 있는 특수한 능력과 지식에 근거하고 있으며, 집단은 이러한 능력과 지식을 필요로 한다. 리더는 단위부서에 할당된 과업을 분석 · 집행 · 통제할 수 있는 능력을 가지고 있는 사람으로 간주된다. 전문적 권력은 교육, 훈련 및 경험에 의해 좌우된다.

⑤ 준거적 권력(referent power): 준거적 권력은 리더들의 개인적 인성의 힘으로부터 추종자들을 개발하는 리더의 능력이다. 어떤 의미에서 이것은 리더가 다른 사람들로부터 존경과 매력을 이끌어 내는 카리스마적인 힘이다. Mahatma Gandhi, Martin Luther King 등이 이 권력을 행사했던 역사적으로 잘 알려진 리더들이다. 또한 준거적 권력은 조직 내에 있는 개인과의 강력한 친분 관

〈표 10-1〉 권력에 대한 하위자의 반응 가능성

하위자의반응 / 권력의 종류	권력에 대한 하위자의 반응 가능성		
	헌 신	단순 복종	저 항
준거적 권력	×××	××	×
전문적 권력	×××	××	×
합법적 권력	××	×××	×
보상적 권력	××	×××	×
강제적 권력	×	××	×××

* ×××: 최대 가능성, ××: 중간 가능성, ×: 최소 가능성

출처: Hoy, Wayne K., & Miskel, Cecil G. (2001). *Educational Administration: Theory, Research, and Practice* (6th ed.). New York: McGraw-Hill, Inc., p. 225.

계에서 연유될 수도 있다. 예를 들면, 교장과 친분 관계가 두터운 교사는 어떠한 합법적 · 보상적 · 강제적 권력도 가지고 있지 않을지라도, 다른 사람들은 이 사람이 교장의 행동에 영향을 미친다고 지각할 수도 있다.

한편, W. K. Hoy와 C. G. Miskel(2001)은 권력의 행정적 활용과 관련하여 권력에 대한 하위자들의 반응 가능성을 〈표 10-1〉과 같이 제시하였다.

〈표 10-1〉에 의하면, 행정가들이 권력을 사용함에 있어서 준거적 권력과 전문적 권력을 사용할 때, 하위자들의 헌신적 반응을 이끌어 낼 가능성이 가장 높은 반면, 강제적 권력의 사용은 하위자들의 헌신적 반응을 이끌어 낼 가능성이 가장 낮다. 그리고 행정가들이 합법적 권력과 보상적 권력을 사용하여 하위자들에게 영향력을 미치려고 할 때, 하위자들은 단순 복종할 가능성이 가장 높다. 한편 행정가들이 강제적 권력을 통해 하위자들에게 영향력을 행사하려 할 때, 하위자들의 전형적인 반응은 저항으로 나타날 가능성이 가장 높다.

한편 H. Mintzberg(1983)는 조직 내외의 권력을 분석하기 위한 또 다른 방식을 제안하였다. Mintzberg의 관점에 의하면, 조직의 권력은 자원(resource), 기술(technical skills) 또는 지식체계(a body of knowledge)로부터 파생되며, 그러한 권력은 조직 운영에서 중요한 기능을 한다. 권력의 원천인 자원, 기술, 지식체계는 공급이 부족한 상태에 있어야 하며, 쉽게 다른 것으로 대체될 수 없는 것이어야 한다.

다른 말로 하면, 조직은 단지 소수의 사람들만이 공급할 수 있는 어떤 것을 필요로 한다. 예를 들면, 미국에서는 교사들의 종신 재직(tenure)을 결정함에 있어 일차적인 책임이 있는 교장이 자원 권력(resource power)을 가지고 있다. 권력의 네 번째 원천은 합법적인 특권(legal prerogative)으로부터 파생된다. 일부 사람들에게는 배타적인 선택권이 부여된다. 예를 들면, 미국의 경우에는 학교위원회 위원들이 행정가와 교사들을 고용 및 해고할 수 있는 합법적인 권리를 가지고 있다. 또 다른 권력의 원천은 권력을 가진 사람에게 접근할 수 있는 사람들이다. 예를 들면, 많은 비서들은 권력을 휘두르는 사람들에게 접근하고 영향을 미칠 수 있기 때문에 권력을 가지고 있다(Hoy & Miskel, 2001: 227).

Mintzberg(1983)는 조직생활을 통제하기 위한 기본적 자원으로서 네 가지 내적 권력체제(internal power system), 즉 권한체제, 이념체제, 전문성 체제, 정치체제(system of politics)를 제안하였다. 먼저 권한체제(system of authority)는 조직에 의해 규정된 공식 목적의 달성에 기여한다. 그리고 이념체제(system of ideology)는 조직이 개발한 문화로부터 도출되는 비공식적 목표의 달성에 기여한다. 다음으로 전문성 체제(system of expertise)는 전문적 훈련의 기준에 따라 행동하는 전문가들을 통제한다. 이러한 세 가지 통제체제는 합법적인 것이며, 전형적으로 조직의 요구와 필요에 기여한다. 그러나 조직의 광범위한 필요와 요구를 성취하는 과정에서 개인은 자유재량권을 가지고 있으며, 이러한 자유재량권은 정치적 권력에 개방되어 있다. 따라서 정치적 권력의 체제는 공식 권한, 이념 또는 전문성에 의해 제재를 받지 않고 나타난다. 즉, 정치적 권력은 분열적이고, 편협하며, 비합법적이다.

학교행정가들은 이러한 영향력의 체제를 인식하고, 활용하는 방법을 알아야 한다. 권한체제가 학교행정가들에게 출발점이 되고 있다는 것은 명백하다. 행정가의 직위에는 광범한 권력이 부여되지만, 직위의 개인적 · 관료적 통제가 교사들이 학교와 학생들에게 봉사함에 있어서 특별한 노력을 하게 하거나 창의적인 활동을 하도록 동기부여하는 데 항상 충분한 것은 아니다. 학교행정가들이 권한체제에 과도하게 의존하는 것은 위험하다. 그렇게 하는 것은 교사들의 학교에 대한 헌신을 제한하며, 교사들의 연합과 저항을 불러일으킬 위험이 있다.

〈표 10-2〉 권력과 권한의 원천 비교

	Peabody (1962)	Blau & Scott(1962)	Weber (1947)	French & Raven(1968)	Mintzberg (1983)
합법적인 공식 권력	공식적 권한	공식적 권한	관료제적 권한	보상적 권력 합법적 권력	권한의 체계
합법적인 비공식적 권력	기능적 권한	비공식적 권한	신수적 권한 전통적 권한	준거적 권력 전문적 권력	이념의 체계 전문성 체계
비합법적인 공식 권력				강제적 권력*	
비합법적인 비공식적 권력					정치의 체계*

* 권력은 합법적일 수도 있지만, 전형적으로 그렇지 않다.

출처: Hoy, Wayne K., & Miskel, Cecil G. (2001). *Educational Administration: Theory, Research, and Practice* (6th ed.). New York: McGraw-Hill, Inc., p. 230.

지금까지 살펴본 여러 학자들의 권한 · 권력의 원천에 관한 논의를 종합하면 〈표 10-2〉와 같다.

권력을 분석함에 있어서, 구조적 관점은 직위 또는 지위의 합법적이고 공식적 권력인 권한에 초점을 두고 있다. 문화적 관점(cultural perspective)[1]은 조직문화의 합법적인 비공식적 권력을 강조하고 있으며, 개인적 관점(individual perspective)[2]은 합법적인 전문가의 비공식적 역할과 권력이 파생되어 나오는 지식을 강조한다. 그러나 정치적 관점은 조직의 내재적인 비합법적이고 비공식적인 권력에 주의를 기울인다. 조직의 권력관계를 권력의 원천(source of power)과 권력의 합법성(legitimacy of power)을 중심으로 종합하면 〈표 10-3〉과 같다.

1) 문화적 관점의 기본 가정과 특징 및 문화적 관점을 적용한 학교조직의 분석에 관해서는 이 책의 제11장을 참조하시오.

2) 여기서 '개인적 관점'이라는 용어는 조직 내의 개인에 초점을 두고 조직 현상을 분석하는 것으로 의미를 한정한다.

〈표 10-3〉 권력관계의 종합

		권력의 원천	
		공식적	비공식적
권력의 합법성	합법적	공식적 권한	비공식적 권한
	비합법적	강제적 권력*	정치적 권력*

* 권력은 합법적일 수도 있지만, 전형적으로 그렇지 않다.

출처: Hoy, Wayne K., & Miskel, Cecil G. (2001). *Educational Administration: Theory, Research, and Practice* (6th ed.). New York: McGraw-Hill, Inc., p. 231.

3. 정치적 관점의 기본 가정과 특징

조직과 외부 환경과의 상호작용 방식은 때때로 조직의 실제적인 관리와 운영에 매우 중요한 영향을 미친다. 전통적인 교육행정이론인 과학적 관리론과 인간관계론은 조직의 내부 문제에만 관심을 집중함으로써 조직을 둘러싸고 있는 정치적·경제적·사회적 환경과 맥락을 파악하는 데 소홀하였다. 전통적인 교육행정이론은 조직의 목표를 '주어진 것'으로 가정하지만, 실제 조직활동에서는 조직의 목표를 설정하는 과정 자체가 그렇게 단순하지는 않다. 조직의 목표 설정을 둘러싸고 벌어지는 조직 구성원들 간의 갈등은 때때로 심각하다. 이러한 문제들을 해결하기 위해서는 조직의 내부 구조와 인간적 요인 및 조직을 둘러싸고 있는 환경을 동시에 고려하여야 한다. 교육행정에 대한 정치적 관점은 이러한 문제들을 해결할 수 있는 하나의 대안으로 등장한 것이다.

구조적 관점에서 볼 때, 조직은 최고위층에서 설정된 목표와 방침에 의해 운영된다. 그러나 많은 목표가 어떤 특정한 한 사람에 의해 형성되는 것은 아니다. 마치 늪 속에서 원치 않는 잡초가 돋아 나오듯이, 여러 가지 목표들이 서서히 대두되는 것이 조직의 현실이다. 한편 인적자원 관점은 조직의 필요와 개인의 요구 사이의 불일치 내지 대인 간 집단 역학 관리에 동원되는, 개인과 집단의 전략에서 파생되는 갈등에 주목한다. 그러나 인적자원 관점은 갈등과 권력이 작용하는 세계의 밑바탕에 깔려 있는 정치적인 힘을 문제시하지는 않는다. 반면 정치적 관점은 이러한 문제를 정면에서 다룬다.

정치학자들에 의해 고안되고 개발된 정치적 관점에 의하면, 조직은 서로 다른 이익집단이 권력과 희소 자원을 차지하기 위해서 경쟁하는 정치판(political arena)으로 규정된다. 여러 개인과 집단 사이에 욕구, 관점 및 생활방식의 차이로 말미암아 어디서나 갈등이 존재한다. 교섭, 협상, 강압 및 타협은 일상적인 조직생활을 지배한다. 특정한 이해관계를 둘러싸고 정치적 담합이 형성되고, 이슈에 따라 변화가 일어나기도 한다. 권력이 특정인에게 너무 집중되어 있거나, 아니면 너무 분산되어 있어서 아무것도 제대로 되지 않을 경우에 문제가 발생한다. 이때 문제의 해결책은 Niccoló Machiavelli가 수세기 전에 『군주론』에서 제안한 대로 정치적 수완과 날카로운 통찰력을 통해 찾아낼 수밖에 없다. 정치적 관점은 다음과 같은 다섯 가지 명제로 정리될 수 있다(Bolman & Deal, 1984: 109).

- 조직에서 이루어지는 대부분의 중요한 의사결정은 희소 자원의 배분과 관련되어 있다.
- 조직은 다양한 개인과 이익집단(예: 직위별, 부서별, 직종별, 성별)으로 구성된 연합체(coalitions)다.
- 여러 개인이나 다양한 집단 사이에는 가치관, 선호, 신념, 정보 및 현실 인식에 있어서 차이점이 존재한다. 이러한 차이점들은 일반적으로 지속되며 쉽게 변하지 않는다.
- 조직의 목표와 의사결정은 여러 개인과 집단 간의 협상과 교섭, 유리한 고지를 차지하기 위한 경쟁과정에서 설정되고 이루어진다.
- 자원의 희소성과 지속적인 견해 차이로 인해 권력과 갈등은 조직생활의 중심적 특징이 된다.

정치적 관점이 성립되는 기본적인 조건인 지속적인 견해 차이, 자원의 희소성, 상호 의존 관계가 존재하는 한 정치 현상은 불가피하다. 지속적인 견해 차이가 존재한다는 것은 사람들이 사건과 상황을 달리 해석하며, 무엇이 중요한지, 심지어는 무엇이 사실인지에 대해 이견을 좁히기 어렵다는 뜻을 담고 있다. 자원의 희소성 문제 역시 사람들이 원하는 모든 것을 얻을 수는 없으므로 누구에게 얼마만큼의 자원이 배분되는가를 놓고 끊임없는 갈등이 벌어짐을 의미한다. 상호 의존 관계는 사람들이 서로를 도외시할 수 없으며 각자 다른 사람의 지원과 협조 및 자원이 필요함을 시사한다. 이러한 조건하에서 정치 현상을 제거하려고 하는 시도는 그것을 음성화시킬 뿐이며, 그렇게 되면 훨씬 더 비생산적이고 다루기 힘든 문제가 발생할 수도 있다(Bolman & Deal, 1991: 312).

정치적 관점은 지속적인 이해관계의 대립과 희소 자원으로 인해 연합체 구성원 간의 갈등이 불가피하며, 권력은 필연적으로 핵심 자원이 될 수밖에 없다고 본다. 정치적 관점은 조직 내 정치적 행위의 근원에 대한 일정한 가정을 전제하고 있다. '이해관계의 지속적 대립'이라고 하는 가정은 동질성보다 다양성이 존재하는 조건일수록 정치가 더욱 가시화되고 팽배함을 보여 준다. 또한 희소 자원의 가정은 자원이 부족한 어려운 시기일수록 정치가 더욱 활성화되고 격렬해짐을 의미한다(Bolman & Deal, 1991: 290-293).

정치적 관점은 정치가 개인의 이기심, 근시안 내지 무능력 때문에 생긴다고 보지 않는다. 당사자가 누구인가에 관계없이 상호 의존, 의견 차이, 희소 자원, 권력관계는 불가피하게 정치적 역학 관계를 초래한다. 조직 내에서 정치가 제거될 수 있다는 기대는 비현실적이며 낭만적인 것이다. 따라서 행정가들은 정치적 과정을 이해하고 관리하는 것을 배우지 않으면 안 된다.

4. 정치적 관점에서 본 학교조직

교육행정의 정치적 특성은 정치체제가 교육조직의 운영에 영향력을 행사하고 있다는 사실과 학교조직 자체의 운영이 정치적 원리에 따라 이루어지고 있다는 데서 찾아볼 수 있다. 교육조직에 대한 정치체제의 영향은 국가 수준으로부터 시 · 도 수준, 시 · 군 수준, 학교 수준 그리고 심지어 교실 수준에 이르기까지 다양하다. 학교조직 안에서의 정치 현상은 교사 간에, 교장과 교사 간에, 교사와 행정 직원 간에 발견된다. 그리고 최근에는 학교운영위원회를 중심으로 학부모와 지역사회 인사까지 이러한 학교의 정치 현상을 만들어 내고 있다. 따라서 현실적으로 교육조직은 정치적인 영향으로부터 자유롭고 순수하며 고상한 체제가 아니라 불가피하게 정치적인 성격을 지닐 수밖에 없다. 따라서 교육행정의 정치적 관점은 교육조직 안에서 각종 중요한 결정을 할 때나 교육 프로그램을 운영하는 과정에서 이해관계를 달리하는 다양한 개인과 집단이 자신의 이익을 극대화하기 위한 과정에서 갈등하고, 협상과 타협을 통해 해결해 가는 정치적 과정에 주목한다.

학교조직을 정치적 실체로 보고, 그것을 분석한 연구들(예: Charters, 1953; Eliot, 1959; Corwin, 1965; Ziegler & Kent, 1974; Wirt & Kirst, 1975)은 이미 오래전부터 수행되어 왔다(Bacharach, 1988: 281). S. B. Bacharach(1988)는 이전의 대부분의 연구들은 학교조직을 정치적 관점에서 분석하는 데 통찰력은 제시했지만, 학교를 복잡한 정치조직으로 개념화하는 데는 실패했다는 점을 지적하면서 학교조직의 정치적 특성을 다음과 같이 제시하였다(Bacharach, 1988: 282-285).

첫째, 교육조직의 내 · 외부 관계는 정치체제로 가장 잘 기술될 수 있다. 모든 수준의 교육조직에서는 실제적 또는 상징적 자원에 대한 통제를 확보하기 위한 책략적인 권력투쟁이 지속적으로 일어나고 있다. 따라서 조직분석을 통합하기 위해서는 자원에 대한 권력투쟁의 역학(dynamics)을 수용하는 것이 중요하다.

둘째, 교육조직에 참여하는 사람들은 그들의 목표를 달성하기 위한 그들 자신의 요구, 목표 및 전략을 가진 행위자로서 가장 잘 기술될 수 있다. 교육조직의 규범적 목적(예: 교육하는 것)에 관해서는 어느 정도 명백한 합의가 존재하지만, 하위 목적에 대한 중요성의 비중 및 교육 목적을 추구하는 데 사용하는 전략은 행위자의 관심에 따라 달라질 수 있다.

셋째, 의사결정 과정은 정치적 갈등의 가장 중요한 활동 무대다. 각각의 하위집단은 일반적인 조직 목표를 극대화하기보다는 하위집단의 구체적인 이해와 관심 또는 목적을 극대화하기 위한 목표를 가지고 의사결정에 접근한다고 기대할 수 있다.

넷째, 각각의 하위집단은 누가 공식적인 권력(권한)과 비공식적인 권력(영향력)

또는 조직에 관련된 결정을 할 수 있는 권력을 가져야 하는가에 대해서 서로 다른 관점을 가질 수 있다. 다양한 의사결정에 대해 누가 권한을 가져야 하는가에 대한 집단 간의 합의 수준은 교육조직의 구조, 작업과정 및 집단의 상이한 목적에 의해 제약을 받는다.

다섯째, 의사결정 과정의 중요성과 결정의 산출물에 집단의 관점을 반영하려는 그들의 노력을 고려하면, 의사결정 과정의 어느 곳에 권력이 놓여 있는가에 대한 합의의 성격은 갈등의 수준과 궁극적인 교육의 질에 매우 중요한 의미를 갖는다. 학교행정가와 학교운영위원이 학교 폐쇄와 같은 민감한 문제를 서로 떠넘기려고 하는 것은 이러한 것의 하나의 예가 될 것이다.

여섯째, 의사결정 과정에서 개인 또는 집단이 그들의 이해와 관심을 반영하려는 능력이 종종 제한된다. 그러한 결과로서 교육조직 내에서는 행위자들이 연합체를 결성하여 집합적인 목적을 확인하고, 그들의 목표를 성취하기 위한 전술을 고안한다. 예를 들면, 개별 교사들의 권력은 제한적이지만, 교사들의 연합체인 교원노조의 권력은 종종 상당히 실질적이다. 그렇지만 연합체의 결성은 조직구조, 이념 및 환경에 의해 제약을 받는다.

일곱째, 학교조직 내에는 서로 다른 연합체가 결성될 수 있다. 특정 시점에서 조직의 권한구조와 자원을 통제하는 행위자들의 연합이 지배적인 연합체가 된다.

여덟째, 비록 하나의 연합체가 빈틈없는 정치적 책략을 활용하여 오랫동안 지배적인 역할을 할지라도, 연합체는 신성 불가침한 것은 아니다. 조직구조, 이념, 환경 그리고 연합체의 비상 상황과 열망은 변증법적 관계에 있다. 핵심은 교육조직이 그들의 환경적 · 조직적 맥락을 구성하는 한편 환경적 · 조직적 맥락에 의해 형성되는 정치적 실체라는 점이다.

따라서 여기서는 정치적 관점을 적용하여 학교조직의 정치적 특성을 연합체로서의 학교조직, 정치판과 정치적 도구로서의 학교조직, 경기장으로서의 학교조직의 측면에서 분석하기로 한다.

1) 연합체로서의 학교조직

학문적으로나 상식적으로 조직은 명백하고 일관된 목표를 가지며, 그래야 하는 것으로 가정된다. 또 일반적으로 목표는 권한을 가진 사람이 설정하는 것으로 이해된다. 기업조직의 경우 전형적으로 소유자 내지 최고경영자가 이윤 극대화의 목표를 설정하며, 공공기관은 법규와 책임을 맡고 있는 관리에 의해 통상적으로 목표가 수립된다고 본다. 내각책임제 정부에서는 내각의 목표가 집권당의 정책에 따라 수상이 설정한다. 이러한 방식으로 목표 설정을 보는 것은 구조적 관점에서는 자명한 것이다. 관료제의 목적은 합리성을 증진시키는 데 있지만, 합리성이란 조직의 목표와 과업에 대한 이성적이고 명백한 인식이 있을 때만 성립될 수 있다. 이와 유사한 관점은 대부분의 인적자원 관점에도 내재되어 있다.

그러나 정치적 관점에 의하면, 조직의 목표는 연합체의 구성원 간의 협상을 통해 수립된다고 본다. 연합(coalitions)은 집단들이 특정한 이슈나 사건, 의사결정과 관련하여 상호 협동하기 위해서나 아니면 특정한 가치와 이념을 증진시키기 위해 함께 규합될 때 형성된다. 이러한 연합의 형성은 거의 모든 조직의 실제에 있어서 중요한 차원인 것이다. 다양한 이해관계자들의 연합으로서의 조직은 곧 다중적인 목적을 가진 연합체인 것이다(Morgan, 1986: 154). 상이한 개인과 집단은 서로 다른 목표와 자원을 가지고 있고, 목표와 의사결정 과정에 영향을 미치기 위해 다른 구성원 내지 연합체 구성원과 협상을 기도한다. 즉, 정치적 관점에서 볼 때 조직은 다양한 이해관계 집단으로 이루어진 세계이며, 각 집단은 조직의 여러 사안에 대해 자신의 요구를 최대한 관철시키려는 것이라고 할 수 있다. 조직의 목표에 가해지는 정치적 압력은 민간조직은 물론 공공 부문에서 특히 두드러진다. 공공기관은 전형적으로 복잡한 구성집단 속에서 움직이며, 각 집단은 자신의 정책적 요구를 충족시키기 위해 가능한 한 많은 자원을 동원한다. 그 결과, 혼란스러울 정도로 여러 목표가 중첩되며, 그중 많은 목표는 서로 상충된다.

따라서 조직 구성원들이 공통의 목표를 추구하게 되는 합리적인 실체로서의 조직에 관한 사고는 정치적 동기에 대한 논의나 원인의 귀속을 방해하는 경향이 있다

(Morgan, 1986: 142). 이러한 사태는 매우 바람직하지 못한 것이다. 왜냐하면, 그것은 종종 우리로 하여금 정치와 정략을 조직 실제의 하나의 필수적인 측면으로 인정하지 못하게 하고, 때로는 그것들이 회피될 수 있는 단순히 역기능적인 부수적 현상에 지나지 않는 것으로 간주하게 만들기 때문이다.

권력분석에 있어 구조적 관점은 권한에 초점을 둔다. 권한은 타인의 행위를 구속시킬 수 있는 의사결정에 있어서 합법적이고 공식적인 특권을 의미한다. 인적자원 관점은 통상적으로 권력의 문제에 관심을 기울이지 않는다. 인적자원 관점은 상호협동을 촉진하는 형태의 영향력에 관심을 두고 있고, 참여, 개방 및 협조가 잘 이루어질 경우 권력은 문제가 되지 않는다는 암묵적인 가정을 바탕에 깔고 있다. 그러나 정치적 관점에서 볼 때, 권한은 수많은 권력 형태 중의 하나일 뿐이다. 물론 개인의 욕구 내지 집단 욕구의 존재와 그 중요성을 인정하기는 하지만 상이한 욕구에서 비롯되는 갈등의 문제, 즉 자원이 희소하고 우선순위가 양립 불가능한 상황에 일차적인 관심을 둔다. 정치적 관점은 희소 자원을 둘러싼 이해관계의 대립과 갈등은 조직사회에서 불가피한 현상이라고 보며, 여러 해결 방안 가운데 어느 것이 더 좋고 나쁜지 확실히 판단하기도 어렵다고 본다. 각 집단이 자체의 목표를 어떻게 표현할 것인가 또 그 달성을 위해서 어떤 방식으로 자원을 동원할 것인가 하는 물음이 정치적 관점에서 중요하다(Bolman & Deal, 1984: 113-114).

사회적 통제와 합리성의 규범을 강조하는 구조적 관점에서는 조직 내의 갈등은 조직의 목표 달성을 방해하는 문제로 인식된다. 상하 간의 위계적 갈등은 하위직이 상부 경영자의 지시를 무시하거나 반발할 가능성을 초래한다. 주요 구성원 집단 간의 갈등은 조직의 효과성과 관리자의 리더십을 저해할 뿐이다. 이러한 위험으로 인해 구조적 관점은 권한의 위계 서열의 필요성을 강조한다. 권한의 기본적 기능이 갈등 해결에 있기 때문이다(Bolman & Deal, 1984: 119). 그러나 정치적 관점에서 볼 때, 갈등이 반드시 조직에서 무엇인가가 잘못되어 간다는 징후나 문제점은 아니다. 조직 내 자원은 항상 부족하기 마련이다. 모든 구성원들이 바라는 만큼 제공할 수 있을 정도로 자원은 충분하지 않고, 하위직은 많은 데 비해 상위직은 올라갈수록 점차 적어진다. 누구나 대부분의 조직은 위로 올라갈수록 자리가 적어진다는 사실을 알고 있기 때문에 직장에서 승진하는 데는 결국 치열한 경쟁이 따른다. 여기에는 남보다 더 노력하는 사람이 반드시 장기적으로 승자가 된다는 자유롭고 공정한 '경쟁법칙'이라는 신화가 자리하고 있다. 어떤 특정 집단이 정책 결정을 주도하면 거기서 배제되는 집단이 생기기 마련이다. 누구나 일자리, 직함 혹은 명예를 차지하기 위하여 경쟁하고 있으며, 부서끼리는 예산과 권한을 둘러싸고 경합을 벌인다. 이러한 여건하에서 갈등이란 불가피하며 자연스러운 현상이다. 특히, 이질성이 심화되는 환경에 조직이 대처해야 하는 경우에는 갈등이 자주 고조된다.

갈등이 반드시 부정적인 것만은 아니다. 갈등은 역기능뿐만 아니라 순기능을 발휘한다. "평화로운 조직이 무감각하고 비독창적이며 경직되고 정체된 조직이라는 사실은 당연하다. 갈등은 기존의 질서에 문제를 제기하고 흥미와 호기심을 자극한다. 이것은 개인과 사회의 변혁과 창조성, 혁신의 근원이다. 갈등은 문제에 대한 새로운 시각과 방법론의 모색을 촉진하며 혁신을 고취시킨다" (Heffron, 1989: 185). 구조적 관점과 인적자원 관점의 초점이 갈등의 해소에 있는 반면, 정치적 관점의 초점은 갈등관리 전략과 전술에 있다. 갈등의 완전한 해소는 사실상 불가능하기 때문에 문제는 개인과 집단이 어떻게 하면 그것을 건설적으로 잘 활용하는가에 있다.

2) 정치판과 정치적 도구로서의 학교조직

조직이란 정치판인 동시에 정치적 도구다. 정치판으로서의 조직은 여러 개인과 집단 사이에 이해와 관심사가 끊임없이 교류되는 장소다. 그리고 정치적 도구로서의 조직이란 목적의 달성을 위한 도구로서 그것을 장악한 사람 누구에게나 가장 강력한 도구로 이용될 수 있다. 정치적 관점에서 볼 때, 개인의 권력 추구 경향은 조직 내 그리고 조직 사이에서 일어나는 핵심적인 현상이다(Bolman & Deal, 1991: 338-339). 예를 들면, 조직 변화란 항상 정치적인 성격을 가진다. 조직 변화는 특정 개인 내지 집단이 자신의 의도를 조직에 관철시킬 수 있을 때 가능하기 때문이다. 개인과 집단은 여러 가지 윤리적 내지 기술적 용어로써 자신의 이해를 표현할지 모르지만, 그것의 진정한 의도인 자신의 이익은 보통 숨기기 마련이다. 다음 사례에서 이러한 특징을 발견할 수 있다.

> 초등학교에 새로 부임한 한 젊은 교장은 교사들이 전통적 강의방식에서 벗어나 전향적이고 아동 중심적인 강의방식을 채택하기를 촉구하였다. 교장의 이러한 새로운 제안은 물론 순수한 동기에서 나온 것이지만, 그 새로운 방식이란 아동에 대한 교육 개선만을 지향하는 것이 아니라 교장의 이념적 입장과 필요성을 반영하는 것이기도 했다(Bolman & Deal, 1991: 339).

대부분의 현대 조직은 다양한 종류의 정치적 책략을 촉진시키는데, 그 이유는 조직이 바로 경쟁과 협동을 동시에 추구하도록 설계된 체제이기 때문이다. 즉, 사람들은 공동의 과업을 수행하기 위해 서로 협동해야 하지만, 또한 제한된 자원과 지위 및 경력개발을 위해 서로 경쟁하게 된다. 조직의 이러한 갈등적인 차원은 위계적으로 편재되어 있는 조직 도표에 가장 명확히 상징화된다고 할 수 있다. 왜냐하면, 그것은 합리적인 과업의 분화를 나타낸다는 점에서 협동의 체계이며, 동시에 조직 구성원들이 상승하기를 희망하는 경력 단계(a career ladder)를 반영하고 있기 때문이다(Morgan, 1986: 155). 조직의 상층부보다 하층부에 더 많은 직위가 존재한다는 사실은 곧 상층 직위에 대한 경쟁이 치열하기 쉽고, 또 어떠한 경력 경쟁에 있어서건 패자보다는 항상 승자가 적을 수밖에 없다는 것을 의미하는 것이다.

3) 경기장으로서의 학교조직

정치적 관점에서 상정되는 조직이란 다른 경기장과 마찬가지로 게임을 벌이기 위해 설계되고 세워진 경기장이다. 경기장의 중요한 역할은 어떤 게임을 치를 것인지, 또 누가 시합에 참여할 것인지, 그리고 누구의 이익을 추구할 것인지를 결정하는 것이다. 이러한 관점에서 볼 때 조직과정은 모두 정치적이다(Bolman & Deal, 1991: 340). 예를 들어, 조직의 구조와 형태를 결정하는 과정인 조직 설계를 한번 생각해 보자. 구조적 관점에서 가장 훌륭한 조직 설계란 조직의 목표와 전략에 가장 큰 기여를 할 한 가지 대안 이외에는 없다. 일례로 정보의 문제를 중심으로 하고 있는 J. Galbraith(1973)의 조직설계이론은 조직이 고도로 불확실한 환경에 처해 있을 경우에 안정적이고 예측 가능한 환경에 있을 때보다 더 유연하고 덜 관료적인 구조가 요구된다고 본다. 이와 유사한 관점은 P. Lawrence와 J. Lorsch(1967), C. Perrow(1970) 및 Mintzberg(1979)의 연구에서도 제시되었다.

J. Pfeffer는 이와 같은 구조적 관점의 타당성에 의문을 제기하고 정치적 관점에 바탕을 둔 대안을 다음과 같이 제시하고 있다. "조직이란 다양한 이해와 욕구를 가진 여러 집단이 모인 연합체이기 때문에 핵심적인 문제는 조직이 효과성을 극대화하기 위해 어떻게 설계되어야 하는가에 있는 것이 아니라, 조직이 누구의 욕구와 이익을 충족시킬 것인가에 초점이 있다. 학생에게 효과적인 것이 행정 직원에게는 효과적이지 않을 수 있다. 소비자가 효과적이라고 규정하는 것이 주주에게는 비효과적이라고 규정될지 모른다. 조직에 대한 평가는 각 개인의 욕구와 관점에 따라 다른 것이다"(Pfeffer, 1978: 223). Pfeffer의 논의에 따르면, 조직 내의 다양한 집단들은 서로 상충하는 욕구가 있으면서도 지속적인 갈등은 피해야 한다는 점에서 이해를 공유하고 있다. 따라서 각 집단은 권력과 자원의 적절한 배분에 합의하여 조직설계에 이것을 반영한다. 즉, 조직구조란 '조직의 존속이라고 하는 제약 조건하에서 벌어지는, 주어진 특정한 시점에서의 주도권 쟁탈의 타협안'인 것이다(Pfeffer, 1978: 224).

지금까지 정치적 관점을 적용하여 학교조직의 일반적인 정치적 특성을 분석하여 보았다. 교육행정에 대한 정치적 관점은 다음과 같은 점에서 전통적인 교육행정이론(구조적 특성을 강조하는 과학적 관리론과 인적자원을 중시하는 인간관계론)과는 차이를 보이고 있다(Sergiovanni, Burlingame, Coombs, & Thurston, 1987: 115-118).

첫째, 전통적인 교육행정이론이 기본적으로 조직으로서의 학교 안의 세력, 사건, 활동 등의 문제에 관심을 기울인 반면, 정치적 관점은 학교와 외부 환경과의 상호작용에 보다 많은 관심을 가지고 있다. 실제로 조직에서 다양한 방식으로 문제가 제기되고 해결되는 과정, 협상이 진전되고 합의가 도출되는 과정 등은 조직과 외부 환경과의 상호작용이 기본적으로 정치적 성격을 띠고 있음을 드러내는 것이다. 학교조직 자체도 이해관계를 극대화하기 위해 서로 경쟁하는 다양한 개인들과 이해집단으로 구성되어 있다는 점에서 동일한 정치적 원리가 적용된다.

둘째, 전통적인 교육행정이론이 주어진 정책의 집행에만 관심이 있는 반면, 정치적 관점은 정책의 결정과정과 집행과정에 관심이 있다. 정책의 집행에만 관심이 있는 경우에 행정은 효율적인 수단을 찾아 적용하기만 하면 된다는 점에서 행정의 문제는 '기술적' 또는 '방법적' 문제로 환언된다. 그러나 정치적 관점은 목표(정책)가 주어지는 것이 아니라 그것 자체가 상당히 불안정하고 끊임없이 변화하는 속성을 지닌 것으로 본다. 따라서 정치적 관점에서는 개인들과 이해집단 사이에 목표에 대한 합의가 도출되어 가는 협상과정 자체에 관심을 두게 된다.

셋째, 전통적인 교육행정이론은 조직에서의 갈등을 조직의 효율성을 저하시키는 위험요소로 인식하여 갈등의 제거에 초점을 맞춘다. 그러나 정치적 관점에서는 정책을 형성해 가는 과정에서 조직 구성원들 간의 목표, 가치, 전략 등의 차이로 말미암아 생기는 갈등과 조직 외부의 압력 때문에 발생하는 갈등은 자연스러운 현상이며 조직이 건강하다는 징후로 인식한다. 정치적 관점은 이러한 갈등이 협상, 타협 등 정치적 과정을 통해 해결되어야 한다고 본다.

넷째, 전통적인 교육행정이론은 정책 결정에 있어서 '합리성'의 가치를 신봉하고 '최선의 결정'을 추구한다. 그러나 정치적 관점에서는 목표가 주어지는 것이 아니라 조직 구성원들과 이해집단 사이에 타협과 협상을 통해 결정되는 것으로 보기 때문에 도출된 정책은 최선의 결정이라기보다는 '현실적으로 만족할 만한' 결정일 뿐이다.

5. 정치적 관점의 공헌과 한계

정치적 현실주의자들은 세상을 있는 그대로 본다. 정치와 권력의 세계는 눈앞의 자기 이익을 좇는 자들이 움직인다는 S. Alinsky의 이야기에 대해서는 많은 사람들이 동의할 것이다(Bolman & Deal, 1984: 144). 정치적 현실주의자에게 정치적 관점은 조직의 있는 그대로의 모습만을 보여 준다. 구조적 관점과 인적자원 관점에는 결여되어 있거나 잠재되어 있는 조직의 중요한 역동적인 측면은 바로 정치적인 관점을 통해 드러날 수 있다. 사실 구조적 관점과 인적자원 관점은 갈등과 권력이라고 하는 조직의 역동성을 명시적으로는 다루고 있지 않다. 정치적 관점에서는 이와 같은 권력과 정치야말로 조직에 있어 핵심적인 현상이며, 결코 간과할 수 없는 문제라고 본다. 정치적 관점은 구조적 관점에서 보이는 경직된 합리성이나 인적자원 관점에서 나타나는 지나친 낙관주의로의 편향을 교정해 주는 역할을 한다.

정치적 관점의 장점을 구체적으로 살펴보면 다음과 같다(Morgan, 1986: 194-198). 첫째, 정치적 관점은 우리로 하여금 모든 형태의 조직적 활동이 어떻게 이해관계 기반적(interest-based)일 수 있는가를 파악할 수 있게 해 주고, 조직적 기능의 모든 측면을 이러한 관점으로 평가해 볼 수 있게 해 준다. 즉, 이해관계, 갈등, 권력에 대한 정치적 관점은 조직과 정치 간의 관계를 이해하는 실제적이고 체계적인 수단을 제공해 주며, 정치적 결과를 결정하는 권력의 핵심적 역할을 강조한다.

둘째, 정치적 관점은 조직의 합리성이라는 신화를 타파하는 데 일조하고 있다. 조직은 목표를 추구하고, 합리적 · 효율적 · 효과적 경영의 중요성을 강조할 수 있다. 그러나 과연 누구를 위한 합리성 · 효율성 · 효과성인가? 누구의 목표가 추구되는 것인가? 어떤 이해관계에 봉사하고 있으며, 과연 누가 이득을 얻게 되는 것인가? 정치적 관점은 조직의 목표가 특정한 사람들의 이해를 위해서는 합리적일 수 있으나, 다른 사람들에게는 그렇지 않을 수도 있다는 사실을 강조한다. 합리성은 항상 이해관계에 기반을 두고 있고, 어떤 관점에서 보느냐에 따라 변화될 수 있기 때문에 조직은 사실상 다양한 합리성을 포괄하고 있는 것이다. 이와 같이 합리성은 항상 정치적인 것이다. 조직의 경영에 있어서는 어느 누구도 중립적일 수 없다. 심지어 경영자조차도 다른 사람들과 마찬가지로 자신의 다양한 직무와 경력 그리고 개인적인 이해관계를 추구하는 합리적인 방호벽으로서 조직을 이용하는 것이다. 또한 그들은 다른 사람들처럼 그들의 개인적인 열망에 부합되는 행동을 조직적 관점에서 합리적으로 보이도록 정당화하면서, 정치적인 안건을 추구하는 하나의 자원으로서 '합리성'을 활용하기도 한다. 이와 같이 합리성은 조직의 목적을 묘사하는 기술적인(descriptive) 용어로서뿐만 아니라, 조직정치에서 이용되는 커다란 하나의 자원이기도 하다.

이러한 점을 고려하면, 합리성이라는 개념이 가지는 이데올로기적 중요성을 재평가해 볼 수 있다. 무엇보다도 합리성은 조직이 경쟁체제이자 동시에 협동체제라는 사실에 내재된 고유한 모순을 극복하기 위해 꾸며진 하나의 신화라는 생각을 불러일으킨다. 합리성에 대한 강조는 정치체제가 토대로 하고 있는 이해관계의 다양성으로 인해 항상 여러 방향으로 나아갈 수 있고, 때때로 분열을 초래하기까지 하는 잠재적 경향을 은폐하며, 그 정치적 체제를 함께 묶어 주는 역할을 하도록 시도되는 것이다.

셋째, 합리성에 대한 이러한 정치적 관점은 조직이 기능적으로 통합된 체제라는 생각이 가진 한계점을 극복하는 방법을 발견하게 해 준다. 많은 조직이론들은 기계장치나 유기체처럼 조직은 그 생존의 추구를 위해 부분과 전체를 묶어 주는 하나의 통합된 체제라는 가정에 기초해 왔다. 그러나 정치적 관점은 조직이 기초하는 다양한 이해집합으로부터 비롯되는 분열적인 긴장과 갈등 요소를 지적하면서 그것과는 다른 가정을 제시한다. 조직 내의 긴장과 갈등으로 인해 조직을 형성하는 사람과 단위부서 간의 상호적인 의존 관계에 따라 전체 조직의 생존을 위한 고도의 통합과 몰입의 가능성은 극히 불투명하게 된다. 그러므로 많은 조직들은 부분적으로 자율적인 각 부분들이 조직에 의해 제시된 공동의 명칭과 틀 속에서 작용하면서도 또한 어느 정도의 독립성을 유지하려고 애쓰는 느슨하게 결합된 체제(loosely coupled system)로서의 특징을 갖는다. 다양한 단과대학들이 교육 및 연구와 관련된 일반적인 목적하에 함께 통합되어 있는 종합대학교와 같은 조직들은 느슨하게 결합된 체제의 매우 좋은 예다. 자율성과 단위부서적 목표의 추구가 조직 전체의 그것에 우선하는 조직에 있어서는 분파적인 경향이 사실상 조직을 파괴하고 변혁시키는 요인이 된다. 예를 들면, 핵심적인 요원들이 그들 자신의 조직을 수립하기 위해서 조직을 떠나거나, 아니면 산업적인 분쟁이 회사의 경영을 어렵게 만들 수도 있는 것이다. 이와 같이 경쟁적인 이해관계, 갈등 그리고 권력의 원천 간의 상호작용으로 조직정치를 분석하는 것은 우리로 하여금 조직의 내생적인 변화요인을 이해하는 데 큰 도움을 줄 수 있다.

넷째, 정치적 관점의 또 다른 장점은 그것이 조직에 있어서 인간의 행동에 대한 우리의 이해를 정치화시켜 준다는 사실에 있다. 우리는 인간이 권력과 지배 및 통제에의 의지를 가졌다는 F. W. Nietzsche의 생각이나 혹은 정치와 권력 게임은 인간 본성의 근본적인 속성이라는 여러 저술가들의 의견에 반드시 동의할 수는 없지만, 조직의 이해관계와 개인적 이해관계 간의 긴장이 개인으로 하여금 정치적으로 행동하도록 하는 하나의 요인이라는 사실은 인정하지 않을 수 없다. 따라서 정치적 관점은 우리로 하여금 조직 행위자가 어떻게 그리고 왜 정치적인 행위자일 수밖에 없는가를 인식하게 해 주고, 조직문화와 그 하위문화에서 실행되는 의미의 양상이 어떻게 정치적인 중요성을 획득하는가를 이해하도록 도와준다.

그러나 이상과 같은 장점을 지닌 정치적 관점도 그 자체의 편협성이 지적될 수 있다. 정치적 관점이 지닌 단점을 구체적으로 살펴보면 다음과 같다(Bolman & Deal, 1984: 144; Morgan, 1986: 194-198).

첫째, 정치적 관점은 정치적 현상에만 치중하고 있기 때문에 합리적이면서도 협동적인 측면의 중요성은 간과한다. 둘째, 정치적 관점은 규범적인 측면에서 본다면 냉소적이고 비관적이다. 갈등의 불가피성은 과장하는 반면, 협조의 가능성은 과소평가한다. 셋째, 정치적 관점은 개인의 권력과 중요성을 과대평가함으로써 문제의 근본적인 성격을 형성하는 체제의 구조적인 요인의 역동성을 과소평가할 수 있다. 넷째, 정치적 관점의 정치적 이해 양식은 종종 조직에 대한 과잉적인 정치화(politicization)를 초래할 수 있다. 정치적 이해 양식의 영향력하에서는 모든 것이 정치적으로 보이는 것이다. 따라서 우리가 조직을 정치적인 체제로서 이해하게 될 때, 눈으로 보는 것과 관련하여 보다 정치적으로 행동하게 되기 쉽다. 실제로 정치적 관점의 사용은 전혀 그렇지 않은 상황에서조차 다른 사람들의 숨은 행위 동기를 파악하려고 시도함으로써 냉소주의와 불신을 낳게 되는 위험이 수반되기 쉽다. 즉, 이해관계와 갈등 및 권력에 관한 분석은 사람들이 다른 사람들을 술책으로 속여 넘기려고 한다는 식의 권모술수적인 해석을 낳기 쉽다. 즉, 정치적 관점이 다양한 이해관계를 다루어 볼 수 있는 새로운 영감과 이해를 얻기 위한 방법으로 사용되기보다는 우리 자신의 개인적인 이해관계를 증진시키기 위해 이용되는 하나의 도구로 전락되는 경향이 있다. 이러한 방식으로 정치적 관점을 이용하는 것은 불신을 조장하고, 조직은 승자와 패자가 있을 수밖에 없는 제로섬 게임(zero-sum game)을 포함하게 된다는 생각을 고무시키게 된다. 많은 조직들이 경쟁적인 이해관계에 의해 지배되고 있다는 점에서 이러한 사실은 어느 정도 진실이 아닌 것은 아니나, 그 결과는 순수한 개방성과 협력을 위한 여지를 축소시켜 버린다는 것이다.

이상에서 살펴본 정치적 관점의 일반적인 공헌과 한계를 교육행정 분야에 국한하여 구체적으로 살펴보면 다음과 같다. 교육행정의 정치적 관점은 다음과 같은 점에서 이론적 · 실천적으로 교육행정이론의 발전에 기여한 것으로 평가된다.

첫째, 정치적 관점은 학교가 실제로 어떻게 운영되고 있는지 그 실상을 보여 줌으로써 학교가 사회에서 '고립된 섬'으로 존재하는 것이 아니라는 점을 드러내 주었다. 이러한 연구 결과는 교육조직이 결코 정치적으로 중립적인 상태에서 운영되지 않는다는 것을 알려 주었다(Sergiovanni, Burlingame, Coombs, & Thurston, 1987: 123-124).

둘째, 정치적 관점은 교장의 '힘겨루기의 중재자로서의 역할'을 강조하고 있다. 교육조직에서 다양한 이해집단이 개입하고 있는 상황에서 힘겨루기의 규칙이 공정하지 않다든가 또는 힘겨루기의 과정에서 교육적 가치가 심각하게 훼손되고 있는 경우에 교장의 중재자로서의 역할은 중요하다. 그러나 교장의 중재자로서의 역할은 현실적으로 그렇게 쉬운 일만은 아니다. 왜냐하면, 교장 자신도 이해관계를 지니고 있는 당사자로서 힘겨루기에 참여하고 있기 때문이다. 따라서 교장이 사사로운 이익보다는 학교조직 전체의 이익과 교육적 가치를 수호하고 조장하려는 교육적 리더십을 발휘하는 것이 매우 중요하다.

셋째, 교육행정이 진행되어 가는 과정 그 자체가 하나의 '잠재적 교육과정'을 구성한다는 점이다. 학생들은 학교에서 중요한 결정이 내려지는 과정이나 외부 환경이 학교에 영향을 미치는 과정 등을 보면서 교육행정 실제에 관해 무엇인가를 배운다는 것이다. 이러한 점에서 학교에서 다양한 개인과 집단 간에 발생하는 힘겨루기 현상에의 공정한 규칙의 적용은 하나의 잠재적 교육과정으로서 중요한 의미를 지닌다(진동섭, 이윤식, 김재웅, 2007: 65).

그러나 교육행정의 정치적 관점은 이와 같은 공헌에도 불구하고 다음과 같은 점에서 한계를 지닌다. 첫째, 정치적 관점은 교육조직 내부의 정치적 현상에만 관심을 기울인 나머지 합리성이나 협력 가능성을 등한시하는 경향이 있다. 둘째, 정치적 관점은 교육행정에 관하여 기본적으로 비관적인 입장을 취하고 있다. 셋째, 정치적 관점은 교육행정 현상에 대한 객관적 기술을 목표로 하고 있지만, 행정은 가치 지향적인 활동일 수밖에 없다는 것이다. 넷째, 정치적 관점은 힘겨루기의 중재자로서 행정가의 역할을 강조하고 있다. 그런데 이러한 점이 행정을 체제 유지와 현상 유지의 수단으로 전락시킬 가능성을 내포하고 있다(진동섭, 이윤식, 김재웅, 2007: 65-66).

제11장 조직의 풍토와 문화

제11장 조직의 풍토와 문화

조직의 효과성이 강조되면서 조직문화(organizational culture)와 조직 풍토에 대한 관심이 부각되고 있다.[1] 따라서 이 장에서는, 첫째로 조직 풍토의 개념과 종류를 알아보고, 둘째로 조직문화의 개념과 종류를 살펴보고, 셋째로 상징적 관점의 기본 가정과 특징을 검토한 뒤에, 마지막으로 상징적 관점의 공헌과 한계를 검토하고자 한다.

1) 현상적으로 볼 때, 조직 풍토가 사회심리학적 · 산업심리학적 개념인 반면에, 조직문화는 사회학적 · 문화인류학적 개념이다. 따라서 조직 풍토에서는 공유된 지각(perception)을 강조하는 반면에, 조직문화에서는 암묵적 가정, 공유된 가치관과 규범을 강조한다(Ashforth, 1985; Miner, 1988; Hoy & Miskel, 2001: 189; 윤정일, 송기창, 조동섭, 김병주, 2002: 141).

1. 조직 풍토의 개념과 종류

일반적으로 사람을 처음 만나면 느껴지는 인상이나 분위기가 있듯이 조직에도 그 나름의 독특한 분위기가 있는데, 이것을 조직 풍토(organizational climate)라고 한다. 조직 풍토는 다른 조직과 구별되는 그 조직만이 갖고 있는 독특한 분위기다. 학문적으로 조직 풍토라는 용어는 현재까지도 개념적으로 모호한 점이 있지만, 조직 풍토의 개념과 관련된 많은 연구들이 수행되어 왔으며, 최근까지도 대부분의 조직이론가들은 학교의 일반적인 느낌 또는 분위기를 포착하기 위해 조직 풍토라는 개념을 사용하여 왔다.

조직 풍토라는 용어는 초기에는 조직생활의 지속적인 질을 표현하기 위한 일반적인 개념으로 사용되었다. R. Tagiuri(1968: 23)에 의하면, 인성(personality)이 개인적 특성의 특수한 형태로 구성되는 것과 마찬가지로, 조직 풍토는 생태 환경, 주위 환경, 사회체제 그리고 문화의 영속적인 특성의 특수한 형태로 구성된다(Hoy & Miskel, 2001: 189). 즉, 조직 풍토는 조직 구성원이 조직 내에서 경험하는 총체적 조직 환경의 질을 의미한다. 한편 B. H. Gilmer(1966: 57)는 조직 풍토란 '조직을 다른 조직과 구별해 주며, 조직 내에 있는 사람들의 행동에 영향을 주는 특성'이라고 정의하였고, G. Litwin과 R. Stringer(1968: 1)는 지각(perception)이라는 용어를 사용하여 풍토란 '환경 속에서 생활하는 사람들의 집합적 지각에 근거해서 그들의 행동에 영향을 주는 일련의 측정 가능한 작업 환경의 속성'이라고 정의하였다. 그리고 A. W. Halpin과 Don B. Croft(1963: 1-2)는 조직 풍토를 '사회적 체제와 문화적 특성'이라고 보았으며, W. K. Hoy와 C. G. Miskel(1987: 225-226)은 조직 풍토란 '조직의 구성원들이 그 조직의 업무와 관련된 환경에 대하여 공통적으로 갖고 있는 지각'이라고 보았다. 즉, 모든 개인이 고유한 인성적 특성을 가지고 있듯이, 각 조직도 조직 나름의 특성을 갖고 있다고 보았다. 조직 풍토라는 용어는 처음부터 주로 측정도구의 개발(Pace & Stern, 1958; Halpin & Croft, 1963; Denison, 1996; Hoy, 1997)과 관련되어 사용되어 왔다(Hoy & Miskel, 2001: 189). M. Poole(1985)

은 학자들 간에 어느 정도 합의가 이루어진 조직 풍토의 기본적 속성을 다음과 같이 제시하였다.

- 조직 풍토는 큰 단위에 관련된 것이다. 즉, 그것은 전체 조직 또는 큰 하위 단위의 속성을 나타낸다.
- 조직 풍토는 단위 조직에 대한 평가 또는 정서적 반응을 지칭하는 것이라기보다는 단위 조직을 기술하는 개념이다.
- 조직 풍토는 조직과 조직 구성원들에게 중요한 일상적인 조직 실제(organizational practices)로부터 나타나는 것이다.
- 조직 풍토는 구성원들의 행동과 태도에 영향을 준다(Hoy & Miskel, 2001: 189).

학교 풍토는 학교의 일반적인 작업 환경, 즉 조직에 영향을 주는 공식조직, 비공식조직, 참여자들의 인성 및 조직 리더십에 대한 교사들의 지각과 관련된 포괄적인 용어다. 간단히 말하면, 학교의 조직 풍토는 한 학교를 다른 학교와 구별해 주고, 학교 구성원들의 개별 행동에 영향을 주는 학교의 내적 특성을 의미한다. 보다 구체적으로 말하면, 학교 풍토는 학교 내에서 참여자들이 경험하고, 그들의 행동에 영향을 주며, 그들의 집합적 지각 행동에 근거하고 있는 상대적으로 영속적인 학교 환경의 질을 의미하는 것이다(Hoy & Miskel, 2001: 189-190). 따라서 학교조직에 있어 조직 풍토란 조직 구성원의 행동에 영향을 주는 학교의 내적 특성으로서 학교의 구성원인 학생, 교사, 행정가들이 공유하는 가치관, 신념, 행동 표준 등 내적 특성을 의미한다. 조직 풍토를 일련의 조직 내적 특성으로 정의하는 것은 어떤 면에서는 인성에 대한 정의와 비슷하다. 즉, 학교조직의 풍토는 개인의 인성에 비유하여 학교의 인성이라고 생각할 수도 있을 것이다.

학교 풍토는 조직 행동에 중요한 영향을 주며, 행정가들은 학교의 '인성' 발달에 중요하고 적극적인 영향을 미칠 수 있다. 따라서 학교조직 구성원들의 행동을 이해하기 위해서는 학교 풍토를 기술하고 분석하는 것이 중요하다. 인성이라는 개념이 여러 측면에서 분석될 수 있듯이, 조직 풍토의 개념도 여러 측면에서 기술될 수 있다. 따라서 여기서는 조직 풍토와 관련된 Halpin과 Croft(1963)의 연구, M. B. Miles(1969)의 연구, D. J. Willower, T. L. Eidell과 W. K. Hoy(1967)의 연구를 중심으로 조직 풍토의 종류를 살펴보기로 한다.

1) Halpin과 Croft의 학교조직 풍토 유형

학교조직 풍토에 관한 가장 잘 알려진 선구적인 연구는 Halpin과 Croft(1963)에 의해 수행되었다. Halpin과 Croft는 학교의 조직 풍토를 기술하고 설명할 수 있는 조직 풍토 기술 설문지(Organizational Climate Description Questionnaire: OCDQ)를 개발하여 학교 풍토를 연구하였다. OCDQ는 교사집단의 특징과 교장의 행동에 대한 교사들의 지각을 조사하여 학교 풍토를 기술하는 척도다. 즉, OCDQ는 교사집단과 교사의 행동 특성을 각각 4개의 하위 변인으로 세분화하고, 이들 8개의 하위 변인에 각각 8개의 문항을 할당하여 총 64개 문항으로 구성하였다. 교사집단의 특성을 측정하는 4개의 하위 변인은 방해, 친밀, 이탈, 사기이며, 교장의 행동 특성을 측정하는 4개의 하위 변인은 생산 강조, 냉담, 배려, 추진력이다. 이들 하위 변인의 특성을 구체적으로 살펴보면 다음과 같다(Hoy & Miskel, 1987: 227).

① 방해(hindrance): 교사들이 교장을 자신들에게 일상적 업무, 위원회 활동 및 교사들이 불필요하게 느끼는 업무 등을 부과하는 사람이라고 느끼는 감정 정도
② 친밀(intimacy): 교사들이 상호 간에 우호적인 개인적 관계를 유지하면서 느끼는 즐거움의 정도
③ 이탈(disengagement): 교사들이 주어진 업무에 헌신하지 않고 이탈하려는 경향
④ 사기(esprit): 교사들의 과업 성취감과 사회적 욕구 충족감의 정도
⑤ 생산 강조(production emphasis): 교장의 과업에 대한 철저한 감독과 일방적인 지시 정도
⑥ 냉담(aloofness): 교장이 교사들과 사회적 거리를 유지하면서 공식적 · 비정적

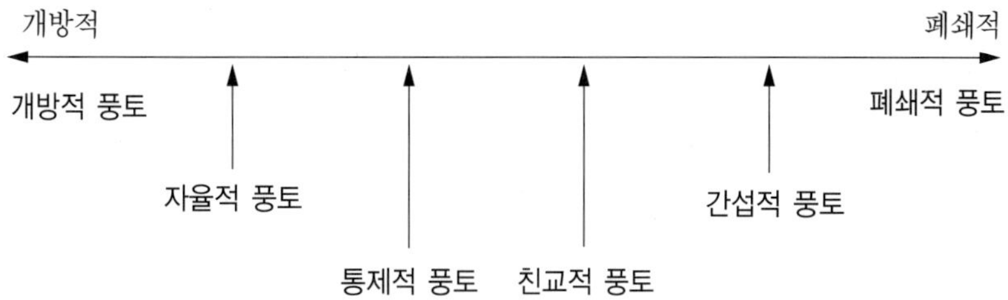

[그림 11-1] 학교 풍토의 유형(OCDQ)

출처: 윤정일 외(2002). **교육행정학원론**. 서울: 학지사, p. 135.

행동을 하는 정도

⑦ 배려(consideration): 교장이 교사들에게 따뜻하고 친절하게 대하는 정도

⑧ 추진력(thrust): 교장이 조직을 역동적으로 운영해 나가는 정도

Halpin과 Croft는 이상에서 설명한 8개의 변인에 대한 점수를 가지고 개방-폐쇄의 연속선상에 학교 풍토를 [그림 11-1]과 같이 6개로 분류하였으며, 각 풍토의 특징은 다음과 같다.

① 개방적 풍토(open climate): 교사들은 사기가 매우 높고 협조적이며 우호적이다. 교사들은 높은 직무 만족과 어려움을 극복할 수 있는 충분한 동기를 가지고 있고, 학교에 근무함을 자랑스럽게 여기며, 일상적인 업무와 불필요한 과업으로 시달리지 않는다. 한편 교장은 솔선수범하며, 교사들의 업무 처리를 촉진하고 교사들과의 관계도 소원하지 않다. 규칙과 절차는 강조되지 않지만 적절히 준수된다.

② 자율적 풍토(autonomous climate): 교사들은 조직 내의 사회적 활동에서 충분한 자극을 받으며, 높은 사기를 가지고 일을 신속히 처리하고, 사무에 시달리지 않는다. 교장은 교사들의 일을 쉽게 처리하기 위한 절차와 규칙을 정하며, 소모품의 공급은 적절한 통제와 절차에 따라 이루어진다. 교장의 감독과 생산에 대한 강조는 지나치지 않고, 교사들이 소신대로 일하는 데 만족한다.

③ 통제적 풍토(controlled climate): 교장은 교사들의 사회적 욕구의 만족을 무시하고 과업 성취만을 강조한다. 교사들은 모두가 열심히 일하느라 친교를 할 여유가 없으며, 통제와 지시도 어길 수 없다. 교장은 지배적이고 지시적이며 융통성이 없고 독단적이다. 교사들에게 권한과 책임의 위임이 없으며, 교장 개인에 의해 리더십이 행사된다.

④ 친교적 풍토(familiar climate): 교사들의 사회적 욕구 만족이 대단히 높으며, 구성원 상호 간에 가족적인 분위기를 형성한다. 교장은 과업 성취를 위한 관리와 통제를 강조하지 않고, 교사들에게 불필요한 업무를 부과하지 않는다.

⑤ 간섭적 풍토(paternal climate): 교장은 교사들의 다양한 사회적 욕구를 억누르며, 독단적으로 학교 운영을 주도하려 한다. 교장 자신이 일을 많이 하기 때문에 교사들은 잡무에 시달리지 않는다. 그러나 교장의 통제 능력의 부족으로 집단의 유지와 교사들 상호 간에 협력이 잘 안 된다. 교장은 교사들과 소원한 관계는 아니나, 매사에 모든 일을 살피고 지적하며, 사소한 것도 다 알려고 한다. 부분적으로 폐쇄적인 풍토다.

⑥ 폐쇄적 풍토(closed climate): 교장은 일상적이고 사소한 일과 불필요한 일을 강요하고, 교사들은 최소한으로 반응하며 단순히 일하는 시늉만 한다. 교장과 교사의 관계는 소원하고, 교장이 규칙과 절차를 독단적으로 설정한다. 교장의 추진력이 부족하여 교사들을 동기화하지 못한다. 교사들의 사회적 욕구 만족과 사기는 대단히 낮다(Halpin & Croft, 1963: 2-3).

이상에서 살펴본 Halpin과 Croft가 개발한 OCDQ는 학교조직의 풍토를 측정하는 데 아직까지도 광범위하게 사용되고 있지만, 몇 가지 한계점을 가지고 있다. 즉, Halpin과 Croft가 분류한 여섯 가지 조직 풍토의 유용성과 관련하여 R. J. Brown(1965)은 개방-폐쇄 연속선상에는 8개의 조직 풍토가 존재함을 확인하였으며, J. F. Watkins(1968) 역시 연속선상의 중간에 있는 풍토의 의미가 모호하다는 점을 지적하였다(Hoy & Miskel, 1987: 228 재인용). 이러한 비판과 관련하여 Hoy와 Miskel(1987: 228)은 학교조직 풍토의 상대적인 개방성과 폐쇄성을 결정하기 위해 다음과 같은 개방성 지수(Open Index)를 제안하였다. 개방성 지수가 높을수록 학교의 조직 풍토는 더 개방적이다.

개방성 지수 = 추진력 점수 + 사기 점수 − 일탈 점수

한편 P. Silver(1983)는 OCDQ의 개념적 토대(conceptual underpinnings)는 명확한 기본 논리와 경제성이 결여되어 있으며, 번거롭다고 비판하였다. 그리고 A. Hayes(1973)는 OCDQ에 대한 평가를 하기 위한 종합적인 경험적 분석 결과에 근거해서 OCDQ의 너무 많은 문항들이 측정하고자 하는 것을 측정하지 못하고 있으며, 몇몇 하위 검사들은 타당하지 않고, 일부 하위검사들의 신뢰도는 낮다는 점을 지적하면서 OCDQ의 개정을 촉구하였다(Hoy & Miskel, 2001: 191 재인용). 이러한 비판과 관련하여 여러 학자들에 의해서 Halpin과 Croft가 개발한 OCDQ는 초등학교용(OCDQ-RE), 중학교용(OCDQ-RM), 고등학교용(OCDQ-RS)으로 개정되었다.

OCDQ-RE는 초등학교 교사와 교장의 행동을 기술하는 6개의 하위검사가 포함된 총 42개 문항으로 구성된 척도다(Hoy & Clover, 1986; Hoy, Tarter, & Kottkamp, 1991). 교장의 행동 특성은 지원적 행동, 지시적 행동, 구속적 행동으로 분류되며, 교사의 행동 특성은 동료적 행동, 친밀한 행동, 방관적 행동으로 분류된다.

지원적인 교장은 교사들에게 진정한 관심과 지원을 하는 반면, 지시적인 교장은

〈표 11-1〉 조직 풍토 유형의 원형적 프로파일

풍토 차원	풍토 유형			
	개방적 풍토	개입적 풍토	방관적 풍토	폐쇄적 풍토
지원적 행동	높음	낮음	높음	낮음
지시적 행동	낮음	높음	낮음	높음
구속적 행동	낮음	높음	낮음	높음
동료적 행동	높음	높음	낮음	낮음
친밀한 행동	높음	높음	낮음	낮음
방관적 행동	낮음	낮음	높음	높음

출처: Hoy, Wayne K., & Miskel, Cecil G. (2001). *Educational Administration: Theory, Research, and Practice* (6th ed.). New York: McGraw-Hill, Inc., p. 194.

〈표 11-2〉 조직 풍토의 유형(OCDQ-RE)

		교장의 행동	
		개방적	폐쇄적
교사의 행동	개방적	개방적 풍토	개입적 풍토
	폐쇄적	방관적 풍토	폐쇄적 풍토

출처: Hoy, Wayne K., & Miskel, Cecil G. (2001). *Educational Administration: Theory, Research, and Practice* (6th ed.). New York: McGraw-Hill, Inc., p. 194.

교사들의 개인적 욕구에 대해서는 거의 배려하지 않고 오직 과업 수행만을 강조한다. 그리고 구속적인 교장의 행동은 교사들이 그들의 업무를 수행하려고 할 때 방해로 작용한다. 한편 교사의 동료적 행동은 교사 상호 간에 지원적이고 전문적인 상호작용이 특징인 반면, 친밀한 행동은 학교 내외에서 교사들 간의 밀접한 개인적 관계 유지가 특징이다. 그리고 교사의 방관적 행동은 학교 내에서 교사들 간의 소외감과 고립감이 특징이다(Hoy & Miskel, 2001: 191-193).

Hoy와 Miskel(2001)은 OCDQ-RE에 의해 측정된 교장의 행동 특성과 교사의 행동 특성을 결합하여 〈표 11-1〉과 같은 조직 풍토 유형의 원형적 프로파일을 제시하고, 학교 풍토를 〈표 11-2〉와 같이 개방적 풍토, 개입적 풍토, 방관적 풍토, 폐쇄적 풍토로 분류하였다.

〈표 11-2〉에 제시된 네 가지 조직 풍토의 특징을 살펴보면 다음과 같다.

① 개방적 풍토(open climate): 개방적 풍토는 교사들 상호 간에 그리고 교장과 교사가 상호 협력하고 존중하는 것이 특징이다. 즉, 교장은 교사들의 전문적 능력을 존중하고, 그들의 제안을 경청한다. 마찬가지로 교사들은 상호 간에 개방적이며 전문적인 상호작용을 지지한다.

② 개입적 풍토(engaged climate): 개입적 풍토에서 교장은 엄격하고 규제적이며 통제적인 반면, 교사들은 서로 협조하면서 그들의 전문적 능력에 기초하여 과업을 수행하려고 하는 것이 특징이다. 즉, 교장은 교사들의 전문적 능력과 개인적 욕구를 인정하지 않고 독재적으로 행동하는 반면, 교사들은 교장의 통제

적인 행동을 무시하고 전문가로서 행동한다.

③ 방관적 풍토(disengaged climate): 방관적 풍토는 개입적 풍토와는 정반대다. 즉, 교장은 교사들의 전문성을 인정하고 지원적이며 개방적인 반면, 교사들은 교장의 리더십을 기꺼이 수용하지 않으려고 하며, 심지어 교장을 무시하고 리더십을 무력화하려고 시도하며, 과업 수행을 소홀히 한다.

④ 폐쇄적 풍토(closed climate): 폐쇄적 풍토는 개방적 풍토와 정반대다. 즉, 교장의 행동은 교사들에게 일상적이고 사소한 일과 불필요한 업무를 강요하고 통제하는 등 비지원적이고 융통성이 없는 것이 특징인 반면, 교사들의 행동은 최소한의 반응과 헌신을 보이는 냉담성이 특징이다(Hoy & Miskel, 2001: 192-195).

2) Miles의 조직 건강 유형

조직 건강(organizational health)이란 학교의 일반적인 분위기를 개념화하기 위한 또 다른 용어다(Hoy & Feldman, 1987). 조직 내에서 '적극적인 건강'이라는 개념은 조직의 성장과 발전을 촉진하는 조건뿐만 아니라, 건강한 조직 역학(organizational dynamics)을 방해하는 조건들에 관심을 기울인다(Hoy & Miskel, 2001). 즉, 조직 건강이란 인간의 건강에 대응하는 조직의 건강으로서, 조직이 자체 유지 능력을 가지고 환경과 역동적인 상호작용을 통해 구성원의 사기를 진작시키고 생산성을 향상시킬 수 있는 능력을 기술하는 용어다.

조직 건강에 대한 개념 정의는 학자들의 관점에 따라 다양하다. 예를 들면, C. Argyris(1964: 123)는 조직 건강을 '목표 달성, 조직 자체의 유지, 환경에 적응할 수 있는 조직의 능력'이라고 보았으며, J. K. Force와 R. Weil(1971: 8)은 건강한 조직이란 '강한 사명감과 일체감을 지니고 있으며, 변화에 대처할 수 있는 적응력을 지닌 조직'이라고 보았다. 한편 Miles(1969: 378)에 의하면, 건강한 조직이란 '환경 속에서 생존뿐만 아니라 오랫동안 적절하게 대처하면서 조직의 생존과 대처 능력을 지속적으로 개발하고 확대해 나가는 조직'이다. 조직 건강에 대한 이러한 개념

정의는 건강한 조직은 분열적인 외부 세력을 성공적으로 처리하면서 조직의 주요 목표 달성을 위해 조직의 에너지를 효과적으로 집중시킨다는 점을 시사하고 있다. 특정한 시점에서 조직의 운영은 효과적일 수도 있고 비효과적일 수도 있지만, 장기적인 관점에서는 건강한 조직이 효과적이다. 건강한 조직은 높은 생산성을 유지하고 새로운 환경에 적절히 적응하면서 발전해 나간다. 그러나 건강하지 못한 조직은 생산성이 점차 낮아지고 환경에 대한 대처 능력이 떨어져 결국 소멸하게 된다. 따라서 조직 건강의 핵심적인 관심은 환경의 변화에 적절히 대처하면서 미래에 적응하기 위한 조직의 능력을 지속적으로 향상시키는 데 있다.

학교조직 건강의 이론적 모형을 제시한 Miles(1975)는 조직 건강이란 '조직이 기능을 효과적으로 수행하고, 나아가 그 기능을 충분히 발휘할 수 있는 조직으로 성장하고 발전할 수 있는 능력'이라고 보고, 학교조직의 건강 측정 변인으로 과업 달성 변인, 조직 유지 변인, 성장 · 발전 변인의 세 가지로 구분하여 제시하였다. Miles (1975: 224-247)가 제시한 조직 건강 측정 변인의 요소와 내용을 살펴보면 다음과 같다.

〈목표 달성 변인〉

① 목표에 대한 관심: 조직 목표의 명료성, 적절성, 달성 가능성, 수용성 및 합리성의 정도
② 의사소통의 적절성: 상하좌우로 의사소통에 장애가 없고 환경과의 의사소통도 원만한 정도
③ 권력 배분의 적절성: 조직 내부의 영향력이 고르게 분포되어 있는 정도

〈조직 유지 변인〉

① 자원의 활용: 개인이 자아실현을 하고, 직무 만족을 느낄 수 있도록 인적자원을 효과적으로 활용하는 정도
② 응집성: 조직 구성원들이 조직에 대해 가지고 있는 일체감의 정도
③ 사기: 조직 구성원들이 느끼는 행복감과 만족감의 정도

〈성장 · 발전 변인〉

① 혁신성: 조직의 변화 수용성과 변화 지향성의 정도
② 자율성: 환경으로부터의 독립성과 능동성의 정도
③ 적응성: 변화의 적응과정에서 안정성이 유지되고 진통을 감내할 수 있는 능력의 정도
④ 문제해결의 적절성: 문제해결 방법을 적절히 선택할 수 있는 능력의 정도

이상의 Miles의 조직 건강론을 활용하여 학교조직 건강을 측정하려는 도구들이 꾸준히 개발되고 있다.[2] 여기서는 W. K. Hoy와 J. Feldman(1987)이 개발한 중등학교용 조직 건강진단 설문지인 조직 건강 목록(Organizational Health Inventory: OHI)에 대해 살펴보기로 한다.

Hoy와 Feldman(1987)이 개발한 OHI는 학교조직 내의 책임과 통제의 세 가지 수준(기관적 · 관리적 · 기술적)과 사회체제의 수단적 요구(instrumental needs)와 표현적 요구(express needs)를 통합한 7개 차원의 44개 문항으로 구성되어 있다.[3]

〈표 11-3〉 조직 건강의 차원

수 준	기 능	차 원
기관적 수준	수단적 기능	기관 충실성
관리적 수준	수단적 기능	교장의 영향력
	표현적 기능	배려
	수단적 기능	구조 주도성
	수단적 기능	자원의 지원
기술적 수준	표현적 기능	사기
	수단적 기능	학업 강조

출처: Hoy, Wayne K., Tarter, C. John & Bliss, James R. (1990). Organizational Climate, School Health, and Effectiveness: A Comparative Analysis. *Educational Administration Quarterly*. Vol. 26. No. 3(August), p. 264.

2) 우리나라의 경우, 윤종건(1974)이 5개의 측정 변인을 설정하여 개발한 학교조직 건강진단 모형과 왕기항(1986)이 13개의 측정 변인을 설정하여 개발한 조직 건강 개념측정 모형이 있다.

Hoy와 Feldman이 개발한 OHI의 구성요인을 제시하면 〈표 11-3〉과 같다.

〈표 11-3〉에 제시된 각 구성요소의 의미를 살펴보면, 먼저 기관적 수준에서의 기관 충실성이란 학교조직이 환경에 적응하면서 교육 프로그램의 건전성을 유지해 나가는 능력을 의미한다. 충실성을 갖춘 학교는 지역사회와 학부모들의 불합리한 요구로부터 보호된다. 관리적 수준에서는 교장의 영향력, 배려, 구조 주도성, 자원의 지원이 고려된다. 교장의 영향력은 상위자들(예: 교육감, 교육장)의 의사결정에 영향력을 행사하는 교장의 능력을 의미하며, 배려는 개방적이고 친절하며 지원적인 교장의 행동을 의미한다. 한편 구조 주도성이란 과업의 기대 수준, 성과기준, 절차 등을 명확하게 규정하는 교장의 행동을 말하며, 자원의 지원이란 교사들이 필요로 하고 요구하는 모든 물적 자원을 교사들에게 제공하는 것과 관련이 있다. 마지막으로, 기술적 수준에서는 사기와 학업 강조가 핵심 요소다. 사기는 조직 구성원들이 가지고 있는 신뢰, 열정, 확신, 성취감이며, 학업 강조는 학생들의 학업 성취도를 강조하는 것이다.

일반적으로 건강한 학교는 다음과 같은 특징을 가지고 있다. 건강한 학교는 학부모나 지역사회의 불합리한 압력으로부터 보호된다. 교장이 교육위원회 및 교육지원청과 적절한 협력 관계를 유지하며 필요한 지원을 얻어 낸다. 교장은 교직원들에게 과업 지향적인 행동과 인화 지향적인 행동을 조화롭게 행사하며, 성취 가능한 이상적인 교육 목표를 수립하고, 이를 실현하기 위하여 교직원들을 최대한 지원한다. 교사들은 사명감에 충만해 있고, 학습 지도에 열성을 다해 학생들의 학력 수준을 높게 유지시킨다. 학생들은 학업에 대한 동기 유발이 잘되어 있고, 면학 분위기가 잘 조성되어 있다. 교사들은 학교의 인적 · 물적 자원의 지원에 만족하고, 동료 교사 간에 상호 존중과 신뢰가 형성되어 있다(Hoy & Miskel, 2001: 200-201).

Hoy와 Miskel(2001)이 제시한 학교조직 건강 프로파일의 예는 [그림 11-2]와

3) 모든 사회체제는 성장과 발전을 하려면 적응(adaptation), 목표 달성(goal attainment), 통합(integration), 갈등관리 및 유형 유지(latency)를 충족시켜야 한다. 따라서 조직은 적응과 목표 달성이라는 수단적 요구(instrumental needs)와 사회적 · 규범적 통합이라는 표현적 요구(express needs)에 관심을 가져야 한다(Parsons, Bales, & Shils, 1953; Hoy & Miskel, 2001: 197 재인용).

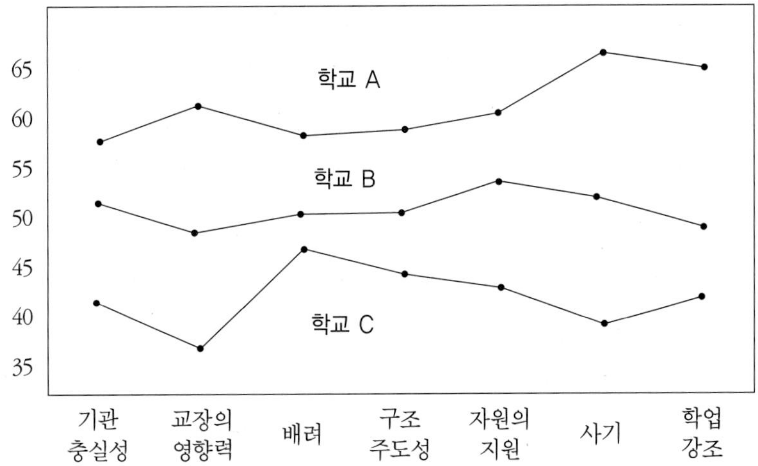

[그림 11-2] 예시적 학교조직 건강 프로파일

출처: Hoy, Wayne K., & Miskel, Cecil G. (2001). *Educational Administration: Theory, Research, and Practice* (6th ed.). New York: McGraw-Hill, Inc., p. 201.

같다.

[그림 11-2]에 의하면, 학교 A는 모든 차원의 건강 측정 지표가 평균 이상인 상대적으로 건강한 학교 풍토를 나타내고 있다. 반면에 학교 C는 모든 차원의 건강 측정 지표가 평균 이하를 나타내고 있다. 학교 B는 모든 차원의 건강 측정 지표가 평균 정도인 전형적인 학교를 나타내고 있다.

3) Willow 등의 학교 풍토 유형

학교의 사회적 풍토는 교사들과 교장이 학생들을 통제하기 위해 사용하는 지배적인 통제방식(dominant control patterns)에 따라 분류할 수 있다. 통제는 모든 조직이 직면하는 문제다. 학교조직은 R. O. Carlson(1964: 262-276)의 봉사조직 유형론에 의하면, 조직에 참여하는 사람들이 조직 선택권을 갖지 못하고, 조직도 조직에 참여할 고객을 선발할 권한이 없는 순치조직(domesticated organization)에 속한다.[4] 순치조직은 법에 의해서 조직의 생존이 보장되는 봉사조직으로서 의무교육을 실시하는 국 · 공립 초등학교, 국립정신병원, 교도소 등이 이에 속한다. 고객에게 조직 선택권이 없는 상황에서 의무적으로 조직에 참여해야 하는 봉사조직에서는 고객에 대한 조직의 통제 문제는 특별히 중요한 의미를 갖는다.

학생 통제의 문제는 학교생활의 핵심적인 문제다. 학생 통제의 개념화에 관한 연구는 펜실베이니아 주립대학교의 Willower, Eidell과 Hoy(1967)에 의해 주도되었다. Willow 등은 학교에서 학생 통제를 어떤 방식으로 하느냐에 따라 학교 풍토가 어떻게 조성되는가를 연구하였다. 그들은 학교의 학생 통제 방식을 연구하기 위하여 학생 통제 이념 설문지(Pupil-Control Ideology: PCI)를 개발하였다(Willower, Eidell, & Hoy, 1967: 47-48). PCI 척도는 5단계 Likert 방식의 20개 문항으로 구성되어 있다. Willow 등은 PCI 척도를 사용하여 연속선상의 양쪽 끝에 위치하는 학교 풍토의 원형을 보호적 학교 풍토와 인본주의적 학교 풍토로 구분하였다. 두 학교 풍토의 특징을 간단히 설명하면 다음과 같다(Hoy & Miskel, 2001: 204-205).

① 보호적 학교 풍토(custodial school climate): 보호적 학교 풍토는 학교의 일차적인 관심인 질서를 유지하기 위하여 엄격하고도 고도로 통제된 상황을 조장하는 전통적인 학교 풍토다. 학생들의 외모, 행동 및 부모의 사회적 지위 등은 판에 박은 듯 비슷하다. 보호 지향적 교사들은 학교를 학생과 교사의 지위체계가 엄격하고, 권력과 의사소통이 일방적이고 하향적인 권위적인 조직으로 생각한다. 학생들은 교사들의 결정을 의심 없이 받아들여야 한다. 교사들은 학생들의 행동을 이해하려고 하는 대신에 개인적 무례와 같은 잘못된 행동으로 본다. 교사들은 학생들을 엄격한 규율과 체벌을 통해 통제해야 하는, 무책임하고 훈련되지 않은 존재로 인식한다. 보호적 학교 풍토에는 비정성(impersonality), 냉소주의 및 경계적인 불신이 만연되어 있다.

② 인본주의적 학교 풍토(humanistic school climate): 인본주의적 학교 풍토에서는 학교를 학생들이 협력적인 상호작용과 경험을 통해 학습하는 교육 공동체

4) Carlson의 봉사조직 유형론에 대한 자세한 논의는 제3장을 참조하시오.

로 인식한다. 또한 이러한 풍토에서는 학습과 행동을 심리학적 · 사회학적 관점으로 바라본다. 엄격한 교사의 통제는 자기훈련(self-discipline)으로 대체된다. 인본주의적 학교 풍토는 교사와 학생의 양방향적 의사소통과 자기결정(self-determination)을 증가시키는 민주적인 분위기를 유도한다. '인본주의적 지향성'이라는 용어는 개인의 중요성과 학생의 요구를 충족시키는 분위기 형성을 강조하는 사회심리학적 개념이다.

2. 조직문화의 개념과 종류

조직 풍토에 대한 관심과 더불어 1980년대에는 조직문화에 대한 관심이 높았다. 그러나 작업집단의 문화에 대한 관심은 새로운 것은 아니다. 이미 1930~1940년대에 C. I. Barnard(1938)는 일상생활 속에 깊숙이 내재되어 있어 큰 영향을 미치는 강력한 힘을 포착하기 위하여 겉으로 드러난 의식 수준의 기저에 깔려 있는 심층적인 문화에 관심을 가졌고, E. Mayo(1945)는 비공식조직의 본질과 기능을 기술하면서 작업장 내의 작업집단의 규범, 감정, 가치 및 집단 구성원의 상호작용의 중요성을 강조하였다. 또한 P. Selznick(1957)도 조직을 단순히 합리적 조직이라기보다는 하나의 제도로 보고, 조직생활을 분석하면서 조직문화의 중요성을 강조하였다. 1980년대에 조직문화에 대한 관심이 다시 높아지게 된 것은 우수한 기업은 우수한 조직문화를 갖고 있다는 연구 결과(예: Paters & Waterman, 1982; Deal & Kennedy, 1982; Ouchi, 1981)에 기인한다. 이러한 연구들의 기본적 주제는 효과적인 조직은 강력하고 독특한 기업문화를 가지고 있으며, 최고경영자의 리더십 기능은 조직문화를 조성한다는 것이다.

문화의 정의는 공식적인 정의부터 상식적인 정의까지 다양하기 때문에 그 개념은 매우 다의적이다. 조직문화에 대해서도 합의된 개념 정의를 가지고 있지 못한 실정이다. 조직문화에 대한 몇몇 정의를 살펴보면, W. Ouich(1981: 41)는 조직문화를 '조직의 근원적인 가치와 신념을 고용인에게 전달하는 상징, 의식, 신화'라고 정의하였으며, J. Lorsch(1985: 84)는 '조직을 어떻게 경영할 것인가에 관해 조직의 최고경영자들이 공유하고 있는 신념'이라고 보았다. 그리고 A. Wilkins와 K. Patterson(1985: 265)은 조직문화는 '주로 해야 할 일과 해서는 안 될 일에 관한 사람들의 신념으로 구성'된다고 주장한 반면, J. Martin(1985: 95)은 문화는 '사람들의 가장 깊은 욕구의 표현이며, 그들의 경험에 의미를 부여하는 수단'이라고 주장하였다. 한편 S. Robbins(1998: 595)는 조직문화를 '한 조직을 다른 조직과 구별해 주는 조직 구성원들이 공유하는 의미체계'라고 정의하였고, J. Greenberg와 R. Baron(1997: 471)은 '조직 구성원들이 공유하는 태도, 가치, 행동 규범 및 기대로 구성되는 인식 틀(a cognitive framework)'이라고 보았다. 그러나 E. H. Schein (1985: 9)은 문화를 기본 전제의 한 가지 유형, 즉 '효과적이라고 간주될 수 있을 만큼 잘 작용해 왔기 때문에 새로운 구성원들에게 그들이 당면하는 문제를 인지하고, 생각하며, 느낄 때 당연히 따라야 하는 양식으로서 가르쳐야 하는 것, 다시 말해서 외부에 적응하고 통합의 문제에 대처하는 과정에서 어떤 집단에 의해서 발명 혹은 발견되거나 개발된 것'으로 정의하였다.

문화가 무엇이고 그것이 조직에서 어떤 역할을 하는지에 대하여 뜨거운 논쟁이 계속되고 있다. 어떤 사람들은 조직이 문화를 가지고 있다고 주장하는 반면, 또 어떤 사람들은 조직이 곧 문화라고 생각한다. 또한 문화와 리더십의 관계에 대해서도 여러 가지 상이한 관점이 있다. 리더는 문화가 만든다고 주장하는 사람이 있는가 하면, 적어도 어떤 상황에서는 리더가 문화를 만들 수 있다고 믿는 사람들도 있다. 리더에 따라 문화에 차이가 난다고 믿는 사람들도 상징적 리더십이 리더의 역량을 강화해 주는 것인지, 아니면 단지 구성원을 조종하는 방편에 지나지 않는 것인지에 대해 의견이 일치하지 않고 있다. 어떤 사람은 강력한 문화를 가진 조직이 방침이나 규정 또는 느슨한 형태의 협동과 동기부여에 의존하는 조직보다 더 높은 성과를 낸다고 주장한다. 그러나 또 어떤 사람들은 응집력 있는 문화는 조직의 성공으로부터 나오는 것이라고 주장하면서 이러한 인과관계를 뒤집는다.

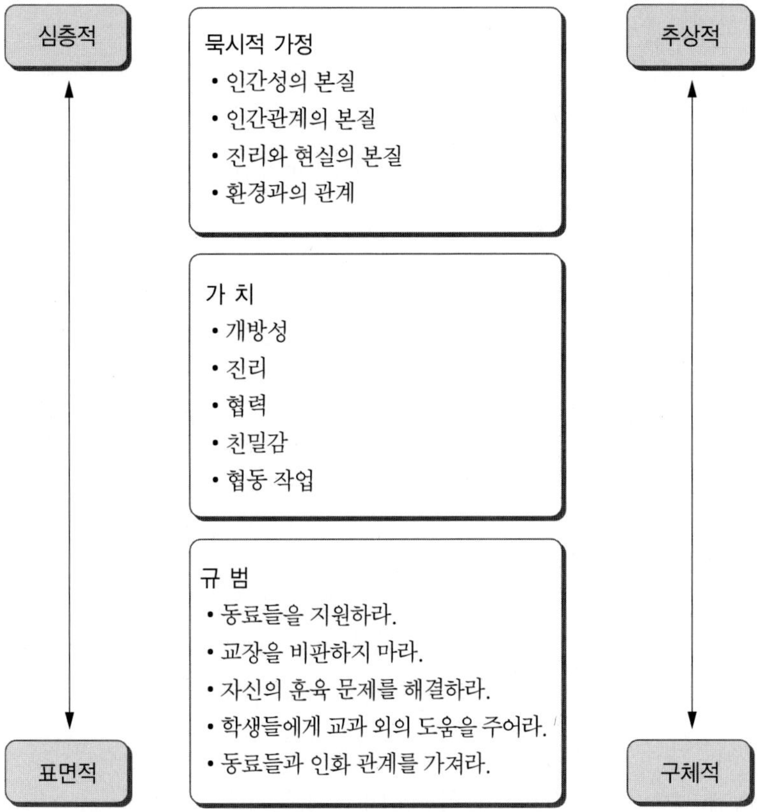

[그림 11-3] 문화의 수준

출처: Hoy, Wayne K., & Miskel, Cecil G. (2001). *Educational Administration: Theory, Research, and Practice* (6th ed.). New York: McGraw-Hill, Inc., p. 177.

이상에서 살펴본 바와 같이 조직문화의 개념은 학자들에 따라 다양한 의미로 사용되고 있다. 이러한 개념 정의의 문제를 극복하기 위하여 Hoy와 Miskel(2001: 177-182)은 문화의 수준을 다음 [그림 11-3]과 같이 추상적인 것에서부터 구체적인 것으로 분류하여 문화를 묵시적 가정으로서의 문화, 공유 가치로서의 문화, 공유 규범으로서의 문화로 분류하여 문화의 개념을 분석하였다.

① 묵시적 가정으로서의 문화(culture as tacit assumption): 문화의 가장 심층적이고 추상적인 것이 바로 묵시적 가정이다. 묵시적 가정이란 인간성의 본질, 인

간관계의 본질, 진리와 현실의 본질, 환경과의 관계 등에 대한 추상적인 가정이다. 이러한 가정들은 구성원들이 오랜 조직생활을 통해 습득한 것으로 공공연하게 이야기하거나 거론하지 않아도 당연한 것으로 받아들이는 가정이다. 조직 구성원들이 가지고 있는 이러한 묵시적 가정에 따라 조직의 문화적 특성은 크게 달라진다.

② 공유 가치로서의 문화(culture as shared values): 문화의 중간 수준은 조직 구성원들이 공유하는 가치다. 가치는 바람직한 것에 대한 개념으로 문화에 대한 기본적 가정을 반영한다. 조직의 공유 가치는 구성원의 행동을 규정할 뿐만 아니라 조직의 기본적 특성과 독자성을 반영한다. 따라서 조직 구성원들은 공유 가치를 통해 조직의 일원으로서 자부심을 느끼며 조직생활의 참의미를 알게 된다.

③ 공유 규범으로서의 문화(culture as shared norms): 규범은 문화의 수준에서 가장 표면적이고 구체적이기 때문에 묵시적 가정이나 가치보다 훨씬 가시적이다. 규범은 성문화되지 않은 비공식적 기대 속에서 조직 구성원들의 행동을 규제한다. 이와 같은 규범은 조직 구성원들이 조직의 목적이나 이상을 실현하기 위하여 마땅히 따르도록 하는 원리나 법칙으로 작용한다. 규범은 조직 구성원들이 승인하면 할수록 더욱 강화되는 특징을 가지고 있다. 이러한 과정을 거쳐 규범은 조직의 존재 양식을 규정하게 된다.

이상의 Hoy와 Miskel의 관점에 의하면, 조직문화는 표면적이고 구체적인 규범에서부터 심층적이고 추상적인 묵시적 가정에 이르기까지 다양한 형태와 내용을 갖는 조직의 내적 특성으로 이해할 수 있을 것이다.

조직문화의 개념이 다양하게 정의되듯이 조직문화의 종류도 학자들의 관점에 따라 다양하게 분류될 수 있다. 따라서 여기서는 R. E. Quinn과 M. R. McGrath(1985)의 연구, N. K. Sethia와 M. A. Glinow(1985)의 연구, K. S. Cameron과 R. E. Quinn(1999)의 연구 그리고 C. R. Steinhoff와 R. G. Owens(1989)의 연구를 중심으로 조직문화의 종류를 살펴보기로 한다.

1) Quinn과 McGrath의 조직문화 유형

문화에 있어서 핵심적 요소는 사회적 거래(social transactions)에 관한 신념이 어떻게 형성되어 있느냐에 관한 것이다. 사람들이 조직 내에서 상호작용할 때 그들은 정보, 생각, 감정, 의견 등을 교환한다. 이러한 교환과 거래적 행동을 지배하는 것은 조직의 묵시적 가치와 신념을 내포하고 있는 규칙에 의해 영향을 받는다. Quinn과 McGrath(1985: 326-327)는 조직의 지배적인 사회적 거래에 초점을 두고, 조직의 목표, 성취기준, 권한의 소재, 권력의 출처, 의사결정 방식, 리더십의 유형 등의 관점에서 조직문화를 다음과 같이 네 가지로 유형화하였다. 각 문화의 주요 특징을 살펴보면 다음과 같다.

① 합리적 문화(rational culture): 권력이 상부에 집중되어 있고, 활동이 통합되어 있으며, 다른 조직과의 경쟁에 역점을 두는 것이 특징이다. 합리적 문화에서는 효율성과 생산성이 핵심적 가치가 된다. 조직의 성과를 극대화하기 위하여 목표 지향적인 지시적 리더십이 강조되며, 권력의 기반은 상사의 능력에 있다. 의사결정은 상사에 의해 독단적으로 이루어지며, 구성원들은 체결된 계약에 따라 순응한다.

② 발전적 문화(developmental culture): 이 문화의 대표적인 특징은 권력의 분산이다. 조직은 다른 조직과의 경쟁에서 자원과 외부 지원을 확보하는 데 역점을 둔다. 창조적이고 혁신적인 리더십 발휘가 강조되며, 권력의 기반은 조직의 가치에 있고, 권한의 소재는 상사의 개인적인 카리스마에 있다. 의사결정은 상사의 통찰력에 의존하며, 구성원들은 조직의 가치에 따라 순응한다. 이러한 발전적 문화는 '이념적 문화(ideological culture)'라고도 한다.

③ 합의적 문화(consensual culture): 이 문화의 특징은 권력의 분산, 활동의 분담, 체제 유지의 강조 등이다. 구성원들의 참여를 통해 의사결정이 이루어지며, 조성적 · 지원적 리더십이 행사된다. 권한의 소재는 구성원들에게 있으며, 권력의 기반은 비공식적 지위에 있다. 토론, 참여 및 합의에 의하여 사회적 거

래가 이루어지며, 높은 사기와 상호 신뢰가 강조된다.

④ 계층적 문화(hierarchical culture): 이 문화는 권력의 집중, 활동의 통합 및 체제 유지의 강조가 특징이다. 권한의 소재는 공식적인 규칙과 규정에 있으며, 권력의 기반은 상사의 전문적 지식에 두고 있다. 계층적 문화에서는 안정성, 통제, 예측성, 조정, 책무성 등이 핵심적 가치가 된다. 의사결정은 사실적 분석에 의존하며, 구성원들은 감독과 통제에 따라 순응한다. 이 문화는 전형적으로 기계적 관료제(machine bureaucracy)의 특성을 많이 지니고 있다.

2) Sethia와 Glinow의 조직문화 유형

조직문화를 분류하는 또 다른 방식은 조직의 인적자원에 대한 기본적인 관심에 따라 분류하는 것이다. Sethia와 Glinow(1985)는 조직의 기본적인 관심을 '인간에 대한 관심(concern for people)'과 '성과에 대한 관심(concern for performance)'의 두 차원을 제시하면서 조직문화의 유형을 [그림 11-4]와 같이 네 가지로 분류하였다. 여기서 '인간에 대한 관심'은 조직이 구성원의 복지 향상과 존엄성 보장에 관심을 기울이는 것을 의미하는 반면, '성과에 대한 관심'은 구성원들이 최선을 다해 직

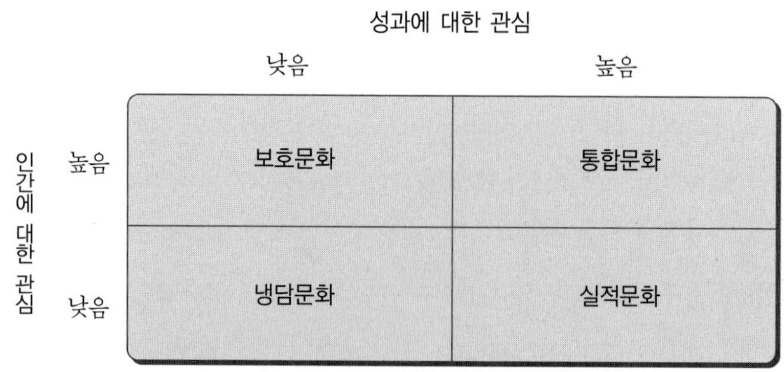

[그림 11-4] Sethia와 Glinow의 조직문화 유형

출처: Sethia, Nirmal K., & Glinow, Mary Ann (1985). Arriving at Four Culture by Managing the Reward System. In Ralph Kilmann et al. (eds.), *Gaining Control of the Corporate Culture*. CA: Jossey-Bass; 노종희(1993). **교육행정학: 이론과 연구**. 서울: 문음사, p. 252 재인용.

무를 수행하도록 하는 조직의 기대를 의미한다.

[그림 11-4]에 제시된 각 문화의 특징을 간단히 설명하면 다음과 같다(Sethia & Glinow, 1985: 400-420; 노종희, 1993: 250-252).

① 보호문화(caring culture): 구성원들의 복지에 대해서는 높은 관심을 보이지만, 성과에 대해서는 높은 기준을 설정하지 않는다. 이러한 문화는 조직의 설립자나 관리자의 온정주의적 철학을 반영하고 있다. 이러한 문화를 가진 조직은 구성원들이 조직의 지도자에게 순응할 준비가 되어 있기 때문에 환경이 조직의 생존을 위협하지 않는 한 원만하게 운영된다. 또한 구성원들의 충성심과 애정 때문에 생존하고 발전한다. 보호문화에서는 팀워크, 협동, 동조 및 상사에 대한 순응 등이 조직의 중요한 가치다.

② 냉담문화(apathetic culture): 인간과 성과 모두에 대하여 무관심하다. 환경에 의해서 특별히 보호받지 않으면 조직의 생존이 문제가 된다. 이러한 조직문화에서는 사기 저하, 냉소주의, 분열, 불신, 혼란이 조직 내에 퍼져 있다. 또한 효과성과 효율성에 대한 관심보다는 기득권과 이해관계에 따라 조직이 운영되는 경향이 있다.

③ 실적문화(exacting culture): 구성원의 복지에 대해서는 거의 관심을 보이지 않지만, 그들에게 높은 성과를 요구한다. 실적문화는 성공 추구 문화의 대표적인 경우다. 인간은 소모품으로 간주되며, 보상은 개인별 성과에 따라 지급된다. 성공, 경쟁, 모험, 혁신, 적극성 등이 이 문화의 기본적 가치다.

④ 통합문화(integrative culture): 인간과 성과 모두에 높은 관심을 보이는 조직문화다. 여기서 인간에 대한 관심은 온정적인 것이 아니라 인간의 존엄성을 바탕으로 한 진지한 관심이다. 즉, 인간이 조직의 발전에 기여할 수 있다고 보고, 그렇게 하기를 기대하며, 과업 수행에서 개인적 자율을 허용한다. 성과는 이러한 조직문화의 핵심적 가치이며, 보상은 성과에 따라 좌우되지만 개인적 보상보다는 집단적 보상을 강조한다. 협동, 창의성, 모험, 자율 등이 이 문화의 기본적 가치다.

3) Cameron과 Quinn의 조직문화 유형

Cameron과 Quinn(1999)은 두 가지 차원, 즉 조직 내의 유연성(flexibility)과 자유재량(discretion)의 정도와 조직이 사용하는 효과성의 내·외부 기준의 정도를 고려하여 조직문화를 〈표 11-4〉와 같이 네 가지로 분류하였다. 이들 각각의 조직문화는 조직 내에서 경쟁하는 가치와 가정을 대표하며, 사람들이 조직의 성과에 대하여 가지고 있는 가치를 나타낸다.

〈표 11-4〉에 제시된 각 문화의 특징을 간단히 설명하면 다음과 같다(Hoy & Miskel, 2001: 182-184).

① 계층문화(hierarchy culture): 계층문화는 안정성, 통제, 통합 및 효과성의 내부적 기준을 강조하는 문화다. 이러한 계층문화를 가진 조직의 목표는 M. Weber가 제시한 전통적인 관료제 모형의 전통에 따라 상품과 서비스를 효과적으로 생산하는 것이다. 효율성, 안정성, 예측 가능성, 조화가 핵심 가치다.

〈표 11-4〉 Cameron과 Quinn의 조직문화 유형

	내부 초점과 통합	외부 초점과 분화
유연성과 자유재량	**파벌문화** 핵심 가치 • 협동 • 참여 • 응집력 • 충성심	**위원회 문화** 핵심 가치 • 창의성 • 위험 감수 • 변화 • 성장
안정성과 통제	**계층문화** 핵심 가치 • 효율성 • 안정성 • 예측 가능성 • 조화	**시장문화** 핵심 가치 • 경쟁 • 효과성 • 성취 • 승리

출처: Hoy, Wayne K., & Miskel, Cecil G. (2001). *Educational Administration: Theory, Research, and Practice* (6th ed.). New York: McGraw-Hill, Inc., p. 184.

리더들은 조직이 원활하고 효과적으로 기능하는 것에 대해 자부심을 갖는다.

② 시장문화(market culture): 시장문화는 안정성, 통제, 분화 및 효과성의 외부 기준을 강조한다. 이러한 시장문화를 가진 조직의 목표는 그들의 경쟁적인 이점을 상실하지 않기 위하여 변화하는 환경에 신속하게 대응하는 것이다. 경쟁, 효과성, 목표 성취, 승리가 핵심 가치다. 리더십은 리더들이 조직의 목표를 향해 매진하는 경쟁적인 것이다.

③ 파벌문화(clan culture): 파벌문화는 유연성, 자유재량, 통합 및 효과성의 내부 기준을 강조한다. 이러한 파벌문화를 가진 조직은 사람들에 대한 관심을 가장 중요시하는 팀 또는 가족, 회사와 같은 조직이다. 협력, 응집력, 참여, 충성심이 핵심 가치다. 리더십은 비공식적이고 인간 지향적이다.

④ 위원회 문화(adhocracy culture): 위원회 문화는 유연성, 자유재량, 분화 및 효과성의 외부 기준을 강조한다. 이러한 위원회 문화를 가진 조직의 목표는 새롭고 혁신적인 제품과 서비스를 개발하는 것이다. 창의성, 위험 감수, 변화, 성장이 핵심 가치다. 리더십은 비전적이고 혁신적이다.

4) Steinhoff와 Owens의 학교문화 유형

Steinhoff와 Owens(1989: 17-23)는 교사들의 반응에 기초하여 학교에서 발견될 수 있는 특유한 문화 형질(culture phenotypes)을 통해 학교문화를 다음과 같이 네 가지로 분류하고, 그 특징을 은유적 언어[5]를 사용하여 설명하였다.

5) 은유법의 사용은 사회적 세계를 인식하고, 합리화하고, 생산하는 데 불가피하다. 단지 감각적 관찰만으로는 사회생활의 여러 측면을 이해할 수 없다는 관점에서 종종 의식하지 못하기도 하지만 감각 자료를 흡수하고 걸러내며, 감각자료를 의미 있는 유형으로 배열하는 렌즈로써 은유를 사용하고, 마치 그러한 은유가 실제 세계의 대변체로서 객관적 타당성을 갖는 것처럼 행동한다. 은유는 분석의 방향이나 방법을 인도하고 심지어는 결정할 수도 있는 반면에, 이미 관찰한 것을 요약하거나 합리화하기 위해 분석을 한 후 사후적으로 그럴듯한 은유가 발견되거나 고안된다(Harmon & Mayer, 1986; 채창현, 1991: 507-508).

① 가족문화: 이 학교문화는 가정이나 팀의 은유를 통해 설명된다. 이러한 학교에서는 교장이 부모나 코치로 묘사되며, 구성원들이 서로에게 관심을 갖고, 의무 이상으로 학생들에게 헌신하는 것이 중요시된다. 모든 사람이 가족의 구성원으로서 제 역할을 다하기를 요구받는다. 가족으로서의 학교문화는 애정 어리고 우정적이며, 때때로 협동적이고 보호적이다.

② 기계문화: 이 학교문화는 기계의 은유로 설명된다. 학교는 목표 달성을 위해 교사들을 이용하는 하나의 기계로 간주된다. 규정을 정비하고 질서를 유지하는 것이 행정의 핵심적 역할이며, 행정가들은 기계공(master mechanics)으로 묘사되고, 모든 것이 기계적 관계로 파악된다. 학교의 원동력은 조직 자체의 구조로부터 나오고, 행정가는 자원을 획득하기 위하여 시시각각으로 변화하는 능력가로 묘사된다.

③ 공연문화: 이 학교문화는 서커스 등을 시연하는 공연장의 은유로 설명된다. 교장은 곡마단 단장, 공연의 사회자, 연출자 등으로 간주되며, 교사들은 가족문화에 속한 교사들과 같은 집단 결속력을 가지고 여러 가지 사회적 활동을 하지만, 상호 관계의 초점을 공연과 청중의 반응에 두고 있다는 점에서 근본적 차이가 있다. 훌륭한 지휘자에 의해 이루어지는 공연과 같이, 이러한 학교문화에서는 훌륭한 교장의 지도하에 탁월하고 멋진 가르침을 추구한다.

④ 공포문화: 이 학교문화는 전쟁, 혁명 상황 혹은 긴장으로 가득 찬 악몽(nightmares)으로 묘사된다. 교장은 자신의 직위를 유지하기 위하여 무엇이든지 희생의 제물로 삼을 준비가 되어 있는 사람으로 묘사되며, 행정가들의 주요 기능은 학교 업무를 원활하게 운영하는 것이다. 교사들은 자신이 속한 학교를 '밀폐된 상자' 혹은 '형무소'라고 표현한다. 이러한 학교의 교사들은 사회적 활동을 거의 하지 않는 고립된 생활을 한다. 구성원들은 적대적인 감정을 가지고 있으며, 서로를 비난한다. 이러한 학교문화는 전형적으로 냉랭하고 적대적이다.

3. 상징적 관점의 기본 가정과 특징

상징적 관점은 다양한 학문에서 발전된 개념에 근거하고 있다. 상징과 상징적 현상은 조직이론과 사회학(Selznick, 1957; Blumer, 1969; March & Olsen, 1976; Meyer & Rowan, 1978; Weick, 1976) 및 정치학(Edelman, 1977)에서 다루어 왔다. 인류학자들은 전통적으로 상징과 인간의 문화 그리고 삶의 현장에 관심을 가져 왔다. 상징주의는 여러 학문 분야의 개념에서 도출되었고, 상징적 관점은 이러한 다양한 개념들이 어우러진 접근방식이다. 상징적 관점은 의미, 신념 및 신앙의 개념에 초점을 맞추고 있다. 그리고 이 관점은 조직이 쉽게 대답할 수 없는 질문, 해결될 수 없는 문제와 잘 이해할 수 없고 관리할 수 없는 사건들로 가득 차 있다고 본다(Bolman & Deal, 1984: 152). 그럴 때 인간은 항상 혼돈에 의미와 명확성 그리고 미스터리에 예측 가능성을 가져다주는 상징을 만들어 내고 사용한다.

상징적 관점에서는 조직을 하나의 종족, 연극 무대 또는 카니발로 간주한다. 이 관점에서 조직이란 규칙, 정책 및 경영자의 권위 등에 의해 움직이기보다는 오히려 의식(rituals), 행사, 일화, 영웅 및 신화 등에 의하여 움직이는 문화로 파악된다. 조직은 연극 무대다. 여러 배우들이 조직 안에서 드라마를 연기하며, 조직 외부의 관객들은 무대에서 벌어지는 일을 관람하면서 조직에 대한 인상(impression)을 형성한다. 배우들이 자신의 역할을 형편없이 연기할 때나 여러 상징들이 그 의미를 상실할 때 그리고 의식이나 행사가 그 잠재력을 잃을 때 문제가 발생한다. 조직의 의미심장한 내면적 혹은 정신적 측면을 바람직하게 재구성하기 위해서는 상징, 신화, 주술적 방법의 사용이 요구된다.

합리적 이성과 과학적 분석으로는 해명하기 어려운 모호하고 추상적인 힘의 존재에 직면할 때, 인간은 혼돈과 무질서를 극복하기 위해 질서와 의미 그리고 예측 가능성을 부여해 줄 수 있는 신화나 의식 및 의례 등의 상징을 창출하게 된다는 것이 상징적 관점의 주요한 전제다(Bolman & Deal, 1991: 613). 따라서 상징적 관점은 조직생활을 포함하여 인간의 모든 삶의 과정에 매우 강한 영향을 미치는 상징의 기저에 내재되어 있는 의미와 신념의 문제를 해석하고 설명하는 데 초점을 맞춘다. 이러한 상징적 관점은 전통적인 조직이론이 표방하는 합리성, 확실성 및 선형성(linearity)과는 매우 다른 세계를 보여 주고 있으며, 조직과 인간 행동의 본질에 대해서 전통 이론과는 달리 다음과 같은 가정을 기초로 하고 있다(Bolman & Deal, 1984: 148-152).

- 어떤 사건에서 가장 중요한 것은 '무엇이 일어났는가'가 아니라, '그 의미가 무엇인가'다.
- 사건의 의미는 단순히 일어난 일에 의해 결정되는 것이 아니라, 인간이 일어난 일을 해석하는 방법에 의해 결정된다.
- 조직에서 발생하는 가장 중요한 사건과 과정의 대부분은 실제로 모호하고 불확실하다. 즉, 무엇이 일어났는지, 왜 일어났는지, 또는 다음에 무슨 일이 일어날지 알기가 어렵거나 알 수 없는 경우가 자주 있다.
- 모호성과 불확실성은 합리적인 방법으로 문제를 분석하고 해결하며 의사결정을 하는 것을 훼손한다.
- 불확실성과 모호성에 직면할 때, 사람들은 모호성을 감소시키고 혼란을 해소하며 예측 가능성을 높이고 행동 방향을 제시해 주기 위해서 상징을 창조해 낸다. 사건 그 자체는 여전히 비논리적이고 무작위적이며 유동적이고 무의미한 채로 남아 있을 수 있지만, 인간은 상징을 통해 그것들을 그렇지 않은 것처럼 만든다.

전통적 조직이론의 관점은 겉으로 보이는 실재와 객관성을 강조하는 반면, 상징적 관점은 조직 현상의 복잡성과 모호성을 포착하는 여러 가지 개념에 기초하여 상징이 조직의 사건과 활동에 중대한 의미를 전달해 주는 양식에 관심을 갖는다(Bolman & Deal, 1991: 397). 상징적 관점은 특히 입법기관, 공공기관, 교육기관, 종교단체 및 의료기관의 역동적 움직임을 이해하는 데 도움을 준다. 상징적 관점은 흔히 목표가 불명확하거나 기술이 불확실한 조직에 가장 잘 적용된다. 그러한 조직에서는 대부분의 일들이 확실하지 않다. 누가 권력을 쥐고 있는가? 무엇이 성공인가? 왜 그러한 의사결정이 이루어졌는가? 목표는 무엇인가? 이러한 것들에 대한 해답은 빈번히 불확실성의 안개 속에 가려져 있다(Cohen & March, 1974).

조직의 사건과 활동들은 합리성보다는 우연성에 의해서 이루어지는 경우가 훨씬 더 많다(Bolman & Deal, 1984: 150). 따라서 상징적 관점은 조직생활의 모습을 단선적(linear)인 것으로 보기보다는 유동적(fluid)인 것으로 본다. 조직은 복잡하고 끊임없이 변화하며, 구성요소 간에 유기적인 상관관계를 가지고 있다. 의사결정, 행위자, 계획 및 사건들은 그것이 진행되는 과정에서 끊임없이 변화하는 조직 내외의 요인에 의해서 계속적으로 영향을 받게 된다. 혼돈과 불확실성의 세계에서 사람들은 질서와 예측 가능성 그리고 의미를 찾으려고 한다. 혼돈이 해결될 수 없거나 불확실성이 감소될 수 없다는 것을 인정하기보다는 상징적인 해결책을 만들어 내는 것이 개인과 사회다. 상징적 관점에서 보면, 조직의 구조, 활동 그리고 사건들은 세속적인 연극이다. 그것은 우리의 공포와 즐거움 그리고 기대를 드러내고 감정을 불러일으키며 정신을 밝혀 준다. 또한 불확실성을 감소시키고 안심시켜 주며, 사건을 이해하고 대처할 수 있는 바탕을 마련해 준다(Bolman & Deal, 1991: 401). 조직의 구조와 과정은 이러한 상징적 해결책으로써 조직 내부의 응집성을 강화시키고 조직을 환경과 연결해 주는 연극 무대다(Bolman & Deal, 1991: 418).

상징적 관점은 조직구조가 특정한 목적의 달성을 위한 도구적 기능 이외에 여러 가지 기능을 수행한다고 본다(Bolman & Deal, 1991: 402). 그 한 가지 기능은 사회에 널리 퍼져 있는 가치와 신화를 표현하는 것이다. 목표가 무엇인지 명확하지 않고 기술이 체계적으로 개발되지 않은 조직이 많다. 이러한 조직에서 목표와 수단의 관계라든가 조직의 효과성을 구체적으로 검토하기는 어렵다. 학교, 교회, 병원 등은 모두 이러한 특징을 어느 정도 지니고 있다. 이러한 조직들이 사회적 정당성을 얻기 위한 한 가지 방법은 사회가 이들 조직에 대해 기대하는 대로 운영되고 있음을 계속 보여 주는 것이다. 예를 들면, J. W. Meyer와 B. Rowan(1978)은 공립학교의 경우 조직구조가 어떤 역할을 하는지를 상징적 논리에 따라 해석하고 있다. 이들은 학교조직의 구조가 다음과 같은 세 가지 질문에 대하여 올바른 답을 제시하지 않는다면 그 학교는 일반 대중의 지지를 받기 어려울 것이라고 본다. 첫째, 적절한 과목을 가르치고 있는가(예: 3학년에 국어, 역사)? 둘째, 그러한 과목을 자격증을 지닌 교사들이 학년별로 교육하고 있는가? 셋째, 학교가 과연 학교처럼 보이는가? 즉, 교실, 체육관, 도서관, 국기 게양대 등을 갖추고 있는가?

4. 상징적 관점의 공헌과 한계

조직에 관한 상징적 관점은 가장 새롭고 생소하며 덜 발전되었다. 따라서 상징적 관점에 관하여 단정적인 평가를 하기에는 너무 이르다. 조직 연구에 상징적 관점을 적용한 실증적 연구들은 거의 없었다. 그러나 상징적 현상에 관한 연구가 소위 기존의 엄격한 사회과학 연구방법을 이용하지 않는다는 점은 이미 명백해지고 있다. 계량화된 설문지와 고도로 구조화된 실험연구는 상징적 분석에서 대단히 중요한 미묘한 의미와 정서의 차이를 밝혀내는 데 적합하지 않다. 상징적 관점이 계속 발전되고 널리 확산된다면, 문화인류학과 사회학에서 유래된 전통적인 현장연구(field study) 방법이 다시 큰 관심을 받게 되고, 질적 연구방법론과 민속방법론(ethnography)은 더욱 각광받게 될 것이다. 상징적 관점은 이미 조직 연구에 중요한 개념적 기여를 해 왔고, 앞으로도 더욱 기여하게 될 것이다.

조직에서 문화라는 개념은 과거의 행동과학적인 관리적 접근방법에서 벗어난 중요한 개념이며 많은 호응을 받았다. 조직문화는 사람들은 언제든지 함께 모이기만 하면 세계를 표현하는 공통된 방법의 제도 확립을 초래하는 일정한 형태의 의사소통에 참여한다는 사실에 주의를 기울인다. 의식과 상징 그리고 은유는 조직의 공간에 의해 구속된 개인들로 하여금 서로 영향을 주고, 그들의 공통적인 경험을 공유할 수 있도록 해 주어 왔다. 이것은 보편적인 현상이다. 즉, 학교, 기업, 국가는 다른 조직들보다 다소 복잡한 문화를 갖고 있다.

구조적 관점과 정치적 관점은 종종 기존의 조직 구조와 과정이 변화하지 않는 속성을 지니고 있다는 점에 초점을 맞춘다. 즉, 구조적 관점은 목표와 기술이 가지는 결정적인 역할을 강조하고, 정치적 관점은 희소 자원과 타협되지 않은 이해관계가 항상 현실을 움직이는 힘으로 작용한다는 사실을 강조한다. 그러나 상징적 관점은 이와는 다른 시각을 제시한다. 즉, 사회적 세계의 '실재'는 인간이 선택하여 구성한 것이다. 이러한 관점은 조직 변화의 가능성을 낙관적으로 보는 근거가 될 수 있다(Bolman & Deal, 1991: 441). 또한 상징적 관점은 '실재적인 것'이 단순히 '상징적인 것'보다 더 좋다거나 더욱 합리적이라는 전통적 관점에 의문을 제기한다. 상징적 관점은 만일 우리가 조직에서 의례, 의식 그리고 신화를 없애 버리려고 한다면 조직을 개선시키기보다는 오히려 파멸시킬 수도 있다고 주장한다. 상징적 관점은 전통적으로 역기능적이고 비효과적인 것으로 보아 왔던 많은 조직 현상을 재음미할 것을 요구한다. 왜냐하면 그러한 활동은 사실상 상징적 또는 표현적 목적의 관점에서는 매우 순기능적일 수도 있기 때문이다(Bolman & Deal, 1991: 440).

상징적 관점에서 사용하는 문화적 은유의 강점을 구체적으로 살펴보면 다음과 같다. 첫째, 문화적 은유가 가진 가장 중요한 장점 중의 하나는 그것이 가장 합리적인 것으로 보이는 조직의 실제적인 측면도 상징적인 또는 주술적인(magical) 중요성을 가지고 있다는 사실에 대해 우리의 주의를 환기시켜 주는 데 있다. 수많은 조직구조와 관행은 조직의 일상적인 기능을 이해하는 데 있어 결정적으로 중요한 주관적인 의미 양식을 구체화시켜 준다. 문화적인 은유는 조직의 실제의 거의 모든 측면이 가지고 있는 상징적인 중요성을 밝혀 줌으로써 다른 관점이 무시하거나 간과해 버리기 쉬운 조직의 인간적인 측면에 관심을 집중시킨다.

둘째, 문화적 은유의 두 번째 장점은 조직이 공유된 의미체계에 근거하며, 따라서 조직은 의미를 창조하고 재창조하는 공유된 해석체계에 의존한다는 점을 보여 줌으로써 조직화된 행동의 창조를 위한 새로운 시각과 첩경을 제공한다는 사실이다. 조직에 관한 구조적 관점이나 유기체적 관점에서는 조직의 설계과정에 일차적인 강조점을 둔다. 그러나 문화적인 은유는 조직의 핵심적인 이데올로기, 가치, 신념 등을 전달하는 언어, 규범, 민속 및 그 밖의 여러 사회적인 관행에 대해 영향력을 행사함으로써 조직화된 활동의 창조를 위한 또 다른 수단을 제시해 주고 있다. 따라서 이러한 차원에서 우리는 조직을 하나로 묶어 주는 '규범적인 접착제(normative glue)'로서 조직문화의 관리에 대한 오늘날의 커다란 관심을 이해할 수 있다. 오늘날 관리자들은 자신들의 역할을 바람직한 의미 양식을 개발하고 촉진하는 기능을 담당하는 상징적인 행위자로 간주하고 있다. 이와 같이 문화적 은유는 많은 전통적인 경영관리적 개념과 과정을 재해석해 보는 길을 열어 주고 있다.

셋째, 문화적 은유는 조직과 환경과의 관계가 지니는 성격과 중요성을 재해석하는 데도 큰 도움을 준다. 우리는 조직이 그 환경을 인식하는 방식을 하나의 사회적 실행과정으로서 이해할 수 있다. 조직은 수많은 해석적 의사결정을 통하여 자신의 환경을 선택하고 구조화해 나간다. 따라서 환경에 관한 지식과 그 관계는 바로 하나의 문화의 연장이라고 볼 수 있다. 왜냐하면, 우리는 환경을 우리 자신의 해석과 행위를 인도하는 신념체계를 통하여 알고 이해하기 때문이다. 이러한 사실은 조직과 환경 간의 관계와 전략적 관리에 대한 우리의 이해에 심오한 의미를 준다. 즉, 조직은 그들의 내부적 운영을 조직화하듯이 환경을 조직화해 나가면서 그들이 대처해야 할 실재를 만들어 나간다.

넷째, 문화적 은유의 또 다른 장점은 그것이 조직 변화에 대한 우리의 이해에 크게 기여한 점이다. 전통적으로 조직 변화의 과정은 기술, 구조, 노동자의 능력과 동기에 있어서 변화의 문제로 개념화되어 왔다. 이러한 관점이 비록 부분적으로 옳기는 하지만, 효과적인 조직 변화라는 것은 또한 행위를 인도하게 되는 이미지와 가치에 있어서의 변화에도 크게 의존하는 것이다. 조직이 행위를 인도하는 공유된 해석체계에 크게 의존한다는 사실이 강조됨으로써 문화적 은유는 필요한 조직활동의 형태를 촉진할 수 있는 조직문화의 변화에 대해 커다란 중요성을 부여하였다. 조직이란 궁극적으로 구성원의 머리에 의존하는 것이기 때문에 효과적인 조직 변화란 곧 문화적인 변화를 의미하는 것이다(Morgan, 1986: 134-138).

상징적 관점은 이상과 같은 강점을 지니고 있음에도 불구하고, 다음과 같은 잠재적인 부정적 결과를 동반할 가능성이 있다는 한계가 있다.

첫째, 상징의 이중적 성격에 수반되는 부정적 결과다. 어떤 개념적 관점도 전적으로 가치중립적이지 않다. 상징적 관점은 상징의 두 가지 측면에 대해서 껄끄러운 질문을 제기한다. 한 가지 측면은 '위장과 왜곡으로서의 상징'이다. 상징은 부정적이고 냉소적이며 억압적인 기능을 할 수 있다. 공인자격증을 가진 교사가 훌륭한 교사라는 신뢰는 자격증을 지닌 무능한 교사를 보호해 주는 역할을 하며, 교육기관으로 하여금 필요한 개혁을 취하지 못하도록 한다. 또 다른 측면은 '의미의 형상화와 표현으로서의 상징'이다. 인간은 근본적으로 모호하고 불확실한 세계 속에서 살고 있다. 아무리 합리적이거나 자원이 풍족하더라도 불확실성, 무질서 그리고 무의미감을 완전히 극복할 수는 없다. 이러한 이유로 우리는 질서와 예측 가능성을 제공해 주는 의례를 개발하는 것이다. 우리는 조직의 과거가 가치 있었다고 확신시켜 주는 무용담과 우리가 믿어야 할 어떤 것을 제공해 주는 신화를 창조한다. 이상과 같은 상징의 두 가지 측면은 모두가 의미 있고, 기존의 조직 안에서 발견하기 쉽다. 이러한 상징의 이중성에 대한 인식과 탐구는 조직을 상징적으로 분석하는 데 기여할 수 있는 가장 중요한 이론적 자원이다(Bolman & Deal, 1991: 441).

둘째, 상징으로서의 문화가 조직 구성원을 통제하고 관리하는 이데올로기적 수단으로 사용될 수 있다는 점이다. 실제적 관점에서 보면, 문화적 은유에 의해 비롯된 여러 가지 영감은 많은 경영자들과 관리이론가들로 하여금 서둘러 조직문화를 관리하는 방식을 발견하도록 종용하게 되었다. 그들은 대부분 조직 가치의 상징적인 중요성을 인식하게 되었고, 많은 조직들은 조직의 일상적인 행위 양식을 형성하는 문화와 하위문화의 유형을 조사하기 시작하였다. 이러한 현상은 긍정적인 발전으로 여겨질 수 있다. 왜냐하면, 그것은 조직의 진정한 인간적 특성을 인정하고 따라서 조직을 단순한 관리기법보다는 인간을 중심으로 형성해야 할 필요성을 수긍하는 것으로 볼 수 있기 때문이다.

그러나 비판자들은 이러한 추세가 경영관리적 기술을 하나의 이데올로기적인 통제과정으로서 발전시키게 되는 잠재적으로 위험한 것일 수도 있음을 인식하고 있다(Morgan, 1986: 138-139). 물론 경영관리는 항상 어느 정도 이념적인 관행으로서 노동자들을 동기화하고 통제하는 수단으로 이용되고, 적절한 태도와 가치 및 규범을 촉진하는 기능을 담당하여 온 것이 사실이다. 그러나 최근의 발전 가운데 새로운 것은 이제 보다 노골적인 방식으로 하나의 필수적인 경영전략으로서 이념적인 조작과 통제가 주창되고 있다는 것이다. 따라서 문화적 은유가 가져다주는 영감이 조직문화에 있어서 하나의 오웰적인 세계(an Orwellian World)를 창조하는 데 이용되어 문화가 인간적인 특성을 표현하기보다는 통제의 수단으로 전락해 버리는 정도에 따라, 이 은유는 그 영향력에 있어서 고도로 조작적이고 전제주의적인 성격을 띨 수도 있는 것이다. 예를 들면, 『우수성의 추구(In Search of Excellence)』(Peters & Walterman, 1982)와 『기업문화(Corporate Cultures)』(Deal & Kennedy, 1982)와 같은 유명한 책들은 조직의 조작 가능한 측면으로서의 문화에 초점을 두고 있다. 조직에 대한 이러한 접근방법은 특정 조직이 상징, 의식, 전설 및 신화와 같은 중요한 특징을 통해 자체의 문화를 어떻게 형성하는가에 초점을 두고 있다. 여기서 논쟁의 요지는 원하든 원하지 않든 간에 기업을 비롯한 조직들은 문화를 형성한다는 것이다. 이러한 문화는 조직의 목적에 공헌할 수도 있고 그렇지 않을 수도 있다. 그러나 이처럼 많은 저자들이 보다 중요하게 여기는 것은 관리자들은 조직이 혁신적인 동시에 생산적이 되도록 문화를 조작할 수 있다는 것이다.

제12장 조직의 변화관리

1. 변화의 본질
2. 변화의 일반적 현상
3. 조직의 변화관리
4. 조직변화 모형

제 12 장

조직의 변화관리

이 장에서는 환경 변화에 따른 학교조직의 변화관리에 관련된 다음과 같은 문제들을 살펴보고자 한다. 첫째, 변화의 개념을 통해 변화의 본질을 이해하고, 둘째 변화의 일반적 현상으로서 조직 구성원들의 변화에 대한 수용과 반응을 살펴보고, 셋째 변화관리의 필요성, 변화관리의 유형, 변화 담당자(change agent)의 역할과 유형 및 변화관리의 전략을 살펴보고자 한다. 마지막으로, 조직의 계획적 변화 모형을 소개하고, 변화 모형의 여러 단계에 대하여 자세하게 설명하고자 한다.

1. 변화의 본질

전형적으로 변화란 긴 안정기 이후 짧은 기간에 발생하는 갑작스러운 혼란을 의미했었다. 그러나 오늘날에는 더 이상 안정기란 존재하지 않으며, 변화는 지속적이고 거대하게 일어나고 있다. 모든 것이 급속하게 변화하고 있는 오늘날에는 조직도 환경의 변화에 대처해 나가기 위해 변화를 계획하고 실천해 나가기 위한 전략을 개발해야 한다. 변화에 대한 전략을 개발하기 위해서는 먼저 변화가 무엇이며, 그러한 변화는 어떻게 일어나는가를 이해하는 것이 중요하다. 일반적으로 변화란 현상의 변경 또는 수정을 의미한다. 변화에 대한 이와 같은 정의에는 몇 가지 중요한 의미가 함축되어 있다. 첫째, 변화는 한 상태에서 다른 상태로의 이동을 뜻한다. 둘째, 변화를 발생시키는 어떤 힘이 존재한다. 셋째, 현재 상태로부터의 변화는 반드시 어떤 결과나 효과를 수반해야만 한다는 것이다(Sanford, 1973: 183).

변화 및 변화의 발생에 관한 비교적 단순하면서도 유용한 사고의 틀은 세력장 분석(force field analysis)이라는 것이다(Lewin, 1951; Sanford, 1973: 189). 변화가 현재의 상태로부터의 변동을 의미하기 때문에 특정한 시점에서 현상을 유지한다는 것은 상반되는 두 세력 간에 평형이 이루어진 것으로 볼 수 있다. 다음에 제시한 [그림 12-1]이 보여 주듯이 현상 유지는 일련의 추진력과 억제력 간의 평형의 결과다. 여기서 추진력은 현재의 상황을 변화시키려고 작용하는 힘을 의미하며, 억제력은 현상을 유지·보존하기 위해 추진력의 반대로 작용하는 힘이다.

일반적으로 현재의 상태에 대한 불만, 변화에 순응하도록 하는 외부의 압력, 변화에 대한 가속도, 변화 주도자의 행동 등이 변화의 추진력으로 작용한다. 반면에 변화에 대한 불확실성, 현실적인 기존의 이익을 상실할지도 모른다는 두려움, 현재의 지위에 영향을 미치는 다른 영향력과 권력의 위협, 기존의 규범과 문화에 대한 동조 등이 변화의 억제력으로 작용한다. 구체적으로 변화의 추진력과 억제력 간의 불균형은 힘의 크기에 있어서의 변화, 힘의 방향에 있어서의 변화 그리고 힘의 수에 있어서의 증감이라는 세 가지 요인의 결합에 의해 발생한다(Sanford, 1973: 190). 이러한 관점에서 보면, 변화란 균형을 이루고 있는 추진력과 억제력 사이의 평형상태가 무너지는 것을 의미한다. 즉, 변화는 추진력의 합과 억제력의 합 간에 평형이 깨질 때 발생하는 것이다. 이러한 두 세력의 불균형은 변화를 초래하고, 다시 두 세력 간에 평형이 이루어질 때까지 변동이 일어나면서 새로운 평형상태를 지향하게 된다.

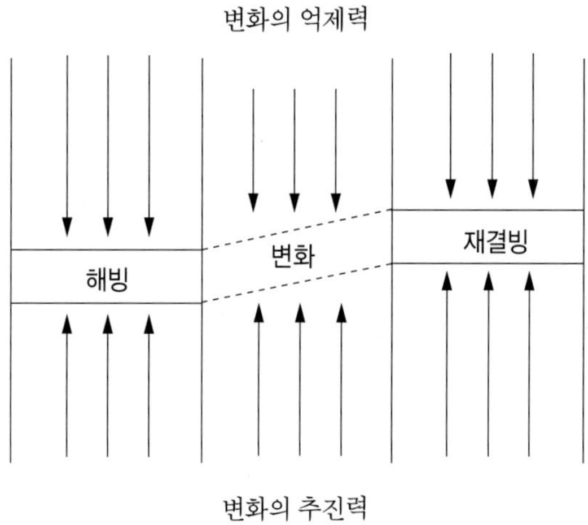

[그림 12-1] 변화의 과정

출처: Kurt Lewin(1951). *Field Theory in Social Science*. New York: Harper & Row. 참조.

2. 변화의 일반적 현상

변화는 어떤 조직에서나 압력으로 작용한다. 이는 특히 조직 변화에 대처해 본 경험이 많지 않을 때 그렇다. 이러한 상황에서 변화에 대한 첫 번째 반응은 충격으로 나타난다. 많은 조직들이 급변하는 새로운 환경에 적응하기 위해 끊임없이 노력하고 있다. 그러나 조직 내에서 변화에 대한 반응은 계층에 따라 각기 다르다. 또한 변화의 수용 비율도 조직마다 각기 다르다. 다음의 [그림 12-2]는 조직의 변화 수용 비율을 나타낸 것이다.

① 혁신자(innovator): 혁신자는 전체의 2.5%에 속하는 사람들로서 가장 쉽게 변화를 받아들이는 사람들이다. 혁신자는 새로운 아이디어를 채택함으로써 생길 수 있는 피해를 감당할 만한 여유가 있으며, 호기심과 모험심이 강한 대담한 성격의 소유자이거나 다양한 전문 지식이나 응용 능력이 있는 사람이다.

② 초기 수용자(early adopter): 초기 수용자들은 전체의 13.5%에 속하는 사람들

로서 혁신자만큼은 모험심이 강하지 못하나 비교적 대담하고 적응 능력이 있는 사람들이다. 일반적으로 이들은 행동 결정이 매우 빠른 사람들이다.

③ 초기 대다수(early majority): 이들은 전체의 34%에 속하는 사람들로서 새로운 지식이나 기술을 비교적 일찍 수용하는 모험심이 강한 사람들과 후기 수용자의 중간에 위치하여 중요한 매개적 역할을 담당하는 사람들이다. 이들의 행동 결정은 매우 신중하며 혁신적인 일을 하는 데 선봉에 나서지 않는다. 혁신자나 초기 수용자들의 경솔하기 쉬운 행동 결정에 비하여 합리적으로 생각하고 판단하려는 장점을 가지고 있다.

④ 후기 대다수(late majority): 이들도 전체의 34%에 속하는 사람들로서 자신의 행동 결정에 어떤 피해가 없으리라는 확신이 있을 때만 새로운 지식이나 기술을 받아들이려고 하는 안정 추구자들이다.

⑤ 후기 수용자(late adopter): 후기 수용자들은 전체의 13.5%에 속하는 사람들로서 전통적인 가치관의 지배를 받거나 확고한 신념에 사로잡혀 좀처럼 자신의 태도나 행동을 바꾸려고 하지 않는 사람들이다. 이들은 주변으로부터 직간접적인 압력에 못 이겨 혹은 체면 때문에 마지못해 새로운 것을 수용하는 사

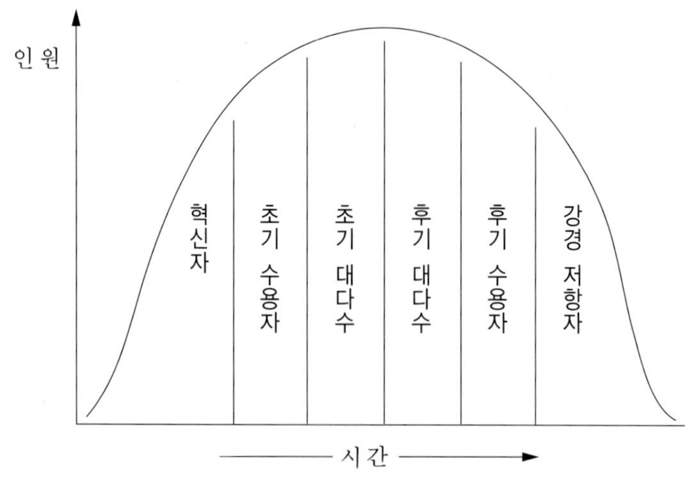

[그림 12-2] 조직의 변화 수용 비율

출처: Evcrctt M. Roger(1962). *Diffusion of Innovation*. New York: The Free Press, p. 148 참조.

람들이다.

⑥ 강경 저항자(strong resistant): 강경 저항자들은 전체의 2.5%에 속하는 사람들로서 대단히 보수적인 성향을 지니고 있으며, 변화된 환경에 적응할 만한 능력이 결여된 사람들이다. 이들은 새로운 것에 대해 심한 반발과 저항을 한다.

일반적으로 변화에 대한 구성원들의 수용 패턴은 혁신자가 먼저 시도하고 초기 수용자가 뒤따른다. 다음 [그림 12-3]과 같이 조직 내 5%의 사람들이 변화를 수용할 때, 변화는 정착 단계에 접어드는 것이며, 조직 내의 20%의 사람들이 변화를 수용할 때 그 변화는 지속성을 지닌다. 그러므로 우선 혁신자와 수용자가 변화를 수용할 수 있도록 잘 유도하면 그 변화의 성공은 확실해진다.

한편 조직에서 일어나는 변화에 대한 조직 구성원들의 전형적인 반응은 일반적으로 네 단계를 거쳐 일어난다. 다음에 제시된 [그림 12-4]는 조직 구성원들이 변화에 직면했을 때의 반응을 나타낸 것이다. 이 과정은 마치 계곡 아래로 내려갔다가 다시 올라오는 것과 같다. 변환기는 과거의 방법을 탈피시키고 미래의 방법을

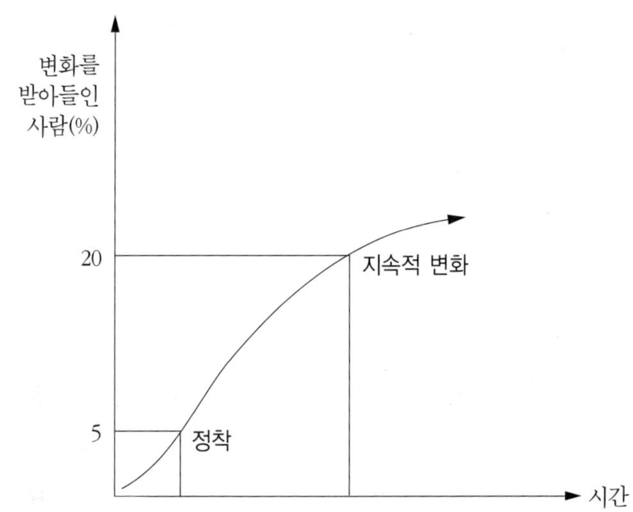

[그림 12-3] 변화의 도입과 정착 과정

출처: 김종화 역(1997). 조직의 변화관리: 조직 변환기 관리자의 역할 이해. 서울: 알파경영혁신센터, p. 14.

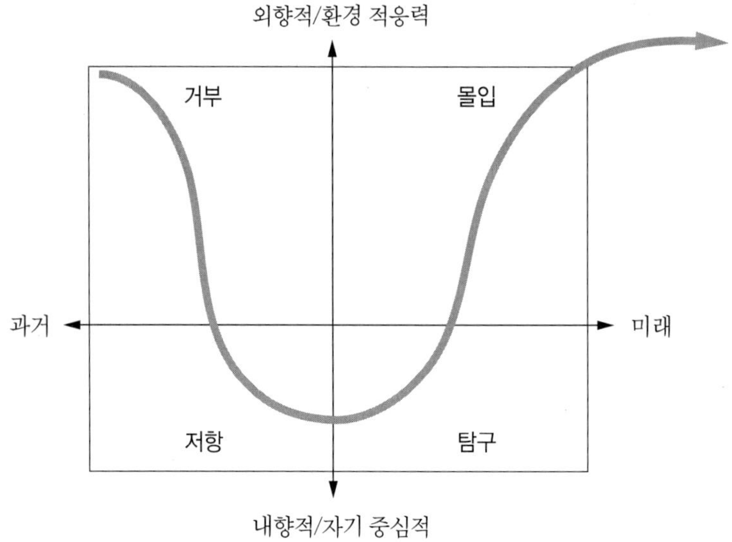

[그림 12-4] 변화에 대한 조직 구성원의 반응

출처: 김종화 역(1997). 조직의 변화관리: 조직 변환기 관리자의 역할 이해. 서울: 알파경영혁신센터, p. 47.

유도한다. 변환기의 초기 단계에서 조직 구성원들은 우선 과거에 집착하고 변화를 거부한다. 다음에 그들은 자신의 위치와 닥쳐올 영향에 대해서 회의하는 편견의 시기를 겪게 되는데, 이때가 일반적으로 조직에서 저항이 발생하는 시기다. 조직 구성원들이 저항의 시기를 거쳐 탐구와 몰입의 단계로 접어들면 비로소 그들은 변화가 가지고 올 미래와 기회에 대해 직시하기 시작한다.

1) 거 부

커다란 변화가 일어날 것으로 공표되었을 때, 구성원들에게서 나타나는 초기의 현상은 무반응이다. 공고 내용은 허공에 뜬 채 한동안 아무 일도 일어나지 않는다. 구성원들은 보통 때처럼 계속 일하며 생산성은 그대로 유지되고 아무런 영향도 받지 않을 것처럼 보인다. 관리자들은 이 시점에서 구성원들이 적극적인 반응을 나타내도록 유도해야 한다. 그렇지 않으면 거부(deny) 단계가 길어질 뿐이다. 관리자들이 구성원들에게 곧바로 새로운 방식을 따르라고 재촉하는 것도 거부 기간을 연장시키는 요인이 된다. 이 시기가 길어지면 변화과정의 진행에 방해가 되고, 손실의 회복에 많은 시간과 노력이 투입되어야 하기 때문에 손해가 크다. 이 시기에 구성원들은 과거의 방식에만 연연하고 그들 자신과 자신들의 미래를 무시한 채, 변화의 필요성과 방법을 탐구하려 하지 않는다. 따라서 구성원들이 겪고 있는 스트레스와 같은 문제점을 치료해 줄 상담자의 역할이 필요하다. 이 시기에 관리자들은 조직 전체의 반응에 중점을 두기보다는 개개인의 반응에 중점을 두는 것이 변화관리의 중요한 측면이다.

관리자들은 변화를 공표할 때부터 그들의 조직 내에서 '타잔 줄타기 현상(Tarzan Swing, 이쪽에서 저쪽으로 단번에 건너뛰는 행동)'이 일어나기를 바라는 경향이 있다. 이것은 생산성이 낮아지고 있다는 새로운 정보가 입수될 때까지 잠시 동안 유효한 것처럼 보인다. 관리자들은 구성원들이 어려움을 느끼는 이유를 알지 못한다. 구성원들은 당연히 감정을 억제해야 하고, 또한 조직은 여러 단계를 거쳐 나갈 시간적 여유가 없다고 생각한다. 그러나 그런 생각을 가진다고 하여 필요한 변화의 단계가 사라지는 것은 아니다. 다만 그것을 억압하고 있을 뿐이다. 거부 단계에 있는 조직 구성원들은 종종 문제가 생겨도 못 본 체하기 때문에 관리자는 그들이 곧바로 마지막 헌신의 단계로 옮겨 간 것으로 착각할 수 있다. 이러한 착각은 무작정 구성원들을 다그치고 독불장군식으로 성공을 쟁취하려는 과욕적인 관리자에게서 특히 심하다.

2) 저 항

저항(resistance)은 조직 구성원들이 거부 단계의 불감증에서 벗어나서 변화로 인한 회의, 분노, 좌절, 두려움, 불확실성을 경험하기 시작할 때 일어난다. 어떤 형태의 조직 변화는 죽음에 직면했을 때의 경험과 흡사하다. 만약 조직이 매각되거나, 합병되거나, 임시 휴업의 상태에 있다면 앞으로의 기대, 희망, 전망과 일상 작업이 어떤 사람에게는 죽음과 유사한 경험으로 다가온다. 사람들은 그들에게 다가온 개인적 변화의 충격에 시달린다.

저항의 단계에서는 생산성이 급격히 감소되고, 사람들은 종종 동요하며 부정적으로 된다. 관리자들은 많은 불평을 듣게 되고, 인사과는 특히 바빠지며, 복사기는 경력증명서를 복사하느라 불이 난다. 또 사고, 질병 등을 핑계로 한 결근이 증가한다. 이 시기에는 변화관리에 대한 외부 프로그램의 도입이 요구된다.

조직으로서 부정적인 말이 공개적으로 나도는 것을 경험하는 것은 쓰라린 일이지만, 바로 그것이 충격을 최소한으로 줄일 수 있는 긍정적인 현상이다. 사람들로 하여금 그들의 감정을 표현하게 하고 각자의 경험을 공유하도록 하면 오히려 이 과정은 빨리 지나가게 된다. 이처럼 반응을 표현하고 공유할 수 없는 폐쇄적인 조직 분위기는 이 시기를 더 오래 지속시킬 뿐이다. 따라서 관리자들은 저항기 동안에 야유회, 파티, 시상, 오찬 등의 조직행사를 효율적으로 활용하여 구성원들의 반응을 자유롭게 표현하도록 함으로써 변화에 쉽게 적응할 수 있도록 도와주어야 한다.

궁극적으로 모든 구성원들은 저마다 변화과정의 낮은 지점에 도달한 후 변화 곡선의 다른 쪽으로 상승해 간다. 이러한 이동은 사람에 따라 다르게 나타나지만, 그것은 곧 상황이 나아지고 있음을 의미한다. 조직 구성원들은 어느 순간부터인가 갑자기 업무에 대한 새로운 흥미를 찾게 되며, 창의성이 다시 회복되고 있음을 느낀다. 이것은 2단계가 무난히 지나갔다는 것을 의미한다.

3) 탐 구

탐구(exploration) 단계에서 조직 구성원들은 미래와 외부 환경에 다시금 관심을 집중하기 때문에 새로운 힘이 태동한다. 이 단계를 다른 말로 표현하면 혼돈 상태라고도 할 수 있다. 조직 구성원들은 새로운 책임감을 깨닫고 서로의 관계를 발전시키는 새로운 방법을 찾아내고자 하며, 미래에 대해 살피고 새로운 조직이 어떻게 운영될지에 대해 궁금증을 품기 때문에 많은 것들이 의문투성이가 된다. 이 과정에서는 변화가 보다 조직화되기를 바라는 사람들 사이에서 불만이 제기되기도 하는 등 불확실성이 팽배한다. 그러나 탐구 단계 동안 사람들은 미래를 활용하는 방법을 찾기 위해 그들 내부의 창조적 에너지를 발휘하는 경향이 있다. 이 과정은 흥분과 자극의 시기가 된다. 이 시기에는 작업집단에 강력한 결속력이 생겨날 수 있다.

4) 몰 입

탐색하고, 시험하고, 실험하고, 탐구한 후에 개인이나 집단은 새로운 변화 형태, 즉 몰입(commitment) 단계로 들어간다. 이 기간 동안 조직 구성원들은 계획을 세우는 일에 주력하며, 그들의 임무를 재창조하고 작업에 착수하기 위한 세부 계획을 세우려고 한다. 구성원들은 함께 일하는 새로운 방법을 배우고자 하며, 재조정된 역할과 목표를 가지고 생산성을 높이기 위한 새로운 가치관과 행동 양식을 갖추고자 한다. 이 시기는 구성원들이 일련의 목표에 굳게 동화되고 그것에 도달하기 위해 기꺼이 노력하는 단계다. 이 시기는 다른 주요한 변화가 시작되는 새로운 전환기까지 지속될 것이다.

3. 조직의 변화관리

조직이 고정적이고 정태적인 실체가 아니라는 사실은 조직이론가들 간에 자명한 사실로 받아들여지고 있다. 오늘날 모든 조직들이 당면해 있는 주요한 과제 중의 하나가 바로 변화에 대한 적응의 문제다. 정치조직, 기업조직, 군대조직, 교육조직들이 계속해서 고도로 동태적이고 상호 의존적인 상황에 직면해 있는 것이다. 조직의 효과성을 개선하기 위해 이와 같은 복잡한 상황을 관리해야 하는 것은 조직 내의 관리자들의 책임인 것이다(White & Mitchell, 1976: 57; Robbins, 1983: 264 재인용). 따라서 여기서는 변화관리의 필요성, 조직의 변화관리 유형, 변화 담당자의 역할과 유형 및 변화 전략을 살펴보고자 한다.

1) 변화관리의 필요성

역동적인 환경에서 변화는 회피할 수 없는 것이다. 오늘날은 기술공학적 · 사회적 · 경제적 환경이 급속하게 변하고 있을 뿐만 아니라, 변화의 속도가 과거의 어느 때보다도 빠르기 때문에 변화에 적응하기가 매우 어렵다. 따라서 조직은 이렇게 변화하는 환경적 요구에 효과적으로 대응할 수 있을 때 비로소 생존할 수 있을 것이다. 변화에 당면한 조직은 그와 같은 변화에 대응하거나 아니면 효과성의 불가피한 감소를 감수하여야 한다. 그리고 계속하여 현실을 직시하지 않는 조직은 종국에 가서 휴업 상태에 이르게 되고 파산을 당하게 된다. 조직은 변화하는 환경에 의존적인 개방체제이기 때문에 그에 대응하려면 계획적인 변화를 촉진하기 위한 내부적인 메커니즘(mechanism)을 개발하여야 한다.

그러나 조직은 본래부터 보수성을 가지고 있으므로(Hall, 1977: 346) 적극적으로 변화에 저항한다. 이를 입증할 만한 자료는 수없이 많다. 조직이 변화에 저항하는 이유는 무엇인가? 확실히 변화에 대한 저항에 공헌하고 있는 요인은 많다. 그러나 대부분의 설명은 조직을 구성하고 있는 사람들에게서 원인을 찾을 수 있다. 어떤 변화도 구성원이나 집단의 권력, 위신 및 안정에 위협이 될 수 있다. 위협이 크면 클수록 그만큼 저항도 커진다. 사람들이 변화에 어느 정도로 저항할 것인가를 마음에 그려 보는 한 가지 방법은 구성원이 현재 상태에 어느 정도로 투자하였는가를 가늠하여 생각해 보면 된다. 사람이 현상에 대하여 보다 많은 투자를 하면 할수록 변화에 대한 위협은 그만큼 더 커진다. 왜냐하면, 변화에 적응함으로써 잃게 되는 것이 더 많아지기 때문이다.

변화에 대한 저항을 유발하는 위협이 반드시 현실적인 것만은 아니다. 만약 관리자가 회계부서에 새로운 컴퓨터 시스템이 도입되어도 직원의 수 및 회계기능의 중요성이 전혀 감소되지 않는다고 안심을 시켰다고 하자. 이러한 경우 관리자의 말이 틀림이 없는 사실일지라도 지각된 위협의 결과로서 저항은 여전히 일어날 수 있다. 정보의 결핍으로 인한 오해, 부정확한 정보, 관리자의 말에 대한 신뢰의 결여, 동일한 자료에 대한 상이한 평가 등이 모두 구성원의 저항을 증가시킬 수 있기 때문이다. 따라서 변화를 실행하려는 어떤 노력에서도 이와 같은 기본적 저항을 인식하여야 한다.

변화의 관리는 계획적 변화를 의미한다. W. G. Bennis(1961: 154-156)는 변화의 종류를 여덟 가지로 분류하면서 계획적 변화란 '변화 시도자와 변화 수용자가 상호 간에 공평한 권한을 가지고 신중한 변화 목표를 설정하고 추구하는 것'이라고 하여 다른 종류의 변화와 구분하였다. 계획적인 변화의 목적은 조직을 환경의 변화에 맞추어 나가게 하고 조직을 생존력 있게 유지하려는 데 있다(Robbins, 1983: 265). 따라서 미래의 관리자는 변화 담당자로서 활동할 가능성이 가장 많으며, 조직의 변화 프로그램을 주도하거나, 설계하거나, 또는 수행하는 일에 관련될 것이다. 그러므로 미래의 관리자들은 변화하는 환경 속에서 유연하고 적응적인 태도뿐만 아니라, 문제를 진단할 수 있는 능력과 변화 프로그램을 수행할 수 있는 능력을 가져야 한다.

관리자가 창출하려고 하는 변화에는 다양한 유형이 있을 수 있다. 변화의 유형은 변화의 표적(target of change) 여하에 달려 있기 때문이다. 우선 개인 수준에서 보면 관리자들은 구성원의 행동에 영향을 미치려고 시도한다. 훈련, 사회화, 상담 등은 변화의 표적이 개인일 때 조직이 활용하는 변화전략의 실례다. 이와 비슷하게 변화의 표적이 집단 행동을 변화시키는 데 있다면 관리자들은 감수성 훈련(sensitivity training) 등의 방법을 활용한다. 그러나 우리의 주요 관심은 조직구조상의 변화에 있다. 관리자들은 변화를 유발하기 위해서 조직구조의 변화기법과 함께 행동변화 기법도 활용할 수 있어야 한다.

2) 조직의 변화관리 유형

조직이 급격하게 변화하는 환경에 성공적으로 적응하기 위해서는 그들이 직면하는 도전과 기회를 적절히 처리할 수 있는 관리 유형을 개발해야 한다. 모든 상황에 적용될 수 있는 효과적인 변화관리 유형은 더 이상 존재하지 않는다. 어떤 조건에서는 적절했던 관리 유형도 변화하는 환경에서는 점점 비효과적으로 될 수 있다.

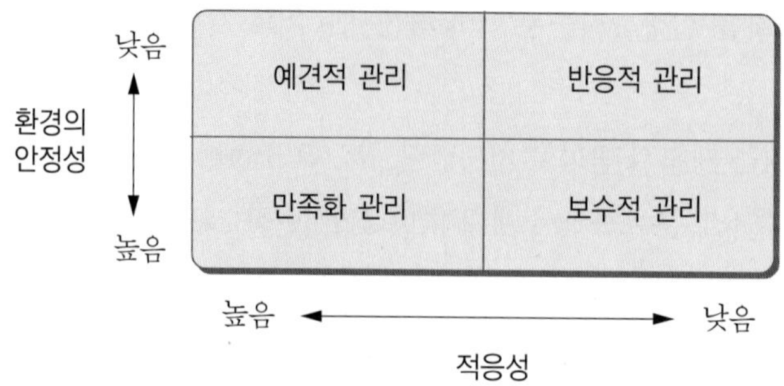

[그림 12-5] 조직의 환경에 대한 적응성과 관리 유형

출처: donald F. Harvey & Donald R. Brown(1982). *An Experiential Approach to Organization Development* (2nd ed.). Englewood Cliffs, New Jersey: Prentice-Hall, Inc., p. 36.

따라서 변화 담당자는 보다 적응적이고 유연한 조직을 창조하기 위해서 환경적 변화에 상응하는 변화관리 유형을 개발하여 활용하여야 할 것이다. D. F. Harvey와 D. R. Brown(1982)이 조직이 처한 환경의 안정성과 조직의 적응성이라는 개념을 중심으로 다음 [그림 12-5]와 같이 제시한 조직의 변화관리 유형은 이러한 문제에 대해 유용한 시사점을 제공한다.

① 보수적 관리(conservative management: 안정적 환경, 낮은 적응성): 보수적 관리는 낮은 위험, 공식화된 절차, 높은 구조와 통제에 근거한 관리 유형을 의미한다. 전형적으로 이러한 조직은 매우 안정적인 목적과 고도로 집권화된 구조를 가지고 있다. 또한 이러한 조직은 관리 계층이 많으며, 공식적인 통제체제를 강조하는 경향이 있다. 이러한 조직은 관행에 따라 일을 처리하는 것을 중시하고, 업무 성과보다는 연공서열(seniority)을 중시하며, 새로운 아이디어의 수용을 싫어하는 경향이 있다. 이것은 위험 감수가 낮은 관리 유형이지만, 장기적으로는 심각한 문제를 초래할 것이다.

② 반응적 관리(reactive management: 역동적 환경, 낮은 적응성): 적응성이 낮은 조직이 급격하게 변화하는 환경에 직면하면, 그들은 위기에 근거하여 단견적으로 문제를 처리하는 경향이 있다. 반응적 관리는 환경적 조건이 변화된 후

에 오는 자극에 반응하는 관리 유형을 의미한다. 그것은 종종 핵심적 인물의 교체, 성급한 재조직(reorganization), 인원과 생산라인의 과감한 감축 등을 포함하는 단견적인 위기 적응 유형이다. 변화에 대한 반응적 접근방법은 더 이상 무시할 수 없는 심각한 문제가 나타날 때까지 기다렸다가 과감한 교정 조치를 취하는 것을 의미한다.

③ 만족화 관리(satisfying management: 안정적 환경, 높은 적응성): 만족화 관리는 최고위층에게 문제가 맡겨진 보다 집권화된 의사결정 구조를 강조하는 관리 유형을 의미한다. 안정적인 환경으로 인해 이러한 조직에서는 관리 계층이 보다 많으며, 공식적인 위원회에 의해 조정이 이루어지는 경향이 있다. 일반적으로 계획과 의사결정의 권한은 최고위층에 집중되어 있으며, 절차와 역할이 명백하게 규정되어 있다. 변화는 조직의 현 상태를 유지할 수 있는 수준에서 수행된다. 그와 같은 조직은 환경의 변화 압력이 낮기 때문에 종종 현상 유지 전략을 채택하는 경향이 있다.

④ 예견적 관리(anticipative management: 역동적 환경, 높은 적응성): 적응성이 높은 조직이 급격하게 변화하는 환경에 직면하면, 그들은 예견적 관리 유형을 활용하는 경향이 있다. 예견적 관리는 미래의 상황 조건이 실제로 발생하기 전에 그것들을 처리하기 위해 변화를 도입하는 관리 유형을 의미한다. 조직의 혁신은 예견적 관리의 하나의 예다.

3) 변화 담당자의 역할과 유형

조직구조상의 변화를 주도하는 사람은 누구인가? 일반적으로 변화 담당자들이 조직의 구조적 변화를 주도한다. 즉, 변화 담당자는 조직의 계획적인 변화 프로그램을 주도하고 자극하며 촉진하는 역할을 하는 사람이다. 따라서 변화 담당자가 누구이고 어떤 관심을 보이는가는 변화의 실천에 있어서 매우 중요한 문제다. 그렇다면 변화 담당자는 누구인가? 그들은 권력자이거나 권력자에게 제약을 가하고 싶어하는 사람들이다(Robbins, 1983: 272). 그러나 때때로 변화에 대한 조언과 변화를

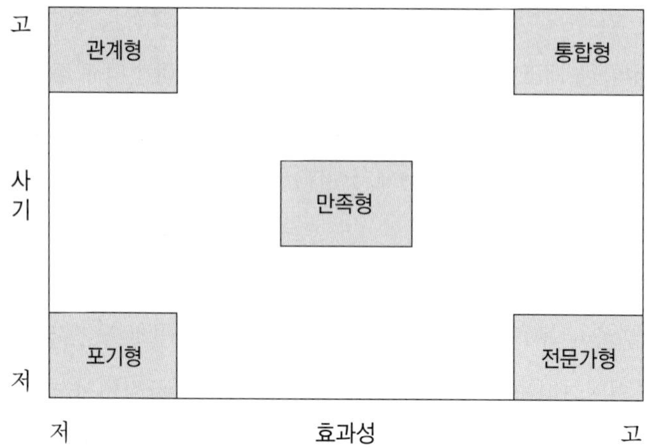

[그림 12-6] 변화 담당자의 유형

출처: Donald F. Harvey & Donald R. Brown(1982). *An Experiential Approach to Organization Development* (2nd ed.). Englewood Cliffs. New Jersey: Prentice-Hall, Inc., p. 95.

감독하고 그것을 직접 주도하도록 하기 위해 권력자가 불러들인 외부의 경영 상담자까지 변화 담당자가 된다. 따라서 변화 담당자는 조직의 최고경영자가 될 수도 있고, 조직의 특정한 구성원 또는 외부의 경영 상담자가 될 수도 있다. 이러한 변화 담당자는 주로 조직이 직면한 문제를 해결하는 데 필요한 전문화된 정보와 기술을 제공하는 전문가로서 기능할 것이다(Harvey & Brown, 1982: 94).

Harvey와 Brown(1982: 95-97)에 의하면, 변화 담당자의 유형은 효과성 또는 목적 달성에 대한 강조의 정도, 상호 관계, 사기, 참여자의 만족에 대한 강조의 정도라는 두 가지 차원에 대한 지향성에 따라 [그림 12-6]과 같이 분류할 수 있다.

① 포기형(abdicative change style): 이 유형의 변화 담당자는 변화 목적의 달성과 변화 프로그램에 관련된 사람들에 대해 최소한의 관심을 갖는다. 이들은 변화를 질서 정연하고 안정된 환경의 붕괴로 간주한다. 따라서 변화는 명백하고 실질적인 결함을 교정하는 것을 제외하고는 존재할 여지가 없다고 본다.

② 관계형(affiliative change style): 이 유형의 변화 담당자는 진술된 변화의 목적을 달성하는 데는 실제적으로 관심이 없지만, 변화 프로그램에 관련된 사

람들의 개인적인 헌신과 행복에 대해서는 최대한의 관심을 기울인다. 결과적으로 이들은 사람들이 스스로 변화 프로그램을 설계하고 실행하도록 격려한다.

③ 전문가형(expert change style): 이 유형의 변화 담당자는 변화의 목적을 달성하는 데 최대의 관심을 기울인다. 이 유형은 변화를 실행하는 데 관련된 사람들이 변화의 목적에 대해 개인적으로 헌신하는 것에는 실제로 관심이 없다. 이들은 사람들은 단지 변화를 달성하기 위해 사용되는 또 다른 도구에 지나지 않는다고 믿는다. 또한 사람들은 변화에 대한 욕망 또는 능력을 가지고 있지 않기 때문에 철저하게 인도되고 지시되어야 한다고 믿는다. 이 유형은 권력–강제적 변화전략(power-coercive method of change)을 활용하는 경향이 있다.

④ 만족형(satisfying change style): 이 유형의 변화 담당자는 너무 신속한 변화는 혼란을 초래할 것이라고 믿는다. 따라서 사람들이 변화에 점진적으로 익숙해지도록 하기 위해서 부분적인 변화를 시도한다.

⑤ 통합형(integrative change style): 이 유형은 다른 사람들과 함께 변화의 목적을 달성하려고 끊임없이 노력한다. 동시에 이 유형은 변화의 실행에 관련된 사람들이 개인적으로 변화에 헌신하도록 하는 데 최대의 관심을 두고 있다. 이 유형은 규범적–재교육적 변화전략(normative-reeducative method of change)을 주로 활용한다.

한편 E. H. Neilsen(1978)은 변화를 협력적으로 수행하기 위한 조직문화의 조건을 두 가지로 제시하였다. 먼저, 구성원들은 그들의 기본 가정, 지각 및 감정을 공유할 필요가 있다. 그리고 구성원들은 자신의 행동에 대해 개인적인 책임을 수용할 필요가 있다. Neilsen(1978)은 이와 같은 두 가지 차원의 조직문화의 조건에 근거하여 변화 담당자와 고객(조직 구성원)의 상호 관계 유형을 다음 [그림 12–7]과 같이 분류하였다(Harvey & Brown, 1982: 131-132 재인용).

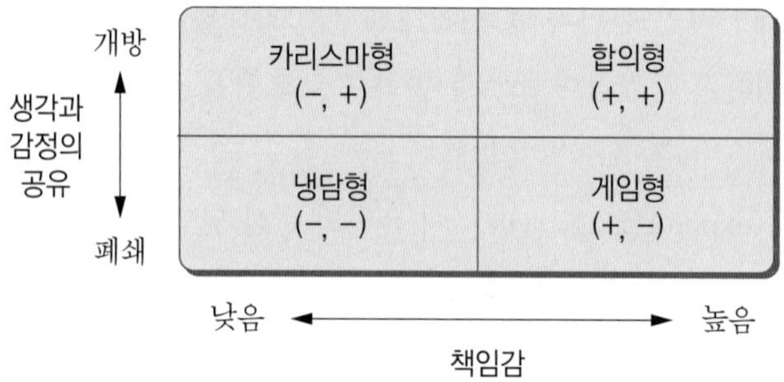

[그림 12-7] 변화 담당자와 고객의 상호 관계 유형

출처: Donald F. Harvey & Donald R. Brown(1982). *An Experiential Approach to Organization Development* (2nd ed.). Englewood Cliffs. New Jersey: Prentice-Hall, Inc., p. 132.

① 냉담형(the apathetic mode): 구성원들은 자아실현과 조직의 효과성에 관한 그들의 진정한 아이디어를 가슴속에 간직하고 있다. 그들은 이러한 자료를 공유한다는 것은 별로 의미가 없으며, 대단히 귀찮은 일이라고 생각한다. 일반적으로 그들은 기존의 관례를 따르며, 자신의 행동에 대한 책임을 회피한다. 그들은 또한 다른 사람들의 지시를 단순히 수행하며, 변화 담당자가 변화에 대해 보다 많은 권한을 가지고 있다고 간주함으로써 비슷한 방식으로 관계를 맺지만, 여전히 회의적이다.

② 게임형(the gamemanship mode): 구성원들은 자료를 공유함으로써 개인에게는 바람직한 결과가 위협받을 수도 있다는 가정하에 자아실현과 조직의 효과성에 관한 그들의 진정한 아이디어를 가슴속에 간직하고 있다. 각 구성원들은 스스로 행동방식을 결정하고, 자신의 행동에 대해 책임을 감수한다. 그들은 외견상으로는 의사결정 절차를 따르지만, 개인적인 목적을 달성하기 위해 전략적 요인을 교묘하게 조작한다. 구성원들은 자신들의 개인적 이해와 관심에 도움이 되는 변화를 선호할 것이다.

③ 카리스마형(the charismatic mode): 제한된 구성원들 간에 리더십에 대한 지각에 근거해서 아이디어와 감정을 공유한다. 부하 직원은 그들의 리더로부터 변화의 단서를 찾는다. 따라서 대부분의 구성원의 책임은 낮다. 구성원들은

리더가 승인한 변화과정을 바람직한 것으로 간주하고, 결과의 해석에 대해서도 리더에게 의존한다.

④ 합의형(the consensus mode): 구성원들은 자아실현과 조직의 효과성에 대해 계속적으로 지각과 감정을 공개적으로 공유한다. 개인적 관점의 표현은 조직에 순기능을 하는 것으로 간주되며, 모든 구성원들이 자료와 책임을 공유한다.

4) 변화의 전략

조직은 고정적이고 정태적인 실체가 아니라 환경 변화에 적절히 적응해야 생존을 유지할 수 있는 동태적인 존재다. 따라서 오늘날 조직이 당면한 주요한 과제 중 하나가 변화에 대한 적응의 문제다. 조직이 급격한 환경의 변화에 능동적으로 대처하고 조직의 효과성을 개선하기 위해서는 변화를 계획하고 실천해 나가기 위한 전략을 개발하여야 한다. 조직의 변화를 계획 · 관리 · 통제하기 위해서는 몇 가지 전략을 개발할 필요가 있다. R. Chin과 K. D. Benne(1969: 32-59)가 계획적 변화를 위한 기본적인 전략으로 제시한 다음의 세 가지 전략은 이러한 문제에 유용한 시사점을 제공한다.

(1) 경험적-합리적 전략

경험적-합리적 전략(empirical-rational strategies)의 기본적 가정은 인간은 합리적 존재로서 자신의 이해와 관심에 따라 행동한다는 것이다. 이 전략은 기본적으로 간단하고 복잡하지 않다. 즉, 변화에 의해 영향을 받는 사람들의 이해와 관심에 도움이 되고, 바람직한 것을 알고 있는 사람이 변화를 제안한다. 사람들은 합리적이고 자신의 이해와 관심에 의해 동기부여가 되기 때문에 변화의 논리가 효과적으로 전달될 수 있다면 제안된 변화 전략을 분명히 채택할 것이다.

(2) 규범적-재교육적 전략

규범적-재교육적 전략(normative-reeducative strategies)은 인간은 사회문화적 규범과 그러한 규범에 대한 자신의 헌신에 따라 행동한다고 믿는다. 결과적으로 변화는 오로지 인지적 또는 지적 수준에서만 일어나는 것이 아니라, 보다 개인적인 수준(예: 습관, 태도, 가치)에서 종종 일어난다. 조직개발(OD)은 주로 이 전략에 기초하고 있다. 즉, 조직이 변화의 요구를 확인하고, 변화 담당자의 도움을 받아서 해결책을 발견한다. 이러한 변화 전략은 기본적으로 두 가지 방법을 통해 실행된다. 첫 번째는 체제(조직, 집단, 개인)의 문제해결 능력을 향상시키는 것이다. 이때 관심의 초점은 체제의 목표를 충족시켜 나가는 과정에서 직면하는 인간적 문제와 기술적 문제를 해결하는 것이다. 두 번째는 변화되어야 할 조직의 구성원인 개인의 성장을 조장하는 것이다. 이때 개인은 조직의 기본적 단위로 간주된다. 따라서 그들의 창의성 개발을 도와줌으로써 체제는 개선될 것이다.

(3) 권력-강제적 전략

권력-강제적 전략(power-coercive strategies)은 권력을 적게 가진 사람들은 권력을 보다 많이 가진 사람들의 의지에 복종할 것이라고 가정한다. 이 전략은 합법적 권력과 비합법적 권력을 모두 사용한다. 권력-강제적 전략은 기본적으로 비폭력 전략(예: Mahatma Gandhi, Martin Luter King), 정치적 기관을 활용하는 전략(예: 정부, 조직), 권력집단의 조작 전략(예: Karl Marx)이라는 세 가지로 분류할 수 있다.

4. 조직변화 모형

조직의 변화관리는 계획적 변화를 대상으로 한다. 이러한 계획적인 변화의 목적은 조직을 환경의 변화에 적응시키고, 생존력 있게 유지하려는 데 있다. 다음에 제시된 [그림 12-8]은 조직의 계획적 변화를 설명하기 위한 모형이다. 이 모형은 일련의 몇 단계로 분할될 수 있다. 계획적 변화는 특정한 세력에 의해 주도된다. 그런

데 이와 같은 세력은 변화 담당자의 영향을 받는다. 변화를 부추기는 세력과 자신의 역할에 대한 지각에 따라 변화 담당자는 개입 전략(intervention strategies)을 선택한다. 그리고 변화의 실행은 두 가지 부분, 즉 변화를 위해 무슨 일을 할 것인가와 어떻게 할 것인가로 구성된다. 다시 말해서, 변화과정과 실행방법이 그것이다. 그런데 이와 같은 변화과정에는 3단계의 국면이 있다. 즉, 현상의 해동, 변화, 재동결을 통해 변화된 내용의 제도화 등의 세 단계의 국면이 그것이다. 실행방법은 변화과정, 즉 변화 작업을 실행하기 위해 변화 담당자가 선택 · 사용하는 방법을 가리키는 말이다. 이와 같은 변화의 실천이 성공을 거두게 되면 조직의 효과성이 개선된다고 가정한다. 물론 변화는 진공상태에서 일어나는 것은 아니다. 조직의 어떤 영역에 있어서의 변화는 또 다른 변화를 위한 새로운 변화의 흐름을 주도하게 된다. [그림 12-8]의 피드백은 이와 같은 변화의 모형이 동태적이라는 것을 나타내 준다. 이처럼 변화의 필요성은 불가피한 것이고 계속적인 것이다.

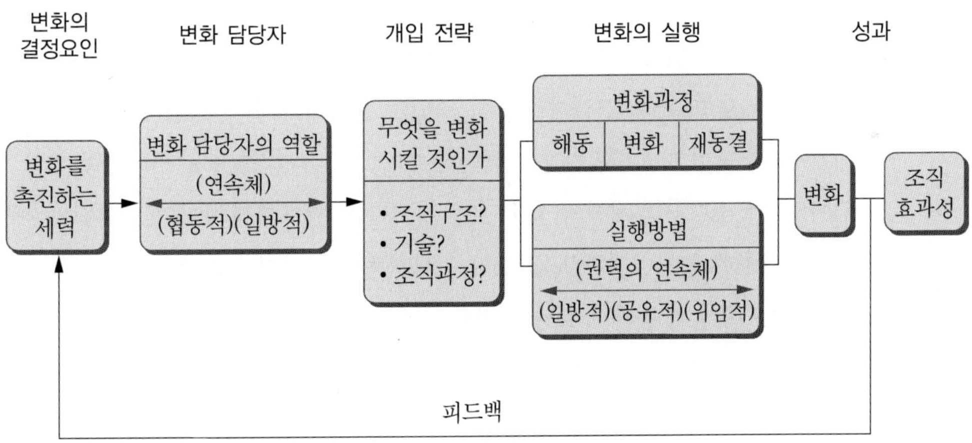

[그림 12-8] 조직변화 모형

출처: Larry E. Short(1973). *Planned Organizational Change*. MSU Business Topics, p. 56; Stephen P. Robbins (1983). *Organization Theory: The Structure and Design of Organizations*. Englewood Cliffs, N.J.: Prentice-Hall, Inc., p. 268 재인용.

1) 변화의 결정요인

변화가 필요하다는 것을 조직이 어떻게 파악할 수 있는가? 그것은 관리자가 이용하려고 하는 기회를 확인하는 작업일 것이다. 조직구조상의 변화를 유도하는 요인들은 무수히 많다. 이들 요인의 대부분을 몇 개의 부류로 범주화하려는 시도를 하고 있다. 그와 같은 노력은 변화의 추진력이 어디서나 나올 수 있다는 것을 극적으로 설명하고 있다. 그러나 보다 의미 있는 접근방법은 조직이 구조상의 변화를 고려하게 되는 명백한 이유를 목록화하는 방법이다(Robbins, 1983: 269-272).

① 목적의 변화: 조직의 목적이나 임무가 바뀌면 조직구조도 재설계된다. 예를 들면, 조직이 개혁자 전략에서 추종자 전략으로 전략 목표를 바꿈에 따라 조직의 구조는 보다 기계적인 구조가 된다.

② 새로운 장비의 도입: 새로운 장비가 도입되어 이전에 인력에 의해 수행되었던 활동에 투입되면, 조직은 노동 집약에서 기술 집약으로 변화된다. 이와 같은 일이 발생하면 전문화는 표준화에 의해 대치된다.

③ 노동력의 희소성: 조직이 의존하고 있는 중요한 기술 인력이 희소할 때 조직구조상의 변화가 빈번하게 일어난다.

④ 정교한 정보처리 체제의 실행: 조직에 정교한 정보처리 체제가 도입되면 조직구조에 변화가 발생한다. 정보처리 체제는 최고경영자로 하여금 권한을 분권화하도록 함과 동시에 보다 강력한 통제력을 유지할 수 있게 한다.

⑤ 새로운 정부 규제: 조직구조상의 변화에 대한 한 가지 분명한 촉진제는 새로운 정부 규제다.

⑥ 노조의 결성: 조직 내의 구성원들이 노조를 결성할 때 조직구조상의 변화가 요구된다.

⑦ 소비자 보호단체로부터의 압력 증가: 소비자 단체가 조직화되어 그들의 영향력을 확대해 감에 따라 많은 조직들이 보다 적절히 대응하기 위해 대고객 관계를 처리하는 부서를 신설하는 등 조직구조를 변경한다.

⑧ 합병 또는 흡수: 회사 간의 합병이나 다른 회사를 흡수·통합하게 되면 반드시 재조직화가 일어난다. 중복된 기능은 반드시 제거해야 하며, 새로운 조정 부서가 신설되어야 하기 때문이다.

⑨ 원자재의 가격 및 이용 가능성의 급격한 변화: 투입물의 유입이 불안정할 경우에 불안정을 감소시키기 위해 조직구조상의 변화를 도입하게 된다.

⑩ 경쟁 업체의 활동: 경쟁 업체들의 활동이 조직의 전략이나 구조의 변화를 유도한다.

⑪ 사기 저하: 조직 구성원들의 사기 저하 문제를 해결하는 하나의 방법으로 직무 확대, 직무 충실화 등과 같은 조직구조의 재설계를 시도하기도 한다.

⑫ 이직률의 증가: 구성원들의 이직률 증가는 조직구조상의 변화를 유도한다. 만약 조직에서 업무 성적이 좋은 구성원들이 계속적으로 조직을 이직하고 공석을 대치하기가 어렵게 되면, 관리자들은 해결책을 모색하기 위해 조직구조에 관심을 돌리게 된다. 직무 재설계는 이에 대한 하나의 해결책이 될 것이다.

⑬ 갑작스러운 내부적 혹은 외부적 적대 행위: 위기 상황에서 관리자들은 집권화하려는 경향을 보이고, 복잡한 구조가 단순한 구조로 변화되는 경향이 있다.

⑭ 중요 후보자의 불충분한 내부 공급원: 최고경영자의 직위를 맡을 만한 능력을 갖춘 사람의 부족에 직면한 조직은 조직구조를 재설계하여 회사 내에 '또 하나의 작은 회사'를 만듦으로써 중역의 자체 양성을 결정하게 된다.

⑮ 이윤의 저하: 회사의 이윤이 저하되었을 때, 관리자들은 조직구조를 바로잡아 그와 같은 문제를 해결하려고 한다.

이상과 같은 변화의 필요성을 결정하는 요인들은 결코 광범위하고 포괄적인 것은 아니다. 조직구조를 변화시켜야 할 원인은 무한한 원천으로부터 오는 것이다.

2) 변화 담당자

구조상의 변화는 누가 만드는가? 변화 담당자가 구조적 변화를 주도한다. 그렇다면 변화 담당자란 누구인가? 그들은 권력자이거나 권력자에게 제약을 가하고 싶어 하는 사람들이다(Robbins, 1983: 272). 그러나 때때로 변화에 대한 조언과 변화를 감독하고 직접적으로 주도하도록 하기 위해 권력자가 불러들인 외부의 경영 상담자까지 변화 담당자가 된다.

[그림 12-8]에서는 변화 담당자를 변화를 부추기는 세력, 즉 변화의 압력과 개입 전략의 선택 사이에 존재하는 중재자 내지는 조정자로 설명하고 있다. 변화 담당자가 누구이고, 어떤 관심을 나타내는가는 변화의 실천에 있어서 매우 중요하다. 그리고 개입 전략을 선택하는 데 있어서 다른 구성원들이 해야 할 역할을 변화 담당자가 결정한다는 점에 있어서도 그는 매우 중요한 존재다.

변화 담당자는 그가 맡게 될 역할을 선택할 수 있는 직위에 있는 사람이다. 그래서 그는 자신의 역할을 절대적인 권한을 가지고 있고, 결정을 내리며, 실천할 책임이 있는 우두머리(boss) 또는 문제해결을 위한 의사결정에서 다른 구성원들과 공동으로 노력하는 파트너로 볼 것이다(Short, 1973: 53; Robbins, 1983: 273 재인용).

3) 개입 전략

개입 전략이란 용어는 무엇을 변화시킬 것인가를 설명하는 데 사용되는 개념이다. 일반적으로 개입 전략은 다음과 같은 네 가지 범주의 어느 하나에 속한다. 즉, 인간의 행동, 조직구조, 기술 및 조직과정이 그것이다. 여기서의 주된 관심사는 인간의 행동이라기보다는 조직구조다. 따라서 인간의 행동을 변화시키는 문제는 논외로 하고, 나머지 세 가지 문제를 간략하게 기술하기로 한다(Robbins, 1983: 273-274).

① 조직구조의 변화: 조직구조의 변화에는 권한의 분배, 보상의 배분, 명령 계통의 변경, 공식화의 정도, 지위, 부서, 사업부의 추가 및 축소 등에 영향을 미치는 변화 등이 포함된다.

② 기술 변화: 기술 변화에는 구성원들이 활용하는 장비의 변형, 구성원 간의 작

업활동상의 상호 의존성의 변경 및 사회기술적 변화 등이 포함된다.

③ 조직과정의 변화: 조직과정의 변화에는 의사결정 과정 및 의사소통 패턴과 같은 변화 등이 포함된다. 예를 들면, 변화 담당자가 기계적 관료제에 태스크 포스(task forces) 구조를 도입하여 기능별 단위부서 간에 정보 전달의 개선을 의도하거나 또는 각 단위부서의 대표로 하여금 의사결정에 참여하도록 하려면, 변화 담당자는 조직의 의사결정 과정을 변화시켜야 한다.

4) 변화의 실행

[그림 12-8]을 참고하여 보면, 일단 변화를 주도하는 세력이 존재하고, 누군가가 변화 담당자의 역할을 맡아 무엇을 변경할 것인가(개입 전략)에 대한 결정이 내려지면, 그와 같은 변화를 어떻게 실행에 옮길 것인가를 고려해야 한다. 먼저 변화과정의 단계를 살펴보고, 변화 실행에 있어서의 권력 분배에 대하여 논의해 보기로 한다.

(1) 변화의 3단계 과정

성공적인 변화의 실행을 위해서는 다음과 같은 3단계 변화과정이 수행되어야 한다. 즉, 현상의 해동, 새로운 상태로의 변화 및 새로운 변화 상태를 영속하기 위한 재동결이 그것이다(Lewin, 1951). 이와 같은 3단계 변화과정이 의미하는 것은 단순한 변화의 도입만으로는 변화 전의 상태가 확실히 제거된다고 보장할 수 없고, 또 그 변화가 오래 지속된다고 보장할 수도 없다는 것을 암시해 주는 것이다.

현재의 상태란 균형 상태 혹은 현상 유지 상태라고 생각할 수 있다. 이와 같은 균형 상태 혹은 현상 유지 상태에서 벗어나기 위해서는 해동(unfreezing)이 필요하다. 이와 같은 해동 작업은 다음과 같은 세 가지 방법으로 성취될 수 있다. 첫 번째는 현상 유지 상태에서 벗어나도록 하는 추진력(driving forces)을 증가시키는 방법이다. 두 번째는 현상 유지 상태에서 벗어나지 못하도록 하는 억제력(restraining forces)을 감소시키는 방법이다. 세 번째는 위의 두 가지 접근방법을 통합하는 방법이다.

일단 해동 작업이 완성되고 나면, 변화 그 자체가 실현되어야 한다. 바로 이 단계에서 변화 담당자는 하나 혹은 그 이상의 개입 전략을 도입하게 된다. 그러나 실제에 있어서 해동과 변화 사이에 명확한 선을 그어 구별할 수는 없다. 현상 유지 상태를 해동하기 위한 많은 노력 그 자체가 스스로 변화를 도입하고 있는 것이다. 그래서 변화에 대한 저항을 다루기 위해 변화 담당자가 활용하는 책략이 해동 단계 및 변화 단계에 작용하게 된다.

관리자나 변화 담당자가 변화에 대한 저항의 문제를 다루기 위해 활용할 수 있는 여섯 가지 책략은 다음과 같다(Kotter & Schlesinger, 1979: 106-114; Robbins, 1983: 276-277 재인용).

① 교육과 의사소통: 의사소통을 통해 구성원들이 변화의 논리성을 이해하게 함으로써 변화에 대한 저항을 감소시킬 수 있다. 이와 같은 책략은 기본적으로 저항의 원천이 부적절한 정보와 부적절한 의사소통에 있다고 가정한다. 만약 저항자들이 전반적이고 충분한 사실을 파악하여 오해가 명백히 밝혀지면 저항이 진정된다는 것이다. 이는 일에 대한 일대일의 토의, 메모, 집단 설명 및 보고서 등을 통해서 성취될 수 있다. 저항의 원천이 분명히 부적절한 의사소통에 있고 관리자와 구성원의 관계가 상호 신뢰와 신임의 기반 위에 있다면, 이러한 책략은 틀림없이 효과적일 것이다. 그러나 그와 같은 상황이 아니라면 이러한 책략은 성공을 거두지 못하게 될 것이다. 그리고 이러한 책략은 그 장점에 비하여 많은 시간과 노력이 소요된다는 점을 고려해야 한다.

② 참여: 일반적으로 사람들은 자신들이 참여하여 결정한 변화에 대해서는 저항하려고 하지 않는다. 그래서 변화를 실시하기 전에 반대자들을 변화에 대한 의사결정 과정에 불러들여 참여시키는 것이다. 만약 참여자들이 의사결정 문제에 대한 전문적 지식을 가지고 있다고 가정한다면, 그들의 참여는 저항을 감소시킬 수 있을 뿐만 아니라, 협조도 얻을 수 있고, 변화 결정의 질도 높일 수 있을 것이다. 그러나 이와 같은 장점에 비하여 단점도 있을 수 있음을 고려해야 한다. 즉, 참여는 부적절한 해결책의 가능성 및 많은 시간의 낭비를 초래

할 수도 있다.

③ 촉진 및 지원: 변화 담당자는 저항을 줄이기 위해 광범위한 지원적인 노력을 제공할 수 있다. 구성원들이 변화에 대한 두려움을 느끼고 불안이 고조될 때는 구성원의 상담 및 심리치료, 새로운 기술훈련, 단기간의 유급휴가 등과 같은 방법을 활용하여 변화에 대한 적응을 촉진시킬 수 있다. 이러한 책략의 단점은 다른 책략과 마찬가지로 시간과 비용이 많이 소요되며, 그것의 실천이 반드시 성공을 보장하는 것도 아니라는 점이다.

④ 협상: 변화 담당자가 변화에 대한 잠재적 저항을 관리하기 위한 또 다른 방법은 저항을 줄이기 위해 상호 가치 있는 것을 교환하는 방법이다. 예를 들면, 저항이 몇몇 강력한 실력자에게 집중되어 있다면, 그들의 개인적 욕구를 충족시킬 수 있는 구체적인 보상 패키지(reward package)를 가지고 협상할 수 있을 것이다. 협상은 저항이 강력한 원천에서 제기될 때 필요한 책략이다. 그러나 이러한 책략은 높은 비용이 소요될 가능성이 높다. 더욱이 변화 담당자가 저항을 피하기 위해 저항자와 협상하였다고 해도 또 다른 권력자에 의해 위협당할 위험성은 항상 상존하고 있는 것이다.

⑤ 조작 및 호선: 조작(manipulation)은 영향력 행사의 시도를 전환하는 것을 가리키는 말이다. 변화를 보다 매력적인 것으로 보이도록 하기 위해 사실을 왜곡한다든지, 바람직하지 못한 정보를 억제한다든지, 구성원들이 변화를 수용하도록 하기 위해 거짓 소문을 만들어 낸다든지 하는 것은 모두 조작의 실례다. 반면에 호선(cooptation)은 조작과 참여가 혼합된 형태의 책략이다. 호선은 저항집단의 리더에게 변화 결정과정의 핵심적인 역할을 부여함으로써 저항집단의 리더를 매수하려고 한다. 호선된 위원들의 조언은 더 좋은 의사결정을 위한 것이 아니라, 단지 그들의 승인을 얻기 위한 것이다. 조작과 호선은 모두 비교적 비용이 적게 소요되고 반대자들의 지원을 얻기 쉬운 방법이다. 그러나 만약 조작이나 호선의 대상이 된 사람들이 속임을 당했다거나 이용당하고 있다는 것을 알게 되면, 이러한 책략은 도리어 불리한 결과를 초래한다. 그리고 그와 같은 속임수가 탄로 나게 되면 변화 담당자의 신뢰도는 실추되고

만다.

⑥ 강제 혹은 위압: 변화에 대한 저항을 감소시키기 위한 마지막 책략은 강제 내지는 위압이다. 즉, 저항자들에게 직접적인 위협과 폭력을 행사하는 것이다. 예를 들면, 구성원들이 회사의 임금 하향 조정에 묵묵히 따르지 않을 경우에 회사의 관리자가 실제로 직장 폐쇄 결정을 내린다면, 이것은 곧 강제 내지 위압의 책략이라고 할 수 있다. 그 밖의 강제 혹은 위압의 책략에는 인사이동의 위협, 승진의 탈락, 부정적인 업적 평가 등이 포함된다. 강제 혹은 위압의 장단점은 조작과 호선의 장단점과 거의 비슷하다.

변화가 실행되었다고 가정할 때, 그것이 성공적이 되려면 변화된 새로운 상황은 재동결되어 시간이 경과되어도 계속해서 지속되어야 한다. 이와 같은 변화의 마지막 단계가 정성 들여 수행되지 않으면, 새롭게 시도된 변화는 단명하게 되고, 구성원들은 이전의 현상 유지 상태로 되돌아가려고 시도할 가능성이 매우 높다. 재동결(refreezing)의 목적은 추진력과 억제력의 균형을 유지함으로써 새롭게 변화된 상황을 안정화하는 것이다.

재동결이 어떻게 수행될 수 있는가? 기본적으로 재동결은 임시적인 세력을 영구적인 세력으로 체계적으로 대체시킬 것을 요구하고 있다. 그것은 곧 추진력과 억제력을 공식화하는 것을 의미한다. 그리고 변화에 의해 영향을 받게 될 사람들의 행동을 규제하게 될 공식적인 규칙이나 규정을 개정하여 변화된 새로운 상황을 강화하는 것도 재동결의 하나의 형태다. 물론 시간이 경과함에 따라 새로운 현상 유지 상태(균형 상태)를 계속적으로 유지하기 위한 집단 자체의 새로운 규범이 발전된다.

변화된 상태가 영구화되는 정도를 결정하는 주요 요인이 있는가? 이에 대한 대답은 긍정적이다. 변화에 관한 연구들의 개관에 의하면, 거기에 관련된 많은 요인들이 확인되고 있다(Goodman, Bazerman, & Conlon, 1980: 231-242). 첫째로, 보상배분체제가 결정적인 요인이다. 예를 들어, 시간이 경과함에 따라 보상이 기대에 못 미치면, 변화된 새로운 상태는 단명할 가능성이 높다. 둘째로, 변화된 새로운 상태가 계속해서 유지되기 위해서는 후원자의 지원이 필요하다. 이와 같은 후원자는 전형적으로 관리 계층의 높은 지위에 있는 사람이며, 그는 이와 같은 변화 상태에 대해 합법성을 부여하게 된다. 연구 결과에 의하면, 후원이 변화의 프로젝트로부터 철회되고 나면, 옛날의 현상 유지 상태로 되돌아가려는 강한 압력이 나타난다는 것이다. 셋째로, 사람들은 변화의 결과로서 그들에게 기대되는 것이 무엇인지를 알 필요가 있다. 그러므로 그와 같은 기대에 관한 정보를 전달하지 못하는 것은 동결의 정도를 감소시키는 결과를 초래한다. 넷째로, 집단 압력이 또 하나의 중요한 요인이다. 구성원들은 자기 집단의 다른 구성원들이 그와 같은 변화를 수용하거나 찬성한다는 것을 알게 되면, 그것을 당연하게 생각한다. 다섯째로, 변화에 대한 헌신은 변화에 대한 보다 강렬한 수용과 변화의 영속화를 가져온다.

이와 같은 요인들은 다음과 같은 사실을 상기하도록 한다. 즉, 조직은 하나의 체제라는 것이다. 그리고 계획적인 변화가 가장 성공적이 되려면, 체제 내의 모든 하위체제가 그와 같은 변화 노력을 지원해야 한다는 사실이다. 더욱이 성공적인 변화가 되려면 체제의 균형이 요구된다.

(2) 권력의 분배

앞서 [그림 12-8]에서 보는 바와 같이 위에서 논의한 실행 단계의 변화과정과 병행하여 실시되어야 할 것은 변화과정에 대한 권력이 그러한 변화에 의해 영향을 받게 되는 사람들과 공유되는 정도에 관한 결정을 내리는 일이다. 변화의 실천은 다양한 권력 배분의 활용을 통해서 완성될 수 있다. L. E. Greiner(1967: 119-130)는 권력 활용의 범주를 세 가지로 설정하고, 거기에 따른 일곱 가지 접근방법을 다음과 같이 제시하였다(Robbins, 1983: 279 재인용).

〈일방적 권력〉

① 명령에 의한 접근법: 높은 공식적 권한을 가진 사람이 일방적으로 선포한 내용이 낮은 직위에 있는 사람들에게 전달되는 방식이다.

② 교체에 의한 접근법: 조직의 핵심적인 직위에 있는 사람들을 다른 사람으로 교체하는 방법이다.

③ 구조적 접근법: 작업 관계에 새로운 활력을 불어넣기 위해 관리자가 역할 구조와 하위자들 간의 상호 관계를 변경하는 방법이다.

〈공유적 권력〉

① 집단적 결정에 의한 접근법: 다른 사람들에 의해 창안된 대안을 선택 · 실행하는 데 있어서 집단 구성원들이 참여한다. 여기서 강조되는 것은 특정한 실행 방향에 대한 집단적인 합의를 이끌어 내는 데 있다.

② 집단적 문제해결에 의한 접근법: 단지 사전에 확인된 일련의 대안 중에서 어느 하나를 선택하는 것이 아니라, 참여자들이 문제점을 찾아 해결하도록 허용함으로써 참여자들에게 보다 넓은 자유재량의 선택권이 제공된다.

〈위임적 권력〉

① 자료 토의에 의한 접근법: 조직의 내부 혹은 외부에서 발탁된 변화 담당자에 의해 관련된 자료(사례에 관한 자료, 조사 자료, 보고서 등)와 피드백이 제시되면, 조직 구성원들이 자체적으로 그와 같은 자료들을 분석하도록 고무하는 방법이다.

② 감수성 훈련에 의한 접근법: 개인 행동이나 집단 행동의 저변에 작용하는 과정에 대하여 민감하도록 구성원들을 훈련시키는 것이다. 작업방식이나 작업 관계에 있어서의 변화는 대인관계의 변화가 뒤따라야 한다고 가정하기 때문이다.

변화가 어떻게 실천되어야 하는가에 대한 방법의 선택은 권력의 연속선상에서 이루어진다고 볼 수 있다. 즉, 권력의 연속선상의 한쪽 극단을 선택하게 되면 일방적 접근법이 되고, 권력이 최고경영자의 손에 쥐어지게 된다. 반면에 연속선상의 다른 극단을 선택하면 위임적 접근법이 되고, 문제점의 확인 및 해결책의 선택권과 통제권이 하위자들의 손에 놓이게 된다. 그리고 권력의 연속선상의 중간을 선택하면 공유적 접근법이 되고, 이와 같은 중간 범위의 입장은 최고경영자가 권력을 보유하고 있으면서 하위자들의 참여에 의한 결정을 허용하게 된다.

5) 변화의 성과

앞서 [그림 12-8]에 제시된 모형은 변화가 실행되어 조직의 효과성에 미치는 영향을 그 정점으로 하고 있다. 이와 같은 영향이 긍정적이냐, 부정적이냐 또는 임시적이냐, 영구적이냐의 여부는 선행하는 단계에 달려 있다. 이 모형은 성과와는 상관없이 동태적인 성질을 가지고 있다. 변화의 필요성이 계속적이기 때문에 피드백의 필요성 역시 계속적이다. 즉, 새로운 변화의 압력이 이미 작용하여 또 다른 변화가 필요하게 된다. 따라서 앞에서 제시한 변화모형은 결코 정지됨이 없이 각 단계가 계속해서 순환된다.

제13장 리더십 관리

1. 리더십의 본질
2. 특성론적 리더십 이론
3. 행동과학적 리더십 이론
4. 상황중심 리더십 이론
5. 변혁적 리더십 이론
6. 리더십의 유형

제 13 장

리더십 관리

이 장에서는 학교조직 상황에서 리더십에 관련된 문제들을 검토하고자 한다. 먼저 조직 속에서 리더십의 본질에 관해 논의하고, 리더십의 기반 중의 하나인 영향력 또는 권력의 개념을 검토하고자 한다. 다음은 리더십에 대한 특성이론적 접근방법, 행동과학적 접근방법, 상황중심적 접근방법 및 변혁적 리더십을 논의한다. 마지막으로, 다양한 리더십 유형을 분석하여 제시한다.

1. 리더십의 본질

리더(leader)라는 영어 단어는 여행 중인 사람들을 안내하는 것을 의미하는 'laedare'라는 앵글로색슨의 어원에 뿌리를 두고 거의 천 년 동안 변화하지 않은 채 사용되어 왔다(Bolman & Deal, 1991: 565). 일반적으로 리더십은 매우 좋은 것이고, 더 많이 갖고 있어야 한다는 주장이 당연한 상식으로 받아들여지고 있다. 리더십이라는 논제는 20세기 초부터 광범위한 연구 주제가 되어 왔다. 그러나 리더십이 실제로 무엇을 의미하는가에 대해서는 많은 혼란이 있고, 학자들 간에 의견이 분분하다. 그동안에 연구자들과 실무자들 모두가 리더십을 분석하고 정의해 왔으며, 3000개 이상의 경험적 연구들이 리더십을 검토해 왔다(Bass, 1981). 리더십에 대해서 수많은 책과 논문이 쓰였음에도 불구하고, 리더십은 여전히 이해하기 어려운 개념이다. 오늘날 효과적인 리더십에 대한 정의는 그 개념을 연구한 연구자들의 수만큼이나 다양하다. 리더십에 관해 사회과학자들이 많은 연구를 했지만 역시 일반화할 수 있는 개념을 거의 제시하지 못하고 있다.

경영자들에게 무엇이 리더십인가 하는 질문을 한다면 여러 가지 서로 다른 대답이 나올 것이다. 물론 그러한 대답들은 각기 한계가 있지만, 리더십의 개념을 보다 확실히 이해하는 데는 도움이 될 것이다.

첫 번째로 가장 널리 받아들여지고 있는 상식적인 개념은 리더십은 '누군가가 원하는 것을 다른 사람들이 하도록 만드는 능력'이라는 것이다. 이것은 리더십을 권력(power)과 동일시하기 때문에 리더십을 폭넓게 보는 관점인 동시에 한편으로는 너무 좁게 보는 관점일 수도 있다. 즉, 이러한 리더십의 개념은 리더십과는 매우 다른 강제력(coercion)의 행사와 같은 것이 개념 안에 포함되기 때문에 리더십을 너무 광범위하게 보고 있는 반면에 가치관, 비전 및 관계로서의 리더십을 포함하지 않고 있다는 점에서 리더십을 너무 편협하게 보고 있는 것이다.

두 번째 정의에 따르면, 리더는 사람들에게 동기를 부여하여 일을 잘 처리하도록 한다는 것이다. 리더들이 강제와 유인보다는 설득과 모범을 통해 사람들에게 많은 영향을 미치고 있다는 점에서 이 개념 정의는 적절해 보인다. '일이 이루어지도록 하는 것'이란 개념은 리더십이 그 성과물에 의해 판단된다는 중요한 시각을 제시하고 있다. 그러나 여전히 목적과 가치에 대한 의문은 해결되지 못하고 있다. 즉, 리더십이 산출한 성과를 어떻게 평가할 것인가?

세 번째 상식적 정의에 의하면, 리더는 비전을 제공한다는 것이다. 이것은 위의 정의에서 빠뜨리고 있는 의미, 목적 및 사명의 요소를 추구하고 있지만, '비전은 리더 혼자서 창출하는 것'이라는 전제를 담고 있다. 또한 과연 누구나 리더의 비전을 좋아하거나 지지하는가 하는 질문을 간과하고 있다.

네 번째 정의는 리더십이 사실상 촉진제 역할을 한다는 것이다. 이러한 정의는 참여적 유형의 경영자들에게 인기가 있다. 즉, 리더는 참여적이고 민주적이어야 하며, 구성원들이 스스로 자신의 할 일을 찾도록 도와주어야 한다는 것이다. 리더의 과업은 그가 원하는 것을 얻는 것이 아니라 부하 직원들이 원하는 것을 이룰 수 있도록 역량을 강화시켜 주는 것이다. 이러한 정의는 리더가 주도하고 부하 직원은

〈표 13-1〉 예시적 리더십의 개념 정의

• 리더십은 다른 사람 또는 집단의 행동에 영향을 미치려는 일정한 시도다(Hersey, 1984). • 관리자는 주어진 일이 올바르게 처리되도록 하는 사람이고, 리더는 올바른 일을 하도록 하는 사람이다(Bennis & Nanus, 1985). • 리더십은 무엇을 해야 할 것인가를 결정하고, 다른 사람들이 그것을 하고 싶어 하도록 만드는 능력이다(Eisenhower). • 리더십은 대부분 비강제적인 수단을 통하여 일정한 방향으로 집단을 움직이게 하는 과정이다. 효과적인 리더십이란 그 집단이 장기적으로 최선의 이익을 내도록 움직이게 하는 리더십이다(Kotter, 1988). • 리더십이란 리더가 제시한 목표 또는 리더와 그의 부하들이 공유한 목표를 추구하도록 한 개인 내지 팀이 집단을 유도하는 설득과 모범의 과정이다(Gardner, 1989). • 리더십이란 사람들에게 영향력을 행사할 수 있는 한 개인의 능력이다(Roach & Behling, 1984). • 리더십이란 다른 개개인의 생각과 감정, 행동 등에 영향을 미치는 각본을 구성할 수 있는 능력이다(Gardner, 1996). • 리더십이란 다른 사람에게 동기를 부여하는 독창적이면서 방향을 제시하는 힘이다(Munson, 1959). • 리더십이란 두 사람 혹은 그 이상의 사람들 사이에 존재하는 독특한 영향력이다(Hollander & Julian, 1969). • 리더십이란 사람들이 의무감보다는 자발적 의지로 한 개인의 의사를 따르게 되는 대인관계의 한 형태다(Merton, 1969; Curphy & Hogan, 1994). • 리더십이란 조직화된 그룹이 목표를 실현하도록 영향력을 행사하는 방법이다(Roach & Behling, 1984).

출처: Lee G. Bolman & Terrence E. Deal(1991). *Reframing Organizations*. San Francisco: Jossey-Bass Publishers. 김영진, 김용구, 신택현, 윤방섭, 최병순 공역(1995). 비전시대의 조직 패러다임. 서울: 미래경영개발연구원, p. 568 수정 보완함.

이를 따른다는 관념, 즉 리더는 힘이 있고 부하 직원은 의존적이라는 고정관념을 깨뜨릴 수 있는 반면에 마치 바람이 부는 대로 돌아가는 바람개비처럼 그 역할을 전락시킬 위험성도 지적될 수 있다.

이상의 리더십에 대한 견해는 리더십에 대한 수많은 개념 중 몇 가지 예에 불과하다. 〈표 13-1〉은 여러 학자들이 제시한 리더십에 대한 일련의 정의를 보여 주고 있다.

리더십에 대한 정의가 다양하다는 것은 그만큼 리더십의 개념이 산만하고 논쟁의 여지가 있다는 것을 보여 주는 것이다. 리더십의 개념을 명확히 정립하기 위해서는 먼저 리더십의 기본 요소가 무엇인지를 확인하고, 리더십과 관련된 개념인 권력과 권한 및 관리와 리더십을 구분할 필요가 있다.

리더십에 대한 대부분의 이미지는 리더는 일이 이루어지도록 또는 부하 직원들이 일을 하도록 이끄는 사람임을 암시한다. 즉, 리더는 권력(power)을 가진 사람이다. 그러나 권력에 대한 수많은 예는 리더십에 대한 이미지와는 다르다. 무장 강도, 약탈자, 골목대장, 교통경찰, 교도관들도 일정한 형태의 권력을 가지고 있지만, 이들은 거의 리더로서 여겨지지는 않는다. 리더는 비강제적인 수단으로 영향력을 행사하고, 협조적으로 일하게 만들며, 리더 자신의 이해관계를 초월한 목표를 추구한다는 암묵적인 기대가 깔려 있기 때문이다.

리더십은 또한 권한(authority)을 보유한다고 본다. 그러나 권한을 가진 사람이 리더일 수는 있지만, 리더가 항상 권한을 가지는 것은 아니다. 권한의 개념은 리더십의 개념처럼 논쟁의 여지가 있다. 권한의 개념은 M. Weber로 거슬러 올라간다. Weber(1947)는 권한이 합법성에 근거를 두고 있다고 보았다. 사람들은 합법적이라고 믿기 때문에 자발적으로 권한에 복종하며, 합법성의 상실을 인지할 경우에는 복종하지 않는다는 것이다. 권한에 있어서 합법성과 자발적 복종이라는 요소는 권한이 리더십 개념과 관계가 있음을 시사한다. 리더는 합법성이 없이는 지휘할 수 없고, 리더에 대한 복종은 강제적인 것이라기보다는 주로 자발적인 것이다. 그러나 두 개념 사이에는 중요한 차이가 있다. 권한은 법에 대한 복종과 같이 리더십의 영역 밖에 있는 여러 가지 자발적 복종 현상과 관련된다.

또한 리더십은 관리(management)와 자주 혼동되어 사용되고 있지만 관리와는 다르다. 리더가 아닌 훌륭한 관리자를 상상하기 어렵다고 해서 리더십이 반드시 높은 직위에 있는 관리자들이 행사하는 것이라고 잘못 생각할 수도 있다. 이러한 견해는 극소수의 사람들에게 너무 많은 기대와 요구를 품게 만들며, 관리자들이 실제로 수행할 수 있는 한도를 넘어 더 많은 책임을 지도록 부추길 수도 있다. 또한 어떤 사람은 관리자는 아니지만 리더가 될 수 있다. 학교조직의 경우, 교사들에게 '누가 리더십을 행사하고 있는가?'라고 묻는다면 많은 교사들은 '분명 그것은 교장이 아니다.'라고 적극적으로 나서서 주장할 것이다. W. Bennis와 B. Nanus(1985: 4)는 1,000개 이상의 연구를 검토한 후, 관리자와 리더의 차이를 다음과 같이 진술하고 있다. "관리자는 주어진 일이 올바르게 처리되도록 하는 사람이고, 리더는 올바른 일을 하도록 하는 사람이다." 그러나 이 말은 리더십과 관리 사이의 중요한 차이를 보여 주고는 있지만, 리더와 관리자를 너무 극단적으로 대비시킴으로써 자칫하면 관리자를 상상력이 없는 '바보'로 간주하는 함정에 빠질 가능성도 있다.

P. F. Drucker(1993)에 의하면, 효과적인 리더들은 많은 의사결정을 하지 않는다. 그들은 조직의 보다 큰 측면에 영향을 미치는 중요한 의사결정에 초점을 두고 있다. 그들은 일상적인 문제들을 해결하기보다는 포괄적이고 전략적인 것을 철저하게 심사숙고한다. 관리자들이 바람직한 결과를 산출하기 위해 조직의 구조와 과정을 형성하는 데 관심을 갖는 반면에 리더들은 헌신 또는 비전을 가지고, 주변에 사람들을 모으려고 한다. J. F. Kennedy, M. L. King, L. Iacocca 등은 그들의 이상과 야망에 따라 사람들에게 영향력을 미치는 데 성공한 사람들이다.

이상에서 살펴본 바와 같이, 오늘날 리더십에 관한 정의 사이에는 다소간의 차이점이 존재하고 있을지라도 그것들은 모두 다음과 같은 두 가지 중요한 점을 포함하고 있다(Lunenberg & Ornstein, 1996: 114). 첫째, 리더십은 영향력과 권력이 불공평하게 배분되어 있는 두 사람 이상 사이의 관계다. 이 정의는 집단의 공식적 리더(formal leader, 집단에 영향력을 행사하는 권한을 가진 사람)와 비공식적 리더(informal leader, 집단의 참여자로서 리더십 행위에 관여하는 사람)를 구별하고 있다. 둘째, 리더는 고립적으로 존재하지 않는다. 어떤 사람이 리더인가? 이러한 질문에 대해 답하는 한 가지 방식은 뒤에서 추종하는 사람을 살펴보는 것이다. 대부분의 경우에 개인은 다른 사람들에게 특수한 방식으로 행동하도록 강요할 수 없다. 그러므로 리더십은 추종자들이 리더의 영향을 받는 것에 대해 동의해야 한다는 것을 함축하고 있다.

리더십은 영향력에 관한 문제다. 영향력은 리더십의 핵심이다. 다음은 리더가 다른 사람들에게 행사하는 영향력의 원천에 대하여 살펴보기로 한다. J. R. P. French와 B. H. Raven(1968)은 리더의 권력 또는 영향력의 원천을 다음과 같이 다섯 가지로 제시하였다.

① 합법적 권력(legitimate power): 합법적 권력은 조직에서 리더가 차지하고 있는 직위 또는 역할이 부여하는 권력이다. 합법적 권력은 리더가 하위자들에게 영향력을 행사할 수 있는 권리를 가지고 있다는 점에 대해 상호 간에 수용할 수 있는 지각에 근거하고 있다. 예를 들면, 학교조직에서 교장은 교사들에 의해 완수되어야 할 구체화된 과업을 기대할 수 있는 권리를 가지고 있다.

② 보상적 권력(reward power): 일반적으로 리더들은 조직에서 하위자들에게 보상을 제공할 수 있는 능력으로 인해 보상적 권력을 가지고 있다. 권력의 힘은 리더가 통제하는 보상의 양과 보상에 대한 하위자들의 욕망의 강도에 따라 달라진다. 봉급 인상, 승진, 좋은 업무의 할당, 칭찬 등이 보상적 권력에 속한다.

③ 강제적 권력(coercive power): 강제적 권력은 보상적 권력의 반대다. 강제적 권력은 리더의 지시에 불복종하는 하위자들을 통제하고 처벌할 수 있는 능력을 의미한다. 강등, 감봉, 징계, 처벌의 위협 등이 강제적 권력에 속한다.

④ 전문적 권력(expert power): 전문적 권력은 리더가 가지고 있는 특수한 능력과 지식에 근거하고 있으며, 집단은 이러한 능력과 지식을 필요로 한다. 리더는 단위부서에 할당된 과업을 분석, 집행, 통제할 수 있는 능력을 가지고 있는 사람으로 간주된다. 전문적 권력은 교육, 훈련 및 경험에 의해 좌우된다.

⑤ 준거적 권력(referent power): 준거적 권력은 리더의 개인적 인성의 힘으로부

터 추종자들을 개발하는 리더의 능력이다. 어떤 의미에서 이것은 리더가 다른 사람들로부터 존경과 매력을 이끌어 내는 카리스마적인 힘이다. Mahatma Gandhi와 Martin Luther King 등이 준거적 권력을 발휘한, 역사적으로 잘 알려진 리더들이다. 또한 준거적 권력은 조직 내에 있는 개인과의 강력한 친분 관계에서 연유될 수도 있다. 예를 들면, 교장과 친분 관계가 두터운 교사는 어떠한 합법적 · 보상적 · 강제적 권력도 가지고 있지 않을지라도, 다른 사람들은 이 사람이 교장의 행동에 영향을 미치고 있다고 지각할 수도 있다.

G. A. Yukl(1981)은 권력, 영향력 및 리더십 간의 상호 관계를 다음 [그림 13-1]과 같이 요약하여 제시하였다. [그림 13-1]에서 영향력의 과정으로서의 리더십은 리더의 권력의 원천 요소와 하위자들의 이해 및 관심과 욕구를 수용하는 정도의 함수다. 권력의 원천은 개인적인 것과 조직적인 것으로 나누어진다. 즉, 합법적 권력, 보상적 권력 및 강제적 권력은 조직적인 것이고, 전문적 권력과 준거적 권력은 리더의 인성으로부터 나오는 개인적인 권력이다.

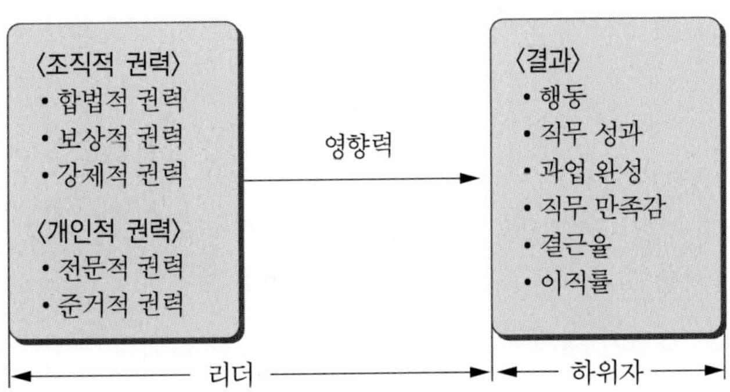

[그림 13-1] 하위자들에 대한 리더의 영향력의 원천

출처: Gary A. Yukl(1981). *Leadership in Organizations*. Englewood Cliffs, N.J.: Prentice Hall, Inc., p. 43.

2. 특성론적 리더십 이론

통속적인 문헌은 리더들이 다른 사람들과는 다르다는 관점을 지지하고 있다. 만약에 리더들이 다른 사람들과 다르지 않다면, 연구자와 실무자는 모두 리더십 연구에 그렇게 많은 관심을 기울이지 않았을 것이다. 리더는 목적을 달성함에 있어서 그들의 하위자들에게 영향력을 행사할 수 있다는 점을 앞에서 지적한 바 있다. 따라서 리더십의 비밀이 리더의 특성에 있는지의 여부를 탐구하는 것은 자연스러운 일인 것이다. 리더는 인성적 특성, 신체적 특성, 동기 및 욕구의 측면에서 리더가 아닌 사람들과 다른가? 성공적인 리더와 성공적이지 못한 리더를 구별해 주는 어떤 특성과 기술이 존재하는가? 여기서는 이러한 질문과 관련된 문제들을 살펴보고자 한다.

리더십에 관한 특성이론(traits theory)은 기본적으로 개인의 인성적 특성에 초점을 두고 리더십을 설명한 초기의 이론이다. 특성적 접근방법은 이 세상에는 리더와 추종자로 구분될 수 있는 두 종류의 사람들이 있어서 리더는 추종자가 소유하고 있지 않은 특성을 지니고 있고, 그러한 특성을 소유하고 있는 사람은 어느 집단이나 상황에서도 유능한 리더가 될 수 있다고 가정하였다. 이와 같은 가정하에 수행되었던 초기의 리더십 연구들은 리더가 아닌 사람과 리더를 신뢰롭게 구별해 주는 특성을 규명하고자 시도하였다. 즉, 1950년대 이전의 리더십에 관한 연구는 주로 리더의 특성 그 자체를 찾아내는 데만 관심을 두어 왔다. 그러나 수많은 연구에도 불구하고 아직 모든 집단과 상황에 적용될 수 있는 유능한 리더의 특성에 관해서는 일치된 결론을 얻지 못하고 있다.

예를 들어, R. Stogdill(1974)의 연구에 의하면, 리더는 리더가 아닌 사람들에게서는 발견되지 않았던 수많은 특성과 기술을 소유하고 있었다. 그러나 특정한 특성이 존재한다는 것은 상황에 따라 변하는 것 같았다. Stogdill(1974: 81-82)은 다음과 같은 다섯 가지 일반적인 표제어를 사용하여 특성과 기술을 분류하였다.

① 능력(capacity): 지능, 기민함, 언어적 유창성, 독창성, 판단력
② 성취(achievement): 학식, 지식, 운동기능
③ 책임감(responsibility): 신뢰성, 주도성, 인내력, 공격성, 자신감, 수월성, 욕망
④ 참여(participation): 적극성, 사회성, 협동성, 적응성, 유머
⑤ 지위(status): 사회경제적 지위, 대중적 인기

C. A. Gibb(1954: 914)도 특성이론의 제한점을 인정하면서 그가 종합한 연구 결과를 근거로 정열, 자신감, 약간 높은 지능, 언어적 유창성, 지구력, 집단 구성원 개개인을 이해하는 통찰력 등은 어느 집단이나 어느 상황에서도 공통적으로 적용될 수 있는 리더의 특성이라고 하였다.

위에서 제시한 리더의 특성군은 일반적으로 리더가 갖추어야 할 특성이라고는 하지만, 리더만이 그러한 특성을 가지고 있다고 말할 수는 없다. 그 이유는 리더의 특성에 관한 실증적인 연구 결과에 의하면, 위에서 제시한 특성군을 지니고 있지 못한 리더가 있는가 하면, 리더의 특성을 갖추고 있으면서도 리더다운 리더가 되지 못한 사례도 보여 주고 있기 때문이다. 또 위에 제시된 특성군 중 어느 것도 상대적 중요성에 대해서는 명확한 검토를 거치지 않았기 때문에 특정한 상황에서 수용되는 리더의 특성이 다른 상황에서는 받아들여지지 않는 경우도 있다는 것이다. 그러므로 리더가 되려면 일정한 특성군을 갖추어야 하지만, 그것은 단일적인 것이 아니라 리더마다 그가 처해 있는 상황에 따라 요구되는 특성이 달라지는 것이다.

Stogdill(1948: 35-37)은 그동안 이루어진 리더의 특성요인에 관한 연구 124편을 조사 · 분석한 결과, 이들 연구가 서로 다른 결론을 내리고 있다는 것은 발견하였다. 예를 들면, 리더의 연령을 다룬 연구 중 6편은 유능한 리더는 일반적으로 젊어야 한다고 했고, 10편은 나이가 들어야 한다고 했으며, 17편은 상황에 따라 고려되어야 한다고 했다. 또 리더의 정력, 정서적 안정, 지능 및 자신감에 관한 연구들도 서로 상반된 결과를 드러내고 있다고 지적하였다. 또한 Gibb(1954: 877-920)도 리더십에 관한 연구들을 검토한 후, 리더의 인성에 관한 수많은 연구들은 리더를 특징지어 주는 어떤 일관성 있는 특성의 유형을 발견하는 데 실패하였다는 결론을 제

시하였다. F. H. Stanford(1952: 51)에 의하면, 어떤 상황에서나 리더에게 적용될 수 있는 공통적이고 보편적인 특성은 존재하지 않는다. 만약 그런 특성이 존재한다고 해도 그 특성은 심리학적인 용어로 의미 있게 기술될 수 있는 것은 아니다. 특정한 상황에서는 리더를 추종자와 구별할 수 있는 특성이 있으나, 어떠한 특성을 기준으로 리더를 추종자와 구분하느냐는 상황에 따라 매우 다양하다고 하였다. 이러한 점을 종합해 보면, 어떠한 상황에서 어떤 특성이 유능한 리더에게 중요하며 필수적인가를 밝히는 것이 중요한 과제가 될 것이다.

최근에는 리더십에 관한 특성론적 연구가 다른 방식으로 수행되어 왔다. 연구자들은 수많은 상황에 따라 리더와 리더가 아닌 사람을 비교하기보다는 동일한 상황에서 효과적인 리더와 비효과적인 리더를 비교하거나 또는 특성과 리더십의 효과성 간의 상호 관계를 비교하고 있다. 이러한 연구들의 결과는 초기의 특성적 연구보다 강력하고 보다 일관성이 있다(Lunenburg & Ornstein, 1996: 118).

F. C. Lunenburg와 A. C. Ornstein(1996: 118-120)은 효과적인 리더들의 특성에 관한 연구들을 다음과 같은 세 가지 범주로 분류하여 검토하였다. 첫 번째 범주는 리더들이 그들의 조직 단위의 실제적인 성과로 평가된다. 왜냐하면, 효과성은 대단히 많은 요인들에 의해 영향을 받기 때문이다. 두 번째 범주는 하위자, 감독자 그리고 리더 자신들은 어떠한 리더십 특성을 가장 중요하게 생각하는가에 관한 평정 결과가 리더의 효과성을 평가하는 데 사용되었다. 그리고 세 번째 범주는 효과성이 낮은 성과 평정 결과에 의해 정의된다.

지금까지 살펴본 특성론적 접근방법은 리더는 추종자와 구별되는 신체적 · 지적 · 인성적 특성을 지니고 있고, 이러한 특성을 가진 사람은 집단의 성격이나 상황에 관계없이 유능한 리더가 될 수 있다는 가정을 검증하는 데 실패하였다. 그러나 특성론적 접근방법은 리더십의 본질이 무엇인가를 밝히는 데는 상당한 공헌을 하였다고 볼 수 있다.

3. 행동과학적 리더십 이론

리더십을 이해하는 또 다른 방법은 성공적인 리더들이 어떠한 방식으로 행동하는가를 알아보기 위해 효과적인 리더의 행동과 비효과적인 리더의 행동을 비교하는 것이다. 연구의 초점이 효과적인 리더는 무엇인가를 결정하려고 시도하는 것에서, 무슨 일을 하는가를 결정하려고 시도하는 것으로 전환되었다.

특성적 접근방법과 행동과학적 접근방법 간의 이분법은 인간이 짐작하는 것만큼 분명한 것은 아니다. 리더의 특성은 리더십 행동 또는 유형에 아마도 영향을 줄 것이다. 여기서는 리더십에 관한 고전적인 행동과학적 이론들로 광범위하게 알려진 세 가지 연구, 즉 아이오와 대학교, 오하이오 주립대학교 그리고 미시간 대학교에 의해 행동과학적 접근방법으로 수행된 리더십에 관한 연구들을 살펴보기로 한다.

1) 아이오와 대학교의 리더십 연구

서로 다른 리더십 행동 유형이 집단에 미치는 영향에 관한 초기의 연구는 아이오와 대학교(Iowa University)에서 수행되었다(Lewin, Lippitt, & White, 1939: 271-299). 일련의 실험에서 연구자들은 하위자들의 태도와 생산성에 미치는 영향을 결정하기 위해 세 가지 리더십 유형을 조작하였다. 리더십은 실험 기간 동안에 여러 가지 의사결정 상황을 처리하는 리더십 유형에 따라 다음과 같은 세 가지 서로 다른 유형으로 분류되었다.

① 전제적 리더십(authoritarian leadership): 리더들은 매우 지시적이었고, 의사결정에 참여를 허용하지 않았다. 그들은 하위자들을 위해 작업 상황을 완벽하게 구조화하였다. 리더들은 완전한 권한을 가지고 있었으며, 과업의 시작에서부터 완료까지 완전한 책임을 떠맡았다.

② 민주적 리더십(democratic leadership): 리더들은 집단 토론과 의사결정을 촉

진하였다. 하위자들은 그들에게 영향을 미치는 조건들에 관한 정보를 제공받았으며, 그들의 아이디어를 표현하고 제안하도록 조장되었다.

③ 자유방임적 리더십(laissez-faire leadership): 리더들은 집단에 완전한 자유를 주었으며, 하위자들이 그들 스스로 결정하도록 내버려 두었다. 본질적으로 리더들은 리더십을 제공하지 않았다.

아이오와 대학교의 리더십 연구 결과를 요약하면 다음과 같다(Lewin, Lippitt, & White, 1939: 271-299).

- 세 가지 리더십 유형 중에서 하위자들은 민주적 유형을 가장 선호하였다. 오늘날 일반적인 경향은 참여적 관리 관행의 활용이 점차 확대되고 있다. 왜냐하면, 참여적 관리 관행이 현대 조직의 지원적이고 합의적인 모형과 일치되기 때문이다.
- 하위자들은 전제적 리더십 유형보다 자유방임형 리더십 유형을 선호하였다. 심지어 하위자들은 혼란을 경직성보다 훨씬 선호하였다.
- 전제적 리더들은 전제적 리더에 의해 야기된 좌절감에 대한 반동이라고 생각되는 공격적 행동 또는 무관심한 행동을 유발하였다.
- 리더십 유형이 전제적 유형에서 자유방임적 유형으로 변했을 때, 무관심한 행동은 공격적 행동으로 변했다. 즉, 자유방임적 리더가 더 많은 공격적 행동을 야기하였다.
- 생산성은 민주적 리더보다 전제적 리더 아래서 다소 높았으며, 자유방임적 리더 아래서 가장 낮았다.

이상과 같은 아이오와 대학교의 리더십 연구 결과에 대해 다른 행동과학 연구자들은 주로 방법론의 측면에서 상당한 비판을 하였다. 즉, 아이오와 대학교의 연구에서는 많은 변수들이 통제되지 않았다. 그럼에도 불구하고 이러한 리더십 연구들은 리더의 행동이 집단의 태도와 생산성에 미치는 영향을 결정하는 데 획기적인 사건으로서의 지위를 갖는다. 초기의 특성적 연구들과 마찬가지로 아이오와 대학교의 리더십 연구는 실험적으로 조잡하였기 때문에 종종 너무도 빨리 잊힌다. 요약하면, 아이오와 대학교의 연구는 리더십 행동의 탐구에 초점을 맞추도록 하였다는 점에서 중요하다. 더구나 그들은 대안적인 리더의 행동 유형을 기술하고 분류하기 위한 유용한 기반을 제공하였다. 사실 오늘날에도 50년 전에 아이오와 대학교의 연구자들에 의해 확인된 세 가지 리더십 유형이 교육행정 분야의 문헌과 실무자들 사이에서 공통적으로 사용되고 있다.

2) 오하이오 주립대학교의 리더십 연구

오하이오 주립대학교(Ohio State University)의 연구는 집단과 조직의 목적 달성에 중요한 리더의 행동을 확인하는 데 목적이 있었다. 특히, 연구자들은 다음과 같은 문제들에 대한 해답을 추구하였다. 즉, 리더들은 어떤 유형의 행동을 나타내는가? 이러한 리더의 행동은 작업집단의 성과와 만족감에 어떤 영향을 미치는가?

연구자들은 이러한 연구를 진행하는 동안에 서로 다른 유형의 집단과 상황에서 리더십을 연구하기 위해서 리더행동 기술 질문지(Leader Behavior Description Questionnaire: LBDQ)를 개발하여 사용하였다. LBDQ에 대한 집단의 반응은 요인분석(factor analysis)이라는 통계적 방법을 통해 처리하였다. 요인분석 방법으로부터 수많은 집단들과 상황에서 리더들의 행동을 특징지어 주는 두 가지 차원, 즉 구조 중심과 인간에 대한 배려 차원이 확인되었다(Hemphill & Coons, 1950).

① 구조 중심(initiating structure): 여기서 구조 중심이란 리더가 조직의 성과 목적에 직접적으로 초점을 맞추고, 과업을 조직하고 정의하며, 업무를 할당하고, 의사소통 통로를 확립하고, 하위자들과의 상호 관계를 도출하고, 작업 집단의 성과를 평가하는 정도를 의미한다. 구조 중심의 리더들은 구성원들에게 특정한 과업을 할당하고, 명확한 성과기준을 유지하며, 일정한 절차의 사용을 촉진하고, 구성원들에게 그들에게 기대되는 것이 무엇인지를 알게 하며, 구성

원들이 역량껏 작업하도록 하는 데 관심을 갖는다.

② 인간에 대한 배려(consideration): 여기서 인간에 대한 배려란 리더가 하위자들에게 보여 주는 신뢰, 존경, 따스함, 지지 및 복지에 대한 관심의 정도를 의미한다. 구성원들의 아이디어를 경청하는 데 관심을 표명하는 리더는 모든 구성원들을 친구처럼 동등하게 취급하며, 종종 고용인의 아이디어를 활용한다. 배려 차원의 점수가 높다는 것은 리더와 하위자 사이의 심리적 밀접함을 나타내는 것이다. 구조 중심 차원과 인간에 대한 배려 차원이 결합되면, [그림 13-2]와 같은 네 가지 리더십 행동이 나타나게 된다.

요약하면, 오하이오 주립대학교의 리더십 연구로부터 진화된 이차원적 리더십 행동이론은 리더십의 이론과 실제에 대해 광범위하게 수용되고 있는 기본적인 접근방법이다. 이 접근방법의 주요 가치는 리더십 행동의 이러한 두 차원이 실제적이고 관찰 가능한 리더의 행동의 상당 부분을 설명하고 있다는 점을 명백히 입증하고 있다는 것이다. 연구자들은 이러한 네 가지 리더십 유형이 하위자들의 성과와 만족감에 미치는 영향을 결정하기 위해 수많은 연구를 수행하였다. 연구 결과에 의하면, 높은 구조 중심과 높은 배려 중심의 리더십 행동([그림 13-2]의 II 상한)은 다른 세 가지 리더의 행동보다 높은 만족감과 성과를 초래하였다(Lunenburg & Ornstein, 1996: 128).

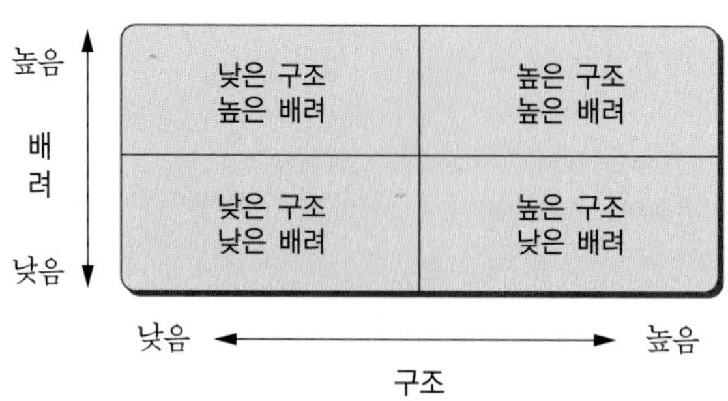

[그림 13-2] 오하이오 주립대학교의 리더십 연구

출처: Lunenburg, Fred C., & Ornstein, Allan C. (1996). *Educational Administration: Concepts and Practices* (2nd ed.). Belmont: Wadsworth Publishing Company, p. 128.

3) 미시간 대학교의 리더십 연구

오하이오 주립대학교의 리더십 연구가 진행되고 있는 시점에서 일련의 리더십 연구가 미시간 대학교(Michigan University)의 사회과학 연구소에서도 진행되고 있었다. 미시간 대학교의 연구자들은 효과적 또는 비효과적인 리더로 평정된 리더들을 확인하는 접근방법을 활용하여 효과적인 리더와 비효과적인 리더를 구별시켜 주는 일관된 행동 유형을 개발하기 위해 이러한 리더들의 행동을 연구하였다. 미시간 대학교의 연구는 오하이오 주립대학교의 리더십 연구의 구조 중심과 배려 중심 차원과 매우 유사한 두 가지 뚜렷한 리더십 행동을 확인하였다. 이 연구에서 확인된 두 가지 차원은 생산 중심 리더십(production-centered leadership)과 고용인 중심 리더십(employee-centered leadership)으로 명명되었다.

(1) 생산 중심 리더십

생산 중심 리더의 행동은 높은 구조 중심 리더의 행동과 매우 유사하다. 생산 중심 리더는 고용인들의 과업과 과업을 성취하기 위해 사용되는 방법을 강조한다. 또한 그들은 철저하게 작업기준을 설정하고, 세심하게 과업을 조직하며, 따라야 할 작업방법을 처방하고, 하위자들의 작업을 철저하게 감독한다.

(2) 고용인 중심 리더십

고용인 중심 리더의 행동은 높은 배려 중심 리더의 행동과 매우 유사하다. 고용인 중심 리더는 고용인들의 개인적 욕구와 대인관계의 개발을 강조한다. 또한 그들은 하위자들과 지지적인 관계를 유지하는 경향이 있으며, 개인적인 의사결정보다는 집단적인 의사결정을 사용하고, 하위자들이 높은 성과와 목적을 설정하고 성취하도록 촉진하며, 하위자들을 민감하고 사려 깊은 방식으로 대하려고 노력하는 경향이 있다.

수많은 연구들이 기업조직, 병원, 정부 및 다른 조직들을 대상으로 수행되었다. 초기의 연구 결과는 가장 생산적인 작업집단은 생산 중심 리더보다는 고용인 중심 리더를 가지고 있는 경향이 있다고 밝히고 있다. 그러나 후속 연구들은 최고의 생산 기록을 가진 리더들은 생산과 고용인 모두를 중시하였다고 결론을 내리고 있다. 따라서 미시간 대학교의 연구 결과는 완전히 일관성이 있는 것은 아니었다(Lunenburg & Ornstein, 1996: 129).

4. 상황중심 리더십 이론

모든 상황에 적용될 수 있는 유일 최선의 리더의 특성과 행동을 발견하려는 지금까지의 시도는 실패하였다. 오늘날 연구자들과 행정가들은 리더십의 실제는 너무 복잡하기 때문에 일련의 특성 또는 행동에 의해 나타낼 수 없다는 쪽으로 기울고 있다. 따라서 오늘날 효과적인 리더십 행동은 상황중심적이라는 생각이 훨씬 지배적이다.

리더십에 대한 상황중심 접근방법은 특성적 접근방법 또는 행동과학적 접근방법보다 훨씬 복잡하다. 상황중심이론에 따르면, 효과적인 리더십은 리더의 개인적 특성, 리더의 행동 및 리더십의 상황적 요인이라는 세 가지 요소의 상호작용에 달려 있다. 본질적으로 상황중심 접근방법은 효과적인 리더십은 어느 하나의 요인에 의해 설명될 수 없다는 명제에 기초하고 있다(Lunenburg & Ornstein, 1996: 130). 여기서는 지금까지 상당한 관심을 받아 온 F. Fiedler의 상황중심 리더십 이론(contingency leadership theory)과 R. House 등이 제시한 경로-목표 이론(path-goal theory)에 대해 살펴보기로 한다.

1) Fiedler의 상황중심 리더십 이론

Fiedler와 그의 동료들은 20년 이상을 상황중심 리더십 이론을 개발하고 정련하고 있다(Fiedler & Chemers, 1984). Fiedler의 상황중심이론에 따르면, 집단의 높은 성과를 성취함에 있어서 리더의 효과성은 리더의 동기체제와 리더가 상황을 통제

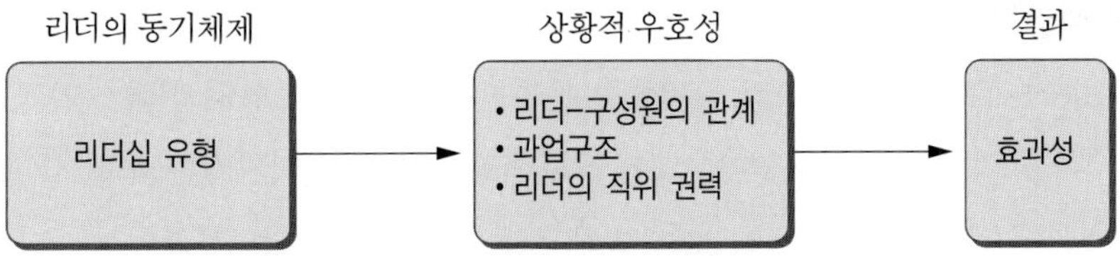

[그림 13-3] Fiedler의 상황중심이론의 주요 변수들의 관계

출처: Lunenburg, Fred C., & Ornstein, Allan C. (1996). *Educational Administration: Concepts and Practices* (2nd ed.). Belmont: Wadsworth Publishing Company, p. 132.

하고 영향력을 미치는 정도에 달려 있다. 여기서 세 가지 상황적 요인은 리더-구성원의 관계, 과업구조 및 리더의 직위 권력이다.

[그림 13-3]은 이러한 변수들 간의 상호 관계를 나타낸 것이다.

(1) 리더십 유형

Fiedler는 리더십 유형을 측정하기 위해 독특한 기법을 개발하였다. Fiedler(1967)는 리더십 유형을 분류하기 위하여 함께 일하기 가장 싫은 동료(Least Preferred Co-worker: LPC)라고 하는 16개로 구성된 의미 변별 척도를 개발하였다. 리더에게 이 의미 변별 척도지 위에 과거나 현재에 함께 일하기 가장 싫은 동료를 표시하도록 하여(리더와 함께 일을 잘할 수 없는 사람들에 대한 정서적인 반응을 통하여) 측정치를 얻었다. 즉, 측정치는 LPC 척도를 통해 획득하였다. 리더의 LPC 점수는 어떤 방식으로 해석될 수 있는가? Fiedler는 리더의 LPC 점수를 리더의 동기체제(motivational system) 또는 행동적 선호(behavioral preferences)를 반영하는 인성(personality)이라고 해석하였다. LPC 점수가 높은 리더들은 하위자들과 밀접한 대인관계를 유지하며, 그들에 대해 사려 깊고 지원적인 태도로써 행동하는 것을 기본적 목적으로 하고 있다. 반면에 LPC 점수가 낮은 리더들은 과업의 달성을 그들의 일차적인 목적으로 하고 있다. 따라서 높은 LPC 점수는 대인관계적 욕구를 가장 중시하는 관계 지향적(고용인 중심) 리더를 나타내는 반면에, 낮은 LPC 점수는 과업의 달성을 가장 중시하는 과업 지향적(생산 중심) 리더를 나타낸다(Lunenburg & Ornstein, 1996: 132).

(2) 상황적 우호성

Fiedler는 LPC 점수에 따라 리더들을 분류한 후에 어떤 유형의 리더가 가장 효과적인가를 규명하기 시작하였다. 그의 상황중심이론의 기본 전제는 어떤 상황에서는 LPC 점수가 높은 리더들이 보다 효과적일 것이며, 또 다른 상황에서는 LPC 점수가 낮은 리더들이 가장 효과적일 것이라는 점이다. 따라서 Fiedler는 리더십 유형과 효과성 간의 상호 관계는 여러 가지 상황요인에 따라 달라진다고 결론을 내리고 있다. 그는 리더-구성원의 관계, 과업구조 및 리더의 직위 권력을 세 가지 상황적 요인으로 보았다.

여기서 리더-구성원의 관계(leader-membership relations)는 리더와 집단 간의 상호 관계의 질을 의미한다. 이것은 하위자들이 리더를 존경하고 신뢰한다면, 리더는 과업을 달성함에 있어서 영향력을 행사하기가 훨씬 쉬울 것이라고 가정하는 것이다. 그리고 과업구조(task structure)는 하위자들의 과업의 본질이 일상적인 것(구조화된)이냐 또는 비일상적인 것(비구조화된)이냐를 의미한다. 수행되어야 할 과업이 고도로 구조화되어 있다면, 리더는 하위자들에게 상당한 영향력을 행사할 수 있을 것이다. 반면에 과업이 비구조화되어 있다면, 리더는 목적이 불분명하기 때문에 하위자들의 성과를 평가하기가 어려울 것이다. 끝으로, 직위 권력(position power)은 리더가 하위자들의 행동에 영향력을 미칠 수 있는 능력의 정도를 의미한다. 리더가 지닌 직위 권력이 많으면 많을수록 리더십 상황은 보다 우호적이다.

(3) 상황중심 모형

리더-구성원의 관계, 과업구조 및 직위 권력이 리더에 대한 상황적 우호성을 결정한다. Fiedler(1967)는 리더십 유형이 지닌 상황적 우호성이 효과성을 결정한다는 가설을 설정하고 검증하였다. 다음에 제시된 [그림 13-4]는 과업 지향적 리더들(task-motivated leaders)은 리더가 커다란 영향력을 가지고 있거나 또는 매우 적은 권력과 영향력을 가지고 있는 극단적인 상황에서 매우 효과적이었으며, 관계 지향적 리더들(relationship-motivated leaders)은 리더가 중간 정도의 권력과 영향력을 가지고 있을 때 가장 효과적이었다는 연구의 일반적인 결론을 제시한 것이다.

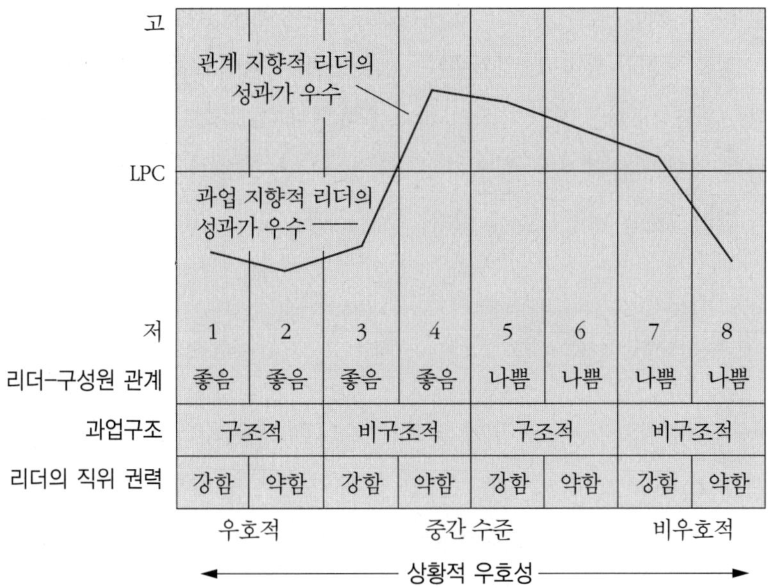

[그림 13-4] 상황중심 모형

출처: Fred E. Fiedler & Martin M. Chemers(1974). *Leadership and Effective Management*, p. 80; Lunenburg, Fred C., & Ornstein, Allan C. (1996). *Educational Administration: Concepts and Practices* (2nd ed.). Belmont: Wadsworth Publishing Company, p. 135 재인용.

Fiedler의 상황중심 모형(contingency model)은 상당히 많은 연구를 촉진하였다. 연구 결과는 혼합적이었다. 대부분의 연구는 이 이론을 지지하였다(Rice, 1981: 288-294). 그러나 이 모형은 몇 가지 중요한 비판을 받아 왔다. 비판자들은 과업 지향적 유형에 대한 Fiedler의 선호는 Likert(1961)의 연구 결과와 정반대라고 주장했다. 또한 LPC 측정치 자체도 조직 상황에서 그것의 실제적 적용이라는 측면에서 비판을 받아 왔다. 이러한 비판이 있음에도 불구하고, Fiedler의 상황중심 모형은 다음과 같은 몇 가지 이유에서 리더십 연구에 커다란 공헌을 하였다(Lunenburg & Ornstein, 1996: 136). 첫째, 상황중심 모형은 상황(사람, 과업, 조직)을 검토하는 최초의 리더십 접근방법 중의 하나였다. 둘째, 이 이론은 리더십이 좋은 것 또는 나쁜 것이라고 생각되어서는 안 된다는 점을 시사한다. 대신에 보다 현실적인 접근방법은 행정가들의 리더십 유형을 어떤 상황에서는 효과적이고 또 다른 상황에서는 비효과적이라고 보는 것이다. 끝으로, 리더십은 리더십 유형과 조직 내의 상황적 차원 간의 상호작용의 함수다. 이와 같은 상호 관계는 적어도 두 가지 시사점을 가지고 있다. 즉, 리더들은 그들 자신의 리더십 유형에 적합하도록 상황을 수정함으로써 그들의 효과성을 개선할 수 있다. 또한 리더들은 그들의 리더십 유형을 상황과 보다 잘 결합되도록 변경시킬 수 있다.

2) 경로-목표 이론

상황중심 리더십 이론으로 널리 알려진 또 다른 것은 리더십 효과성의 경로-목표 이론(path-goal theory)이다. 경로-목표 이론은 동기부여에 대한 기대이론(expectancy theory of motivation)에 근거하고 있으며, 하위자들의 목표에 대한 리더의 영향과 목표를 성취하는 경로를 강조한다. 리더는 목표에 도달하는 하위자들의 능력, 목표 달성과 관련된 보상 및 목표의 중요성에 대해 영향력을 행사한다.

일반적으로 오늘날의 경로-목표 이론의 발전은 M. Evans, R. House 및 그의 동료들로부터 기인하고 있다(Evans, 1970; House, 1971; House & Dessler, 1974). 본질적으로 경로-목표 이론은 하위자들과 작업 환경에 의해 중개되는 그들의 동기부여, 만족감, 노력 및 성과에 대한 리더십 행동의 영향을 설명하려고 시도한다.

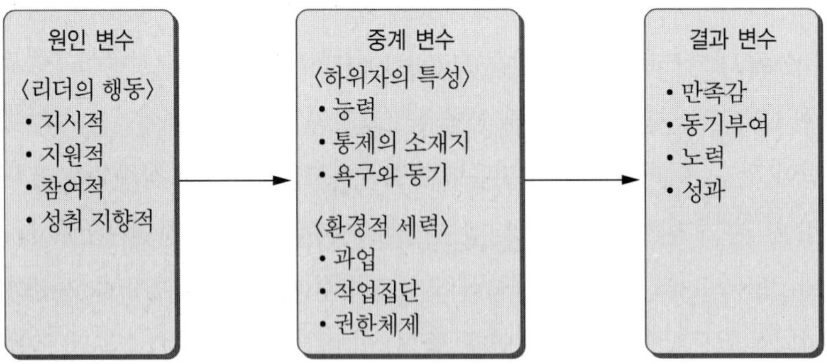

[그림 13-5] 경로-목표 이론의 주요 변수들의 관계

출처: Lunenburg, Fred C., & Ornstein, Allan C. (1996). *Educational Administration: Concepts and Practices* (2nd ed.). Belmont: Wadsworth Publishing Company, p. 139.

[그림 13-5]는 리더십 효과성에 관한 경로-목표 이론의 주요 변수 간의 상호 관계를 나타낸다.

(1) 리더의 행동

House의 경로-목표 모형은 다음과 같이 뚜렷한 네 가지 유형의 리더 행동으로 구성되어 있다(Lunenburg & Ornstein, 1996: 136).

① 지시적 리더십: 지시적 리더는 하위자들에게 그들에게 기대되는 것이 무엇인지를 알려 주며, 해야 할 일이 무엇이고, 그것을 어떤 방법으로 해야 하는지에 관한 구체적인 지침을 제공하며, 성과기준을 설정하고, 하위자들이 표준적인 규칙과 절차를 따르도록 요구하며, 업무를 계획하고 조정하며, 집단의 리더로서의 그의 역할을 설명한다. 지시적 리더십은 오하이오 주립대학교의 연구자들이 제시한 구조 중심 차원과 유사하다.
② 지원적 리더십: 지원적 리더는 친구처럼 접근 가능하고 하위자들의 욕구, 지위 및 복지에 관심을 가지고 있다. 지원적 리더는 작업 환경을 보다 유쾌하고 즐겁게 만들기 위해 하위자들을 동등하게 취급한다. 이러한 리더십 유형은 오하이오 주립대학교 연구자들이 배려 중심 차원이라고 명명한 것과 유사하다.
③ 참여적 리더십: 참여적 리더는 하위자들과 함께 작업과 관련된 문제들을 협의하며, 그들에게 의견을 요청하고, 종종 의사결정에서 하위자들의 아이디어를 활용하려고 시도한다.
④ 성취 지향적 리더십: 성취 지향적 리더는 하위자들을 위해 도전적인 목적을 설정하며, 성과의 수월성을 강조하고, 높은 수준의 성과를 달성하기 위해 하위자들의 능력에 신뢰를 표명한다.

경로-목표 이론을 활용한 수많은 연구들은 동일한 리더가 다양한 상황에서 이러한 네 가지 유형의 리더십을 나타낼 수 있음을 제시하고 있다. 리더십 행동을 단일 차원으로 간주하는 Fiedler의 상황중심 모형과는 다르게 경로-목표 이론은 리더십 행동을 상대적으로 융통성이 있는 것으로 간주한다.

(2) 상황 요인

각각의 리더의 행동 유형은 어떤 상황에서는 효과적으로 작용하지만 또 다른 상황에서는 그렇지 못하다. 두 가지 상황적 요인이 리더의 행동과 하위자의 산출물 간의 상호 관계를 중개한다. 두 가지 상황 변수는 하위자들의 특성과 환경적 세력이다.

하위자들의 특성과 관련해서 경로-목표 이론은 리더십 행동은 하위자들이 그와 같은 행동을 직접적인 만족의 원천 또는 미래의 만족을 위한 도구로서 보는 정도에 따라 하위자들에게 수용될 것이라고 주장한다(House & Baetz, 1990). 하위자들의 특성이 그들이 리더의 행동을 수용하고 만족스러운 것으로 지각하는 정도를 부분적으로 결정하는 것으로 보았다. House와 Baetz(1990)는 하위자들의 특성을 다음의 세 가지로 파악하였다.

① 능력(ability): 하위자들의 중요한 개인적 특성은 과업 수행에 대한 자신의 능력에 대한 자각이다. 예를 들면, 자신의 과업 수행 능력이 낮다고 느끼는 하위자들은 지시적 리더십을 높이 평가하는 반면에, 과업 수행 능력이 충분히 있다고 느끼는 하위자들은 지시적 리더십이 불필요하다는 것을 발견하게 될 것이다.

② 통제의 소재지(locus of control): 통제의 소재지는 개인이 환경을 그의 행동에 체계적으로 반응하는 것으로 보는 정도를 의미한다. 내부에 통제의 소재지를 가지고 있는 개인은 산출물이 그 자신의 행동의 함수라고 믿는다. 반면에 외부에 통제의 소재지가 있는 개인은 산출물이 행운 또는 우연의 함수라고 믿는다. 내부에 통제의 소재지를 가지고 있는 사람은 참여적 리더십에 보다 큰 만족을 느끼는 반면에, 외부에 통제의 소재지를 가지고 있는 사람은 지시적 리더십에 더 큰 만족을 느낀다(Lunenburg & Ornstein, 1996: 137).

③ 욕구와 동기(needs & motives): 하위자들의 지배적인 욕구, 동기 및 인성적 특

성은 대안적 리더십 유형에 대한 그의 수용과 만족감에 영향을 미칠 것이다. 예를 들면, 안전에 대한 높은 욕구를 가진 사람들은 지시적 리더십에 더 큰 만족을 느끼는 반면에, 자율, 책임감 및 자아실현에 대해 높은 욕구를 가진 사람들은 아마도 참여적 리더십에 의해 더 많이 동기부여가 될 것이다.

반면에 경로-목표 이론에서 상황적 요인, 즉 환경적 세력에는 다음과 같은 세 가지가 포함되어 있다(House & Baetz, 1990).

① 과업(tasks): 하위자들의 산출물에 미치는 리더의 행동의 효과를 중개하는 중요한 환경적 세력은 하위자들의 과업이다. 일반적으로 연구자들은 과업을 고도로 구조화되었느냐 또는 고도로 비구조화되었느냐로 분류해 왔다. 일부 연구 결과에 의하면, 지원적 리더십과 참여적 리더십은 고도로 구조화된 과업에서 하위자들의 만족감을 보다 증가시킬 가능성이 있다는 증거를 제시하고 있다(Lunenburg & Ornstein, 1996: 138).
② 작업 집단(work group): 작업집단의 특성 역시 특정한 리더십 유형에 대한 하위자들의 수용에 영향을 미칠 것이다.
③ 공식적 권한체제(formal authority system): 마지막 환경적 세력은 과업의 성과를 제어하는 규칙, 규정, 정책 및 절차, 높은 스트레스 상황, 고도의 불확실한 상황과 같은 문제에 관한 것이다.

지금까지 설명한 경로-목표 이론에 관한 연구 결과들은 이 이론이 이용 가능하다는 증거를 제시하고 있다. 그러나 이 모형에는 많은 변수들이 존재하기 때문에 동시에 모든 가능한 상호 관계를 검증하는 일은 어려움이 있다. 일반적으로 경로-목표 이론은 성과를 예측하기보다는 하위자들의 동기부여와 만족감을 예측하는 데 보다 효과적인 것으로 나타나고 있다(Lunenburg & Ornstein, 1996: 138).

5. 변혁적 리더십 이론

변혁적 리더십 접근법(transformational leadership approach)은 1980년대 초부터 많은 연구의 초점이 되고 있는 비교적 최근의 리더십 접근법 중의 하나다. 변혁적 리더십이 리더십의 중요한 접근법으로서 등장하게 된 것은 정치사회학자인 J. M. Burns의 고전적 저서인 『리더십(Leadership)』(1978)을 시초로 한다. Burns는 그의 저서에서 리더와 부하 직원의 역할을 연결시키려고 시도하였다. Burns(1978: 18)에 의하면, 리더란 부하 직원과 리더의 목표에 보다 효과적으로 도달할 수 있도록 부하의 동기를 자극하는 사람이며, 리더십은 권력을 휘두르거나 그것을 행사하는 것과는 매우 다르다. 왜냐하면, 리더십은 부하의 필요와 욕구를 충족시켜 주는 것을 떠나서는 결코 생각할 수 없기 때문이다. 변혁적 리더십은 부하의 도덕적 가치에 호소함으로써 윤리적 쟁점에 대한 인식을 높이며, 조직을 개혁할 활력과 자원을 동원한다(Yukl, 2002: 241). 따라서 변혁적 리더는 부하들의 동기와 욕구에 관심을 기울이며, 부하들이 그들의 능력을 최대한 발휘할 수 있도록 도와주는 데 노력을 기울인다. M. Gandhi는 변혁적 리더십의 전형으로 수많은 국민들의 요구와 희망의 수준을 드높였으며, 그 과정에서 자기 자신을 변화시켜 나갔다.

여기서는 변혁적 리더십의 개념, 변혁적 리더십 모형 및 변혁적 리더십 이론의 공헌과 한계를 살펴보기로 한다.

1) 변혁적 리더십의 개념

변혁적 리더십이란 리더가 부하들과 함께 자신과 부하 양쪽 모두의 동기 유발 수준과 도덕 수준을 높이는 관계를 창조해 가는 과정이다(Northouse, 2007: 176). 변혁적 리더십은 그 이름이 의미하는 것처럼 부하의 가치관, 윤리, 행동 규범 및 장기적 목표 등을 바꾸어 줌으로써 개인을 변화시키고 변혁시키는 과정이다. 변혁적 리더십의 과정에는 부하 직원의 동기를 평가하고, 그들의 욕구를 충족시키며, 부하 직원을 완전한 인격체로 대우하는 것이 포함된다. 따라서 변혁적 리더십은 부하 직원에 대한 일대일 수준에서의 제한적인 영향력 행사에서부터 조직 전체 수준이나 문화 전체에 대한 영향력 행사의 매우 광범위한 시도에 이르기까지 리더십의 폭넓은 범위를 포괄하고 있다. 변화와 변혁을 촉진하는 과정에서 중추적 역할을 하는 것은 변혁적 리더이지만, 변화의 실천과정에서 리더와 부하 직원 간의 빈틈없는 결속이 항상 요구된다.

변혁적 리더는 조직이 성취해 나아가야 할 사명이나 비전을 정확히 인식하고, 조직 구성원의 능력과 잠재력을 높은 수준으로 계발하고, 개인적 이익을 초월하여 공동 이익을 지향하도록 동기화하는 리더를 의미한다. 일반적으로 변혁적 리더는 다음과 같은 역할을 수행한다.

- 구성원들에게 변화의 필요성을 명백히 한다.
- 새로운 비전을 창출하고, 구성원들이 이러한 비전에 헌신하도록 한다.
- 장기적인 목적에 집중한다.
- 구성원들이 개인적 이익을 초월하여 보다 높은 수준의 목적을 추구하도록 격려한다.
- 현재 상태에서 일하기보다는 비전을 수용하도록 조직을 변화시킨다.
- 구성원들이 자신과 타인의 발전에 대해 보다 큰 책임감을 갖게 하고, 리더와 변화 담당자(change agent)로 성장하도록 촉진하여 궁극적으로 그들이 조직을 변화시키도록 한다(Hoy & Miskel, 2001: 414).

요약하면, 변혁적 리더십이란 구성원의 성장 욕구를 자극하여 동기화함으로써 구성원의 태도와 신념을 변화시켜 자신감을 갖게 하고, 더 많은 노력과 헌신을 이끌어 내어 기대 이상의 성과를 달성하게 하는 리더십을 의미한다.

2) 변혁적 리더십 모형

1980년대 중반에 B. M. Bass(1985)는 Burns(1978)와 House(1976)의 선행연구에 기초하여 변혁적 리더십을 보다 확장하고, 리더의 욕구보다는 부하 직원의 욕구에 더 많은 주의를 기울임으로써 성과가 바람직하지 못한 상황에 변혁적 리더십이 적용될 수 있다는 것을 제안하였다. Bass(1985)는 변혁적 리더십은 다음과 같은 것들을 행함으로써 부하 직원들로 하여금 기대 이상의 업적을 올리도록 한다고 주장하였다. 즉, 변혁적 리더는 ① 특정한 이상적인 목표의 가치와 중요성에 대한 부하 직원들의 의식 수준을 끌어올리고, ② 부하 직원들이 자신들의 조직과 그들이 소속된 팀을 위해서 자신들의 이익을 초월하도록 만들며, ③ 부하 직원들이 보다 높은 수준의 욕구에 관심을 기울이도록 유도한다(Yukl, 2002: 253 재인용).

Bass(1985, 1990)가 제시한 변혁적 리더십 모형은 다음과 같은 네 가지 요인들로 구성되어 있다.

(1) 이상적 영향력

요인 1은 '카리스마(charisma)' 또는 '이상적 영향력(idealized influence)'이라고 불린다. 이는 부하 직원들에게 강력한 역할모델이 되고 있는 리더들을 가리킨다. 부하 직원들은 그러한 리더들과 동일시하고 그들의 행동을 본받으려고 한다. 이러한 리더들은 보통 매우 높은 도덕적·윤리적 행동 기준을 가지고 있으며, 항상 올바른 일을 하는 것으로 간주되며, 부하 직원들에게 비전과 사명감을 심어 준다. 부하 직원들은 그들의 리더에 대해 강한 신뢰를 하고 있기 때문에 리더들은 부하 직원들로부터 깊은 존경을 받고 있다. 본질적으로 카리스마 요인은 다른 사람들로 하여금 리더 자신이 제시한 비전을 따르도록 만드는 특별한 능력을 가진 사람을 설명하는 데 사용된다. 카리스마 요인을 지닌 리더의 실례는 Nelson Mandela를 들 수 있을 것이다. 그의 카리스마적 자질과 그에 대한 국민들의 호응은 결국 국가 전체를 변혁시키는 결과를 초래한 것이다.

(2) 영감적 동기부여

요인 2는 '감화(inspiration)' 또는 '영감적 동기부여(inspirational motivation)'라 부른다. 이 요인은 부하 직원들에게 높은 기대를 표현하며, 조직 구성원들 간에 공유된 비전을 실현하는 데 최선을 다하도록 동기 유발을 통해 부하 직원들의 의욕을 끊임없이 고무시키는 리더를 묘사하는 말이다. 사실상 리더는 부하 직원들이 그들 각자의 이익 추구를 뛰어넘어 집단 구성원으로서의 노력을 집단의 목표 달성에 초점을 맞추도록 하기 위해 때로는 정서적인 호소를 하거나 상징적인 행동을 한다. 팀 정신(team spirit)은 이와 같은 유형의 리더십에 의해 증진된다.

(3) 지적 자극

요인 3은 '지적 자극(intellectual stimulation)'을 가리키는 말이다. 부하 직원들의 창의성과 혁신성을 자극하고, 그들 자신의 신념과 가치뿐만 아니라 리더와 조직의 신념과 가치까지도 새롭게 바꿔 나가려고 노력하는 리더십이 이에 속한다. 이와 같은 유형의 리더십은 부하 직원들이 조직의 문제점을 다루는 데 있어서 혁신적인 방법을 개발하도록 하고 새로운 접근을 시도하도록 부하 직원들을 지원한다. 또한 부하 직원들로 하여금 그들 스스로 판단하고, 보다 신중히 문제해결에 임하도록 만든다. 이와 같은 리더십 유형의 전형적인 사례는 생산 지연의 문제점을 해결하기 위해 자신만의 독특한 방법을 개발하여 생산적 근로자의 개인적 노력을 부추기는 공장장의 예에서 찾을 수 있다.

(4) 개별화된 배려

요인 4는 '개별화된 배려(individualized consideration)'라고 부른다. 이 요인은 부하 직원들의 개인적인 욕구에도 세심한 관심을 기울이고 지원적 분위기를 조성하려는 리더들의 대표적인 특성이다. 이들 리더는 부하 직원들이 자기가 맡은 일에 완전히 익숙해지도록 돕는 동안, 코치와 조언자로서의 역할을 수행한다. 또한 이들은 부하 직원들이 도전을 받아 성장해 가도록 돕기 위한 수단으로서 권한 위임을 활용하기도 한다. 이러한 리더십을 발휘하는 리더는 부하 직원들에게 매우 구조적이고 구체적인 지시를 내리는 반면, 어떤 부하 직원들과는 강한 우호적 관계를 맺기도 한다(Northouse, 2007: 181-184).

변혁적 리더십은 부하 직원들의 업적과 관련되어 있으며, 부하 직원들이 가진 잠재력을 최대한 계발하는 것과도 관련되어 있다(Bass & Avolio, 1990). 변혁적 리더십을 발휘하는 리더는 대부분 강한 일련의 내적 가치관과 이상을 가지고 있으며, 부하 직원들이 그들 자신의 이익보다는 먼저 공동체의 이익을 위해 행동하도록 효과적으로 동기부여하는 사람들이다(Kuhnert, 1994).

변혁적 리더가 보통 취하는 행동은 다음과 같다. 즉, 변혁적 리더는 부하 직원들에게 권한을 위임해 주고, 변화과정에서 부하 직원들의 능력을 키워 나가려고 한다. 리더들은 구성원들의 공익 의식을 높이고 다른 사람들을 위하여 그들 자신의 이익을 초월할 수 있도록 하기 위해 노력한다. 또한 변화를 이룩하기 위해 스스로가 부하 직원들에게 강력한 역할모델이 된다. 그들은 고도의 도덕적 가치를 개발하고 자기 결정적 정체성(self-determined identity)을 가지고 있다(Avolio & Gibbons, 1988; Northouse, 2007: 190). 또한 그들은 자신감에 차 있고 유능하며 논리 정연할 뿐만 아니라, 뚜렷한 이상을 설득력 있는 말로 표현하기도 한다. 그리고 부하 직원들의 말에 귀를 기울이며 반대 의견에 대해서도 비교적 개방적이다. 그래서 리더와 부하 직원 사이에는 빈번히 협력적인 분위기가 조성된다. 한편 부하 직원들은 변혁적 리더에게 뒤지지 않으려 하고 그들을 본받으려고 노력한다. 왜냐하면, 그들은 변혁적 리더를 신뢰하게 되었고, 자신들의 리더가 내세우고 있는 아이디어를 실현 가능한 것으로 믿기 때문이다.

변혁적 리더가 비전을 제시하는 것은 일반적인 현상이다. 비전은 변혁적 리더십의 초점이다. 비전은 리더와 조직이 나아갈 방향을 안내하는 '개념적 지도'를 제공하고 의미를 부여하며 조직의 정체성을 명백히 하기 때문이다. 더욱이 비전은 조직 내부의 정체성뿐만 아니라 자기효능감을 갖게 한다(Shamir, House, & Arther, 1993; Northouse, 2007: 190).

변혁적 리더는 또한 조직 내에서 새로운 방향을 제시하고 그것을 실행하는 변화 담당자로서의 역할을 수행한다. 그들은 조직 외부로부터 오는 위협에 대해 주의를 기울일 뿐만 아니라 조직 내부의 반대 의견에도 귀를 기울인다. 이들 변혁적 리더는 부하 직원들이 리더와 일치하지 않는 의견이나 관점 및 문제점을 말하도록 부추김으로써 자신들 스스로를 불안정한 상태에 빠뜨리기도 한다. 이들은 불확실성을 뛰어넘어 변화를 창출해 내는 사람들이다.

리더십의 변혁적 접근은 또한 리더들로 하여금 사회적 건축가(social architects)가 되도록 요구한다. 그것은 리더가 조직의 새로운 가치와 규범을 명확히 해야 함을 의미한다. 변혁적 리더는 조직의 문화에 영향을 미치고, 조직문화의 의미를 구체화하도록 돕는다. 이들 변혁적 리더는 조직 내에 존재하는 공유된 의미를 조직을 위해 해석하고 구체화하는 데 앞장서 나간다.

Yukl(2002: 263-266)은 변혁적 리더십의 행사와 관련하여 다음과 같은 지침을 제시하였다.

- 뚜렷하고 호소력 있는 비전을 분명히 설명한다.
- 비전을 어떤 방법으로 달성할 수 있는지를 설명한다.
- 자신감을 갖고 낙천적으로 행동한다.
- 추종자들에게 신뢰감을 보인다.
- 중요한 가치를 강조하기 위해서 극적이고 상징적인 행동을 한다.
- 실질적인 예를 들어서 지도한다.
- 구성원들이 비전을 달성하도록 권한을 부여한다.

3) 변혁적 리더십 이론의 공헌과 한계

변혁적 리더십 이론은 리더십 과정의 여러 가지 측면과 차원을 포괄하는 광범위한 시각에 기초하고 있다. 이러한 변혁적 리더십 이론은 리더십 이론의 발전에 많은 공헌을 하였지만, 일정한 한계를 가지고 있다. 따라서 먼저 변혁적 리더십에 관련된 장점을 중심으로 공헌을 살펴보면 다음과 같다(Northouse, 2007: 191-192).

첫째, 변혁적 리더십은 다양한 시각에서 광범위하게 연구되었고, 대규모 조직의 저명한 리더들과 CEO들을 대상으로 하는 일련의 정성적(qualitative) 연구들을 포함하고 있다는 점이다. 또한 1970년대에 처음 소개된 이래 많은 리더십 연구 문헌의 초점이 되어 왔다.

둘째, 변혁적 리더는 직관적 호소력(intuitive appeal)을 가지고 있다. 변혁적 시각은 리더가 어떻게 선두에서 변화를 주장하고 옹호하는가를 설명하고 있다. 그리고 이러한 변혁적 개념은 리더십의 의미에 대한 사회의 일반적 통념과도 일치한다. 사람들이 변혁적 리더십에 대해 매력을 느끼는 것은 그들이 변혁적 리더십을 의미 있는 것으로 이해하기 때문일 것이다. 리더가 미래에 대한 비전을 제공한다는 것은 매력적인 일이 아닐 수 없다.

셋째, 변혁적 리더십은 리더십을 부하 직원들과 리더 사이에서 일어나는 과정으로 간주한다. 이 과정은 부하 직원의 욕구와 모두를 결합하는 과정이기 때문에 리더십은 리더 혼자만의 책임이라기보다는 리더와 부하 직원 간의 상호작용으로부터 비롯되는 현상이라고 할 수 있다. 다른 사람들의 욕구는 변혁적 리더에게 중심적인 관심의 대상인 것이다. 그 결과, 리더십 과정에서 부하 직원들은 상대적으로 더 중요한 위치를 차지한다.

넷째, 변혁적 접근법은 다른 리더십 모형을 확대한 보다 폭넓은 리더십의 관점을 제시하고 있다. 많은 리더십 모형들이 부하 직원들이 목표를 달성하면 리더는 거기에 대해 보상을 제공하는 식의 교환 관계, 즉 거래과정에 주로 초점을 맞추고 있는 반면, 변혁적 접근법은 보상의 교환뿐만 아니라 부하 직원들의 욕구와 성장에 대해서도 주의를 기울이는 '리더십의 확대된 모습'을 제공하고 있다(Bass, 1985).

마지막으로, 변혁적 리더십은 부하 직원들의 욕구와 가치관 그리고 도덕성을 강조한다. Burns(1978)는 변혁적 리더십은 구성원들로 하여금 보다 높은 수준의 도덕적 책임감을 갖도록 하기 위한 리더의 노력을 수반한다고 주장하였다. 이러한 유형의 리더십에는 자기 자신의 이익을 초월하여 팀과 조직 그리고 지역공동체의 이익을 위할 수 있도록 부하 직원들을 동기 유발하려는 노력이 포함된다(Shamir, House, & Arthur, 1993). 그래서 변혁적 리더십은 본질적으로 '도덕 수준의 향상'을 위한 노력인 것이다. 변혁적 리더십이 도덕적 측면을 포괄하고 있다는 점에서 리더십의 다른 접근법들과 구별된다. 이와 같이 리더십의 도덕적 측면을 강조하게 되면, 독재자들에 의한 강제적 권력의 사용은 리더십의 모델로 인정될 수 없는 것이다.

한편, 변혁적 리더십은 다음과 같은 약점으로 인해 비판을 받고 있기 때문에 일정한 한계가 있다(Northouse, 2007: 192-194). 첫 번째로, 변혁적 리더십은 개념적 명확성이 부족하다는 것이다. 변혁적 리더십은 비전 만들기, 동기부여하기, 변화 담당자 되기, 신뢰 구축 및 육성하기 그리고 사회적 건축가로서 활동하기 등 리더십의 매우 폭넓은 범위를 포괄하고 있기 때문에 변수를 명확하게 한정하기가 곤란하다.

두 번째로, 변혁적 리더십이 갖는 또 다른 비판은 변혁적 리더십이 정도의 문제(matter of degree)가 아닌 '이것 아니면 저것(either-or)' 식의 접근으로 너무 단순하게 해석되고 있다는 것이다.

세 번째로, 변혁적 리더십은 리더십 자체를 훈련될 수 있는 행동이라기보다는 개인의 성격 특성과 같은 개인적 성향으로 다룬다는 것이다(Bryman, 1992: 100-102). 예를 들어, '비전 만들기'가 부하 직원들의 자발적 참여와 개입의 정도에 달려 있음에도 불구하고, 변혁적 리더는 환상을 좇는 사람으로 비쳐지는 경향이 있다. 뿐만 아니라 그들을 다른 사람들을 변혁시키는 특별한 자질을 가진 사람으로 보는 경향도 있다. 이러한 이미지들이 변혁적 리더십을 성격 특성적(trait characterization)으로 보이게 만들었다. 만약 변혁적 리더십이 성격 특성이라면 리더십 훈련을 시킨다는 것은 더 큰 문제가 아닐 수 없다. 왜냐하면, 사람에게 자신의 성격을 바꾸는 방법을 가르친다는 것은 힘든 일이기 때문이다.

네 번째로, 변혁적 리더십이 선택된 엘리트만의 것이고 반민주적이라는 주장이다(Bass & Avolio, 1993). 변혁적 리더는 종종 변화를 창조하는 데 직접적인 역할을 하고 비전을 만들어 내며 새로운 방향을 지향한다. 이와 같은 점이 변혁적 접근법에서의 리더를 부하 직원들과는 별개로 독립적으로 행동한다고 보게 만들었으며, 부하 직원들의 필요를 고려하지 않는다는 인상을 주기도 한다.

다섯 번째로, 변혁적 리더십 접근법이 기본적으로 조직의 고위 계층의 직위에서 일하는 리더로부터 수집된 정성적 자료(qualitative data)에 의존한다는 것이다. 많은 연구 결과가 나올 때까지 변혁적 리더십이 어떻게 하위 계층의 리더들에게 적용될 수 있겠는가에 대한 의문이 여전히 남게 될 것이다.

여섯 번째로, 변혁적 리더십에 대한 마지막 비판은 변혁적 리더십의 남용 가능성이다. 변혁적 리더십은 사람들의 가치관을 변화시키고 새로운 비전으로 그들을 이끌어 가는 것과 관련이 있다. 그러나 그 새로운 방향이 바람직하고 보다 긍정적인지에 대한 결정은 누가 할 것인가? 새로운 비전이 더 좋은 것이라는 결정은 누가 하는가? 만약 리더가 부하 직원들에게 가르치려는 가치관이 더 좋은 가치관이 아니라면, 그리고 만약 일련의 가치관이 종전의 가치관을 보완할 수 있는 것이 아니라면, 그 리더십은 다시금 도전을 받게 될 것이다.

지금까지 살펴본 변혁적 리더십은 일반적으로 리더들이 조직에서 중요한 변화를 어떻게 시작하고 전개하며 시행해 가는가를 설명하고 있다. 변혁적 리더십은 리더들에게 무엇을 하라고 말해 주는 모형이라기보다는 변혁을 하거나 변혁적 상황에서 업무를 수행하는 리더들의 전형적 특성이 무엇인가에 대한 일반화된 내용을 제공한다. 즉, 변혁적 리더십은 새로운 아이디어의 개발, 영감적 동기 유발, 혁신 그리고 개별화된 배려를 강조하는 리더십에 대한 일반적인 사고방식을 제시하고 있으며, 리더로 하여금 자신의 행동이 부하 직원들의 요구와 어떻게 관련되어 있는가를 알아차리기 위해 노력할 것을 요구하고 있다. 이러한 변혁적 리더십은 상황중심이론이나 상황적 리더십과 같은 다른 접근법들과는 달리, 성공하기 위해 리더가 특정한 상황에서 어떻게 해야 하는가에 대해 명확하게 정해진 가정을 제공하지 못하고 있다.

변혁적 리더십 이론과 관련된 연구 결과에 의하면, 변혁적 리더는 부하 직원들이 자신들에게 보통 기대되는 것보다 더 많은 것을 달성하도록 만든다. 또한 부하 직원들은 자신들이 속한 조직이나 집단의 이익을 위해 개인적인 이익을 초월하려는 의지를 갖게 된다(Bass & Avolio, 1990; Northouse, 2007: 184). 일반적으로 변혁적 리더십 이론과 관련된 경험적 연구들은 이 이론을 지지해 왔지만, 리더의 행동과 부하 직원의 수행 간에 발견된 긍정적 관계를 설명하는 배후의 영향력 과정을 검토한 연구는 거의 없다(Yukl, 2002: 267). 따라서 상이한 유형의 변혁적 행동에 관련되는 조건과 배후의 영향력 과정을 파악하기 위해서는 더 많은 연구가 이루어져야 한다.

6. 리더십의 유형

고전적인 리더십 연구들(특성적 접근과 행동과학적 접근)과 상황중심 리더십 이론들은 모두 인적자원을 관리함에 있어서 리더가 활용하는 유형에 대해 직접적인 시사점을 가지고 있다. 여기서 유형(style)이라는 용어는 리더가 하위자들에게 영향력을 행사하는 방식과 대체로 상응하는 것이다(Lunenburg & Ornstein, 1996: 139). 다음에서는 리더십의 유형을 직접적으로 다루고 있는 가장 최근의 대표적인 접근방법에 대해 살펴보기로 한다.

1) 리더십 유형의 연속선

R. Tannenbaum과 W. Schmidt(1973: 162-180)는 초기의 특성적 연구와 행동과

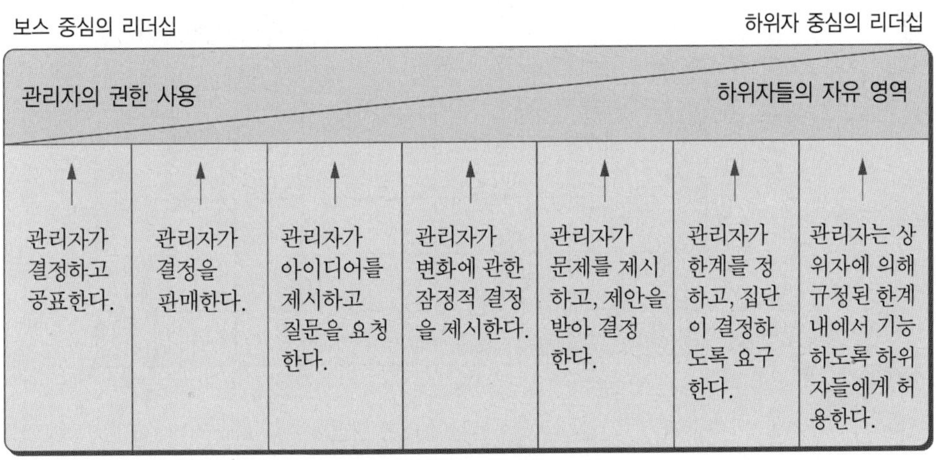

[그림 13-6] 리더십 유형의 연속선

출처: Tannenbaum, Robert & Schmidt, Warren(1973). How to Choose a Leadership Pattern. *Harvard Business Review, 51*, p. 167.

학적 연구에서 확인된 리더십에 관한 두 가지 유형을 정교화하였다. 그들은 한쪽 끝에는 보스 중심의 리더십(boss-centered leadership)이, 다른 쪽 끝에는 하위자 중심의 리더십(subordinate-centered leadership)이 있는 연속선을 생각하였다. 이러한 양극단의 사이에는 관리적 권한(managerial authority)과 하위자들의 자유(subordinate freedom)가 다양한 형태로 결합되는 것을 대표적으로 나타내는 다섯 점들이 있다. [그림 13-6]은 이러한 리더십 유형의 연속선의 개념을 제시한 것이다.

2) 리더십 그리드 유형

R. R. Blake와 J. S. Mouton(1964, 1985)은 리더십 훈련 세미나를 발전시키는 동안 관리망(managerial grid)을 개발하여 지도성 유형을 새롭게 개념화하였다. 관리망 연구는 다른 리더십 유형과 마찬가지로 생산에 대한 관심과 인간에 대한 관심이

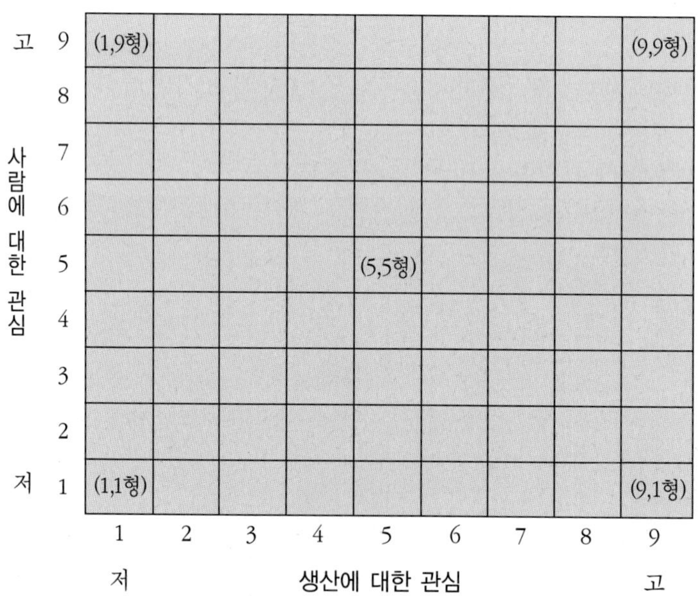

[그림 13-7] 관리망

출처: Robert R. Blake & Jane S. Mouton(1964). *The Managerial Grid.* Houston, Texas: Gulf Publishing Co., p. 10.

라는 두 차원을 결합한 것이다. [그림 13-7]은 이 두 차원의 결합을 통해 나타날 수 있는 리더십의 유형을 보여 주고 있다.

[그림 13-7]에서 수평축은 생산에 대한 관심을 나타내고, 수직축은 인간에 대한 관심을 나타내되, 양 축은 모두 관심이 높을수록 1에서부터 9까지의 큰 수치로 올라간다. 이 관리망은 생산에 대한 관심과 인간에 대한 관심이 모든 정도에서 가능함을 나타내고 있다. 그래서 이론적으로는 81(9×9)개의 리더십 유형을 나타낼 수 있지만, Blake와 Mouton은 관리망의 네 구석과 한 중간에만 한정하여 과업 지향형(9,1형), 관계 지향형(1,9형), 무기력형(1,1형), 통합형(9,9형) 그리고 균형형(5,5형)에 대해서만 설명하고 있다.

① 통합형 리더십(9,9형): 과업의 요구와 인간관계의 요구를 통합함으로써 생산목표를 달성한다. 리더의 중요한 책임은 구성원의 참여와 책무 수행을 통해서 능률적인 생산과 높은 사기를 이루는 것이다.

② 과업 지향형 리더십(9,1형): 좋은 인간관계는 높은 생산성에 부수적인 것이다. 리더는 생산 목표를 강조하기 때문에 모든 활동을 기획하고 지시하며 통제하는 데 모든 관심을 집중한다.

③ 무기력형 리더십(1,1형): 상호작용에 최소한의 영향력을 행사한다. 생산성과 인간 모두에게 무관심하다. 대부분의 활동은 일상적으로 수행된다.

④ 관계 지향형 리더십(1,9형): 생산성은 좋은 인간관계에 부수적이다. 리더는 작업조직이 즐겁도록 조화로운 집단 관계를 발전시키는 데 관심을 집중한다.

⑤ 균형형 리더십(5,5형): 리더의 목표는 높은 생산성과 좋은 인간관계 사이에 균형을 이루는 것이다. 따라서 리더는 적합한 사기 속에서 적절한 생산성을 올릴 수 있도록 중도 노선을 취하려고 노력한다.

관리망 연구를 통한 리더십 유형의 분류는 개념적인 관점에서 볼 때 여러모로 유용하다. 관리망은 리더십 유형을 결정하는 것은 두 가지 차원, 즉 '과업에 대한 관심'과 '사람에 대한 관심'이라는 전제에서 출발한다. 이 이론은 리더가 하는 일이 어떠한 리더십 상황에서도 효과적이기 위해서는 과업에 대한 관심과 사람에 대한 관심을 통합해야 한다는 것을 전제로 하고 있다. 이와 같은 리더십 유형에 대한 개념화는 오하이오 주립대학교와 미시간 대학교의 리더십 연구와도 이론적으로 일치한다. Blake와 Mouton(1964: 232-233)은 통합형(9,9형) 리더십 유형이 가장 이상적이라고 지적하면서 산업조직에서의 연구 결과에 의하면, 가장 전형적인 리더십 유형이 균형형(5,5형), 그다음이 통합형(9,9형), 과업 지향형(9,1형), 관계 지향형(1,9형) 또는 과업 지향형(9,1형)이었고, 관계 지향형(1,9형)은 적었다고 결론을 내리고 있다.

그러나 관리망의 한 가지 중요한 한계는 리더십의 본질이 관리자들과 직속 부하 직원들 사이의 대인관계에 있다고 보는 암묵적인 가정에 있다(Bolman & Deal, 1991: 581). 또한 관리망 접근법은 직속 부하 직원 이외의 다른 구성원들에게는 거의 관심을 두지 않는다. 그리고 대개의 경우에 관리망 이론은 조직의 구조적 · 정치적 · 상징적 차원에 거의 주목하지 않고 있다. 이 이론은 리더가 하는 일이 어떠한 리더십 상황에서도 효과적이기 위해서는 과업에 대한 관심과 사람에 대한 관심을 통합해야 한다는 것을 전제로 하고 있다. 그러나 조직의 구조가 적절하지 않다면 어찌할 것인가? 중요한 정치적 갈등이 있다면 어찌할 것인가? 또 조직문화가 공허하고 진부한 것이라면 어찌할 것인가? 관리망 이론은 상황의 변동을 다루기 위한 개념이 결핍되어 있다. 통합형(9,9형)은 모든 상황과 모든 시기에 적합한 리더십 유형으로 제시되고 있다. 그러나 이 점이 그들의 이론에서 가장 심각하게 비판을 받는 요소가 되었다(Bolman & Deal, 1991: 582).

3) Reddin의 3차원적 리더십 유형

W. Reddin(1970)은 리더십 유형을 확인하기 위한 또 다른 유용한 모형을 개발하였다. Reddin은 초기의 오하이오 주립대학교의 리더십 모형의 과업 행동 차원과 관계 행동 차원에 효과성 차원을 추가함으로써 구체적인 환경의 상황적 요구와 리더십 유형의 개념을 통합하려고 시도하였다. Reddin은 리더의 유형이 특정한 상황

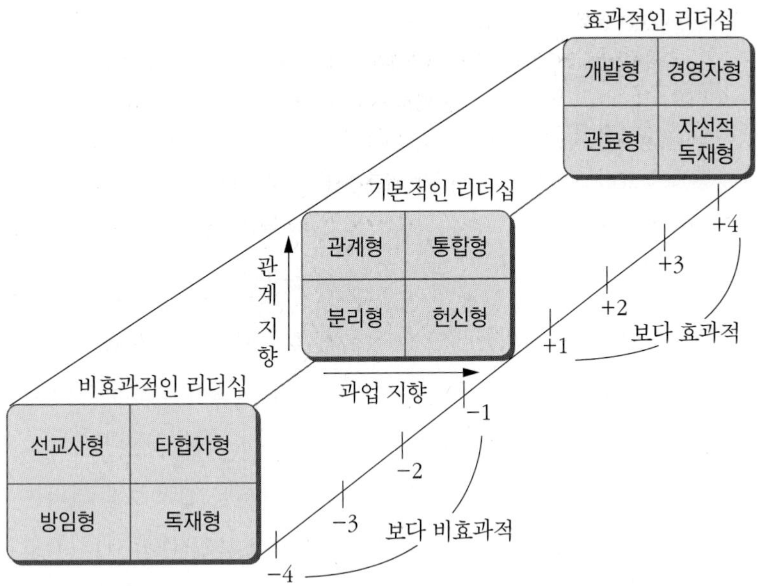

[그림 13-8] Reddin의 3차원적 리더십 효과성 모형

출처: William J. Reddin(1970). *Managerial Effectiveness*. New York: McGraw-Hill, p. 230.

과 적합할 때, 그것을 '효과적'이라는 용어로 명명하고 있으며, 리더의 유형이 특정한 상황과 적합하지 않을 때, '비효과적'이라는 용어로 명명하고 있다. Reddin은 모형의 중앙에 있는 통합형(integrated), 헌신형(dedicated), 관계형(related), 분리형(separated)의 네 가지 기본적 리더십 유형이 상황에 따라 효과적 또는 비효과적일 수 있다고 주장한다.

Reddin에 의하면, 리더십 유형은 단순하게 효과적 또는 비효과적으로 양분되는 것이 아니라, 상황적 요소에 따라 효과성 차원의 연속선상에 놓이게 된다. 즉, 연속선상의 한쪽 끝에는 4개의 효과적인 리더십 유형이 위치하고, 또 다른 한쪽에는 4개의 비효과적인 리더십 유형이 위치하게 된다. 이러한 관계를 나타내는 [그림 13-8]은 Reddin이 정교화한 3차원적 리더십 효과성 모형을 제시한 것이다. [그림 13-8]에서 동일 연속선상에서 리더십 유형이 효과적인 경우와 비효과적인 경우를 대비시켜 설명하면 다음과 같다(Lunenburg & Ornstein, 1996: 143-144).

먼저, 효과적인 리더십의 유형을 살펴보면 다음과 같다.

① 경영자형(executive): 이러한 유형을 활용하는 리더는 과업과 관계 모두에 대해 높은 관심을 나타낸다. 리더는 훌륭한 동기부여자로서 높은 기준을 설정하고, 개인차를 인정하며, 팀관리를 활용한다.

② 개발형(developer): 이러한 유형을 활용하는 리더는 관계에 최대한의 관심을 보이면서 과업에 대해서는 최소한의 관심을 나타낸다. 리더는 사람들에 대한 신뢰를 바탕으로 개인적 개발에 주로 관심을 가진다.

③ 관료형(bureaucrat): 이러한 유형을 활용하는 리더는 과업과 관계 모두에 대해 최소한의 관심을 나타낸다. 리더는 신중한 사람으로서 주로 규칙에 관심을 가지며, 규칙의 활용을 통해 상황을 통제하고 유지하기를 원한다.

④ 자선적 독재형(benevolent autocrat): 이러한 유형을 활용하는 리더는 과업에 최대한의 관심을 보이면서 관계에 대해서는 최소한의 관심을 나타낸다. 리더는 조직 구성원들의 분노를 야기함이 없이 수행해야 할 과업의 내용과 방법을 알고 있는 사람으로 간주된다.

반면에 비효과적인 리더십의 유형은 다음과 같다.

① 타협자형(compromiser): 이러한 유형을 활용하는 리더는 단지 한 측면에 대해 강조를 요구하거나 또는 양 측면에 대해 강조를 하지 않아야 하는 상황에서 과업과 관계 모두에 대하여 높은 관심을 보인다. 리더는 형편없는 의사결정을 하는 사람으로 간주된다.

② 선교사형(missionary): 이러한 유형을 활용하는 리더는 상황적 요구에 부적합하게 사람과 관계에 대해서는 최대한의 관심을 보이면서 과업에 대해서는 최소한의 관심을 나타낸다. 리더는 오직 조직 구성원들과의 조화를 중시하는 사람이다.

③ 방임형(deserter): 이러한 유형을 활용하는 리더는 상황적 요구에 어울리지 않게 관계와 과업 모두에 대해 최소한의 관심을 나타낸다. 리더는 회피적이고 소극적인 사람으로 간주된다.

④ 독재형(autocrat): 이러한 유형을 활용하는 리더는 상황적 요구에 어울리지 않게 과업과 관계 모두에 대해서 최소한의 관심을 나타낸다. 리더는 다른 사람들을 신뢰하지 못하고, 단지 직무 자체에만 관심을 갖는다.

Reddin의 모형은 이미 앞에서 논의한 세 가지 이론적 기초, 즉 리더의 특성과 행동, 집단 및 상황적 요인을 통합하고 있다. 이 모형은 리더십 유형의 효과성은 리더가 처한 상황에 따라 좌우된다는 것을 시사하고 있다. 그러나 지금까지 이 모형에 대한 경험적 연구는 많지 않다. 대신에 이 모형은 수많은 조직 상황에서 행정가들을 훈련하는 대단히 인기 있는 기법으로 사용되어 왔다.

4) 상황적 리더십 유형

리더십 행동을 분석하기 위한 유용한 분석틀로서 잘 알려진 또 다른 것은 P. Hersey와 K. Blanchard(1988)의 상황적 리더십 이론(situational leadership theory)이다. 이것은 Tannenbaum과 Schmidt(1973)의 리더십 유형 연속선, Blake와 Mouton(1964)의 관리망 그리고 Reddin(1970)의 3차원적 리더십 유형을 확장한 것이다(Lunenburg & Ornstein, 1996: 145). Hersey와 Blanchard의 상황적 리더십 이론은 과업 행동과 관계 행동을 두 개의 핵심적 리더십 행동으로 파악하고 있다. 또한 그들의 모형은 하나의 핵심적 상황요인으로 하위자들의 성숙성(maturity of followers)을 통합하였다. 그들은 직무 성숙성과 심리적 성숙성이라는 두 가지 유형의 성숙성을 특히 중요하게 보았다. 이러한 요소들에 관해 살펴보면 다음과 같다.

① 과업 행동(task behavior): 리더는 각 하위자들이 해야 할 과업 내용뿐만 아니라 수행되어야 할 과업의 시기, 장소 및 방법을 설명함에 있어서 일방적인 의사소통 방식을 사용한다.

② 관계 행동(relationship behavior): 리더는 사회심리적 지지와 촉진 행동을 제공함으로써 양방적 의사소통 방식을 사용한다.

③ 직무 성숙성(job maturity): 이것은 교육과 경험에 의해 영향을 받는 것으로서 직무를 수행하기 위한 인간의 성숙성을 의미한다. 예를 들면, 여러 해 동안 직무를 수행해 왔고, 직무의 모든 분야에 정통한 교사들은 직무 성숙성이 높이 평정될 것이다.

④ 심리적 성숙성(psychological maturity): 이것은 성취 욕구와 자발적인 책임의 수용에 반영된 인간의 동기부여 수준을 의미한다.

Hersey와 Blanchard는 이상의 요인들을 결합하여 [그림 13-9]와 같은 리더십 모형을 제시하였다. [그림 13-9]에서 리더십 효과성의 핵심은 상황에 적합한 리더십을 적용하는 것이다. 그들은 모형에서 다음과 같은 네 가지 기본적인 리더십 유형을 제시하였다.

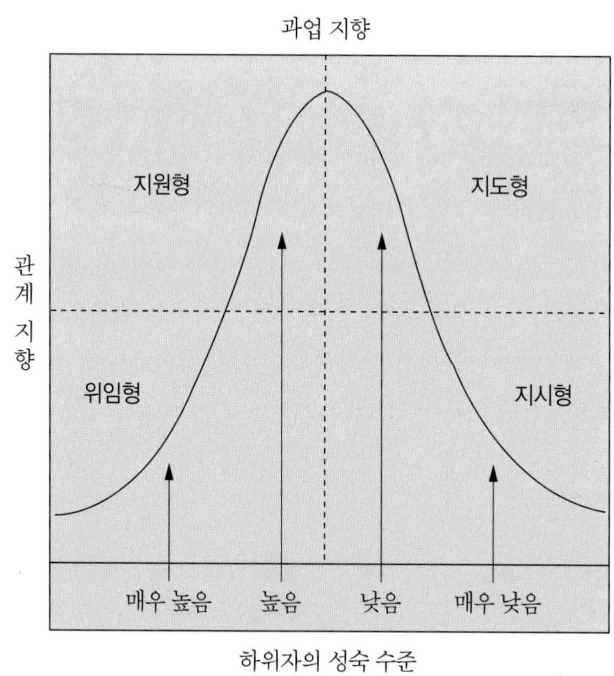

[그림 13-9] Hersey와 Blanchard의 상황적 리더십 모형

출처: Paul Hersey & Kenneth Blanchard(1988). *Management of Organizational Behavior* (5th ed.). Englewood Cliffs, N.J.: Prentice-Hall, p. 171.

① 지시형: 이것은 높은 과업과 낮은 관계의 리더십 유형으로서 하위자들의 동기부여와 능력 수준이 모두 낮을 때 리더십이 효과적이다.
② 지도형: 이것은 높은 과업과 높은 관계의 리더십 유형으로서 하위자들이 적절한 수준의 동기부여와 낮은 능력을 가지고 있을 때 리더십이 효과적이다.
③ 지원형: 이것은 낮은 과업과 높은 관계의 리더십 유형으로서 하위자들이 적절한 수준의 능력과 낮은 동기부여 수준을 가질 때 리더십이 효과적이다.
④ 위임형: 이것은 낮은 과업과 낮은 관계의 리더십 유형으로서 하위자들의 능력과 동기부여 수준이 모두 높을 때 리더십이 효과적이다.

[그림 13-9]에서 볼 수 있는 바와 같이, 이 모형은 조직 구성원의 성숙 수준에 따라 효과적인 리더십 유형이 결정된다. 즉, 리더는 구성원의 성숙 수준에 상응하는 리더십 유형을 활용할 수 있을 때 효과성을 극대화할 수 있다는 점을 시사하고 있다.

상황적 리더십 모형은 얼핏 보기에 그럴듯하게 보인다. 그러나 최근까지 Hersey와 Blanchard 모형이 타당성을 가지고 있다는 증거를 제시하는 경험적 연구는 거의 없다는 점(Lunenburg & Ornstein, 1996: 147)에서 옳다고 주장할 만한 근거가 거의 없다. 예를 들면, 관리자가 일하기 싫어하고 능력 없는 부하 직원들에게 많은 지시를 하면서 관심을 적게 가진다면 과연 어떻게 성숙 수준이 높아지도록 그들을 동기부여할 수 있겠는가? 특히, 이 상황적 모형은 사람에 대한 관심과 특정한 행위에 대한 관심을 구분하지 못하고 있으며, 리더가 취하는 행동의 선택 폭과 리더가 직면하는 상황의 범위를 지나치게 단순화시키고 있다. 또한 이 이론은 피그말리온 효과(Pygmalion effects)를 무시하고 있다. 즉, D. M. McGregor(1960)가 X이론에서 주장한 바와 같이 관리자가 부하 직원들이 소극적으로 의무를 이행하고 있다고 믿는다면, 지시와 통제 위주의 리더십 행동을 통해 부하 직원의 소극성을 지속적으로 강화시키는 경향이 있다. Hersey와 Blanchard는 관리자들이 부하 직원들의 동기부여 수준과 능력에 대한 자신의 판단을 어떻게 검증해야 하는가에 대해서는 논하지 않고, 암묵적으로 관리자의 판단은 항상 신뢰할 만하다는 전제를 하고 있다. 그들은 관리자들이 어떻게 부하 직원들에게 영향을 미쳐야 하는가에 전적으로 초점을 맞추고 있고, 다른 방향에서 행사되는 영향력의 중요성을 무시하고 있다(Bolman & Deal, 1991: 585-586). 따라서 이 이론이 상황 변수로서 조직 구성원의 성숙성만을 고려한 것은 앞으로 더 연구해 봐야 할 과제다.

참/고/문/헌

강길수(1957). 교육행정: 한국 교육행정 민주화의 기초. 서울: 풍국학원.

강길수(1989). 교육행정논고. 서울: 교육과학사.

강길수, 김종철, 김영식(1973). 교육행정. 서울: 서울대학교출판부.

권기욱, 조남두, 유현숙, 오영재, 조남근, 최창섭, 신현석(1995). 교육행정학개론. 서울: 양서원.

권기욱, 조남두, 유현숙, 오영재, 조남근, 최창섭, 신현석(2000). 교육행정의 이해. 서울: 원미사.

김광웅(1983). 행정과학서설. 서울: 박영사.

김남현 역(2005). 리더십. 서울: 경문사.

김대운, 이성연, 박유진 공역(1987). 조직과 리더십. 서울: 형설출판사.

김세영 역(1990). 조직문화와 리더십. 서울: 교보문고.

김영식, 김재범, 남정걸, 이종재, 최희선, 장석우 공편(1983). 한국교육행정의 과제와 이론적 접근. 서울: 교육과학사.

김영식(1975). 교육경영과 체제분석. 서울: 교육출판사.

김영식, 남정걸, 최희선 공편(1981). 한국교육행정학의 발전. 서울: 배영사.

김영정, 남재봉 공역(1984). 사회학 방법론: 과학적 사회학의 논리. 서울: 한울.

김영진, 김용구, 신택현, 윤방섭, 최병순 공역(1995). 비전시대의 조직 패러다임. 서울: 미래경영개발연구원.

김윤태(1994). 교육행정 · 경영 신론(개정판). 서울: 배영사.

김종철(1982). 교육행정의 이론과 실제(3판). 서울: 교육과학사.

김종철(1985). 교육행정학신강. 서울: 세영사.

김종철, 진동섭, 허병기(1990). 학교학급경영론. 서울: 한국방송통신대학.

김종화 역(1997). 조직의 변화관리: 조직 변환기 관리자의 역할 이해. 서울: 알파경영혁신센타.

김창걸(1985). 교육행정학. 서울: 박문각.

남정걸, 신중식, 윤정일, 주삼환, 최희선 공편(1990). 한국교육행정학의 탐구. 서울: 교육과학사.

남정걸(1981). 교육행정의 이론. 서울: 배영사.

남정걸(1985). 교육조직행위론. 서울: 배영사.

남정걸(1991). 교육행정 및 교육경영. 서울: 교육과학사.

남정걸(1998). 교육조직행위론(개정판). 서울: 교육과학사.

노종희(1993). 교육행정학: 이론과 연구. 서울: 문음사.

박동서(1980). 한국행정의 발전. 서울: 법문사.
박동서(1984). 한국행정론. 서울: 법문사.
박성식(1984). 교육정책 결정에 관한 연구. 연세대학교 대학원 미간행 석사학위 논문.
박성식(1989). 사립대학 내부집단의 대학운영 참여인식에 관한 연구. 연세대학교 대학원 미간행 박사학위 논문.
박성식(1991). 상황이론적 리더십 이론에 관한 고찰. 금오공과대학교 논문집, 제12집, pp. 387-401.
박성식(1992). 대학운영 모형에 관한 이론적 고찰. 금오공과대학교 논문집, 제13집, pp. 279-298.
박성식(1993). 대학 내부집단의 특성과 관계 구조. 금오공과대학교 논문집, 제14집, pp. 339-357.
박성식(1996). 교육행정 이론의 발전과정과 최근 동향. 금오공과대학교 논문집, 제17집, pp. 393-414.
박성식(1996). 조직 내의 인간행동에 관한 이론적 고찰. 금오공과대학교 학생생활연구소 논문집. pp. 1-29.
박성식(1997). 학교운영위원회의 효율적 운영 방안에 관한 연구. 금오공과대학교 논문집, 제18집, pp. 267-287.
박성식 편역(1994). 교육조직이론. 서울: 양서원.
박성식(1998). 교육행정관리론. 서울: 학지사.
박성식, 백승관(2002). 교육행정학 연구방법론. 구미: 금오공과대학교.
박종렬(1989). 학교경영론. 서울: 성원사.
백승관(1992). 학교조직 효과성 준거설정을 위한 연구. 연세대학교 대학원 미간행 박사학위논문.
백승관(1993). 우리나라 학교조직의 특성 연구. 교육행정학연구, 11(2), pp. 230-253.
백현기(1964). 신고교육행정. 서울: 을유문화사.
백현기(1976). 교육행정의 기초. 서울: 배영사.
신두범(1984). 행정학원론. 서울: 박영사.
신중식, 강영삼, 김명한, 신철순, 윤정일(1982). 현대교육행정학. 서울: 교육출판사.
신중식, 강영삼(1985). 교육행정학 및 교육경영. 서울: 교육출판사.
안해균(1982). 현대행정학. 서울: 다산출판사.
오석홍(1990). 조직이론(전정판). 서울: 박영사.
오세철, 박상언 공역(1989). 조직사회학. 서울: 현상과 인식.
왕기항(1986). 교육조직론. 서울: 집문당.
유종해(1986). 현대조직관리. 서울: 박영사.
유훈(1975). 행정학원론. 서울: 법문사.
윤재풍 역(1990). 사회과학과 조직이론. 서울: 박영사.
윤정일, 손기창, 조동섭, 김병주(1994). 교육행정학원론. 서울: 학지사.
윤정일, 손기창, 조동섭, 김병주(2002). 교육행정학원론(3판). 서울: 학지사.
윤종건(1974). 학교조직건강 진단방법의 탐색. 서울대학교 교육대학원 미간행 석사학위 논문.
윤종건(1986). 교육행정과 교육경영. 서울: 교육과학사.

이군현(1992). 교육행정학. 대전: 과학과 예술.

이상욱 역(2004). 현대조직의 리더십 이론. 서울: 시그마프레스.

이일용(1996). 교육행정의 탐구. 서울: 문음사.

이학종(1989). 인사관리: 인적자원관리 이론과 사례연구. 서울: 세경사.

이형행(1992a). 교육행정: 이론적 접근(전정 증보판). 서울: 문음사.

이형행(1992b). 신교육행정론(개정판). 서울: 문음사.

정일환(1996). 교육행정학: 이론과 적용. 서울: 중앙적성출판사.

조석준(1985). 조직론. 서울: 법문사.

주삼환(1985). 교육행정연구. 서울: 성원사.

주삼환, 천세영, 김택균, 신봉섭, 이석열(2002). 교육행정 및 교육경영(개정판). 서울: 학지사.

진동섭, 이윤식, 김재웅(2007). 교육행정 및 학교경영의 이해. 서울: 교육과학사.

최창현 역(1991). 행정조직이론. 서울: 대영문화사.

한국교육학회 교육행정학연구회 편(1979). 한국교육정책의 탐색. 서울: 배영사.

한국교육학회 교육행정학연구회 편(1979). 현대교육행정이론. 서울: 형설출판사.

한국교육학회 교육행정학연구회 편(1993). 한국교육행정의 발전과 전망. 대전: 과학과 예술.

Abbott, M. G., & Caracheo, F. (1988). Power, Authority, and Bureaucracy. In N. J. Boyan (ed.), *Handbook of Research on Educational Administration*. New York: Longman Inc.

Abbott, M. G. (1969). Hierachical Impediments to Innovation in Educational Organizations. In F. D. Carver & T. J. Sergiovanni (eds.), *Organizations and Human Behavior: Focus on Schools*. New York: McGraw-Hill Book Company.

Abelson, R. P., & Lebi, A. (1985). Decision Making and Decision Theory. In G. Lindzey & E. Aronson (eds.), *Handbook of Social Psychology: Theory and Method, I* (3rd ed.). New York: Random House.

Adams, J. S. (1965). Inequity in Social Exchange. In L. Berkowitz (ed.), *Advances in Experimental Social Psychology, 2*. New York: Academic Press.

Alderfer, C. P. (1969). An Empirical Test of a New Theory of Human Needs. *Organizational Behavior and Human Performance, 4*, pp. 142-175.

Alderfer, C. P. (1972). *Existence, Relatedness, and Growth: Human Needs in Organizational Setting*. New York: Free Press.

Allison, D. J. (1983). Toward an Improved Understanding of the Organizational Nature of Schools. *Educational Administration Quarterly, 19*(4), pp. 7-34.

Alutto, J. A., & Belasco, J. A. (1972). A Typology for Participation in Organizational Decision Making. *Administrative Science Quarterly, 17*(1), pp. 117-125.

Alutto, J. A., & Belasco, J. A. (1973). Patterns of Teacher Participation in School System Decision

Making. *Educational Administration Quarterly, 9*(1), pp. 27-41.

American Association for Higher Education (1967). *Faculty Participation in Academic Governance.* Washington, D.C.: National Education Association.

Anderson, J. E. (1979). *Public Policy-Making* (2nd ed.). New York: Holt, Rinehart and Winston.

Anthony, W. P. (1978). *Participative Management.* Reading, Massachusetts: Addison-Wesley.

Applewhite, P. B. (1975). *Organization Behavior.* Englewood Cliffs, N. J.: Prentice-Hall, Inc.

Argyris, C. (1957). *Personality and Organization: The Conflict between System and the Individual.* New York: Harper & Brothers.

Argyris, C. (1962). *Interpersonal Compedence and Organizational Effectiveness.* Homewood, III: The Drosey Press.

Argyris, C. (1964). *Integration of the Individual and Organization.* New York: John Wiley & Sons, Inc.

Ashforth, B. E. (1985). Climate Formations: Issues and Extensions. *Academy of Management Review, 10*, pp. 837-847.

Avolio, B. J., & Gibbons, T. C. (1988). Developing Transformational Leaders: A Life Span Approach. In J. A. Conger, R. N. Kanungo & Associates (eds.), *Charismatic leadership: The elusive factor in organizational effectiveness.* San Francisco, CA: Jossey-Bass.

Babbie, E. (1986). *The Practice of Social Research* (4th ed.). Belmont, California: Wadsworth Publishing Co.

Bacharach, S. B., & Mitchell, S. M. (1981). Toward a Dialogue in the Middle Range. *Educational Administration Quarterly, 17*, No. 3(Summer), pp. 1-14.

Bacharach, S. B. (ed.) (1990). *Advances in Research and Theories of School Management and Educational Policy, 1.* Greenwich: JAI Press Inc.

Bacharach, S. B. (1988). Notes on a Political Theory of Educational Organizations. In A. Westoby (ed.), *Culture and Power in Educational Organizations.* Philadelphia: Open University Press.

Baldridge, J. V., & Deal, T. E. (ed.) (1975). *Managing Change in Educational Organizations.* Berkeley, California: McCutchan Publishing Corporation.

Baldridge, J. V. (1971). Introduction: Models of University Governance-Bureaucratic, Collegial, and Political. In J. V. Baldridge (ed.), *Academic Governance: Research on Institutional Politics and Decision Making.* Berkeley, California: McCutchan Publishing Corporation.

Baldridge, J. V. (1971). *Power and Conflict in the University.* New York: John Wiley & Sons, Inc.

Baldridge, J. V. (ed.) (1971). *Academic Governance: Research on Institutional Politics and Decision Making.* Berkeley, California: McCutchan Publishing Corporation.

Baldridge, J. V., Curtis, D. V., Ecker, G., & Riley, G. L. (1978). *Policy Making and Effective Leadership*. San Francisco: Jossey-Bass Publishers.

Baldridge, J. V., Curtis, D. V., Ecker, G., & Riley, G. L. (1984). Alternative Models of Governance in Higher Education. In M. W. Peterson (ed.), *ASHE Reader on Organization and Governance in Higher Education* (3rd ed.). Lexington: Ginn Press.

Barnard, C. I. (1938). *The Functions of the Executive*. Cambridge, Mass: Harvard University Press.

Barnard, C. I. (1968). *The Functions of the Executive*. Cambridge, Mass: Harvard University Press.

Bass, B. M. (1985). *Leadership and Performance Beyond Expectations*. New York: Free Press.

Bass, B. M. (1990). From transational to Transformational Leadership: Learning to Share the Vision. *Oraganizational Dynamics, 18*, pp. 19-31.

Bass, B. M. (ed.) (1981). *Stogdill's Handbook of Leadership: A Survey of Theory and Research*. New York: The Free Press.

Bass, B. M., & Avolio, B. J. (1990). The Implications of Transational and Transformational Leadership for Individual, Team, and Organizatioal Development. *Research in Organizational Change and Development, 4*, pp. 231-272.

Bass, B. M., & Avolio, B. J. (1993). Transformational Leadership: A Response to Critiques. In M. M. Chemers & R. Ayman (eds.), *Leadership Theory and Research: Perspectives and Directions*. San Diego, CA: Academic Press.

Bates, R. J. (1980). Educational Administration, the Sociology of Science, and the Management of Knowledge. *Educational Administration Quarterly, 16*, No. 2(Spring), pp. 1-20.

Bates, R. J. (1984). Toward a Critical Practice of Educational Administration. In T. J. Sergiovanni & J. E. Corbally (eds.), *Leadership and Organizational Culture: New Perspectives on Administrative Theory and Practice*. Urbana: University of Illinois Press.

Bates, R. J. (1985). Administration of Education: Towards a Critical Practice. In T. Husen & T. N. Postlethwaite (eds.), *The International Encyclopedia of Education: Research and Studies, 1*. Oxford: Pergamon Press.

Bates, R. J. (1987). Corporate Culture, Schooling, and Educational Administration. *Educational Administration Quarterly, 23*, No. 4(November), pp. 79-115.

Belasco, J. A., & Alutto, J. A. (1972). Decisional Participation and Teacher Satisfaction. *Educational Administration Quarterly, 8*, No. 1(Winter), pp. 44-58.

Bell, L. A. (1988). The School as an Organization: A Reappraisal. In A. Westoby (ed.), *Culture and Power in Educational Organizations*. Philadelphia: Open University Press.

Bennis, W. G. (1961). A Topology of Change Process. In W. G. Bennis et al., *The Planning of*

Change. New York: Holt, Rinehart and Winston.

Bennis, W. G., Benne, K. D., Chin, R., & Corey, K. E. (eds.) (1976). *The Planning of Change* (3rd ed.). New York: Holt, Rinehart and Winston.

Bennis, W. G., & Nanus, B. (1985). *Leaders: The Strategies for Taking Charge*. New York: Harper & Row.

Benson, J. K. (1983). A Dialectical Method for the Study of Organizations. In G. Morgan (ed.), *Beyond Method: Strategies for Social Research*. Beverly Hills: Sage Publications.

Benson, J. K. (1983). Paradigm and Praxis in Organizational Analysis. In L. L. Cummings & B. M. Staw (eds.), *Research in Organizational Behavior, 5*. Greenwich, Connecticut: JAI Press Inc.

Benson, J. (1983). The Bureaucratic Nature of Schools and Teacher Job Satisfaction. *The Journal of Educational Administration, 21*(2), pp. 137-148.

Bertalanffy, L. von (1975). General System Theory. In B. D. Rubin & J. Y. Kim (eds.), *General System Theory and Human Communication*. Rochelle Park, N. J.: Hayden Book Co. Inc., pp. 6-18.

Best, J. W. (1981). *Research in Education* (4th ed.). Englewood Cliffs, New Jersey: Printice-Hall, Inc.

Bidwell, C. E., & Vreeland, R. S. (1977). Authority and Control in Client-Serving Organizations. In R. L. Blankenship (ed.), *Colleagues in Organization: The Social Construction of Professional Work*. New York: John Wiley and Sons.

Bidwell, C. E. (1965). The School as a Formal Organization. In J. G. March (ed.), *Handbook of Organizations*. Chicago: Rand McNally College Publishing Company.

Bidwell, C. E. (1979). The School as a Formal Organization: Some New Thoughts. In G. L. Immegart & W. L. Boyd (eds.), *Problem-Finding in Educational Administration: Trends in Research and Theory*. Lexington, Mass.: Lexington Books, D. C. Health and Co.

Blake, R. R., & Mouton, J. S. (1964). *The Managerial Grid*. Houston, Tewas: Gulf Publishing Co.

Blake, R. R., & Mouton, J. S. (1985). *The Managerial Grid III. The Key to Leadership Excellence*. Houston, Tewas: Gulf Publishing Co.

Blau, P. M., & Scott, W. R. (1962). *Formal Organizations: A Comparative Approach*. San Francisco: Chandler Publishing Co.

Blau, P. M., & Schoenherr, R. A. (1971). *The Structure of Organizations*. New York: Basic Books.

Blau, P. M. (1973). *The Organization of Academic Work*. New York: John Wiley and Sons.

Blumer, H. (1969). *Symbolic Interaction: Perspective and Method*. Englewood Cliffs, N. J.: Prentice-Hall.

Bolman, L. G., & Deal, T. E. (1984). *Modern Approaches to Understanding and Managing Organizations.* San Francisco: Jossey-Bass Publishers.

Bolman, L. G., & Deal, T. E. (1991). *Reframing Organizations.* San Francisco: Jossey-Bass Publishers.

Bolman, L. G., & Deal, T. E. (1997). *Reframing Organizations* (2nd ed.). San Francisco: Jossey-Bass Publishers.

Borg, W. R., & Gall, M. D. (1983). *Educational Research: An Introduction.* (4th ed.). New York: Longman.

Bowditch, J. L., & Buono, A. F. (1985). *A Primer on Organizational Behavior.* New York: John Wiley & Sons.

Boyan, N. J. (1969). The Emergent Role of the Teacher in the Authority Structure of the School. In F. D. Carver & T. J. Sergiovanni (eds.), *Organizations and Human Behavior: Focus on Schools.* New York: McGraw-Hill Book Company.

Boyan, N. J. (1982). Administration of Educational Institutions. In H. E. Mitzel (ed.), *Encyclopedia of Educational Research* (5th ed.). New York: The Free Press.

Boyan, N. J. (1988). Describing and Explaining Administrator Behavior. In N. J. Boyan (ed.), *Handbook of Research on Educational Administration.* New York: Longman Inc.

Boyan, N. J. (ed.) (1988). *Handbook of Research on Educational Administration.* New York: Longman Inc.

Boyd, W. L., & Crowson, R. L. (1981). The Changing Conception and Practice of Public School Administration. In D. C. Berliner (ed.), *Review of Research in Education, 9.* Itasca, Ill.: F. E. Peacock.

Boyd, W. L. (1982). The Political Economy of Public Schools. *Educational Administration Quarterly, 18*(3), pp. 111-130.

Brewster, K. Jr. (1976). Politics of Academia. In H. L. Hodgkinson & L. R. Meeth (eds.), *Power and Authority: Transformation of Campus Governance.* San Francisco: Jossey-Bass Publishers.

Bridges, E. M. (1967). A Model for Shared Decision-Making in the School Principalship. *Educational Administration Quarterly, 3*(1), pp. 49-61.

Bridges, E. M. (1982). Research on the School Administrator: The State of the Art, 1967-1980. *Educational Administration Quarterly, 18*(3), pp. 12-33.

Brown, R. J. (1965). *Organizational Climate of Elementary Schools.* Research Monograph No. 2(Minneapolis: Educational Research and Development Council).

Bryman, A. (1992). *Charisma and Leadership in Organizations.* London: Sage.

Bucher, R., & Stelling, J. (1977). Characteristics of Professional Organizations. In R. L. Blankenship (ed.), *Colleagues in Organization: The Social Construction of Professional Work.* New

York: John Wiley and Sons.

Burdin, J. L. (ed.) (1989). *School Leadership.* Newbury Park: SAGE Publications.

Burlingame, M. (1977). Impact of Policy Decisions on Schools. In L. S. Shulman (ed.), *Review of Research in Education, 5.* Itasca, Illinois: F. E. Peacock Publishers, Inc., pp. 236-271.

Burlingame, M. (1979). Some Neglected Dimensions in the Study of Educational Administration. *Educational Administration Quarterly, 15*(1), pp. 1-18.

Burns, J. M. (1978). *Leadership.* New York: Harper & Row.

Burns, T., & Stalker, G. M. (1961). *The Management of Innovation.* London: Tavistock.

Burrell, G., & Morgan, G. (1979). *Sociological Paradigms and Organizational Analysis: Elements of the Sociology of Corporate Life.* London: Heinemann.

Byars, L. L., & Rue, L. W. (1979). *Personnel Management: Concepts and Applications.* Philadelphia, Pa.: W. B. Saunders Co.

Byars, L. L., & Rue, L. W. (1984). *Human Resource and Personnel Management.* Homewood, Illinois: Richard D. Irwin, Inc.

Callahan, R. E., & Button, H. W. (1964). Historical Change of the Role of the Man in the Organization: 1865-1950. In D. E. Griffiths (ed.), *Behavioral Science and Educational Administration.* The Sixty-third Yearbook of the National Society for the Study of Education. Part II. Chicago: University of Chicago Press.

Callahan, R. E. (1962). *Education and the Cult of Efficiency.* Chicago: University of Chicago Press.

Cameron, K. S. (1988). Measuring Organizational Effectiveness in Institutions of Higher Education. In M. W. Peterson (ed.), *ASHE Reader on Organization and Governance in Higher Education* (3rd ed.). Lexington: Ginn Press.

Cameron, K. S., & Quinn, R. E. (1999). *Diagnosing and Changing Organizational Climate.* New York: Addison-Wesly.

Cameron, K. S., & Whetten, D. A. (eds.) (1983). *Organizational Effectiveness: A Comparison of Multiple Models.* New York: Academic Press, Inc.

Cameron, K. S. (1984). Organizational Adaptation and Higher Education. *The Journal of Higher Education, 55*(2), pp. 122-141.

Campbell, J. P. et al. (1970). *Managerial Behavior, Performance, and Effectiveness.* New York: McGraw-Hill Book Co.

Campbell, R. F., & Gregg, R. T. (eds.) (1957). *Administrative Behavior in Education.* New York: Harper and Row.

Campbell, R. F., Bridges, E. M., & Nystrand, R. O. (1977). *Introduction to Educational Administration* (5th ed.). Boston: Allyn and Bacon, Inc.

Campbell, R. F., Corbally, J. E., & Nystrand, R. O. (1983). *Introduction to Educational Administration* (6th ed.). Boston: Allyn and Bacon, Inc.

Campbell, R. F., Cunningham, L. L., Nystrand, R. O., & Usdan, M. D. (1990). *The Organization and Control of American Schools* (6th ed.). Columbus, Ohio: Merrill Publishing Company.

Campbell, R. F., Fleming, T., Newell, L. J., & Bennion, J. W. (1987). *A History of Thought and Practice in Educational Administration*. New York: Teachers College, Columbia University.

Carlson, R. O. (1964). Environmental Constraints and Organizational Consequences: The Public School and Its Clients. In D. E. Griffiths (ed.), *Bahavioral Science and Educational Administration*. The Sixty-third Yearbook of the NSSE. Part II. Chicago: University of Chicago Press.

Carroll, S. J., & Tosi, H. L. (1977). *Organizational Behavior*. Chicago: St. Clair Press.

Cartwright, D. (1965). Influence, Leadership, Control. In J. G. March (ed.), *Handbook of Organizations*. Chicago: Rand McNally College Publishing Company.

Caver, F. E., & Sergiovanni, T. J. (eds.) (1969). *Organizations and Human Behavior: Focus on Schools*. New York: McGraw-Hill Book Company.

Chan, S. S. (1988). Faculty Participation in Strategic Planning: Incentives and Strategies. *Planning for Higher Education, 16*(2), pp. 19-30.

Charters, W. W. (1953). Social Class Analysis and the Control of Public Education. *Harvard Education Review, 23*.

Chell, E. (1985). *Participation and Organization: A Sociological Approach*. London: The Macmillan Press Ltd.

Child, J. (1972). Organizational Structure and Strategies of Control: A Replication of the Aston Study. *Administrative Science Quarterly, 17*(2), pp. 163-177.

Child, J. (1973). Predicting and Understanding Organization Structure. *Administrative Science Quarterly*, June.

Chin, R., & Benne, K. D. (1969). General Strategies for Effecting Changes in Human Systems. In W. G. Bennis, K. D. Benne & R. Chin (eds.), *The Planning of Change*. New York: Holt, Reinhart and Winston.

Churchman, C. W. (1968). *The Systems Approach*. New York: Dell.

Clark, B. R. (1963). Faculty Organization and Authority. In T. F. Lunsford (ed.), *The Study of Academic Administration*. Boulder, Colorado: Western Interstate Commission of Higher Education.

Clark, D. L., Lotto, L. S., & Astuto, T. A. (1984). Effective School and School Improvement: A Comparative Analysis of Two Lines of Inquiry. *Educational Administration Quarterly, 20*(3), pp. 41-68.

Clegg, S., & Dunkerley, D. (1980). *Organization, Class, and Control*. London: Routledge & Kegan

Paul Ltd.

Clegg, S. (1979). *The Theory of Power and Organization.* London: Routledge & Kegan Paul.

Cohen, M. D., & March, J. G. (1974). *Leadership and Ambiguity: The American College President.* New York: McGraw-Hill Book Company.

Cohen, M. D., & March, J. G. (1988). Leadership in an Organized Anarchy. In M. W. Peterson (ed.), *ASHE Reader on Organization and Governance in Higher Education* (3rd ed.). Lexington: Ginn Press.

Cohen, M. D., March, J. G., & Olsen, J. P. (1972). A Garbage Can Model of Organizational Choice. *Administrative Science Quarterly, 17*(1), pp. 1-19.

Cohn, E., & Geske, T. G. (1990). *The Economics of Education* (3rd ed.). New York: Pergamon Press.

Coladarci, A. P., & Getzels, J. W. (1955). *The Use of Theory in Educational Administration.* Stanford, Calif.: Stanford University Press.

Conley, S. (1991). Review of Research on Teacher Participation in School Decision Making. In G. Grant (ed.), *Review of Research in Education, 17.* Washington, D. C: American Educational Research Association.

Conway, J. A. (1976). Test of Linearity Between Teachers' Participation in Decision Making and Their Perceptions of Schools as Organizations. *Administrative Science Quarterly, 21*(1), pp. 130-139.

Conway, J. A. (1978). Power and Participatory Decision Making in Selected English Schools. *The Journal of Educational Administration*, *16*(1), pp. 80-96.

Conway, J. A. (1984). The Myth, Mystery, and Mastery of Participative Decision Making in Education. *Educational Administration Quarterly*, *20*(3), pp. 11-40.

Conway, J. A. (1985). A Perspective on Organizational Cultures and Organizational Belief Structure. *Educational Administration Quarterly*, *21*(4), pp. 7-25.

Corson, J. J. (1973). Perspectives on the University compared with Other Institutions. In J. A. Perkins (ed.), *The University as an Organization.* New York: McGraw- Hill Book Company.

Corson, J. J. (1975). *The Governance of Colleges and Universities: Modernizing Structure and Processes* (rev. ed.). New York: McGraw-Hill Book Company.

Corwin, R. G., & Borman, K. M. (1988). School as Workplace: Structural Constrains on Administration. In N. J. Boyan (ed.), *Handbook of Research on Educational Administration.* New York: Longman Inc.

Corwin, R. G. (1965). *A Sociology of Education.* New York: Appleton-Century-Crofts.

Corwin, R. G. (1969). Professional Persons in Public Organizations. In F. D. Carver & T. J. Sergiovanni (eds.), *Organizations and Human Behavior: Focus on Schools.* New York:

McGraw-Hill Book Company.

Corwin, R. G. (1974). Models of Educational Organizations. In F. N. Kerlinger & J. B. Carroll (eds.), *Review of Research in Education, 2*. Itasca,Illinois: F. E. Peacock Publishers, Inc.

Cubberley, E. P. (1916). *Public School Administration*. Boston: Houghton Mifflin Co.

Culbertson, J. A. (1981). Antecedents of the Theory Movement. *Educational Administration Quarterly, 17*(1), pp. 25-47.

Culbertson, J. A. (1988). A Century's Quest for a Knowledge Base. In N. J. Boyan (ed.), *Handbook of Research on Educational Administration*. New York: Longman Inc.

Cunningham, L. L., Hack, W. G., & Nystrand, R. O. (eds.) (1977). *Educational Administration: The Developing Decades*. Berkeley, California: McCutchan Publishing Corporation.

Cunningham, W. G. (1982). *Systematic Planning for Educational Change*. Palo Alto, California: Mayfield Publishing Company.

Dachler, H. P., & Wilpert, B. (1978). Conceptual Demensions and Boundaries of Participation in Organizations: A Critical Evaluation. *Administrative Science Quarterly, 23*(1), pp. 1-39.

Dahl, R. A. (1957). The Concept of Power. *Behavioral Science, 2*, pp. 201-215.

David, J. H. et al. (1981). Organization as Power. In B. M. Staw & L. L. Cummings (eds.), *Research in Organizational Behavior, 3*. Greenwich: JAI Press Inc., pp. 151-196.

Davis, K. (1967). *Human Relations at Work: The Dynamics of Organizational Behavior*. New York: McGraw-Hill Book Co.

Davis, K. (1981). *Human Behavior at Work: Organizational Behavior* (6th ed.). New York: McGraw-Hill, Inc.

Deal, T. E., & Kennedy, A. A. (1982). *Corporate Culture: The Rites and Rituals of Corporate Life*. Reading, MA: Addison-Wesley.

Denhardt, R. B. (1981). Toward a Critical Theory of Public Organizaton. *Public Administration Review, 41*(6), pp. 628-635.

Denison, D. R. (1996). What is the Difference Between Organizational Culture and Organizational Climate? A Native's Point of View on a Decade of Paradigm Wars. *The Academy of Management Review, 3*, pp. 619-654.

Dessler, G. (1980). *Organization Theory: Integrating Structure and Behavior*. Englewood Cliffs, New Jersey: Prentice-Hall, Inc.

Deutsch, M. (1973). *The Resolution of Conflict: Constructive and Destructure Processes*. New Haven, Conn: Yale University Press.

Dewey, J. (1916). *Democracy and Education*. New York: The Macmillan Publishing Co.

Dill, D. D. (1984). The Nature of Administrative Behavior in Higher Education. *Educational Administration Quarterly, 20*(3), pp. 69-99.

Dill, W. R. (1964). Decision-Making. In D. E. Griffiths (ed.), *Behavioral Science and Educational Administration.* The Sixty-third Yearbook of the National Society for the Study of Education. Part II. Chicago: University of Chicago Press.

Dittrich, J. E., & Carrer, M. R. (1979). Organizational Equity Perceptions, Employee Job Satisfaction, and Departmental Absence and Turnover Rates. *Organizational Behavior and Human Performance, 14,* pp. 29-40.

Dror, Y. (1968). *Public Policymaking Reexamined.* Scranton, Pennsylvania: Chandler Publishing Company.

Drucker, P. F. (1993). *Management: Tasks, Responsibilities, Practices.* New York: Harper Collins.

Dubin, R. (1961). *Human Relations in Administration* (2nd ed.). Englewood Cliffs, New Jersey: Prentice-Hall, Inc.

Dubin, R. (1974). *Human Relations in Administration* (4th ed.). Englewood Cliffs, New Jersey: Prentice-Hall, Inc.

Duke, D. L., Showers, B. K., & Imber, M. (1980). Teachers and Shared Decision Making: The Costs and Benefits of Involvement. *Educational Administration Quarterly, 16*(1), pp. 93-106.

Duncan, W. J. (1978). *Organizational Behavior.* Boston: Houghton Mifflin Co.

Duncan, W. J. (1981). *Organizational Behavior* (2nd ed.). Boston: Houghton Mifflin Co.

Dunn, W. N. (1981). *Public Policy Analysis: An Introduction.* Englewood Cliffs, New Jersey: Prentice-Hall, Inc.

Duryea, E. D. (1962). The Theory and Practice of Administration. In G. P. Burns (ed.), *Administrators in Higher Education: Their Functions and Coordination.* New York: Harper and Brothers, Publishers.

Duryea, E. D. (1973). Evolution of University Organization. In J. A. Perkins (ed.), *The University as an Organization.* New York: McGraw-Hill Book Company.

Dye, T. R. (1981). *Understanding Public Policy* (4th ed.). Englewood Cliffs, New Jersey: Prentice-Hall, Inc.

Dykes, A. R. (1968). *Faculty Participation in Academic Decision Making.* Washington, D. C.: American Council on Education.

Eble, K. E. (1978). *The Art of Administration.* San Francisco: Jossey-Bass Publishers.

Ecker, G. (1985). Theories of Educational Organization: Modern. In T. Husen & T. N. Postlethwaite (eds.), *The International Encyclopedia of Education: Research and Studies, 9.* Oxford: Pergamon Press.

Edelman, M. (1977). *The Symbolic Uses of Politics.* Madison: University of Wisconsin Press.

Eliot, T. H. (1959). Toward un Understanding of Public School Politic. American *Polical Science*

Review, 52, pp. 1032-1051.

Emery, F. E., & Trist, E. L. (1965). The Casual Texture of Organizational Environments. *Human Relations*, February, pp. 21-32.

Erickson, F. (1987). Conceptions of School Culture: An Overview. *Educational Administration Quarterly, 23*(4), pp. 11-24.

Estler, S. E. (1988). Decision Making. In N. J. Boyan (ed.), *Handbook of Research on Educational Administration*. New York: Longman Inc.

Etzioni, A. (1961). *A Comparative Analysis of Complex Organization*. New York: The Free Press.

Etzioni, A. (1961). *Complex Organization: A Social Reader*. New York: Holt, Reinhart, and Winston.

Etzioni, A. (1964). *Modern Organizations*. Englewood Cliffs, N. J.: Prentice-Hall, Inc.

Etzioni, A. (1965). Organizational Control Structure. In J. G. March (ed.), *Handbook of Organizations*. Chicago: Rand McNally College Publishing Company.

Etzioni, A. (1967). Mixed-Scanning: A Third Approach to Decision-Making. *Public Administration Review*, Vol. XXVII, No. 5, pp. 385-392.

Etzioni, A. (1968). *The Active Society: A Theory of Societal and Political Processes*. New York: The Free Press.

Etzioni, A. (1988). Administrative and Professional Authority. In M. W. Peterson (ed.), *ASHE Reader on Organization and Governance in Higher Education* (3rd ed.). Lexington: Ginn Press.

Evans, M. G. (1970). The Effects of Supervisory Behavior on the Path-Goal Relationship. *Organizational Behavior and Human Performance, 5*.

Evers, C. W. (1985). Hodgkinson on Ethics and the Philosophy of Administration. *Educational Administration Quarterly, 21*(4), pp. 27-50.

Fayol, H. (1949). *General and Industrial Management*. Translated by Constance Storrs. London: Sir Isaac Pitman & Sons Ltd.

Feigl, H. (1951). Principles and Problems of Theory Construction in Psychology. In *Current Trends in Psychological Theory*. Pittsburgh: University of Pittsburgh Press.

Feldman, J., & Kanter, H. F. (1965). Organizational Decision Making. In J. G. March (ed.), *Handbook of Organizations*. Chicago: Rand McNally College Publishing Company.

Fiedler, F. E. (1967). *A Theory of Leadership Effectiveness*. New York: McGraw-Hill.

Fiedler, F. E., & Chemers, M. M. (1984). *Improving Leadership Effectiveness: The Leader Match Concept* (2nd ed.). New York: Wiley.

Firestone, W. A., & Herriott, R. E. (1982). Two Images of Schools as Organizations: An Explication and Illustrative Empirical Test. *Educational Administration Quarterly, 18*(2), pp.

39-59.

Fischer, F., & Sirianni, C. (eds.) (1984). *Critical Studies in Organization and Bureaucracy.* Philadelphia: Temple University Press.

Flagle, C. D. et al. (1960). *Operations Research and Systems Engineering.* Baltimore, Md.: The Johns Hopkins Press.

Floyd, C. E. (1985). *Faculty Participation in Decision Making: Necessary or Luxury?* ASHE-ERIC Higher Education Report. No. 8. Washington, D.C.: Association for the Study of Higher Education.

Follet, M. P. (1924). *Creative Experience.* London: Longmans, Green & Co.

Force, J. K., & Weil, R. (1971). *Managing with People.* Massachusetts: Addison Wesley Publishing Co.

Forester, J. (1983). Critical Theory and Organizational Analysis. In G. Morgan (ed.), *Beyond Method: Strategies for Social Research.* Beverly Hills: Sage Publications.

Forester, J. (1984). Bounded Rationality and the Politics of Muddling Through. *Public Administration Review, 44*(1), pp. 23-31.

Foster, W. P. (1984). Toward a Critical Theory of Educational Administration. In T. J. Sergiovanni & J. E. Corbally (eds.), *Leadership and Organizational Culture: New Perspectives on Administrative Theory and Practice.* Urbana: University of Illinois Press.

Foster, W. P. (1986). A Critical Perspective on Administration and Organization in Education. In K. A. Sirotnik & J. Oakes (eds.), *Critical Perspectives on the Organization and Improvement of Schooling.* Boston: Nijhoff Publishing.

Fox, E. M., & Urwick, L. (1973). *Dynamics Administration: The Collected Papers of Mary Parker Follet.* London: The Camelot Press Ltd.

French, J. R. P., & Raven, B. H. (1959). The Bases of Social Power. In D. Cartwright (ed.), *Studies in Social Power.* Ann Arbor, Mich.: Institute of Social Research.

French, J. R. P., & Raven, B. H. (1968). Bases of Social Power. In D. Cartwright & A. Zander (eds.), *Group Dynamics: Research and Theory.* New York: Harper & Row.

French, W. L. (1982). *The Personnel Management Process* (5th ed.). Boston: Houghton Mifflin Co.

Frisen, D., Holdaway, E. A., & Rice, A. W. (1983). Satisfaction on School Principals with Their Work. *Educational Administration Quarterly, 19*(4), pp. 35-58.

Frost, P. L., Moore, L. F., Lousi, M. R., Lundberg, C. C., & Martin, J. (eds.). *Organizational Culture.* Beverly Hills, CA: Sage.

Galbraith, J. (1973). *Designing Complex Organizations.* Reading, Mass.: Addition-Wesley.

Gerland, P., & O'Reilly, R. R. (1976). The Effect of Leader-Member Interaction on Organizational Effectiveness. *Educational Administration Quarterly, 12*(3), pp. 9-30.

Getzels, J. W., & Guba, E. G. (1957). Social Behavior and The Administrative Process. *The School Review*, Vol. LXV, No. 4(Winter), pp. 423-441.

Getzels, J. W., Lipham, J. M., & Campbell, R. F. (1968). *Educational Administration* as a *Social Process: Theory, Research, Practice*. New York: Harper & Row, Publishers.

Getzels, J. W., & Thelen, H. A. (1960). The Classroom Group as a Unique Social System. In N. B. Henry (ed.), *The Dynamics of Instructional Groups: Sociopsychological Aspects Teaching and Learning*. The Fifty-nine Yearbook of National Society for the Study of Education. Part II. Chicago: The University of Chicago Press.

Gibb, C. A. (1954). Leadership. In G. Lindzey (ed.), *Handbook of Social Psychology*. Reading, Mass.: Addison-Wesley Publishing Co.

Gibson, J. L., Ivancevich, J. M., & Donnelly, J. H. Jr. (1982). *Organizations: Behavior, Structure, Process* (4th ed.). Texas: Business Publication, Inc.

Gibson, R. O. (1979). An Approach to Paradigm Shift in Educational Administration. In G. L. Immegart & W. L. Boyd (eds.), *Problem-Finding in Educational Administration: Trends in Research and Theory*. Massachusetts: Lexington Books.

Goodman, P. S., & Friedman, A. (1971). An Examination of Adams' Theory of Inequity. *Administrative Science quarterly, 16*, pp. 271-288.

Goodman, P. S., Pennings, J. M., & Associates (1977). *New Perspectives on Organizational Effectiveness*. San Francisco: Jossey-Bass Publishers.

Goodman, P. S., Bazerman, M., & Conlon, E. (1980). Institutionalization of Planned Organizational Change. In B. M. Staw & L. L. Cummings (eds.), *Research in Organizational Behavior, 2,* Greenwich, Conn: JAI Press, pp. 231-242.

Gordon, J. R. (1975). *A Diagnostic Approach to Organizational Behavior*. Boston: Allyn and Bacon.

Gray, H. L. (1988). A Perspective on Organization Theory. In A. Westoby (ed.), *Culture and Power in Educational Organizations*. Philadelphia: Open University Press.

Greenberg, E. S. (1975). The Consequences of Worker Participation: A Clarification of the Theoretical Literature. *Social Science Quarterly, 56*, pp. 191-209.

Greenberg, J., & Baron, R. A. (1997). *Behavior in Organization* (6th ed.). Englewood Cliffs, NJ: Prentice Hall.

Greenfield T. B. (1975). Theory about Organization: A New Perspective and its Implications for Schools. In M. Hughes (ed.), *Administering Education: International Challenge*. London: The Athlone Press.

Greenfield, T. B. (1978). Reflections on Organization Theory and the Truths of Irreconcilable

Realities. *Educatoinal Administration Quarterly, 14*(2), pp. 1-23.

Greenfield, T. B. (1979). Organization Theory as Ideology. *Curriculum Inquiry, 9*(2), pp. 97-112.

Greenfield, T. B. (1985). Theories of Educational Organization: A Critical Perspective. In T. Husen & T. N. Postlethwaite (eds.), *The International Encyclopedia of Education: Research and Studies, 9.* Oxford: Pergamon Press, pp. 5240-5251.

Greenfield, T. B. (1988). The Decline and Fall of Science in Educational Administraion. In A. Westoby (ed.), *Culture and Power in Educational Organizations.* Philadelphia: Open University Press.

Greiner, L. E., & Schein, V. E. (1988). *Power and Organization Development: Mobilizing Power to Implement Change.* Reading, Massachusetts: Addison-Wesley Publishing Company.

Griffith, F. (1979). *Administrative Theory in Education: Text and Readings.* Midland Mich.: Pendell Publishing Co.

Griffiths, D. E. (1956). *Human Relations in School Administration.* New York: Appleton-Century-Crofts, Inc.

Griffiths, D. E. (1958). Administration as Decision-Making. In A. W. Halpin (ed.), *Administrative Theory in Education.* Chicago: Midwest Administration Center, University of Chicago.

Griffiths, D. E. (1959). *Administrative Theory.* New York: Appleton-Century-Crofts, Inc.

Griffiths, D. E. (1964). The Nature and Meaning of Theory. In D. E. Griffiths (ed.), *Behavioral Science and Educational Administration.* The Sixty-third Yearbook of the National Society for the Study of Education. Part II. Chicago: University of Chicago Press.

Griffiths, D. E. (1979). Intellectual Turmoil in Educational Administration. *Educational Administration Quarterly, 15*(3), pp. 43-65.

Griffiths, D. E. (1983). Evolution in Research and Theory: A Study of Prominent Researchers. *Educational Administration Quarterly, 19*(3), pp. 201-221.

Griffiths, D. E. (1988). Administrative Theory. In N. J. Boyan (ed.), *Handbook of Research on Educational Administration.* New York: Longman Inc.

Griffiths, D. E. (ed.) (1964). *Behavioral Science and Educational Administration.* The Sixty-third Yearbook of the National Society for the Study of Education. Part II. Chicago: University of Chicago Press.

Gronn, P. C. (1982). Neo-Taylorism in Educational Administration? *Educational Administration Quarterly, 18*(4), pp. 17-35.

Gronn, P. C. (1983). *Rethinking Educational Administration: T. B. Greenfield and His Critics.* Victoria, Australia: Deakin University.

Gross, B. M. (1964). The Scientific Approach to Administration. In D. E. Griffith (ed.), *Behavioral Science and Educational Administration.* The Sixty-third Yearbook of the National Society for the Study of Education, Part II. Chicago: The University of Chicago Press.

Gulick, L., & Urwick, L. (eds.) (1937). *Papers on the Science of Administration.* New York: Institute of Public Administration, Columbia University.

Gulick, L. (1937). Notes on Theory of Organization. In L. Gulick & L. Urwick (eds.), *Papers on the Science of Administration.* New York: Institute of Public Administration, Columbia University.

Hage, J. (1969). An Axiomatic Theory of Organizations. In F. D. Carver & T. J. Sergiovanni (eds.), *Organizations and Human Behavior: Focus on Schools.* New York: McGraw-Hill Book Company.

Hall, R. H. (1977). *Organizations: Structure and Process* (2nd ed.). Englewood Cliffs, N. J.: Prentice-Hall, Inc.

Haller, E. J., & Knapp, T. R. (1985). Problems and Methodology in Educational Administration. *Educational Administration Quarterly, 21*, No. 3(Summer), pp. 157-168.

Halpin, A. W., & Croft, D. B. (1963). *The Organizational Climate of Schools.* Chicago: Midwest Administration Center of the University of Chicago.

Halpin, A. W. (1966). *Theory and Research in Administration.* New York: Macmillan.

Halpin, A. W. (1970). Administrative Theory: The Fumbled Torch. In A. M. Kroll (ed.), *Issues in American Education.* New York: Oxford University Press.

Halpin, A. W. (ed.) (1958). *Administrative Theory in Education.* Chicago: Midwest Administration Center, University of Chicago.

Hanson, E. M. (1979). School Management and Contingency Theory: An Emerging Perspective. *Educational Administration Quarterly, 15*(2), pp. 98-116.

Hanson, E. M. (1979). *Educational Administration and Organizational Behavior.* Boston: Allyn and Bacon, Inc.

Hanson, E. M. (1985). *Educational Administration and Organizational Behavior* (2nd ed.). Boston: Allyn and Bacon, Inc.

Harmon, M. M., & Mayer, R. T. (1986). *Organization Theory for Public Administration.* Boston: Little, Brown and Company.

Hayes, A. E. (1973). *A Reappraisal of the Halpin-Croft Model of Organizational Climate of Schools.* Annual Meeting of the American Educational Research Association. New Orleans.

Heady, F. (1984). *Public Administration: A Comparative Perspective* (3rd ed.). New York: Marcel Dekker, Inc.

Heffron, F. (1989). *Organization Theory and Public Organization: The Political Connect.* Englewood Cliffs, New Jersey: Prentice-Hall, Inc.

Hemphill, J. K., & Coons, A. E. (1950). *Leader Behavior Description Questionnaire.* Columbus,

Ohio: Personnel Research Board, Ohio State University.

Heneman III, H. G., Schwab, D. P., Fossum, J. A., & Dyer, L. D. (1983). *Personnel/Human Resource Management* (2nd ed.). Homewood, Illinois: Richard D. Irwin, Inc.

Henry, N. (1989). *Public Administration and Public Affairs* (4th ed.). Englewood Cliffs, New Jersey: Prentice-Hall, Inc.

Herriott, R. E., & Firestone, W. A. (1984). Two Images of Schools as Organizations: A Refinement and Elaboration. *Educational Administration Quarterly, 20*(4), pp. 41-57.

Hersey, P., & Blanchard, K. (1982). *Management of Organizational Behavior: Utilizing Human Resources* (4th ed.). Englewood Cliffs, New Jersey: Prentice-Hall, Inc.

Hersey, P., & Blanchard, K. (1988). *Management of Organizational Behavior: Utilizing Human Resources* (5th ed.). Englewood Cliffs, New Jersey: Prentice-Hall, Inc.

Herzberg, F. (1966). *Work and the Nature of Man*. Cleveland, Ohio: The World Publishing Co.

Herzberg, F., Mausner, B., & Synderman, B. (1959). *The Motivation to Work*. New York: John Wiley and Sons.

Hicks, H. G., & Gullett, C. R. (1975). *Organizations: Theory and Behavior*. Tokyo: McGraw-Hill Kogakusha, Ltd.

Hickson, D. J., Pugh, D. S., & Pheysey, D. C. (1969). Operations Technology and Organization Structure: An Empirical Reappraisal. *Administrative Science Quarterly*, pp. 378-397.

Hills, J. (1978). Problems in the Production and Utilization of Knowledge in Educational Administration. *Educational Administration Quarterly, 14*(1), pp. 1-12.

Hills, J. (1980). A Critique of Greenfield's "New Perspective". *Educational Administration Quarterly, 16*(1), pp. 20-44.

Hodge, B. J., & Anthony, W. P. (1984). *Organization Theory* (2nd ed.). Boston: Allyn and Bacon, Inc.

Hodgkinson, C. (1986). Beyond Pragmatism and Positivism. *Educational Administration Quarterly, 22*(2), pp. 5-21.

Hodgkinson, C. (1978). *Towards a Philosophy of Administration*. New York: St. Martin's Press.

Hodgkinson, H. L., & Meeth, L. R. (eds.). (1976). *Power and Authority: Transformation of Campus Governance*. San Francisco: Jossey-Bass Publishers.

Holdaway, E. A. (1978). Facet and Overall Satisfaction of Teachers. *Educational Administration Quarterly, 14*(1), pp. 30-47.

Holt, R. T., & Turner, J. E. (eds.) (1970). *The Methodology of Comparative Research*. New York: The Free Press.

House, R. J., & Dessler, G. (1974). The Path-Goal Theory of Leadership: Some Post Hoc and A Priori Tests. In J. G. Hunt & L. L. Larson (eds.), *Contingency Approaches to Leadership*.

Carbondale: Southern Illinois University Press.

House, R. J., & Baetz, M. L. (1990). Leadership: Some Empirical Generalizations and New Research Directions. *Research in Organizational Behavior, 12.* Greenwich, CT: JAI Press.

House, R. J. (1971). A Path-Goal Theory of Leader Effectiveness. *Administrative Science Quarterly, 16.*

Hoy, W. K., & Clover, S. I. R. (1986). Elementary School Climate: A Revision of the OCDQ. *Educational Administration Quarterly, 22*(2), pp. 93-110.

Hoy, W. K., & Feldman, J. (1987). Organizational Health: The Concept and Its Measure. *Journal of Research and Development in Education, 20*, pp. 30-38.

Hoy, W. K., & Ferguson, J. (1985). A Theoretical Framework and Exploration of Organizational Effectiveness of Schools. *Educational Administration Quarterly, 21*(2), pp. 117-134.

Hoy, W. K., & Miskel, C. G. (1978). *Educational Administration: Theory, Research and Practice.* New York: Random House.

Hoy, W. K., & Miskel, C. G. (1987). *Educational Administration: Theory, Research and Practice* (3rd ed.). New York: Random House.

Hoy, W. K., & Miskel, C. G. (1991). *Educational Administration: Theory, Research, and Practice* (4th ed.). New York: McGraw-Hill, Inc.

Hoy, W. K., & Miskel, C. G. (1996). *Educational Administration: Theory, Research, and Practice* (5th ed.). New York: McGraw-Hill, Inc.

Hoy, W. K., & Miskel, C. G. (2001). *Educational Administration: Theory, Research, and Practice* (6th ed.). New York: McGraw-Hill, Inc.

Hoy, W. K. (1978). Scientific Research in Educational Administration. *Educational Administration Quarterly, 14*(3), pp. 1-12.

Hoy, W. K. (1982). Recent Developments in Theory and Research in Educational Administration. *Educational Administration Quarterly, 18*(3), pp. 1-11.

Hoy, W. K., Tarter, C. J., & Kottkamp, R. (1991). *Open Schools/Healthy Schools: Measuring organizational Climate.* Beverly Hills, CA: Sage.

Hoy, W. K., Tarter, C. J., & Bliss, J., R. (1990). Organizational Climate, School Health, and Effectiveness: A Comparative Analysis. *Educational Administration Quarterly, 26*(3), pp. 260-279.

Hoyle, E. (1988). Micropolitics of Educational Organizations. In A. Westoby (ed.), *Culture and Power in Educational Organizations.* Philadelphia: Open University Press.

Hughes, M. G. (ed.) (1975). *Administering Education: International Challenge.* London: The Athlone Press.

Hunter, J. E., & Schmidt, F. L. (1990). *Methods of Meta-Analysis: Correcting Error and Bias in*

Research Findings. Newbury Park, California: Sage Publications, Inc.

Huse, E. F., & Bowditch, J. L. (1977). *Behavior in Organizations: A Systems Approach to Managing* (2nd ed.). Reading, Mass: Addison-Wesley Publishing Co.

Imber, M., & Duke, D. L. (1984). Teacher Participation in School Decision Making: A Framework for Research. *The Journal of Educational Administration, 22*(1), pp. 24-34.

Immegart, G. L., & Boyd, W. L. (eds.) (1979). *Problem-Finding in Educational Administration: Trends in Research and Theory*. Lexington, Mass.: Lexington Books, D. C. Health and Co.

Immegart, G. L., & Pilecki, F. J. (1973). *An Introduction to Systems for the Educational Administrators*. Reading, Massachusetts: Addison-Wesley Publishing Company, Inc.

Immegart, G. L. (1977). The Study of Educational Administration, 1954-1974. In L. L. Cunningham, W. G. Hack & R. O. Nystrand (eds.), *Educational Administration: The Developing Decades*. Berkeley, California: McCutchan Publishing Corporation.

Immegart, G. L. (1988). Leadership and Leader Behavior. In N. J. Boyan (ed.), *Handbook of Research on Educational Administration*. New York: Longman Inc.

Inkpen, W. E., Ponder, A. A., & Crocker, R. A. (1975). Elementary Teacher Participation in Educational Decision-Making in Newfoundland. *Canadian Administrator, 14*(4), pp. 1-5.

Johns, R. L., Morphet, E. L., & Alexander, K. (1983). *The Economics and Financing of Education* (4th ed.). Englewood Cliffs, New Jersey: Prentice-Hall, Inc.

Johnston, G. S., & Germinario, V. (1985). Relationship Between Teacher Decisional Status and Loyalty. *The Journal of Educational Administration, 23*(1), pp. 91-105.

Kanter, R. (1977). *Man and Women of the Corporation*. New York: Basic Books.

Kaplan, A. (1964). *The Conduct of Inquiry: Methodology for Behavioral Science*. Scranton, Pennsylvania: Chandler Publishing Company.

Katz, D., & Kahn, R. (1978). *The Social Psychology of Organizations*. (2nd ed.). New York: John Wiley & Sons.

Kaufman, R. A. (1972). *Educational System Planning*. Englewood Cliffs, New Jersey: Prentice-Hall, Inc.

Keeton, M. (1971). *Shared Authority on Campus*. Washington, D. C.: American Association for Higher Edducation.

Keeves, J. P. (ed.) (1988). *Educational Research, Methodology, and Measurement*. New York: Pergamon Press.

Kellerman, B. (1984). *Leadership: Multidisciplinary Perspectives*. Englewood Cliffs, New Jersey: Prentice-Hall, Inc.

Kerlinger, F. N. (1973). *Foundations of Behavioral Research* (2nd ed.). New York: Holt, Rinehart and Winston, Inc.

Kilmann, R. H., Saxton, M. J., & Serpa, R. (eds.) (1985). *Gaining Control of the Corporate Culture.* San Francisco: Jossey-Bass.

Kimbrough, R. B., & Nunnery, M. Y. (1976). *Educational Administration: An Introduction.* New York: Macmillan Publishing Co., Inc.

Kimbrough, R. B. (1964). *Political Power and Educational Decision-Making.* Chicago: Rand McNally & Company.

Knapp, T. R. (1982). The Unit and the Context of the Analysis for Research in Educational Administration. *Educational Administration Quarterly, 18*(1), pp. 1-13.

Knezevich, S. J. (1975). *Administration of Public Education* (3rd ed.). New York: Harper & Row, Publishers.

Knezevich, S. J. (1984). *Administration of Public Education: A Sourcebook for the Leadership and Management of Educational Institutions* (4th ed.). New York: Harper & Row, Publishers.

Koopman, G. R. et al. (1943). *Democracy in School Administration.* New York: D. Appleton-Century Co.

Kotter, J. P., & Schlesinger, L. A. (1979). Choosing Strategies for Change. *Harvard Business Review* (March-April), pp. 106-114.

Kuhn, T. S. (1970). *The Structure of Scientific Revolutions* (2nd ed.). Chicago: The University of Chicago.

Kuhn, T. S. (1977). *The Essential Tension: Selected Studies in Scientific Tradition and Change.* Chicago: The University of Chicago Press.

Kuhnert, K. W. (1994). Transforming Leadership: Developing People Through Delegation. In B. M. Bass & B. J. Avolio (eds.), *Improving Organizational Effectiveness through Transformational Leadership.* Thousand Oaks, CA: Sage.

Kunz, D. W., & Hoy, W. K. (1976). Leadership Style of Principals and the Professional Zone of Acceptance of Teachers. *Educational Administration Quarterly, 12*(3), pp. 49-64.

Lakomski, G. (1987). Values and Decision Making in Educational Administration. *Educational Administration Quarterly, 23*(3), pp. 70-82.

Lammers, C. J. (1967). Power and Participation in Decision-Making in Formal Organizations. *The American Journal of Sociology, 73*(2), pp. 201-216.

Lane, F. S. (ed.) (1982). *Current Issues in Public Administration* (2nd ed.). New York: St. Martin's Press.

Lane, W. R., Corwin, R. G., & Monahan, W. G. (1967). *Foundations of Educational Administration: A Behavioral Analysis.* New York: Macmillan Publishing Co., Inc.

Lawler, E. E. III, & Suttle, J. L. (1973). Expectancy Theory and Job Behavior. *Organizational Behavior and Human Performance, 8,* pp. 483-502.

Lawless, D. J. (1972). *Effective Management: Social Psychology Approach.* Englewood Cliffs, N. J.: Prentice-Hall, Inc.

Lawrence, P., & Lorsch, J. (1967). *Organization and Environment.* Boston: Devision of Research, Harvard Business School.

Leavitt, H. J. (1978). *Managerial Psychology.* (4th ed.). Chicago: University of Chicago Press.

Lewin, K. (1951). *Field Theory in Social Science.* New York: Harper & Row.

Levin, K., Lippitt, R., & White, R. K. (1939). Patterns of Aggressive Behavior in Experimentally Created Social Climate. *Journal of Social Psychology, 10*, 271-301.

Likert, R., & Likert, J. G. (1976). *New Ways of Managing Conflict.* New York: McGraw-Hill.

Likert, R. (1961). *New Patterns of Management.* New York: McGraw-Hill Book Company.

Likert, R. (1967). *The Human Organization: Its Management and Value.* New York: McGraw-Hill Book Co.

Lindblom, C. E. (1959). The Science of 'Muddling Through'. *Public Administration Review,* Vol. XIX, No. 2(Spring).

Lindblom, C. E. (1965). *The Intelligence of Democracy: Decision-Making through Mutual Adjustment.* New York: The Free Press.

Lindzey, G., & Aronson, E. (eds.) (1985). *Handbook of Social Psychology: Theory and Method, 1* (3rd ed.). New York: Random House.

Linton, R. (1936). *The Study of Man.* New York: Appleton-Century-Crofts, Inc.

Lipham, J. M. (1988). Getzel's Models in Educational Administration. In N. J. Boyan (ed.), *Handbook of Research on Educational Administration.* New York: Longman Inc.

Litterer, J. A. (1969). *Organization: Systems, Control and Adaption* (2nd ed.). New York: John Wiley & Sons.

Litterer, J. A. (1973). *The Analysis of Organizations* (2nd ed.). New York: John Wiley & Sons, Inc.

Litwin, G. H., & Stringer, R. A. Jr. (1968). *Motivation and Organizational Climate.* Boston: Harvard University Press.

Locke, E. A. (1968). Toward a Theory of Task Motivation and Incentives. *Organizational Behavior and Human Performance, 3,* pp. 157-189.

Locke, E. A., Cartledge, N., & Knerr, C. S. (1970). Studies of the Relationship Between Satisfaction, Goal-Setting, and Performance. *Organizational Behavior and Human Performance, 5,* pp. 135-139.

Locke, E. A., & Schweiger, D. M. (1979). Participation in Decision-Making: One More Look. In B. M. Staw & L. L. Cummings (eds.), *Research in Organizational Behavior, 1.* Greenwich: JAI Press Inc, pp. 269-339.

Lorsch, J. W. (1979). Making Behavioral Science More Useful. *Harvard Business Review, 52*(2), pp. 171-182.

Lorsch, J. W. (1985). Strategic Myopia: Culture as an Invisible Barrier to Change. In R. H. Kilmann, M. J. Saxton & R. Serpa (eds.), *Gaining Control of the Corporate Culture.* San Francisco: Jossey-Bass, pp. 84-102.

Lowin, A. (1968). Participative Decision-Making: A Model, Literature Critique, and Prescriptions for Research. *Organizational Behavior and Human Performance, 3*, pp. 68-106.

Luft, J. (1963). *Group Processes: An Introduction to Group Dynamics.* Mayfield Publishing Co.

Lunenburg, F. C., & Ornstein, A. C. (1991). *Educational Administration: Concepts and Practices.* Belmont, California: Wadsworth Publishing Company.

Lunenburg, F. C., & Ornstein, A. C. (1996). *Educational Administration: Concepts and Practices* (2nd ed.). Belmont: Wadsworth Publishing Company.

Luthans, F. (1981). *Organizational Behavior* (3rd ed.). New York: McGraw-Hill Co.

Magjuka, R. (1990). Participation in Decision Making: An Empirical Analysis. In S. B. Bacharach (ed.), *Advances in Research and Theories of School Management and Educational Policy, 1.* Greenwich: JAI Prees Inc.

Mansfield, R. (1973). Bureaucracy and Centralization: An Examination of Organizational Structure. *Administrative Science Quarterly, 18*(4), pp. 477-488.

March, J. G., & Simon, H. A. (1958). *Organizations.* New York: John Wiley & Sons, Inc.

March, J. G., & Olsen, J. (1976). *Ambiguity and Choice in Organizations.* Bergen, Norwey: Universitetsforlaget.

March, J. G. (ed.) (1965). *Handbook of Organizations.* Chicago: Rand McNally College Publishing Company.

Marini, F. (ed.) (1971). *Toward a New Public Administration: The Minnowbrook Perspective.* New York: Chandler Publishing Co.

Martin, J. (1985). Can Organizational Change Be Managed? In P. L. Frost, L. F. Moore, M. R. Lousi, C. C. Lundberg & J. Martin (eds.), *Organizational Culture.* Beverly Hills, CA: Sage, pp. 95-98.

Martin, W. J., & Willow, D. J. (1981). The Managerial Behavior of High School Principals. *Educational Administration Quarterly, 17*(1), pp. 69-90.

Marx, F. M. (1957). *The Administrative State.* Chicago: University of Chicago.

Maslow, A. H. (1954). *Motivation and Personality.* New York: Harper and Row, Publishers.

Maslow, A. H. (1970). *Motivation and Personality* (2nd ed.). New York: Harper & Row Publishers, Inc.

Mayo, E. (1933). *The Human Problems of an Industrial Civilization.* New York: MacMillan Co.

Mayo, E. (1945). *The Social Problems of an Industrial Civilization*. Boston: Graduate School of Business Administration, Harvard University.

McCarthy, M. M. (1986). Research in Educational Administration: Promising Signs for the Future. *Educational Administration Quarterly, 22*(3), pp. 3-20.

McClelland, D. C. (1985). *Human Motivation*. Glenview, Illinois: Scott, Foresman and Company.

McGrath, E. J. (1970). *Should Student Have the Power?: A Study of Their Role in College and University Governance*. Philadelphia: Temple University Press.

McGregor, D. M. (1960). *The Human Side of Enterprise*. New York: McGraw-Hill Book Co.

McMahon, W. W., & Geske, T. G. (eds.) (1982). *Financing Education: Overcoming Inefficiency and Inequity*. Urbana: University of Illinois Press.

Meeth, L. R. (1976). Administration and Leadership. In H. L. Hodgkinson & L. R. Meeth (eds.), *Power and Authority: Transformation of Campus Governance*. San Francisco: Jossey-Bass Publishers.

Megginson, L. C. (1972). *Personnel: A Behavioral Approach to Administration*. Homewood, Illinois: Richard D. Irwin, Inc.

Merton, R. (1957). *Social Theory and Social Structure*. New York: Free Press.

Meyer, J. W., & Rowan, B. (1978). Notes on the Structure of Educational Organizations. In M. W. Meyer & Associates (eds.), *Environments and Organizations*. San Francisco: Jossey-Bass.

Meyer, J. W., & Rowan, B. (1988). The Structure of Educational Organizations. In A. Westoby (ed.), *Culture and Power in Educational Organizations*. Philadelphia: Open University Press.

Meyer, J. W. (1984). Organizations as Ideological Systems. In T. J. Sergiovanni & J. E. Corbally (eds.), *Leadership and Organizational Culture: New Perspectives on Administrative Theory and Practice*. Urbana: University of Illinois Press.

Meyer, M. W. (1972). Size and the Structure of Organizations: A Causal Analysis. *American Sociological Review*, August, pp. 434-441.

Meyer, M. W., & Associates (eds.) (1978). *Environments and Organizations*. San Francisco: Jossey-Bass.

Meyer, M. W. (1978). Recent Developments in Organizational Research and Theory. In M. W. Meyer & Associates (eds.), *Environments and Organizations*. San Francisco: Jossey-Bass.

Michaelsen, J. B. (1981). The Political Economy of School District Administration. *Educational Administration Quarterly, 17*(3), pp. 98-113.

Miles, M. B. (1969). Planned Change and Organizational Health: Figure and Ground. In F. E. Caver & T. J. Sergiovanni (eds.), *Organizations and Human Behavior: Focus on Schools*. New York: McGraw-Hill Book Company, pp. 375-391.

Miles, M. B. (1975). Planned Change and Organizational Health: Figure and Ground. In V. J. Baldridge & T. E. Deal (eds.), *Managing Change in Educational Organizations: Sociological Perspectives: Strategies and Case Studies.* Berkerly, California: McCuthan Publishing Corporation.

Milstein, M. M., & Belasco, J. A. (1973). *Educational Administration and the Behavioral Sciences: A Systems Perspective.* Boston: Allyn and Bacon, Inc.

Miner, J. B. (1988). *Organizational Behavior: Performance and Productivity.* New York: Random House.

Mintzberg, H. (1979). *The Structuring of Organizations.* Englewood Cliffs, N. J.: Printice-Hall.

Mintzberg, H. (1989). *Mintzberg on Management.* New York: Free Press.

Mintzberg, H. (1990). The Nature of Managerial Work. New York: Harper Collins.

Miskel, C. G., & Ogawa, R. (1988). Work Motivation, Job Satisfaction, and Climate. In N. J. Boyan (ed.), *Handbook of Research on Educational Administration.* New York: Longman Inc.

Miskel, C. G., & Sandlin, T. (1981). Survey Research in Educational Administration. *Educational Administration Quarterly*, *17*(4), pp. 1-20.

Miskel, C. G., Fevur, R., & Stewart, J. (1979). Organizational Structures and Processes, Perceived School Effectiveness, Loyalty, and Job Satisfaction. *Educational Administration Quarterly*, *15*(3), pp. 97-118.

Miskel, C. G., Glasnapp, D., & Hatley, R. (1975). A Test of the Inequity Theory for Job Satisfaction Using Educators' Attitudes toward Work Motivation and Work Incentives. *Educational Administration Quarterly*, *11*(1), pp. 38-54.

Mitchell, D. E., & Spady, W. G. (1983). Authority, Power, and the Legitimation of Social Control. *Educational Administration Quarterly*, *19*(1), pp. 5-33.

Mitchell, D. E. (1984). Educational Policy Analysis: The State of the Art. *Educational Administration Quarterly*, *20*(3), pp. 129-160.

Mitchell, D. E. (1988). Educational Politics and Policy: The State Level. In N. J. Boyan (ed.), *Handbook of Research on Educational Administration.* New York: Longman Inc.

Moehlman, A. B. (1951). *School Administration* (2nd ed.). Boston: Houghton Mifflin Co.

Moeller, G. H., & Charters, W. W. (1969). Relation of Bureaucratization to Sense of Power among Teachers. In F. D. Carver & T. J. Sergiovanni (eds.), *Organizations and Human Behavior: Focus on Schools.* New York: McGraw-Hill Book Company.

Moeller, J. (1968). Bureaucracy and Teachers, Sense of Power. In N. R. Bell & H. R. Stub (eds.), *Sociology of Education.* Homewood. Ill.: Dorsey Press.

Mohrman, A. M. Jr., Cooke, R. A., & Mohrman, S. A. (1978). Participation in Decision Making: A

Multidimensional Perspective. *Educational Administration Quarterly, 14*(1), pp. 13-29.

Monahan, W. G., & Hengst, H. R. (1982). *Contemporary Educational Administration.* New York: Macmillan Publishing Co., Inc.

Monahan, W. G. (1975). *Theoretical Dimensions of Educational Administration.* New York: Macmillan Publishing Co., Inc.

Morgan, G. (1983). The Significance of Assumptions. In G. Morgan (ed.), *Beyond Method: Strategies for Social Research.* Beverly Hills: Sage Publications.

Morgan, G. (1986). *Images of Organization.* Beverly Hills: Sage Publications.

Morphet, E. L., Johns, R. L., & Reller, T. L. (1982). *Educational Organization and Administration: Concepts, Practices, and Issues* (4th ed.). Englewood Cliffs, New Jersey: Prentice-Hall, Inc.

Mort, P., & Ross, D. H. (1957). *Principles of School Administration: A Synthesis of Basic Concepts* (2nd ed.). New York: McGraw Hill.

Mortimer, K. P., & McConnel, T. R. (1970). Faculty Participation in University Governance. In C. E. Kruytbosch & S. L. Messinger (eds.), *The State of the University.* Beverly Hills, California: Sage Publications, Inc.

Mortimer, K. P., & McConnel, T. R. (1978). *Sharing Authority Effectively: Participation, Interaction, and Discretion.* San Francisco: Jossey-Bass Publishers.

Mortimer, K. P., & McConnell, T. R. (1988). Process of Academic Governance. In M. W. Peterson (ed.), *ASHE Reader on Organization and Governance in Higher Education* (3rd ed.). Lexington: Ginn Press.

Mulder, M. (1971). Power Equalization through Participation. *Administrative Science Quarterly, 16*(1), pp. 31-38.

Muth, R. (1984). Toward an Integrative Theory of Power and Educational Organizations. *Educational Administration Quarterly, 20*(2), pp. 25-42.

Nachmias, C., & Nachmias, D. (1981). *Research Methods in the Social Sciences* (2nd ed.). New York: St. Martin's Press.

Natemeter, W. E. (ed.) (1978). *Classics of Organizational Behavior.* Oak Park, Illinois: Moore Publishing Company, Inc.

Newell, C. A. (1978). *Human Behavior in Educational Administration.* Englewood Cliffs, N. J.: Prentice-Hall, Inc.

Nigro, F. A., & Nigro, L. G. (1981). *The New Public Personnel Administration* (2nd ed.). Itasca, Illinois: F. E. Peacock Publishers, Inc.

Nigro, F. A., & Nigro, L. G. (1984). *Modern Public Administration* (6th ed.). New York: Harper & Row, Publishers.

Northouse, P. G. (2007). *Leadership: Theory and Practice* (4th ed.). Thousand Oaks, California:

Sage Publications, Inc.

O'Reilly III, C. A. (1983). The Use of Information in Organizational Decision Making: A Model and Propositions. In B. M. Staw & L. L. Cummings (eds.), *Research in Organizational Behavior, 5*. Greenwich: JAI Press Inc., pp. 103-139.

Odiorne, G. S. (1984). *Strategic Management of Human Resources.* San Francis co: Jossey-Bass Publishers.

Ogawa, R. (1985). Theories of Educational Organization: Classical. In T. Husen & T. N. Postlethwaite (eds.), *The International Encyclopedia of Education: Research and Studies, 9.* Oxford: Pergamon Press.

Orlosky, D. E., McCleary, L. E., Shapiro, A., & Webb, L. D. (1984). *Educational Administration Today.* Columbus, Ohio: Charles E. Merrill Publishing Company.

Ostrom, V. (1974). *The Intellectual Crisis in American Public Administration.* Alabama: The University of Alabama Press.

Ouchi, W. G., & Wilkins, A. L. (1988). Oranizational Culture. In A. Westoby (ed.), *Culture and Power in Educational Organizations.* Philadelphia: Open University Press.

Ouchi, W. G. (1981). *Theory Z.* Reading, M. A.: Addison-Wesley.

Owens, R. G., & Steinhoff, C. R. (1976). *Administering Change in Schools.* Englewood Cliffs, New Jersey: Prentice-Hall, Inc.

Owens, R. G. (1970). *Organizational Behavior in School.* Englewood Cliffs, New Jersey: Prentice-Hall, Inc.

Owens, R. G. (1981). *Organizational Behavior in Education* (2nd ed.). Englewood Cliffs, N. J.: Printice-Hall, Inc.

Owens, R. G. (1982). Methodological Rigor in Naturalistic Inquiry: Some Issues and Answers. *Educational Administration Quarterly, 18*(2), pp. 1-21.

Owens, R. G. (1987). *Organizational Behavior in Education* (3rd ed.). Englewood Cliffs, New Jersey: Prentice-Hall, Inc.

Parkinson, C. N. (1957). *Parkinson's Law and Other Studies in Administration.* Houghton Mifflin Company.

Parsons, T., Bales, R. F., & Shils, E. A. (1953). *Working Papers in the Theory of Action.* New York: The Free Press.

Parsons, T. (1951). *The Social System.* New York: The Free Press.

Parsons, T. (1967). *Sociological Theory and Modern Society.* New York: The Free Press.

Parsons, T. (1971). The Strange Case of Academic Organization. *The Journal of Higher Education, 43*(6), pp. 486-495.

Parsons, T., & Shils, E. A. (1951). *Towards a General Theory of Action.* Cambridge, Mass.:

Harvard University Press.

Pebady, R. L. (1962). Perceptions of Organizational Authority: A Comparative Analysis. *Administrative Science Quarterly, 6,* pp. 463-482.

Perrow, C. (1967). A Framework for the Comparative Analysis of Organizations. *American Sociological Review*, April, pp. 194-208.

Perrow, C. (1970). *Organizational Analysis: A Structural View.* Pacific Grove, Calif.: Brooks/Cole.

Perrow, C. (1986). *Complex Organizations: A Critical Essay* (3rd ed.). New York: Random House.

Peter, L. J., & Hall, R. (1979). *The Peter Principle.* New York: Bantam Books, Inc.

Peters, T. J., & Waterman, R. H., Jr. (1982). *In Search of Excellence.* New York: Harper & Row.

Peterson, M. W. (1988). Emerging Developments in Postsecondary Organization Theory and Research: Fragmentation or Integration. In M. W. Peterson (ed.), *ASHE Reader on Organization and Governance in Higher Education* (3rd ed.). Lexington: Ginn Press.

Peterson, M. W. (ed.) (1988). *ASHE Reader on Organization and Governance in Higher Education* (3rd ed.). Lexington: Ginn Press.

Pettigrew, A. M. (1973). *The Politics of Organizational Decision-Making.* London: Tavistock.

Pfeffer, J., & Salancik, G. R. (1974). Organizational Decision Making as a Political Process: The Case of a University Budget. *Administrative Science Quarterly, 19*(2), pp. 131-151.

Pfeffer, J., & Salancik, G. R. (1978). *The External Control of Organizations: A Resource Dependence Perspective.* New York: Harper & Row, Publishers.

Pfeffer, J. (1981). *Power in Organizations.* Boston: Pitman Publishing Inc.

Pfeffer, J. (1982). *Organizations and Organizational Theory.* Massachusetts: Pitman Publishing Inc.

Pigors, P., & Myers, C. A. (1981). *Personnel Administration: A Point of View and a Method* (9th ed.). New York: McGraw-Hill Book Co.

Pinter, N. J., & Ogawa, R. T. (1981). Organizational Leadership: The Case of the Superintendent. *Educational Administration Quarterly, 17*(1), pp. 45-65.

Pitner, N. J. (1988). The Study of Administrator Effects and Effectiveness. In N. J. Boyan (ed.), *Handbook of Research on Educational Administration.* New York: Longman Inc.

Pollay, R. W., Taylor, R. N., & Thompson, M. (1976). A Model for Horizontal Power Sharing and Participation in University Decision-Making. *The Journal of Higher Education, 47*(2), pp. 141-155.

Pondy, L. R. (1967). Organizational Conflict: Concepts and Models. *Administrative Science Quarterly, 12*, pp. 296-320.

Pondy, L. R. (1982). Organizational Conflict: Concepts and Models. In H. L. Tosi & W. C. Hammer (eds.), *Organizational Behavior and Management: A Contingency Approach.*

New York: John Wiley & Sons.

Porter, L. W., & Lawler III, E. E. (1968). *Managirial Attitudes and Performance.* Homewood, Illinois: Richard D. Irwin, Inc.

Powers, D. R., & Powers, M. F. (1983). *Making Participatory Management Work: Leadership of Consultive Decision Making in Academic Administration.* San Francisco: Jossey-bass Publishers.

Price, J. L. (1968). *Organizational Effectiveness: An Inventory of Proposions.* Homewood, Illinois: Richard D. Irwin, Inc.

Pugh, D. S. et al. (1971). *Writers on Organizations* (2nd ed.). Middlesex, England: Penguin Books Ltd.

Quinn, R., & McGrath, M. R. (1985). The Transformations of Organizational Cultures. In P. J. Frost, et al. (eds.), *Organizational Culture.* Beverly Hills, CA.: Sage Publication.

Rapoport, A. (1980). General Systems Theory. *International Encyclopedia of the Social Sciences.*

Rebore, R. W. (1985). *Educational Administration: A Management Approach.* Englewood Cliffs, New Jersey: Prentice-Hall, Inc.

Reddin, W. J. (1970). *Managerial Effectiveness.* New York: McGraw-Hill.

Reece, B. L., & Brandt, R. (1984). *Effective Human Relations in Organization.* Boston: Houghton Mifflin Co.

Reeder, W. G. (1930). *The Fundmentals of Public School Administration.* New York: The Macmilan Co.

Reeder, W. G. (1951). *The Fundmentals of Public School Administration* (3rd ed.). New York: The Macmilan Co.

Reitz, H. J. (1989). *Behavior in Organizations* (3rd ed.). Homewood, Il: Dow Jones-Irwin.

Rice, R. W. (1981). Leader LPC and Follower Satisfaction: A Review. *Organizational Behavior and Human Performance, 28.*

Rich, J. M. (1974). *New Directions in Educational Policy.* Lincoln, Nebraska: Professional Educators Publications, Inc.

Riley, D. (1984). Teacher Utilization of Avenues for Participatory Decision Making. *The Journal of Educational Administration, 22*(1), pp. 35-46.

Robbins, S. P. (1983). *Organization Theory: The Structure and Design of Organizations.* Englewood Cliffs, New Jersey: Prentice-Hall, Inc.

Robbins, S. P. (1986). *Organizational Behavior: Concepts, Controversies, and Applications* (3rd ed.). Englewood Cliffs, New Jersey: Prentice-Hall, Inc.

Roethlisberger, F. J., & Dickson, W. J. (1939). *Management and the Worker.* Cambridge, Mass: Harvard University Press.

Rosenbloom, D. H. (1983). Public Administrative Theory and the Seperation of Powers. *Public Administration Review, 43*(3), pp. 219-227.

Rosenhead (ed.) (1990). *Rational Analysis for a Problematic World: Problem Structuring Methods for Complexity, Uncertainty and Conflict.* New York: Wiley.

Salter, B., & Tapper, T. (1985). *Power and Policy in Education: The Case of Independent Schooling.* Philadelphia: The Falmer Press.

Samuel, K. G., & Floyd, C. E. (1975). Research on Higher Education Administration and Policy. *Public Administration Review, 35*(1), pp. 111-118.

Sander, B., & Wiggins, T. (1985). Cultural Context of Administrative Theory: In Consideration of a Multidimensional Paradigm. *Educational Administration Quarterly, 21*(1), pp. 95-117.

Sanford, A. C. (1973). *Human Relations: Theory and Practice.* Columbia, Ohio: Chares E. Merrill Publishing Company.

Sapiro, J. Z., & Berkeley, T. R. (1986). Alternative Perspectives on Policy Analysis: A Response to Douglas E. Mitchell's 'Educational Policy Analysis: The State of the Art'. *Educational Administration Quarterly, 22*(4), pp. 80-91.

Sarmir, B., House, R. J., & Arthur, M. B. (1993). The Motivational Effects of Charismatic Leadership: A Self-concept Based Theory. *Organization Science, 4*(4), pp. 577-594.

Saxe, R. W. (1980). *Educational Administrational Today: An Introduction.* Berkeley, California: McCutchan Publishing Corporation.

Schein, E. H. (1980). *Organizational Psychology* (3rd ed.). Englewood Cliffs, New Jersey: Printice-Hall, Inc.

Schein, E. H. (1985). *Organizational Culture and Leadership.* San Francisco: Jossey-Bass Publishers.

Schein, E. H. (1992). *Organizational Culture and Leadership* (2nd ed.). San Francisco: Jossey-Bass Publishers.

Schein, E. H. (1999). *The Corporate Culture.* San Francisco: Jossey-Bass.

Schmidt, G. L. (1976). Job Satisfaction among Secondary School Administrators. *Educational Administration Quarterly, 12*(2), pp. 66-86.

Schmuck, R. A., & Runkel, P. J. (1985). *The Handbook of Organization Development in Schools* (3rd ed.). Prospect Heights, Illinois: Waveland Press, Inc.

Schwille, J., Porter, A., & Grant, M. (1980). Content Decision Making and Politics of Education. *Educational Administration Quarterly, 16*(2), pp. 21-40.

Scott, L. K. (1978). Chrismatic Authority in the Rational Organization. *Educational Administration Quarterly, 14*(2), pp. 43-62.

Scott, W. G., & Mitchell, D. E. (1976). *Organization Theory: A Structural and Behavioral*

Analysis. Homewood, Ill.: Irwin.

Scott, W. R. (1981). *Organizations: Rational, Natural, and Open Systems*. Englewood Cliffs, New Jersey: Printice-Hall, Inc.

Selznick, P. (1957). *Leadership in Administration: A Sociological Interpretation*. Evanston, Ill.: Row, Peterson and Co.

Selznick, P. (1961). Foundations of the Theory of Organization. In A. Etzioni (ed.), *Complex Organization: A Social Reader*. New York: Holt, Reinhart and Winston.

Sergiovanni, T. J., & Carver, F. D. (1980). *The New School Executive: A Theory of Administration* (2nd ed.). New York: Harper & Row, Publisher.

Sergiovanni, T. J., & Cobally, J. E. (eds.) (1984). *Leadership and Organizational Culture: New Perspectives on Administrative Theory and Practice*. Urbana: University of Illinois Press.

Sergiovanni, T. J., & Starratt, R. J. (1983). *Supervision: Human Perspectives* (3rd ed.). New York: McGraw-Hill Book Company.

Sergiovanni, T. J. (1980). A Social Humanities View of Educational Policy and Administration. *Educational Administration Quarterly, 16*(1), pp. 1-19.

Sergiovanni, T. J. (1984). Developing a Relevant Theory of Administration. In T. J. Sergiovanni & J. E. Corbally (eds.), *Leadership and Organizational Culture: New Perspectives on Administrative Theory and Practice*. Urbana: University of Illinois Press.

Sergiovanni, T. J., Burlingame, M., Coombs, F. S., & Thurston, P. W. (1987). *Educational Governance and Administration* (2nd ed.). Boston: Allyn and Bacon.

Sergiovanni, T. J., Burlingame, M., Coombs, F. S., & Thurston, P. W. (1992). *Educational Governance and Administration* (3rd ed.). Boston: Allyn and Bacon.

Sethia, N. K., & Glinow, M. A. (1985). Arriving at Four Culture by Managing the Reward System. In R. Kilmann, et al. (eds.), *Gaining Control of the Corporate Culture*. CA: Jossey-Bass.

Shafritz, J. M., & Hyde, A. C. (eds.) (1978). *Classics of Public Administration*. Oak Park, Illinois: Moore Publishing Company, Inc.

Shafritz, J. M., & Ott, J. S. (1987). *Classics of Organizational Theory*. Illinois: The Dorsey Press.

Shapiro, J. Z., & Berkeley, T. R. (1986). Alternative Perspectives on Policy Analysis: A Response to Douglas E. Mitchell's "Educational Policy Analysis: The State of the Art". *Educational Administration Quarterly, 22*(4), pp. 80-91.

Sharkansky, I. (1982). *Public Administration: Agencies, Policies, and Politics*. San Francisco: W. H. Freeman and Company.

Sherman, R. R., & Webb, R. B. (eds.) (1988). *Qualitative Research in Education: Focus and Methods*. New York: The Falmer Press.

Silver, P. F. (1983). *Educational Administration: Theoretical Perspectives on Practice and Research*.

New York: Harper & Row, Publishers.

Silverman, D. (1970). *The Theory of Organisations: A Sociological Framework*. New York: Basic Books, Inc., Publishers.

Simmons, R. H., & Dvorin, E. P. (1977). *Public Administration: Values, Policy, and Change*. New York: Alfred Publishing Co., Inc.

Simon, H. A., Smithburg, D., & Thompson, V. (1961). *Public Administration*. New York: Alfred A. Knopf.

Simon, H. A. (1945/1957/1976). *Administrative Behavior: A Study of Decision-Making Processes in Administrative Organization*. New York: The Free Press.

Simon, H. A. (1977). *The New Science of Management Decision* (rev. ed.). Englewood Cliffs, N. J.: Prentice-Hall.

Sirotnik, K. A., & Oakes, J. (eds.) (1986). *Critical Perspectives on the Organization and Improvement of Schooling*. Boston: Nijhoff Publishing.

Smircich, L. (1983). Studying Organizations as Cultures. In G. Morgan (ed.), *Beyond Method: Strategies for Social Research*. Beverly Hills: Sage Publications.

Smith, P. (1976). Behaviors, Results, and Organizational Effectiveness. In M. Dunnette (ed.), *Handbook of Industrial and Organizational Psychology*. Chicago: Rand McNally & Co.

Sousa, D., & Hoy, W. K. (1981). Bureaucratic Structure in Schools: A Refinement and Synthesis in Measurement. *Educational Administration Quarterly*, *17*(4), pp. 21-39.

Spaulding, F. E. (1913). *Improving School Systems through Scientific Management*. Washington, D. C.: NEA.

Stahl, O. G. (1983). *Public Personnel Administration* (8th ed.). New York: Harper & Row, Publishers, Inc.

Starbuck, W. H. (1976). Organizations and Their Environments. In M. D. Dunnette (ed.), *Handbook of Industrial and Organizational Psychology*. Chicago: Rand McNally.

Staw, B. M. (ed.) (1983). *Psychological Foundations of Organizational Behavior* (2nd ed.). Glenview, Illinois: Scott, Foresman and Company.

Steinhoff, C. R., & Owens, R. G. (1989). The Organizational Culture and Assessment Inventory: A Mataphorical Analysis of Organizational Culture in Educational Setting. *Journal of Educational Administration*, *27*(3), pp. 17-23.

Stogdill, R. M. (1948). Personal Factors Associated with Leadership: A Survey of the Literature. *Journal of Psychology*, *25*, pp. 35-37.

Stogdill, R. M. (1974). *Handbook of Leadership: A Survey of Theory and Research*. New York: The Free Press.

Stone, E. F. (1978). *Research Methods in Organizational Behavior*. Santa Monica, California:

Goodyear Publishing Company, Inc.

Strauss, G. (1969). Some Notes on Power-Equalization. In F. D. Caver & T. J. Sergiovanni (eds.), *Organizations and Human Behavior: Focus on Schools.* New York: McGraw-Hill Book Company.

Strauss, G. (1982). Workers Participation in Management: An International Perspective. In B. M. Staw & L. L. Cummings (eds.), *Research in Organizational Behavior, 4.* Greenwich: JAI Press Inc., pp. 173-265.

Strayer, G. D., & Thorndike, E. L. (1913). *Educational Administration: Quantitive Studies.* New York: The Macmillan Publishing Co.

Swanda, J. (1979). *Organizational Behavior: Systems and Applications.* Sherman Oaks, CA: Alfred Publishing Company Inc.

Szilagyi, A. D., & Wallace, M. Jr. (1983). *Organizational Behavior and Performance* (3rd ed.). Glenview, Illinois: Scott, Foresman and Company.

Tagiuri, R. (1968). *The Concept of Organizational Climate.* In R. Tagiuri & G. H. Litwin (eds.), *Organizational Climate.* Boston: Harvard Graduate School of Business Administration.

Tagiuri, R., & Litwin, G. H.(eds.)(1968). *Organizational Climate.* Boston: Harvard Graduate School of Business Administration.

Tannenbaum, R., & Schmidt, W. (1973). How to Choose a Leadership Pattern. *Harvard Business Review, 51.*

Tatsuoka, M., & Silver, P. (1988). Quantitative Research Methods in Educational Administration. In N. J. Boyan (ed.), *Handbook of Research on Educational Administration.* New York: Longman Inc.

Taylor, F. W. (1911). *The Principles of Scientific Management.* New York: Harper & Row, Publishers.

Taylor, F. W. (1947). *Scientific Management.* New York: Harper & Brothers, Publishers.

Thomas, K. (1976). Conflict and Conflict Management. In M. D. Dunnette (ed.), *Handbook of Industrial and Organizational Psychology.* Chicago: Rand McNally.

Thompson, J. D. (1967). *Organizations in Action: Social Science Bases of Administrative Theory.* New York: McGraw-Hill Book Company.

Thompson, V. A. (1969). Hierachy, Specializaton, and Organizational Conflict. In F. E. Caver & T. J. Sergiovanni (eds.), *Organizations and Human Behavior: Focus on Schools.* New York: McGraw-Hill Book Company.

Thurston, P. W., & Lotto, L. S. (eds.) (1990). *Advances in Educational Administration, Vol. 1. Part A: Perspectives on Educational Reform.* Greenwich: JAI Press Inc.

Tosi, H. L., & Hamner, W. C. (eds.) (1982). *Organizational Behavior and Management: A*

Contingency Approach (3rd ed.). New York: John Wiley & Sons.

Tregg, R. T. (1965). Essay Review: Behavioral Science and Educational Administration. *Educational Administration Quarterly, 1*(1).

Tyler, W. B. (1988). The Organizational Structure of the School. In A. Westoby (ed.), *Culture and Power in Educational Organizations*. Philadelphia: Open University Press.

Van Dalen, D. B., & Meyer, W. J. (1966). *Understanding Educational Research* (2nd ed.). New York: McGraw-Hill Book Co.

Vroom, V. H. (1964). *Work and Motivation*. New York: John Wiley and Sons.

Vroom, V. H., & Yetton, P. W. (1973). *Leadership and Decision-Making*. Pittsburgh: University of Pittsburgh Press.

Waldo, D. (1980). *The Enterprise of Public Administration: A Summary View*. Novato, California: Chandler & Sharp Publishers, Inc.

Wallace, W. L. (1971). *The Logic of Science in Sociology*. Chicago: Aldine Atherton, Inc.

Walker, W. G. (1975). The Future in Educational Administration as a Field of Study, Teaching and Research. In M. Hughes (ed.), *Administering Education: International Challenge*. London: The Athlone Press.

Walker, W. G. (1984). Administrative Narcissism and the Tyranny of Isolation: Its Decline and Fall, 1954-1984. *Educational Administration Quarterly, 20*(4), pp. 6-23.

Waller, W. (1932). *The Sociology of Teaching*. New York: Wiley.

Warren, D. I. (1968). Power, Visibility, and Conformity in Formal Organizations. *American Sociological Review, 36*(6), pp. 951-970.

Watkins, J. F. (1968). The OCDQ-An Application and Some Implications. *Educational Administration Quarterly, 4*.

Weber, M. (1947). *The Theory of Social and Economic Organization*. Edited and Translated by A. M. Henderson and Talcott Parsons. New York: The Free Press.

Weick, K. E. (1976). Educational Organizations as Loosely Coupled Systems. *Administrative Science Quarterly, 21*(1), pp. 1-19.

Weick, K. E. (1979). *The Social Psychology of Organizing* (2nd ed.). Reading, Massachusetts: Addidon-Wesley Publishing Company.

Westoby, A. (ed.) (1988). *Culture and Power in Educational Organizations*. Philadelphia: Open University Press.

White, D. D., & Bender, D. A. (1986). *Organizational Behavior*. Newton, Massachusetts: Allyn and Bacon Inc.

White, L. D. (1955). *Introduction to the Study of Public Administration* (4th ed.) New York: The Macmillan Company.

Whyte, W. H. (1956). *The Organization Man.* New York: Simon and Schuster.

Wilkins, A., & Patterson, K. (1985). You Can't Get There From Here: What Will Make Culture-Change Projects Fail. In R. H. Kilmann, M. J. Saxton & R. Serpa (eds.), *Gaining Control of the Corporate Culture.* San Francisco: Jossey-Bass, pp. 262-291.

Willower, D. J., Eidell, T. L., & Hoy, W. K. (1967). *The School and Pupil Control Ideology.* University Park: Penn State University.

Willower, D. J. (1979a). Ideology and Science in Organization Theory. *Educational Administration Quarterly, 15*(3), pp. 20-42.

Willower, D. J. (1979b). Some Issues in Research on School Organizations. In G. L. Immegart & W. L. Boyd (eds.), *Problem-Finding in Educational Administration: Trends in Research and Theory.* Lexington, Mass.: Lexington Books, D. C. Health and Co.

Willower, D. J. (1980). Contemporary Issues in Theory in Educational Administration. *Educational Administration Quarterly, 16*(3), pp. 1-25.

Willower, D. J. (1981). Educational Administration: Some Philosophical and Other Considerations. *The Journal of Educational Administration, 19*(2), pp. 115-139.

Willower, D. J. (1982). School Organizations: Perspectives in Juxtaposition. *Educational Administration Quarterly, 18*(3), pp. 89-110.

Willower, D. J. (1983). Analogies Gone Awry: Replies to Hills and Gronn. *Educational Administration Quarterly, 19*(1), pp. 35-47.

Willower, D. J. (1985). Philosophy and the Study of Educational Administration. *The Journal of Educational Administration, 23*(1), pp. 5-22.

Wirt, F. M., & Kirst, M. W. (1975). *The Political Web of American Schools.* Boston: Little, Brown.

Wirt, F. M. (1979). The Uses of Political Science in the Study of Educational Administration. In G. L. Immegart & W. L. Boyd (eds.), *Problem-Finding in Educational Administration: Trends in Research and Theory.* Massachusetts: Lexington Books.

Woodward, J. (1965). *Industrial Organization: Theory and Practice.* London: Oxford University Press.

Yauch, W. A. (1949). *Improving Human Relations in School Administration.* New York: Harper & Brothers.

Yeakey, C. C. (1990). Conceptual Legitimacy and Pluralism in School Organizational Thought. In S. B. Bacharach (ed.), *Advances in Research and Theories of School Management and Educational Policy, 1.* Greenwich: JAI Press Inc.

Yukl, G. A. (1981). *Leadership in Organizations.* Englewood Cliffs, New Jersey: Prentice Hall, Inc.

Yukl, G. A. (1989). *Leadership in Organizations* (2nd ed.). Englewood Cliffs, New Jersey: Printice-Hall, Inc.

Yukl, G. A. (2002). *Leadership in Organizations* (5th ed.). Englewood Cliffs, New Jersey: Printice-Hall, Inc.

Zaltman, G., Florio, D. H., & Sikorski, L. A. (1977). *Dynamic Educational Change: Models, Strategies, Tactics, and Management.* New York: The Free Press.

Zeigler, H., & Kent, J. (1974). *Governing American Schools.* North Sciyuate, Mass.: Duxbory Press.

찾/아/보/기

저자 소개

박성식(朴成植)

연세대학교 문과대학 교육학과(문학사)

연세대학교 대학원 교육학 석사(교육행정 전공)

연세대학교 대학원 교육학 박사(교육행정 전공)

현) 금오공과대학교 교양교직과정 교수

전) 금오공과대학교 학생생활연구소장

금오공과대학교 교육대학원장

저서 및 논문

『교육조직이론』(편역, 양서원, 1994)

『교육행정관리론』(학지사, 1998)

『교육행정학연구방법론』(공저, 금오공과대학교, 2002)

「교육정책결정에 관한 연구」(1984)

「사립대학 내부집단의 대학운영 참여인식에 관한 연구」(1989)

「교수의 대학운영 참여에 관한 연구」(1990)

「상황이론적 리더십 이론에 관한 고찰」(1991)

「대학운영 모형에 관한 이론적 고찰」(1992)

「대학 내부집단의 특성과 관계 구조」(1993)

「교육행정 이론의 발전과정과 최근 동향」(1996)

「조직 내의 인간행동에 관한 이론적 고찰」(1996)

「학교운영위원회의 효율적 운영 방안에 관한 연구」(1997)

「인적자원의 개발과 관리에 관한 연구」(1998)

「조직에 관한 이론적 관점의 비교」(1999)

교육행정학

2011년 3월 5일 1판 1쇄 인쇄
2011년 3월 10일 1판 1쇄 발행

지은이 • 박성식
펴낸이 • 김진환
펴낸곳 • (주) 학지사
121-837 서울시 마포구 서교동 352-29 마인드월드빌딩 5층
대표전화 • 02-330-5114 팩스 • 02-324-2345
등록 • 제313-2006-000265호
홈페이지 • www.hakjisa.co.kr

ISBN 978-89-6330-614-8 93370

정가 19,000원

저자와의 협약으로 인지는 생략합니다.
파본은 구입처에서 교환해 드립니다.